中国の歴史6

絢爛たる世界帝国

隋唐時代

氣賀澤保規

講談社学術文庫

目次

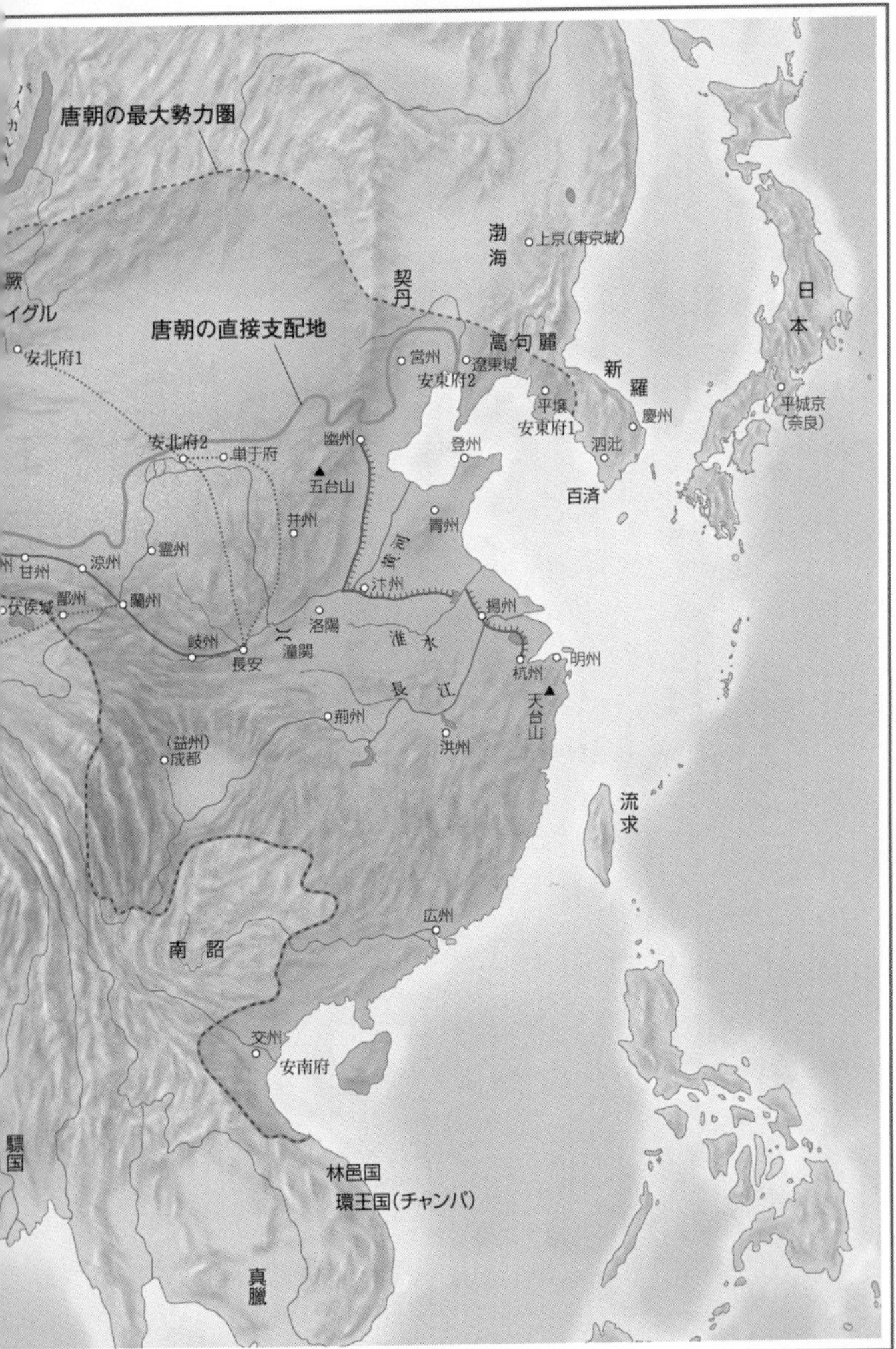
唐朝の最大勢力圏
唐朝の直接支配地
渤海
上京(東京城)
契丹
高句麗
新羅
日本
営州
遼東城
安東府2
平壌
安東府1
慶州
平城京
(奈良)
泗沘
百済
登州
幽州
五台山
安北府1
安北府2
単于府
并州
青州
黄河
霊州
涼州
甘州
鄯州
蘭州
伏俟城
汴州
揚州
洛陽
潼関
淮水
岐州
長安
明州
杭州
天台山
長江
荊州
洪州
(益州)
成都
流求
広州
南詔
交州
安南府
驃国
林邑国
環王国(チャンパ)
真臘

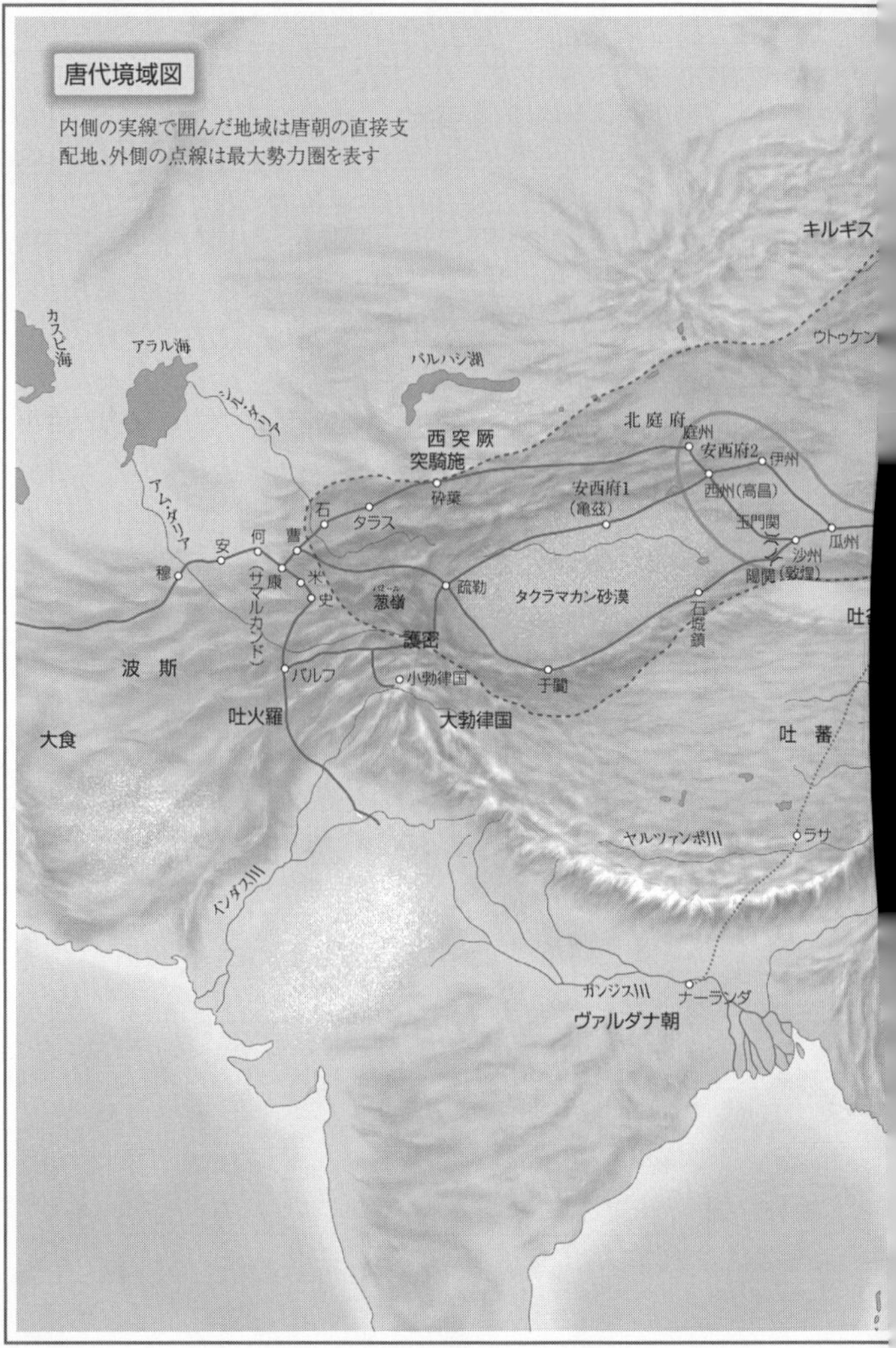

唐代境域図

内側の実線で囲んだ地域は唐朝の直接支配地、外側の点線は最大勢力圏を表す

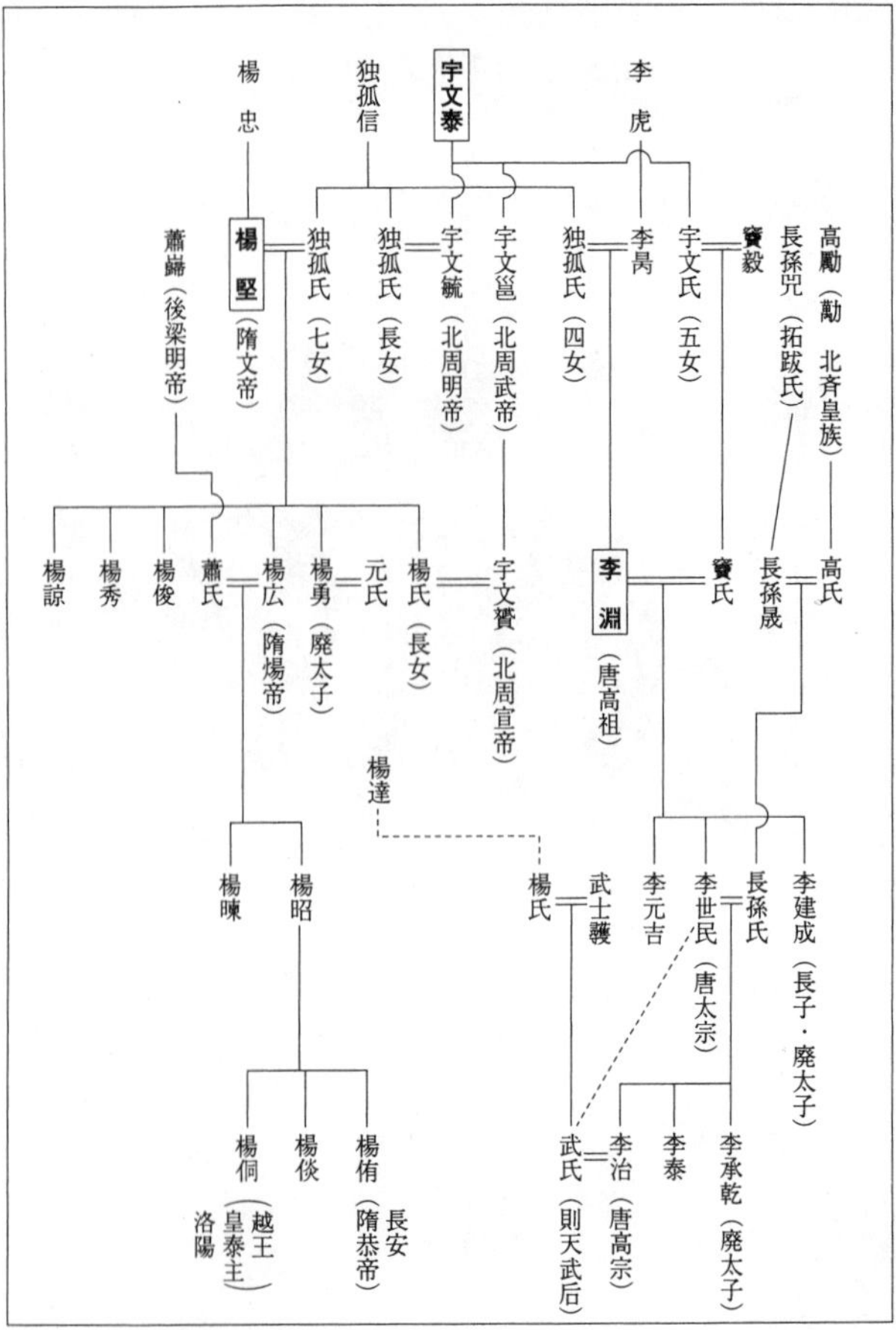
宇文泰
李虎
独孤信
楊忠
楊堅（隋文帝）
独孤氏（七女）
独孤氏（長女）
宇文毓（北周明帝）
宇文邕（北周武帝）
独孤氏（四女）
李昞
宇文氏（五女）
竇毅
長孫兕（拓跋氏）
高勱（勱 北斉皇族）
蕭巋（後梁明帝）
楊諒
楊秀
楊俊
蕭氏
楊広（隋煬帝）
楊勇（廃太子）
元氏
楊氏（長女）
宇文贇（北周宣帝）
李淵（唐高祖）
竇氏
長孫晟
高氏
楊達
楊暕
楊昭
楊氏
武士彠
李元吉
李世民（唐太宗）
長孫氏
李建成（長子・廃太子）
楊侗（越王 皇泰主）
洛陽
楊倓
楊侑（隋恭帝）
長安
武氏（則天武后）
李治（唐高宗）
李泰
李承乾（廃太子）

北周・隋・唐室関係系図

中国の歴史 6

絢爛たる世界帝国

隋唐時代

地図・図版作成
さくら工芸社
ジェイ・マップ
図版提供
瀧本弘之

はじめに——激動する東アジア

八世紀の初めころ、今の中国東北遼寧省、朝陽市付近の遊牧民のテントに、一人の男児が生を受けた。父をソグド人、母を突厥（トルコ）人にもつ混血児である。そしてそれから数十年、かれは辺境防衛の有力軍閥にのし上がり、そのあげく七五五年の暮れ、大軍をひきいて反乱に決起した。彼こそは安禄山、歴史上に知られた安史の乱のはじまりである。日本でいえば奈良時代の中期のことであった。

こうして大きく変化する時代の幕が切って落とされた。かれが相手としたのが大唐帝国、これが引き金となって唐はそれまで謳歌した繁栄を奪われ、衰亡への道を歩み、一世紀半後の一〇世紀初めに滅亡する。この安史の乱を中間にはさむ前後三百年余の隋唐時代、正確には五八一年の隋の成立から唐が滅びる九〇七年までの三二七年間が、本書の直接扱う時代である。

八四〇年代東アジアの動向と「会昌の廃仏」

さて、唐の後半期から話を始めたついでに、すこしここに話題を集中させてみると、この後半の一世紀半の間で、私はひそかに注目している時期がある。ほぼ中間に位置する八四〇年代、それもその半ばまでの時期である。まず八四〇年、武宗が兄文宗を継いで第一五代皇帝となり、史上に悪名高い「会昌の廃仏」とよばれる仏教弾圧を始め、八四五年にそのピークを迎える。寺塔はつぎつぎと倒され、経典は焼かれ、僧尼は還俗を迫られた。

そうした一種異様な空気に包まれ、人心が動揺する日々の事態を、その足元の長安で、じっと身をひそめつつしっかりと記録にとどめている一人の異国人がいた。誰あろう、のちに比叡山の三世天台座主の慈覚大師となる日本人僧、円仁その人である。かれが記録にのこしたのが『入唐求法巡礼行記』、さしずめ今日でいえば、新聞記者たちが紛争の渦中に飛び込んで書く現地体験レポートである。

がそれはともかく、この唐国内の動きの一方で、唐をとりまく周辺にも大きな変化があった。安史の乱を潰すため唐側に引き入れられて以来、人々を悩ましつづけていた北方モンゴル高原のウイグル（回紇）が、自国領内の天災と内紛、それに乗じたキルギスの攻撃によって、八四〇年に分解したことである。加えてもう一つ大きな出来事があった。唐初以来西辺を圧しつづけていたチベットの吐蕃が、ダルマ王の仏教弾圧に端を発して混乱に陥り、八四一年（一説に八四二年）のダルマ王の死をもって分裂、史上から姿を消したことである。唐は一挙に、もっとも恐れていた二つの大きな圧力から解放されたのである。

東にも目を転じてみよう。朝鮮半島ではこの時期、統一新羅の時代であるが、唐から新羅、日本におよぶ東シナ海交易の中心として広く活躍して、新羅王朝から清海鎮大使に任ぜられ、神武王の擁立にかかわった弓福（唐名＝張保皐、日本名＝張宝高）が、八四一年に反

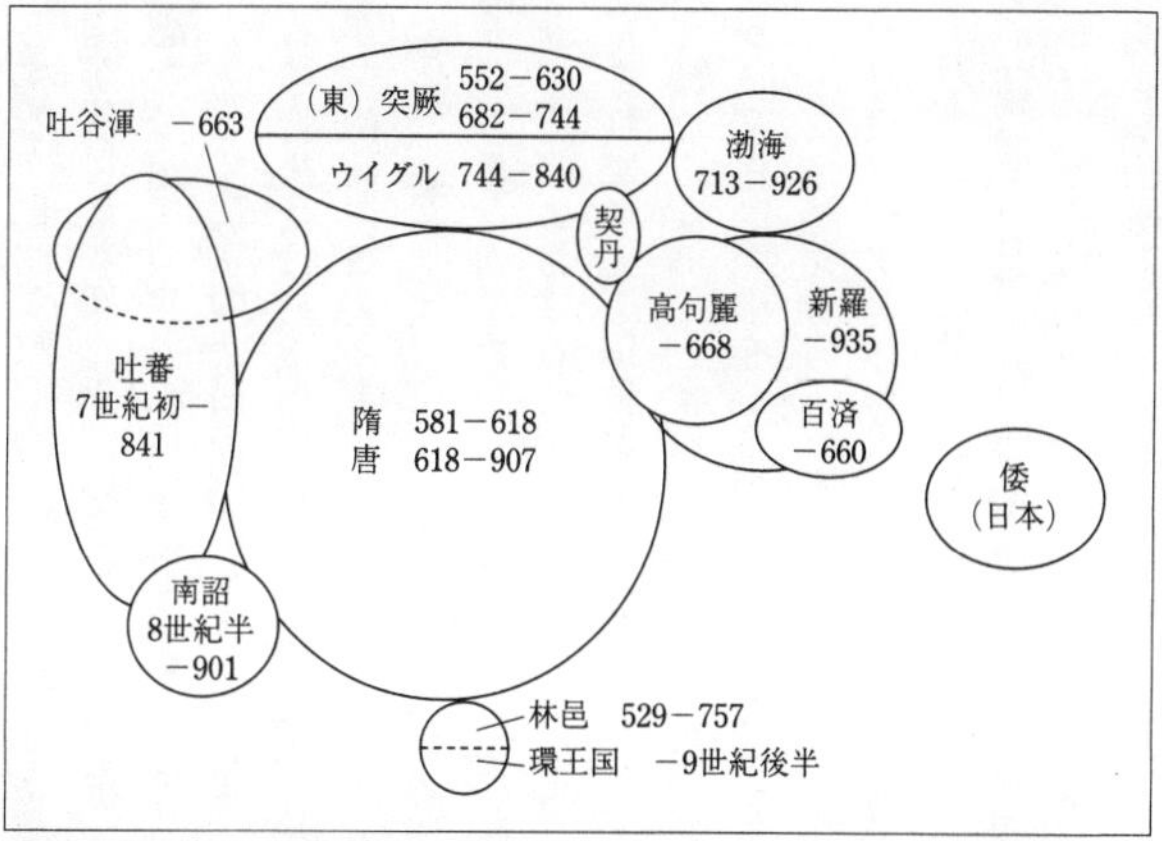

隋唐時代東アジア関係図

乱を起こしている。反乱そのものは弓福が暗殺され短時日に終わったが、新羅における王権の弱体ぶりと地方勢力の台頭をさらけ出した大事件であった。

また、日本でみてみると、八四二年に承和の変が起きている。嵯峨上皇の死後、伴健岑と橘逸勢が皇太子恒貞を奉じて、仁明天皇を廃そうとした陰謀事件とされるものだが、真相は藤原良房が仁明天皇と組んで反対派の追い落としをはかったでっちあげ事件と、今日では解釈されている。だがこれを境に、それまでつづいた天皇の両統迭立という不安定な状態が解消され、のちの摂関政治につながる藤原氏の政治的基盤が固まった。

こうした八四〇年代の前半に集中する一連の動きは、一見ばらばらに発生し、互いの関連は認めにくいが、しかし一歩ふみこむとある種の共通する傾向が見て取れる。唐を中心とする文化的、政治的な結びつき（＝東アジア文化圏）の崩壊、代わってそれぞれの地域や国が独自に、新たな進路を模索している姿として、である。これは、一〇世紀に入って鮮明となる東アジア各地の民族意識のさきがけ、直接の出発点を示すものである。

そして武宗（ぶそう）の会昌の廃仏もまた、そうした全体の動きと無縁ではなかった。これが発動される背後には武宗の道教への傾倒や、仏教教団の肥大腐敗化などの要因が指摘されているが、同時にこのとき、景教（けいきょう）（ネストリウス派キリスト教）や祆教（けんきょう）（ゾロアスター教）やマニ（摩尼）教などの外来宗教もあわせて弾圧され、姿を消した。仏教も外来宗教であることに変わりはなかった。会昌の廃仏は、外来の宗教を排除し、自国固有の宗教をおしたてるという、唐側における民族意識の発露という一面をもっていた。

これに加え、仏教が東アジア世界をつなぐ重要な文化的、精神的接点であったことを忘れてはならない。とすれば、廃仏の強行は、その関係をみずから強引に断ち切り、内外に東アジア文化圏の中心からの離脱を宣言するもの、唐が背負ってきたその重圧から解き放たれることを求めた動き、とも解釈できる。武宗の個人的な思いから発したかにみえる行為も、じつは東アジア全体の大きな時代のうねりと決して無縁ではなかった。

「絢爛たる世界帝国　隋唐時代」の意味

安史の乱によって様相を一変された唐朝は、いまみてきたように八四〇年段階で、内外の関係や仕組みをさらに大きく変える。そして九〇七年に老木が崩れ落ちるように倒壊したとき、立ち上る土埃の先にみえたのは、精彩を欠きながらもまだかろうじて命脈をとどめる渤海国や新羅だけで、かつて唐と激しく渡り合った国々の姿はどこにもなかった。渤海も新羅もそれから間もなくして滅びる。日本も唐を模した律令制段階を脱し、貴族制社会へと大きく踏み出していた。

東アジアの歴史において、中国王朝の変質、崩壊に連動して周辺諸国全体が文字どおり面貌一新するのは、後にも先にもこのときだけである。おそらく世界史の中でも例をみない状況であろう。隋唐王朝の高い文化、すぐれた政治制度や豊かな物質力、たいする周辺の国々や地域の民度の低さ、政治体制の遅れが、周辺をたえず引き寄せ、その模倣やその逆の略奪・侵攻に向かわせたことは確かだろう。隋唐側もそうした力を背景に、東アジアの中心に

観世音菩薩（敦煌莫高窟第57窟南壁中央説法図東側）　白くしなやかな肌。ふくよかな面輪にまっすぐにとおった鼻梁と可憐な朱の唇。伏し目がちの高雅でやさしい目差し。繊細優美な宝冠と瓔珞（ようらく）がよく調和し、鮮麗な花模様の薄絹がたゆたうごとく身にしたがう。まことに清潔で知的な、深い内面と気品高い美しさをたたえた唐代菩薩像の最優秀作といわれる

君臨することをつよく意識した。シルクロードを介した西方とのつながりも、同じような観点から説明できるものである。

本書が「絢爛たる世界帝国　隋唐時代」と題したのも、以上のような時代の特質から導き出されていることを理解いただきたい。隋唐帝国にたいするそうした認識のもと、時代の内奥を、当時を生きた人々の側にできるだけ身を寄せて描いてみたい、というのが本書で目指す一つの大きな目標である。

この点に関連して、近年関心が向けられている女性たちの問題がある。隋唐といえば従来、則天武后や楊貴妃、あるいは武韋の禍などを取り上げるのが定番であったが、その背後にはじつは激しく息づく女性たちの世界があった。彼女たちは一方で男の論理や旧習の壁に直面しながら、しかし果敢に愛を語り、自己主張もし、個性的に生きようとした。宋代以降、女たちが纏足を強制され、儒教道徳でがんじがらめにされた境遇と比べるとき、違いはいっそう際立ってみえる。何故かくも女たちが活動的であったのか、それを許した時代の特質を考えてみることも本書の課題となっている。

隋唐帝国と律令制・貴族制

時代の特質ということから、隋唐朝の権力はどのように理解したらよいだろうか。よくいわれるように、前半期は律令官制が整い、途中から使職といわれる令外の官が現れ、後半には藩鎮（節度使）の全国配置にみられる使職優勢の状況となる、という大筋の理解がある。

ただ後半でも、官界を動かす基軸にあったのは、やはり律令官制であった。

隋唐を貫くこの律令支配体制を、皇帝を中心とする強固なヒエラルキーのイメージで塗り固めてしまうことには慎重であってよい。中書・門下・尚書の三省、吏戸礼兵刑工の六部という中枢の形態、職務内容の重複した官庁の配置、複数からなる宰相制度などに、上意下達だけではない横の関係がのこり、そこに魏晋以来の貴族制の影響が読み取れるからである。また、家柄（出自）を尊重する社会通念、文化教養の質と担い手たち、あるいは体制そのもののなかにある儀礼重視の姿勢などをみても、時代は貴族制的雰囲気を色濃くただよわせていたことは確かである。

律令官制と貴族制という関係から、権力支配のゆるやかさ、裏を返せば制度のルーズさ、恣意性が介在する幅の大きさを想定させる。そうした前提に立つことで、玄宗朝の後期に恩寵という私的関係が通用し、氏素姓のはっきりしない安禄山の登場をゆるした理由なども説明が可能になる。女性の活動が目立ちえたのも、その権力の形態と決して無関係ではないだろう。権力のゆるやかさはのびやかさにも通じる。そのような王朝から醸し出される空気が、東アジア世界をまとめる一つの要因になっていたのかもしれない。

右の律令制の解釈とも関連することだが、わたしたちはその条文を文字どおりに受けとめ、時代や国家の像を描きがちである。だが、均田制が法規どおりの土地の配分をおこなっていなかった（法規は空文との解釈すら根づよくある）ように、規定（制度）と現実との隔たりを見極めることが求められる。古代日本の律令国家が、現実を法規に近づけることにかなり真剣であったのにたいし、本家中国では大分様相を異にしていた。

私は本書で、従来部分的にふれられるだけであった「軍事と兵制」に一章を割いてみた。あの広大な国土と上にたつ王朝がどのように守られたのか。それを知るのはかなり複雑であるが、前段階の律令制の柱となる府兵制では、兵士の立場や運用に注目してみた。律令の条文からは、一戸三丁（てい）に一人を兵にとる徴兵制的な形がイメージされるが、現実にはそのような均等な兵役負担が成立する状態にはなかった。むしろ府兵兵士は農民とは一線が画される武士的存在に近づくように思われたが、さてどうであろうか。

最後になるが、この時代、宗教が大きな存在感を示し、わけても仏教の影響力は大きかった。唐室は「道先仏後（道教第一、仏教第二）」を国是としながら、じっさいには仏教に傾斜し、民衆も熱心に信仰した。その多様な面をもった仏教のなかで、本書では、近年地中から大量の宝物が発見された法門寺（ほうもんじ）と仏教石経（せききょう）の雲居寺（うんきょじ）、唐代新仏教たる密教を直接とりあげ、この時代の特質や民衆との関わりを考えることにした。しかしこれだけでなく、円仁の入唐などへの記述を含め、結果として仏教に多くのスペースを割くことになった。

今日、世界は宗教をめぐって血で血を洗う凄絶な争いを繰り返し、本来人類を救うべき宗教が時に殺戮（さつりく）を正当化する手段となっている。それは大変不幸なことである。そのなかで仏教はどうか。東アジアではかつて仏教が共通する精神的基盤を用意し、国境を越えて結び合う役割を果たしていた。その中心に隋唐時代の仏教があった。本書でその隋唐仏教を取り上げることを通じて、仏教そして宗教を考える一助になれば望外の幸せである。

第一章　新たな統一国家——隋王朝

隋の成立と文帝の開皇の治

隋とその時代

隋という王朝は、初代の文帝が開皇元年（五八一）二月に北周を奪って創始し、つぎの煬帝が大業一四年（六一八）三月に部下に殺されて終わる、実質わずか二代三八年の短命な王朝であった。しかしこの間、五八九年に、後漢末の黄巾の乱以来四〇〇年におよんだ分裂に終止符を打ち、それにあわせた新たな統一国家の形を整えた。また南北をつなぐ大運河の開鑿などの多くの事業を手がけ、つぎの唐朝三〇〇年の基を築いたばかりか、後世にも計り知れない影響をおよぼした。それは他の王朝の何倍分にも相当する仕事の量であった。

歴史的にみると、隋は二つの顔を示している。南北朝時代と連なり、その最後を締めくくる一面と、隋唐と一体化して呼ばれるように、唐の先駆けとしての一面とである。ここから、先行する魏晋南北朝期を集約し、つぎの唐の出現に筋道をつけた過渡的段階という、両方に目配りした中立的な見方が可能となる。だが私は、この王朝の醸し出す独自の個性や、歴史に占める意味の大きさを考えるとき、もう一歩踏み出してみる必要があると感じている。

隋室楊氏の出身の系譜、そこに結集した官人武人たちの背景、人々を規定した行動の様式や思考のあり方などに目を向けると、この時代はたしかに南北朝とつながり、とくに北朝からの影響を強く受けていることを感じさせる。だが半面、隋はそうした南北朝的な影響からいかに脱するか、それこそを最大の政治課題にかかげて登場し、全精力を傾注した。南北朝とかかわる前者を社会性の側面とすれば、後者は政治性といえるが、隋朝とそれをとり巻く時代の様相は、二つの側面によるねじれ状態に立たされていたと理解できる。隋朝はそうしたねじれの解消をはかりつつ、新たな国家建設に邁進した。その意味から、私はやはり「隋唐」と並列されるところの隋朝として、この時代をとらえたいと考えている。

本シリーズの前巻『中華の崩壊と拡大　魏晋南北朝』でも論じられたように、魏晋南北朝を特色づけるものに、大きく二つの柱があった。その第一は、国家から社会におよぶ秩序原理となり、また文化を代表する存在であった貴族制であり、第二は、漢族世界に加わったいわゆる「五胡（ごこ）」とよばれる非漢族（胡族（こぞく）・北族（ほくぞく））の存在である。そして北朝の後期になると、先住の漢族と北来の胡族（非漢族）との融合・協力の関係が進み、次代をリードする新しい勢力を生み出した。隋や唐の支配層の中心に立つものたちはそのなかから登場する。

しかし一方で、貴族制を支える門閥（もんばつ）（家柄）観念がすみずみに浸透した結果、逆に貴族制はそれに安住して活力を失い、社会全体に沈滞と行政上のロスをもたらす立場に転化した。長い分裂のはてに、時代の振り子が大きく統合に振れ始めると、旧来の貴族制はそれを阻む大きな足かせとなるのは避けられなかった。こうして、魏晋南北朝を代表した二本柱の一方

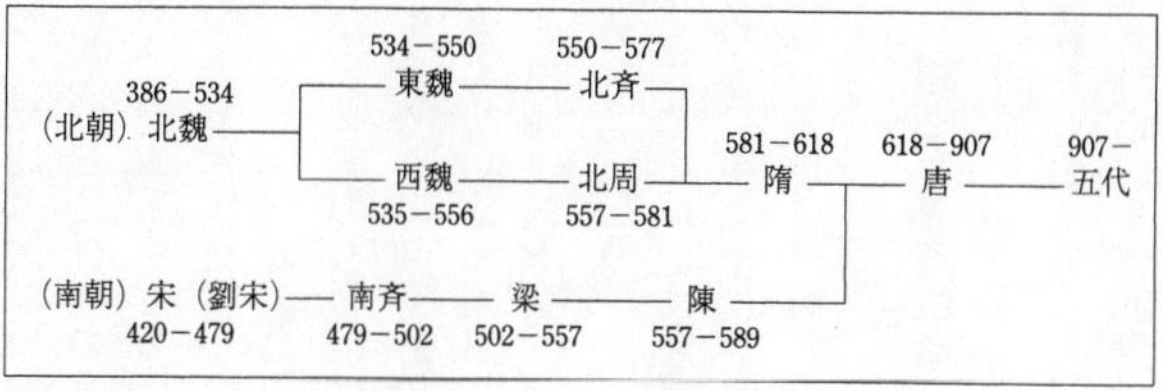

王朝交替図（南北朝・隋唐時代）

は、もう一方の北族から発展した新勢力とぶつかり、政治的な力を失っていく。そのぶつかりあいの場となるのが隋であった。

本章では以上のような認識にたって、隋代を政治史の面から追いかけることに力点を置いている。他の王朝とは異なる濃縮の三八年がどのようなものであったのか、今その幕を開けることにしよう。

隋室楊氏の出自

隋の文帝（廟号は高祖）は名前を楊堅という。出身は関中（陝西省。二一七頁図参照）の漢族の名門、弘農郡華陰の楊氏を名乗り、一見由緒正しい出のようにみえるが、それははなはだ疑問である。先祖は北魏時代、北方の長城ぞいに置かれた武川鎮（内モンゴル）に住み、北辺の固めについていた。弘農華陰の楊氏という家柄にかりにつながるとしても、それは遠い昔のこと、北族的な世界の荒ぶる空気に馴染み、北族との通婚も経たなかでの楊氏、とみるのが適当だろう。

楊氏と北族とのつながりでは、鮮卑系（のちのモンゴル系か）との関係で説明するのが通説であるが、楊堅の父楊忠のごときは、身の丈七尺八寸、二メートルを越える雲つくような大男、さりながら容貌は彫りの深い美男子で、一匹の猛獣と格闘して、左腕で胴体をかかえ右腕でその舌を抜いて倒したほどの武芸絶倫の猛者でもあった。こうした姿からは、たんに鮮卑系だけではなく、匈奴系など多様な民族の血のつながりを感じさせる。

隋室楊氏は、この楊忠のときになって、はじめて歴史の舞台に顔を出したといってよい（一〇頁系図参照）。五三四年に北魏が高歓率いる東魏と宇文泰の西魏に分裂したとき、かれは宇文泰のもとにはせ参じ、政権を支える要に座ったからである。宇文泰は同じく武川鎮の出身で鮮卑系、その下に加わる唐室の先祖となる李虎も、かれらを姻戚関係で結ぶ独孤信なども、いずれも武川鎮のものであった。西魏に八柱国―十二大将軍という軍事と政治を兼ねる枢軸ポストができると、かれらはそのなかに配され、西魏＝北周の宇文氏政権の担い手となった。

ここで成立する武川鎮軍閥を中核とする政治勢力の流れが、隋から唐の支配層の中軸を占める。中国を代表する歴史家の陳寅恪氏は、これを「関隴集団」（長安周辺の関中・その西方の隴山までの一帯に結集した政治集団）とよび、今日ほぼ共通の呼称となっている。

楊堅と周隋革命

北周天和三年（五六八）に六二歳でその生涯を閉じた楊忠の人生は、まさに戦いに明け暮れた一生であった。楊堅は、この父が軍人として戦陣にあった大統七年（五四一）六月に生まれた。まだ西魏の行く先がみえず、いつ東魏に飲み込まれてもおかしくない頃である。それから隋朝を興すまでの四〇年間に、かれは父が築いた足場を基礎に政界で着実に影響力を広め、長女を皇太子（のちの宣帝）妃に入れるまでに、武帝の信頼をかちえた。
そのため、楊堅は宇文氏の一部からかなり警戒され、嫌われもした。その最たるものが武帝を継いだ宣帝である。猜疑心が人一倍強かったかれは、岳父にあたる楊堅を折あらば亡き者にしたいと考えつづけた。あるときなどは宮中に楊堅を呼び出して尋問し、表情にちょっとでも動揺をみせたら即座に殺せと部下に命じてあったが、楊堅は顔色一つ変えずによどみなく対応し、つけ入る隙を与えなかった。

つねに警戒され、命すら危うかった楊堅に、一転権力の座が転がりこんできた。大象二年（五八〇）五月のことである。たまたまみずから望んで南朝陳との前線の揚州（江蘇省）総管（総管は地方の軍事・行政の責任者）に赴任しようとした矢先、宣帝が倒れ、半月ほどして亡くなった。口も利けない重篤な状態であったというから、脳溢血か中風系の病気であろうか。まだ二二歳の若さであった。残された子供（静帝）は楊皇后の実子ではなかったが、楊堅はこの幼帝を擁し、宣帝から後事を託された顧命

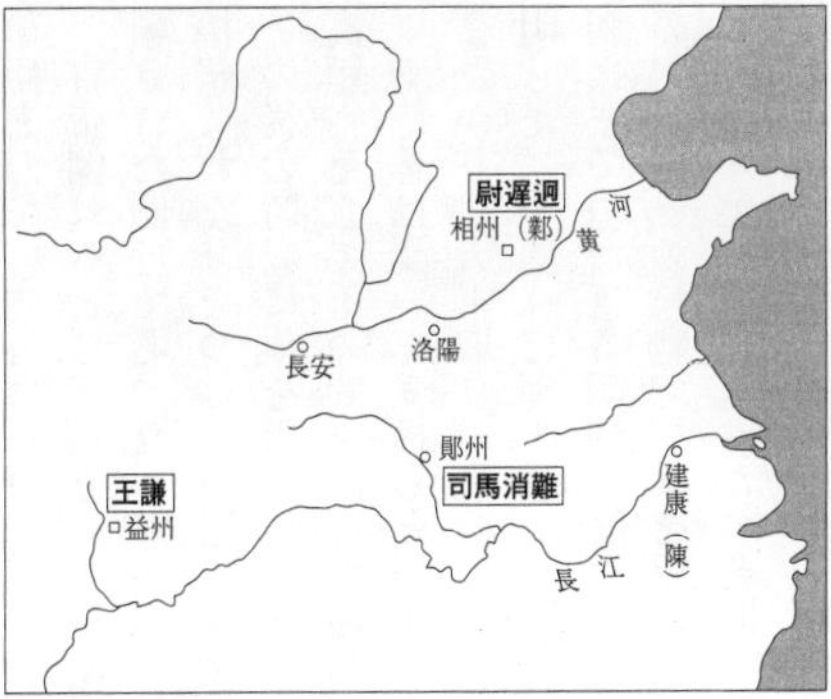

北周末の情勢

の臣として、内外に命令を発する立場にたった。

宣帝倒れるとの密報をいち早く楊堅に伝えたのは、鄭訳と劉昉という宣帝からもっとも信頼された側近であった。だが両人は、幼帝のもとで時局は乗り越えられないとみて、重臣の楊堅にわたりをつけ、自己の保全をもくろんだ。いずれも漢族貴族の流れであるが、しかしその後の時局に体を張る勇気もない。代わって、楊堅のために協力を誓ったのが、李徳林と高熲、そしてその間を結んだ遠縁の楊恵（のち雄と改名）であった。

李徳林は誘いを受けると即座に、微才ながら命を賭してお仕えしましょうと約し、高熲もまたかりに天下取りが失敗し、一族が滅ぼされることになってもかまわない、との気概を表明した。李徳林はまず丞相府という幕府をつくって全権を握り、この求心力のもとで新王朝にまでつなげる明確な筋道を示した。高熲の方は、楊堅政権成立の帰趨を決める相州総管の尉遅迥との一戦で、兵を指揮して一気に敵陣に突き進み、勝利をもたらした。

楊堅が実権をにぎったのを聞いて、右の尉遅迥が同年六月に旧北斉の都の相州（河北省）で決起したのを皮切りに、七月には鄖州（湖北省）総管の司馬消難、八月には益州（四川省）総管の王謙、と決起がつづいた。しかし準備不足と兵力の差、また内部のまとまりの悪さなどもあり、結局八月に尉遅迥は追い詰められて自殺し、司馬消難は南朝の陳に逃れ、そして一〇月には王謙が殺されて、ほぼすべてに決着がついた。

宣帝の死からわずか五ヵ月後のこと、楊堅は予期したほどの抵抗も受けないまま権力を掌中にしたことになる。そこには、北周をおおった息苦しさに人心が疲れ、それに代わる新たな指導者の登場を願う空気があったことも忘れてならないだろう。

隋朝の成立と新体制

明けて五八一年二月、楊堅は北周静帝から禅譲されて帝位についた。国号を隋と定めた。初代皇帝文帝の誕生である。年号は開皇と改まる。この上で新政の最初の基本方針が発せられた。

——周氏（北周）の官儀を易え、漢魏の旧に依る。

北周はその国号にもみえるように、上古の周の制度、いわゆる『周礼』の「六官の制」を国の根幹にすえた。六官とは天官、地官、春官、夏官、秋官、冬官をいい、この六つの横並びの行政組織が職務を分掌し、皇帝はその上にすわる形をとる。少数の北族をもって出発せざるをえなかった宇文氏政権にとって、漢族を積極的に政権にとりこむ必要があった。それには、漢族が理想とする周の制度であり、しかも北族と漢族との対等性を保証する六官の制はうってつけであった。弱小国であった西魏＝北周が、強盛な東魏＝北斉を併合し、南朝梁をも倒すまでに急成長しえたのは、この六官の政治制度と、それと表裏をなす軍

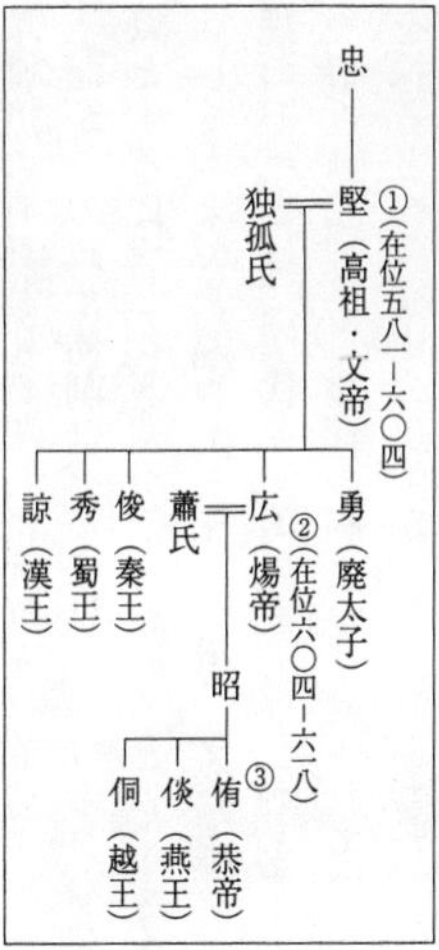

隋朝の系譜

事制度の府兵制に結集した北族と漢族のエネルギーのお蔭であった。

だがこの政治体制は、長くはつづけられなかった。広大な国土を統合するには、皇帝を頂点とするピラミッド型が望ましい、と広く考えられたからである。楊堅改め隋の文帝は、こうして本来の普遍的国家体制に復する路線を鮮明にし、北周とは明確な一線を引いた。「漢魏の旧」とは、漢代や三国魏までひきもどすことではなく、中国伝統の皇帝体制、直接には一番近い北魏から北斉の制度が意識されている。体制の再編では、敗れた側の北斉から多くを採るという歴史の皮肉が、ここにあった。

新政を進める要には、いうまでもなく周隋革命を担ったものたちが座った。高熲は尚書左僕射兼納言という行政の中心に、李徳林は政策立案のトップである内史令に、楊恵は左衛大将軍という中央禁軍第一の責任者にと。他に虞慶則、韋世康、元暉、元巌、長孫毗、楊尚希らが行政各部門の責任者に名を連ねている。虞慶則以下みな関隴系に属するものたちである。そして一歩遅れて、蘇威が納言と吏部尚書を兼ねて、政権中枢に加わった。納言は政策全般をチェックする門下省のトップで、高熲が兼務をはずれることでまわされた。

第四章で詳しくふれるが、隋は六官の制に代わって三省六部制を実施する。その一番の大本となるのが三省であり、それぞれ尚書省が高熲、内史省が李徳林、門下省が蘇威と役割分担ができ、これに軍事面の楊恵とで四本柱が構成され、新体制は動き出した。この体制は、開皇九年（五八九）の全国統一の時点までつづいた。

行政改革の断行と貴族制

新政権が発足するとただちに手がけたのが、体制の根幹となる新律令の制定であった。律とは刑罰法規のことで、令とは行政や官僚組織、税制などの非刑罰関係の法令をいい、律令制はこの二本柱にもとづく国家体制となる。新律は曲折をへて最終的に開皇三年に、一二巻五〇〇条の法典として発効し、新令の方は同二年七月に発布された。これが法体系に一大転機を画した開皇律令で、唐にそのまま踏襲され、東アジアに広がる律令制の原点となった。

この新律のもっとも大きな特色は、刑罰の基本となる五刑を、刑罰の本質にまだのこっていた古来の肉刑（黥＝いれずみ・劓＝はなきり・剕＝あしきり・宮＝去勢・大辟＝死刑）の形を清算し、笞（むちうち一〇～五〇）、杖（むちうち六〇～一〇〇）、徒（懲役）、流、死のいわゆる非肉刑に定着させたことである。あわせて、本人の犯した罪を、その対応する条文のなかで処罰する形を明確にした。そこには近代法の罪刑法定主義（条文主義）にもつながる一面を有し、当時の世界でもっとも進んだ刑法体系であった。

新令には、すでに言及した三省六部制をはじめとする中央官制から、地方行政におよぶ統治組織の整備が盛り込まれるが、同時に新たな人材をどう確保し、どう配置するかが焦眉の問題であった。隋の前には長くつづいた貴族制の時代があり、九品官人法を支えとして、貴族がその家柄によって中央、地方の行政をおさえてきていた。文帝はこの関係にも鋭くメスを入れようとした。

第一弾が、地方行政上の人事権を中央に回収することであった。中央で任命された長官が、赴任先で人材を採用する形を辟召制とよぶ。魏晋南北朝時代、これによって在地の有力者である貴族が地方行政を牛耳り、貴族制を支える温床になっていた。文帝はそれを反省し、長官以外の官吏も中央から派遣し、貴族・在地有力層を排除する策をとった。並行して、これらの官吏にも文官三年、武官四年の任期を定めて、また赴任先も本人の出身地（本貫）は認めないという原則、いわゆる回避の制も確立した。

　こうした措置にあわせて、それまでの州―郡―県の地方三階級制から、州―県の二階級制に改めた。長い分裂期のなかで地方をまとめる州が細分化し、州と郡の区分が近接し、限られた民を大勢の役人で治める弊害を生んでいた。廃郡の断行によって、行政組織の簡素化と冗官の整理、それに経費の削減がもたらされ、貴族の排除も進んだ。

　となると、新体制に応える人材をどのように確保するかが、つぎの課題となる。九品官人法の家柄主義でなく、広く人材を求めたい。文帝がそこで試みたのが試験という形であった。その手始めが、開皇七年（五八七）に出した毎年州ごとに三名を中央に推薦させる命令である。このときの具体的選抜方法はわからないが、推薦する州で試験があり、また中央でも何らかの試験があったかもしれない。人材登用のやり方がこれで一変したわけではないが、後世大きく展開する科挙（選挙）制の出発点であった。

新都大興城の造営と宇文愷

新王朝発足とともに着手した事業に、もう一つ忘れてならないものがあった。新都大興城の造営である。唐になって長安と改称されるこの都城の規模や構造や景観などは、後の章でふれることにし（第六章参照）、ここでは隋に関係する一、二の事柄を示しておきたい。

中国内陸部の陝西省の関中盆地を、西から東に渭水が貫流し、その南側に省都西安の町が開けている。文帝は、ここに新都を置くことに決めると、開皇二年六月、高熲を総責任者にして着手した。そして翌年正月には新都を祝う大赦令を出し、三月にはもう新宮殿の大興宮（唐の太極宮）に移り住んだ。前漢以来の長い歴史を刻んだ旧城は、そこから西北の目と鼻の先の近さにあったが、大規模な首都移転であることには変わりない。工事開始から移転まで一年も経っていなかった。

大興城の大きさは、次代の唐の長安とほぼ同じであったとみると、東西約九七〇〇メートル、南北約八六〇〇メートルのやや横に細長い方形をしていて、中国都城の歴史の頂点にたつ規模や構造のものであった。そのプラン策定から工事の進行まで、じつに気の遠くなるような作業がまちかまえていたが、この大変な仕事を実質的な責任者としてやりぬいた人物のことを紹介しておきたい。宇文愷という人物である。

宇文愷は、隋が生んだ中国史を代表する建築家で発明家、そして都市プランナーであった。かれは大興城とともに、つぎに煬帝のもとで洛陽城の造営にもかかわった。他にも、大興城に通じる広通渠という運河を通し、文帝の離宮となる壮麗な仁寿宮（唐の九成宮。岐州＝陝西省。三三頁図参照）を造った。煬帝が北の突厥の王庭に行幸したさいには、観風行殿という折りたたみ式の移動宮殿や、数千人を一度に収容できる超大型テントを作り、上古の政事堂とされる明堂の復元案を用意するなど、活動範囲は止まるところを知らなかった。

隋初の政界——高熲と蘇威と李徳林

隋という時代はその後にくる唐の蔭にかくれ、従来必ずしも大きな扱いをされてこなかった。だが、秦と漢（前漢）の関係がそうであったように、唐の前半期の体制の基は、隋代に用意されていた。のみならず開皇年間に実行された一連の政策は、国家体制のあるべき姿をきちんと見据え、それにむけて系統的かつ緻密に計算しぬいた上で打ち出された、後世の鑑となる行政改革と新国家像の策定の試みであった。そうした意味で、ここに歴史の大きな転換点を求めようとする見解は、十分理解できることである。

統一国家の体裁を整える隋朝の前には、今述べてきたように解決しなければならない課題が山積し、多くの人間が国造りにかかわる活気がみなぎった。そしてそうした人物群の中心に、これまで名前があがった高熲がいた。かれは二〇年におよんだ開皇年間を宰相として勤め上げ、一連の政策のほぼすべてに関与し、開皇の治を演出した。

高熲は渤海郡蓨（河北省）の人といい、父の賓のときに何かわけあって北斉から北周に逃れ、独孤信の幕客となり、一時独孤姓を名乗った。それゆえ、独孤信が謀反のかどで処刑されたとき、一家は地方に左遷される憂き目にあった。このように、北周ではまったくの傍系に位置し、高熲本人も下級官員から出発する下積みを味わったことが、先述したような政治や軍事にかかわる実務能力や、ことの本質を見極める資質を養ったものと思われる。民情へ

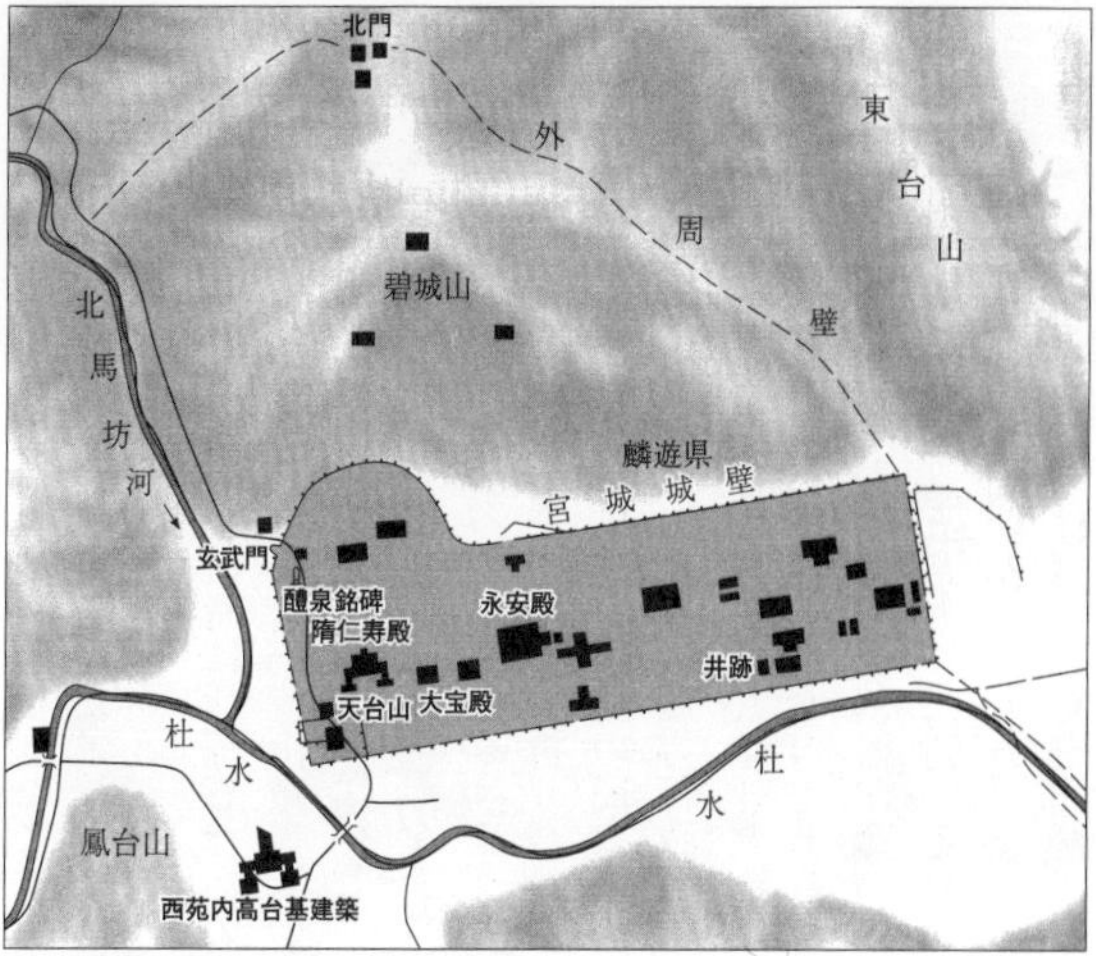

隋仁寿宮・唐九成宮の遺跡の配置

の精通ぶりやある種の人間的なやさしさも、そんな経歴と関係がある。

一介の中堅官員であった高熲を楊堅（隋文帝）と結び付けたのは、おそらく楊堅の妻で独孤信の娘（七女）であった独孤氏（文献皇后。一〇頁系図参照）であろう。とはいえ、隋の成立後も関隴系が主流を占めるなかで、傍系の出身であった高熲の立場は微妙であった。そこでかれは、関隴系の正統をひく人物を起用し、その協力をえることにした。その人物が蘇威であった。

蘇威は、西魏＝北周の指導理念となる「六条詔書」を起草した蘇綽を父にもち、武功の蘇氏という関中の漢族名門に出た、関隴系の嫡流であった。本人は父の業績を継ぐ意欲をもちながら、いたって小心者で、自力で政界をリードしていくタイプではない。高熲はこの好対照の蘇威と組むことで足場を固め、蘇威もこれによって新たな活躍の場を得た。後世に影響を与える開皇前半の新政は、この両人の協力関係のなかで動いていった。

そしてもう一人、周隋革命時に活躍したあの李徳林である。かれははじめ北斉に仕え、博陵安平（河北省）の李氏という一流山東貴族の家柄と、高い学識と文章の才によって名を知られ、北斉滅亡後は旧北斉系人士の代表として重きをなした。楊堅が陣営に引き込んだのも、かれの識見と旧北斉方面への影響力を見込んだからである。にもかかわらず革命成就後、重要な活躍の機会は与えられなかった。かれの貴族的な振る舞いや我のつよさが、周囲を固めた北周・関隴系のなかで十分折り合いがつけられなかったためである。

こんな話がある。北魏以来、末端の民衆社会に一〇〇戸までを一括りとする三長制が布かれてきたが、隋初になって一連の地方行政改革の最後に、郷里制の設置が蘇威によって提案された。従来の一〇〇戸（里）までの上に、五〇〇戸（五里）の郷を設け、責任者の郷正を置き、強力な村落統治を目論んだものであるが、李徳林が一人猛反対した。この政策をつうじて、旧北斉系貴族がもつ利権や基盤が奪われることを恐れる意味があった。しかし陳を平定した翌月、開皇九年（五八九）二月、それは強行された。だが後日、新設の郷正の不正行為が問題になり、廃止問題が浮上した。そこで李徳林は文帝を前にして、「だから私はいったではないか。そのときは私の意見を聞かずに、いま廃止を云々するのは朝令暮改だ」と声を張り上げた。これで文帝の怒りを買い、地方に左遷され、その地で一生を終えた。

高熲と蘇威それに李徳林と、経歴・資質を異にする三者がうまくかみ合えば、隋初の政に独特の風味を与えたはずであるが、結局うまくいかなかった。李徳林は隋成立にかかわったことで、自分が征服された側の人間であることを忘れ、孤立し、高熲はそのかれをうまく取り込めなかった。その経過は、開皇の治が西魏＝北周以来の関隴系に主導されたものであったこと、北斉系にはまだ出る幕がなかったことを、いっそうはっきりさせるものであった。

隋朝中期の政治動向——遣隋使が見た隋の風景

陳の平定——統一の実現

隋の文帝の統治期間は、開皇が二〇年間で仁寿が四年間弱の計二四年間におよんだ。前節でみたのは、その前半の、統一の実現と新国家づくりにむけて上下が一丸となり、国勢が大いに盛り上がった時期のことであった。

その盛り上がりを背景に、開皇八年（五八八）一〇月、陳討伐の出動命令が下った。総大将は次男の晋王楊広（のちの煬帝）で、補佐するのが高熲、六合（江蘇省）から出発して長江を渡り、正面から都建康（現在の南京）をつく本隊を率いる。さらに長江の上流からは、晋王の弟の秦王楊俊が襄陽（湖北省）から漢水を下り、永安（四川省）からは楊素が三峡を一気に流れ下って、それぞれ水軍を率いて合流する手はずになっていた。

明けて翌九年の元日、建康一帯に濃い霧がたちこめた。その隙をついて、隋の先鋒部隊が二手から渡江した。一隊は下流の広陵（揚州）から、率いるのは賀若弼、もう一隊はやや上流の和州付近から渡った韓擒虎と五〇〇の兵である。ライバルである両名は第一の功名を争い、一二日後、賀の部隊は東から、韓の部隊は西南からほぼ時を同じくして建康城内に攻め入り、ついに一歩の差で韓擒虎が陳の皇帝（後主）陳叔宝を捕獲した。

陳はこうしてほとんど抵抗らしい抵抗もなく滅亡した。四〇〇年におよんだ分裂のなか、激しいせめぎあいをしてきた南北対立からみれば、あまりにもあっけない結末に映るが、侯景の乱後の荒れはてた江南にかろうじて命脈を保った陳朝にとって、これが限界であった。陳叔宝をはじめ陳の官人や眷属らは長安に送られ、「南朝四百八十寺」と詠まれる都建康は、二度と立ち上がれないまでに徹底的に破壊された。このあとなお数年、江南豪族の高智慧らの反抗はつづいたが、大勢を変えるものではなく、長江の中下流域以南の領域三〇州、住民五〇〇万～六〇〇万戸（一戸五人として人口二五〇〇万～三〇〇〇万）が、隋のものとなった。

関中本位政策

陳の平定に動員された隋軍は総勢で五一万八〇〇〇人、その主力は正規兵の府兵が占めていた。領土の統一が実現し、もはや大量の兵力を動員することもない。それをうけて、翌年五月、府兵制の改革が打ち出された。

府兵制は五三〇年代ころから、西魏において形を整えてきた軍事制度で、すでに半世紀の歴史をもってきた。その制度のもと、民籍に入り通常の税役を負わされた一般民と異なり、

陳平定進軍図

兵士とその家族は兵籍（軍籍）に登録され、軍府とよばれる統轄機関に所属し、戦時のさいは勿論、日常の生活でも行動をともにした。かれらは必ず軍府に属するところから、府兵（制）の名がつけられた。軍事優先の時代のなかで、専門兵を確保しつつその生活基盤も保証するものとして、この兵民分離の体制がもっとも有効な形態として定着した。

しかし統一が実現して、軍事が優先の時代は終わった。この膨大な兵力をどう整理しつつ維持するか。そこで開皇一〇年の改革が打ち出したのは、㈠兵籍をやめ民籍に一本化する、㈡しかし従来の軍府の制と所属兵士はのこす、㈢一方で旧北斉地域や陳との前線、北辺の固めなどに配した新設軍府を廃止する、ということであった。

府兵制と兵士の問題は後に詳論するとして（第七章）、ここで注目したいのが、㈢の問題である。これは軍府の大幅削減であるが、逆にいうとこれにかからない地域の、旧来の軍府は削減の対象にはならない。当然それがあてはまるのが、長安を中心とする関中地域において、西魏＝北周以来設置されてきた軍府となる。軍府が一番多く、兵員のもっとも多い関中ではそれらを存続させ、非関中地域では大幅に減らされる。その地域的なアンバランスこそが、隋の全国統治の基本となった。

隋の文帝は、高熲ら関隴系の人材によって立案された政策と、関中に集中させた軍府＝正規軍の圧倒的な力をバックに、いわば「関中本位」の立場から、全国支配の体制を築きあげた。開皇一〇年（五九〇）はその体制が確立した節目の年であった。

隋文帝の仏教政策とその展開

こうして隋の路線は確立し、以後安定した政治が進められるはずであったが、実際は予想と異なっていた。いまそれを、仏教という変わった切り口から見てみることにする。

中国史上、仏教に傾倒した皇帝は多い。そのなかで、よく名前のあがるのが南朝梁の武帝、そしてこれにならぶところに隋の文帝がいた。

文帝の出生をめぐって、こんな話がある。かれは馮翊郡（同州。陝西省）の般若寺で生まれた。そのとき智仙尼なる一人の尼が東方から現れ、この子は俗界で育ててはいけないといい、あずかって別棟で養育した。あるとき実母がかれを抱くと、急に頭から角が生え、体中が鱗におおわれた。母親が驚いて床に落とすと、尼が、ああこれでこのお子の天下取りが遅れてしまったと嘆いたという。

一風変わった誕生譚を紹介したが、じつはこれはれっきとした正史『隋書』の冒頭の記事であり、文帝と仏教のふかい繋がりが示唆されている。北周の武帝は、五七四年に北周で、五七七年には征服直後の北斉領内で、仏教弾圧を断行した。いわゆる「三武一宗の法難」の

第二回目にくる廃仏である。そして仏教界が甚大な痛手をうけていたときに、隋の成立となった。仏教界は新生隋朝に仏教再興のチャンスを託し、文帝側もそれに応えることで、前朝とはちがう王朝である正当性を手にする。逸話からは、そんな仏教界と文帝との交錯した思惑が読み取れる。

実際、文帝は即位直後、信者たちの出家を許し、経典や仏像をつくる自由を認め、都や洛陽などの中心仏寺や朝廷内に、経典全集である一切経（いっさいきょう）を備えさせた。これらの処置は衝撃的で、抑圧されていた仏教活動は一気にたかまり、仏教側の記録では、文帝一代で「度僧二三万人、建寺三七九二ヵ所」にもなる回復をみたという。ただし文帝は国の財政をそのために費消させず、個人が前面にでた梁の武帝とはちがい、仏教と一定の距離が保たれていた。

その仏教政策が開皇二〇年（六〇〇）を境に様子を変える。この年の暮れの一二月三日、突如仏像と道教の天尊像その他造像にたいし、一切の破壊や窃盗を認めないという奇妙な詔勅が下った。それを犯せば俗人は不道罪、僧侶、道士は悪逆罪にあてる、つまり、国家転覆の謀反罪とならぶ極刑に処するという、何か異常さを予感させるものであった。その一方で同年、仏教の一派の三階教（さんがいきょう）が禁圧を受けている。

灰陶僧俑（河南省安陽市張盛墓出土。開皇14年〈594〉）　この姿形の存在から、隋代仏教界の復興の様子がうかがわれる

そして翌年（六〇一）、年号

が仁寿と変わった六月一三日、「舎利を諸州に頒つ」との命令が出た。文帝の還暦を迎えた当日である。仁寿年間に三回、合計一一一ヵ所の寺院に石塔を建て、中央から頒布された仏舎利を埋納する事業の始まりである。これは一見、仏教の布教・浸透を系統的に進める宗教行為であるが、じつは国家が主体となって進めた政治的事業としての色彩も帯びていた。

この舎利配置の詔が出された同じ日、六〇一年六月一三日、これに先立って、中央の大学「国子学」に学生七〇名を残すだけで、あとの一切の学校を廃止するという前代未聞の命令が出された。中央だけで一〇〇〇名近く、地方を含めると相当の数になる定員が、わずか七〇名に減らされる。理由は、これまで儒学の教えの重要さに鑑み、中央地方に学校を配してきたが結局効果がなかったからという。家柄主義に代わる重要な人材確保のコースとなる学校を、実質廃止にする、そう命じた同じ日に、舎利の布告が出された。そこから、国家の軸足を儒教から仏教へ移行させていく意思を読み取ることができるだろう。

文帝の仏教政策の行き着いた先が、国政に仏教が重なる状態となる。なぜそのような変質となるのか。それを知るには、開皇二〇年前後の政治状況を見直さなければならない。

開皇二〇年の政変の背景

開皇二〇年（六〇〇）は重大な政治事件の年であった。一〇月に皇太子楊勇が廃され、一一月に次男の晋王楊広が新皇太子に任じられたことである。前述の反廃仏毀釈ともいうべき命令は、廃立をめぐる決着がついてすぐに出されたのであった。さらに前年の一九年には、

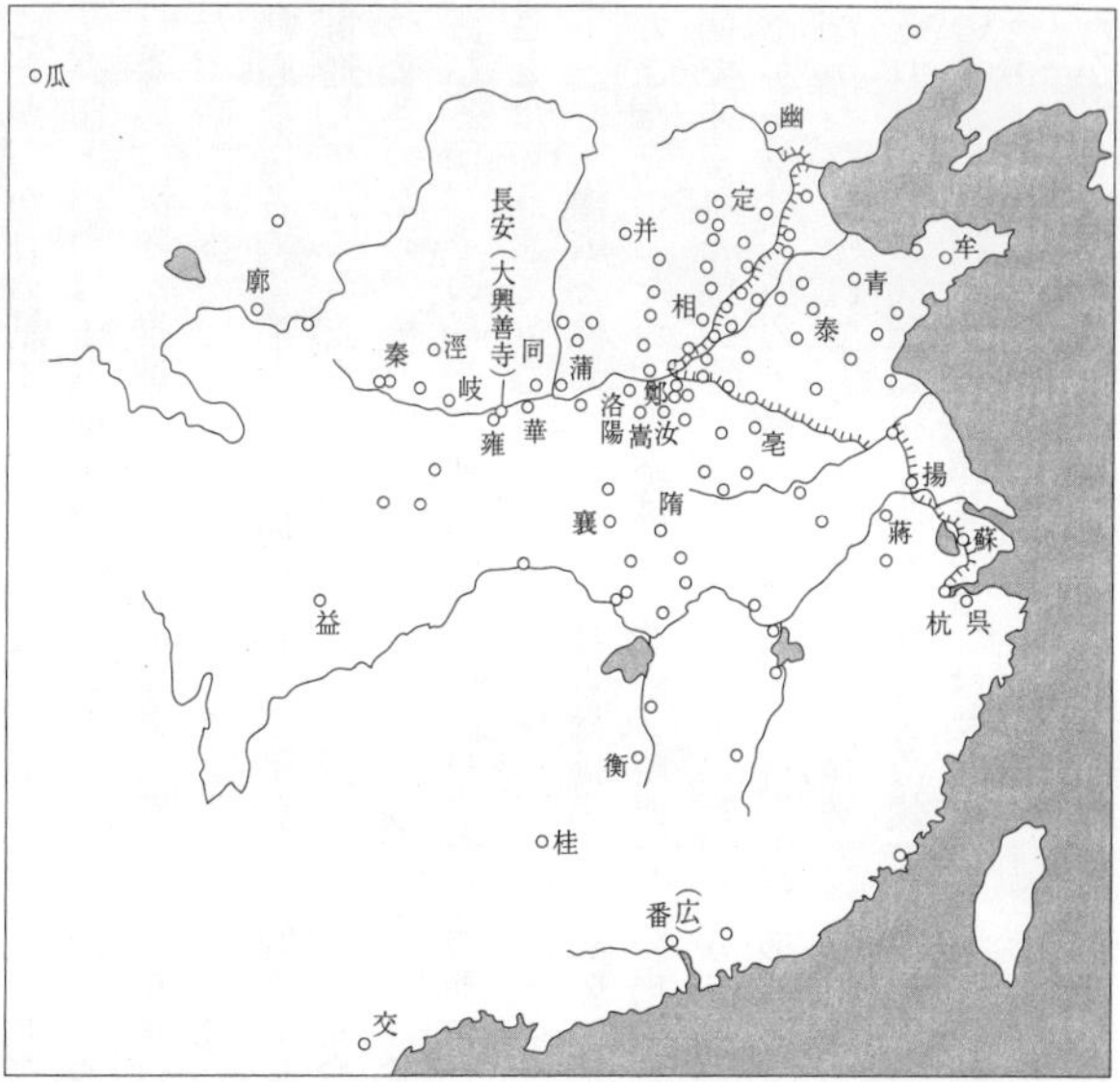

隋仁寿舎利塔建立地点図（仁寿年間3回、111所）

ずっと宰相をつとめてきた高熲が姿を消し、仁寿元年（六〇一）にそのポストに楊素がついた。高熲と楊勇の失脚、楊広と楊素の登場は、相互に関連しあった動きであった。

高熲が失脚する直接の契機に、さらに前年開皇一八年（五九八）の高句麗遠征があった。この出兵は、文帝の第五子、漢王楊諒（ようりょう）を総大将にし、高熲が実質的に取り仕切る形でなされ、惨憺たる敗北に終わった。その結果、高熲が敗北の責任者とされた。事実、この出兵にかれはもともと賛成ではなく、拡張政策よりも内政の充実に力を入れることが、かれの基本方針であった（三五〇―三五一頁）。

高熲と楊勇は子供同士の結婚による姻戚の関係にあったが、両者を結んだのはそれだけではない。高熲が推進する関中中心主義の路線を、楊勇は将来皇帝として継承する立場にあった。高熲はまた、末法思想の広まった北斉時代の河北に起源をもつ新仏教、信行の三階教の熱心な信者で、都大興城に置かれた三階教の真寂寺（唐で化度寺と改名）は、かれの屋敷を寄進して造られたものだった。この宗派は信者の財産や醵金（布施）を集めた財力と団結のつよさのため、権力側のターゲットになり、しばしば禁圧を受けて八世紀前半の玄宗治下で滅びるが、その最初の弾圧が前述の開皇二〇年であった。高熲の失脚がそれに関係していることはいうまでもない。

一方、楊広と楊素である。かれらは楊勇―高熲の主流にたいし、傍系から遅れて割り込んできた立場にたつ。楊素は弘農華陰（陝西省）の楊氏という名門の嫡流で、武将・文官の両面ですぐれた能力を発揮し、本来であれば早くから関隴系の本流を歩むべき位置にあった。だがかれは、能力・家柄ゆえに人一倍自信家であることが災いして、うまく時流に乗りきれなかった。それでも陳平定後の江南残存勢力を掃討して、いよいよ中央政界に乗り出すが、それはつねに高熲に次ぐナンバー2の立場であり、世人からは才能実力においては高熲をしのぐが、宰相としての識見風格では及ばないと評された。

つねにナンバー2であることは、楊広も同じであった。いや、楊素よりもっと大変であったかもしれない。晋王から皇太子への距離は絶対的に遠く、そのうえ兄が皇帝となれば生命すら危うくなる。かくして、自分の才能に満々たる自負心をもち、政治的な野心もつよかった楊広は、立場を共有する楊素にひそかに接近する一方で、状況をかえる大勝負に出た。母親の独孤皇后を自分の側にとりこむことであった。

独孤皇后

文帝の皇后独孤氏は、宇文泰の西魏政権に協力した独孤信の七女である。独孤信の娘は、ほかに長女が北周明帝の皇后で、四女が唐の高祖李淵の母、したがって北周―隋―唐の三朝は、独孤氏を介して姻戚の関係で結ばれる（一〇頁系図参照）。独孤氏は匈奴系といわれるが、鮮卑系が主体となる関隴集団のなかで、何か特別の位置を占めたようである。

　独孤氏は一四歳のとき楊堅と結婚したが、そのさい彼女は一つのことを誓わせた。異腹子をつくらない、つまり他の女とは一切関係はもたないと。一二歳年上の楊堅はそれを受け入れ、皇帝になった後もそれを守った、いや守らされた。ただ一度だけ、宮中の奴隷となっていた尉遅迥（うっちけい）の孫娘と関係をもったが、独孤氏に嗅ぎつけられ、文帝が政務に出ている隙に殺害されてしまった。

　それを知った文帝は、怒りのあまり、単騎宮中を飛び出した。恐妻家のかれには、独孤氏を面と向かって責められなかったからである。後から追いついた大臣の高熲と楊素に、「おれは天子なのに、女一人自由にできないのか」と当たりちらすと、高熲に「たかが一婦人の仕業、それと天下とどちらが大切か」とさとされた。文帝はそれで気をしずめて宮中にもどったが、後日皇后は高熲が自分を「たかが一婦人」とよんだと聞いて、ふかく根にもった。

彼女の男女関係における潔癖性は、皇太子楊勇にもむけられる。日ごろ女性への素行がよくない楊勇は、雲氏という女性を寵愛するあまり、皇太子妃の元氏に不可解な死に方をさせ、母にきつく睨まれた。それをみた晋王楊広は、兄の太子としての不適格さと自分の身辺のきれいさを陰に陽に印象づけ、ついに母の気持ちを取り込むことに成功した。

そうしたときに高熲も女性のことでミスを犯した。高熲が妻を亡くしたときのこと、後添えをどうかと文帝から勧められたのにたいし、かれは「年老いた私は、政務から下がれば静かに経典を読むのが日常、いまさら妻を迎える気はありません」と、涙ながらに断った。だが後日、かれの愛妾が男児を出産した。独孤氏はそれを、高熲が皇帝の善意をふみにじりあざむいた行為とみなし、失脚させる口実に使ったのである。

楊広の江南趣味

楊広はこうして母独孤氏を取り込み、高熲を除き、最後に兄を追い出し、取って代わって皇太子位につくことに成功した。そこに至るまでのかれの軌跡をみてみると、不思議と江南、大きくは南朝系の人や物とふかい関わりをもつことに気づかされる。

その第一は妃となる蕭(しょう)氏、のちの蕭皇后である。彼女は南朝梁の流れをくむ後梁の明帝の娘で、訳あって民間で育てられたが、性格がやわらかくまた教養ある女性であった。この蕭一族は崇仏家として知られるが、彼女もその例に漏れず、熱心な仏教信者であった。長男楊勇の妃が北魏王室に連なるであろう元氏、一方次男楊広の妃は南朝系ときて、兄弟はそれぞれの妃の出自によっても、足場の置き方がちがっていた。

仏教という点でいえば、天台宗の開祖、智顗（ちぎ）が関係してくる。智顗は、南朝梁に仕えた官僚の家の出、出家後は光州大蘇山（河南省）の慧思（えし）（南岳慧思）について学び、のちに陳の都建康に出て講説にあたり、皇帝・貴族らの尊崇を集めた江南随一の高僧である。そのかれに、陳の滅亡後、楊広は熱心に働きかけ、ついに自分の治所の揚州で授戒説法を受け、智顗には智者（大師）の称号を贈った。

陳の後主が投身避難した井戸

ただ楊広の智顗にたいする帰依も、どこまで信仰から発したものであったか疑問がのこされる。じっさい楊広の仏教信仰ははっきりせず、おそらく江南全体を統轄する揚州大総管の立場から、智顗をつうじて旧南朝陳系の人心を掌握するという政治的意図から出ている面がつよい。

と同時に注目されるのが、楊勇—高熲に連なって存在感を増していた華北の信行の三階教に対抗する、という側面である。いわば、自らの精神的な立場を際立たせるべく、智顗の天台宗へつよく傾斜したことである。三階教と天台宗は、地域的にも、よってたつ基盤にしても、時代を代表する好対照の新仏教として、政治とつながりをもつことになった。

その高熲との間には、こんな事件もあった。陳の後主陳叔宝の愛妾に、妖艶な美しさで北にも知られた張貴妃（名は麗華）というものがいた。開皇九年（五八九）、隋軍が建康に攻め込んだとき、楊広は彼女を生かしておくように命じたのにもかかわらず、現地で指揮をとる高熲は、それは必ずや隋の政治を乱すもとになると判断し、一存で殺させた。報告を聞いた楊広は、あいつめと歯軋りし、いつかきっと仕返しをしてやるぞと叫んだ。これは南方社会をめぐる高熲と楊広の違いを映し出す一事である。

開皇二〇年の政変の意味——遣隋使がみた隋の風景

かくして、開皇二〇年（六〇〇）に明らかとなる皇太子の交代は、たんなる兄弟間の確執の結果とだけでは片付けられない背景が浮かび上がる。それを大きくまとめるならば、楊勇—高熲の路線の基軸にあったのは、関中本位政策の継承発展の方向であり、たいする楊広—楊素の路線は関中本位を離れ、江南をふくめた広い基盤の上に権力の構築をもとめる方向であり、その延長には東アジア政策の積極的な展開も視野にはいる。

この関中本位の路線から非関中への転換は、従来の理解では、煬帝政権の成立をまって明確化する、つまり文帝と煬帝の違いという形で考えられてきていた。しかしさらに詰めていくと、じつは楊広を皇太子に代えた段階から、文帝みずから路線の転換を選択していた、というところに行き着く。そして、そうした政治上の動向を浮き立たせるところに、仏教がつねにからんでいた。仏教はその意味からもこの時期、大きな政治的役割をになったのである。

仏教が前面に出ていたその開皇二〇年に、じつは倭の遣隋使が隋都大興城を訪れている。遣隋使というと、わたしたちはふつう、隋の大業三年（六〇七）、倭の推古朝一五年、多利思比孤が出した遣使を思い浮かべる。「日出ずる処の天子、書を日没する処の天子に致す。恙無きや云々」の書き出しで有名な国書をもたらし、煬帝を怒らせたというそれである。使節は小野妹子で、多利思比孤とは聖徳太子か倭王（推古天皇）を指す。

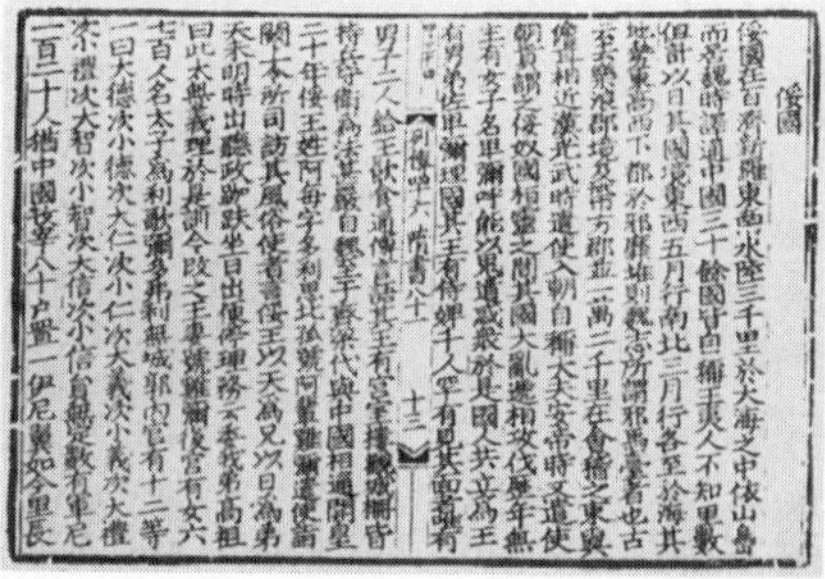
倭國
倭國在百濟新羅東南水陸三千里於大海之中依山島
而居魏時譯通中國三十餘國皆自稱王夷人不知里數
但計以日其國境東西五月行南北三月行各至於海其
地勢東高西下都於邪靡堆則魏志所謂邪馬臺者也古
云去樂浪郡境及帶方郡並一萬二千里在會稽之東與
儋耳相近漢光武時遣使入朝自稱大夫安帝時又遣使
朝貢謂之倭奴國桓靈之間其國大亂遞相攻伐歷年無
主有女子名卑彌呼能以鬼道惑衆於是國人共立為王
有男弟佐卑彌理國其王有侍婢千人罕有見其面者唯有
列傳第四十六　隋書八十一　十三
男子二人給王飲食通傳言語其王有宮室樓觀城柵
皆持兵守衛為法甚嚴自魏至于齊梁代與中國相通開皇
二十年倭王姓阿每字多利思比孤號阿輩雞彌遣使詣
闕上令所司訪其風俗使者言倭王以天為兄以日為弟
天未明時出聽政跏趺坐日出便停理務云委我弟高祖
曰此太無義理於是訓令改之王妻號雞彌後宮有女六
七百人名太子為利歌彌多弗利無城郭內官有十二等
一曰大德次小德次大仁次小仁次大義次小義次大禮
次小禮次大智次小智次大信次小信員無定數有軍尼
一百二十人猶中國牧宰八十戶置一伊尼翼如今里長

『隋書』倭国伝　文帝の開皇20年（600）、倭の使いが大興城（長安）を訪れた記録が残っている。最初の遣隋使と思われる

だが、この使節をその面だけで論ずるのはやや不満である。じつはこのとき、使者は「海西の菩薩天子が重ねて仏法を興されたと聞き、沙門（僧侶）数十人に仏法を学ばせるために来ました」と、来訪の主目的を語っている。なぜこのような発言が出てくるのか。もちろん菩薩天子とは、時の皇帝の煬帝と一応はなるが、かれはそういわしめるほど必ずしも仏教に傾倒してはいない。それなのにこうも大勢の沙門をともなったのは何故か。

この点を解き明かすものとして注目されるのが、これより七年前の文帝の開皇二〇年（六〇〇）に、同じ多利思比孤による遣隋使があったことである。これは『隋書』倭国伝にだけ記録されているが、今日これを第一回の使者とみる考え方が定着しつつある。私もその立場にたつ。とすれば、このとき、使者は隋の様々な先進文物や文化のなかで、何よりも仏教の存在の大きさを目の当たりにし、また政界をおおう厳しい空気も肌で感じ取ったはずである。そうしたかれらのもたらした情報が、冠位十二階（六〇三年）や十七条憲法（六〇四年）の制定など一連の体制整備をうながすとともに、七年後の大規模な仏教使節となったと説明できるように思われる。

煬帝の「暴政」と隋末の大動乱

文帝の時代から煬帝の時代へ――隋後半期の政治と社会

文帝は仁寿四年（六〇四）七月、六四歳で亡くなった。晩年にはその政治の姿勢に翳りがみられたとはいえ、在位二四年間をふりかえれば、国家の統一と新国家体制の確立による、社会の安定と民生の充実をもたらしたといえる。その治世をつうじて、人口（戸数）は四〇〇万戸に満たないところから八九〇万戸にまで倍増し、倉庫は徴収された穀物などで満ち溢れたという。まずは名君の一人に数え上げてよい存在であろう。

そして煬帝の時代となる。足掛け一五年におよんだ煬帝の在位は、大きく二つの時期に分けられる。大業七年（六一一）に至る前半は、意気揚々と動いた時期。その勢いを駆って大業八年から始めた高句麗遠征の泥沼にはまり、全土に巻き起こる反乱の嵐のなかで、なすすべもなくデカダンな生活を送ったあげく、大業一四年（六一八）三月に殺されるまでの後半期である。父文帝とは一転した「暴君」「暴政」のイメージは、このようななかで定着した。

　前節のしまいで少しふれたが、かれが目指したのは、いわば脱「関中本位」の路線にそった政治的基盤の形成と国家体制の確立であった。すでにそれは、文帝が皇太子を兄の楊勇から楊広に代えた段階で兆し、煬帝即位をまって本格化する。東都洛陽城の造営、大運河開鑿（かいさく）に代表される諸政策や高句麗遠征などの一連の対外行動は、いずれもその視座から説明ができる。文帝から煬帝への推移は断絶ではなく、隋という王朝がとおる必然の道として受け止めてよいだろう。

　ただ文帝と煬帝は、政治手法において大きく異なった。前者が衆知を集め着実に体制固めを進めたのにたいし、後者は文帝時代の蓄積を背景に、みずからが先頭に立ち一気に事を運ぼうとした。そうまでして先を急いだわけは、一にかれの持ち前の資質と満々たる自信からであるが、同時に、兄を引きずりおろし、弟たちを潰し、父をも手にかけて権力を得た代償として、よい結果をより早く出したいというあせりがあったからではないか。

　そしてそのあげくにまっていたのが、中国史上に例をみない数百もの反乱集団が蜂起するという動乱であった。しかし煬帝も隋朝のたどるべき政治コースからけっして逸脱していない以上、これら動乱は、直接には煬帝の「暴政」に端を発したとしても、本質的には隋代全体、さらには南北朝以来社会各層に集積した様々な矛盾にたいする、民衆側からの異議申し立ての意味もあった。民衆があれだけの膨大なエネルギーを爆発させるには、煬帝一代だけの事情では説明できないというのが、私の考えるところである。

即位をめぐる顚末

大興城（長安）から西方、岐山（きざん）の山並みの北側につくられた豪壮な離宮、仁寿宮（唐の九成宮）。文帝は臣下たちの手を一人一人にぎって最後の別れをしたあと、静かに息を引き取った。というのは表向きのこと、じつはそこに緊迫した事態があった。

独孤皇后がその二年前に亡くなったのち、解放された文帝は陳氏（宣華夫人）と蔡氏（容華夫人）をもっともかわいがった。両妃とも陳平定後に後宮に入った南朝系で、陳氏は陳の宣帝の娘であった。一方、皇太子楊広も、かねてから両人に目をつけていて、父の病が重くなったとき、まず陳夫人に関係を迫った。それを聞いた文帝は怒って、「わが子楊勇を呼べ」と命じた。改めて皇太子の廃立をし直す、という気持ちからである。

前皇太子楊勇は当時、大興城内で幽閉状態に置かれていた。話を聞いた楊素は、ただちに楊広に連絡をとり、東宮の兵士で文帝の寝殿のまわりを固めると、張衡なるもの一人をのこし、中にいた女たちをすべて外に出させた。そのあと急に文帝は「崩」じた。そして同夜、楊広は陳夫人を無理やり呼んで「烝」し、また別のおり蔡夫人も「烝」したという。烝とは皇帝ないしそれに準ずるものによる淫らな行為、私通を指す。

右の経緯から、楊広が二人の女性に体現される江南的な美しさにいかに魅かれていたか想像できるが、それは父の女に手を出し、あげくは父の命をも奪うという、儒教的な倫理観では許されない行為と引き換えであった。こうしたあり方は、レビレート婚（父の死後その女性たちを息子たちが継ぐ婚姻形態）にみられる北方遊牧民的な習俗と重なり、そして後の則天武后が登場するケースとも接合する。ついでにいえば、このような代替わりをめぐる深刻なトラブルは、つぎの唐朝になってもつづき、楊広の場合はまさにその先駆けであった。そうした意味で、隋唐国家の本質にはなお北族的な血が脈打っていたのである。

こうして皇太子楊広は、皇帝位を継いだ。煬帝である。兄の楊勇はそれに先立って殺された。一方、并州総管（山西省）の地位にあった弟の漢王楊諒（りょう）は、兄の帝位についたことを聞いて反乱に立ったが、短期間で潰された。独孤皇后が生んだ五人の男子のうち、のこる三男の秦王楊俊は、数々の乱行のあげく妃に毒を盛られ、それがもとで病没し、四男の蜀王楊秀は、皇太子になった楊広に嫌われて幽閉され、最後は煬帝とともに殺された。結局五人ともまともな死に方ができなかった。

煬帝（左の人物。『歴代帝王図』）　父文帝と兄弟の命を奪って帝位についた

煬帝政治の始まり――大運河の開鑿

煬帝は漢王の反乱が平定され、即位をめぐる一連の措置が終わるのをまって、一一月洛陽に移った。そして年が明けた大業元年（六〇

五）、この地に政治基盤を置くために、まず宇文愷らに新都の造営を命じ、翌年正月に完成させた。旧洛陽（漢魏洛陽城）から西に二〇キロほど移った場所に、洛水をはさんで南北に広がる都城ができた。煬帝はここを東京といい、ついで東都とよび、事実上の首都にし、かれが思い描く新政の足場にした。

煬帝がここで手がけた仕事は、なんといっても大運河の開鑿である。中国世界を特徴づける乾燥した華北と湿潤の華中・華南、その両地域をどう結合させるかは、古来中国為政者の大きな政治課題であった。ことに長い分裂のはてに統一を実現した隋にとって、中央集権の体制を安定させ、かつ生産力の高まった南の物資を北に運び、増大する都市消費人口に対応させるためにも、その課題は大きかった。それにもっとも適するのが水運であるが、黄河、淮水、長江など主だった河川はすべて西から東に流れ、南北をつなぐものはない。煬帝はそこに人工の力で踏み込んだ。

それをまとめるとこうなる。

大業元年三月　通済渠（黄河―淮水）河南淮北諸郡の男女百余万人を動員
同年同月　邗溝（一名山陽瀆、淮水―長江）淮南の民十万余人を動員
四年正月　永済渠（黄河―幽州）河北諸郡男女百余万を動員
六年一二月　江南河（長江―杭州）動員数不明

工事は当然既存の河川や旧河道も利用されているが、それにしても大変な工事であった。
しかしこの結果、中国は南と北が運河という幹線ではじめて結ばれた。煬帝は早速、四層建

てで美しく彫刻の施された龍舟を建造させ、揚州（江都）まで船旅を楽しんだ。

とはいえ煬帝の登場は、民衆にとっては大変な災難であった。大業元年だけを例にとっても、新都洛陽城の造営に毎月二〇〇万人が徴用され、別に洛陽郊外に顕仁宮という豪壮な離宮をつくり、また新都に接して西苑という広大な庭園を築いた。江都行幸には沿道の住民たちが使役された。文帝時代とは一変した空気に、民衆たちはまず大変とまどったはずである。それにしても煬帝は本当に土木事業と動き回ることの好きな男であった。

内政と外交

煬帝が動き回ったのは国内にとどまらない。まず力を入れたのが、北方の遊牧国家突厥である。五五二年に柔然から独立して強盛となった突厥は、五八三年に東西に分裂し、以後東突厥は隋の離間策によって力を弱め、文帝期の末に隋から公主（最初安義公主、ついで義成公主）を降嫁された啓民可汗になって、隋に服属する形になった。この中国側から周辺民族に政略的に降嫁された公主（皇女）を和蕃公主（三二五頁）という。

煬帝は大業三年（六〇七）、この啓民の帷幕のある大利城（内モンゴル・和林格爾）付近まで、半年をかけた長旅をした。前述した宇文愷の観風行殿や大型テントで突厥側を驚かせたのがこのときである。また忠誠の証として、啓民以下諸部族の首長を先頭に、行幸の道筋の草を刈り取らせている。長城の北側一帯は、当時まだ豊かな草が繁茂していた。

翌年もやはり半年かけて、西北の五原（内モンゴル）から北辺をめぐり、最後は恒山（河北省）の祀りをした。つづく翌五年（六〇九）には、伏俟城（青海省）を本拠として盛時を迎えていた吐谷渾の討伐を兼ねて、西方に出、西平（西寧）付近から北上し、祁連山を越えて張掖（甘粛省）に出た。その間、先遣部隊は伏俟城を突き、吐谷渾主伏允を西方に追い出した。また張掖では高昌王麴伯雅らを引接し、ここに西域方面とのつながりができた。

そして翌六年（六一〇）正月、西域諸国の族長らを集めて、盛大な国際フェスティバルと交易会を洛陽で催した。会場は端門（南正門）街広場、明かりを煌々と照らしたなかで、昼夜を徹してサーカスや音楽などの催しものが演じられた。これが後世の元宵節の始まりになったといわれる。一方、交易会場は豊都市（東市。唐の南市）で、店頭を美しく飾り珍貨を山盛りにならべ、酒食は食べ放題、飲み放題の酒池肉林だった。胡人たちは中国の豊かさに驚きつつ、街頭には着るものもない貧者がいる、それは何故かと皮肉ることも忘れなかった。

これら一連の辺境への行幸は、煬帝の個人的な欲望からだけで説明できるものではない。辺境防備の体制の固めや各方面の首長との連携、道路の整備などは、皇帝が直接出ることで完結する。先の運河を使った江都への船旅も、遊興の形をとりつつ、初めてつながった動脈が有効に機能するか、総合チェックも兼ねていた。一極集中の専制権力下では、そうした行幸がないと仕事がおざなりになるのは、いつの時代でも同じである。

こうして国内の体制は固まり、北から西北そして西の方面は押さえがついた。のこるは東北、具体的には高句麗ということになる。そのために永済渠が幽州（涿郡。現在の北京）まで引かれていた。

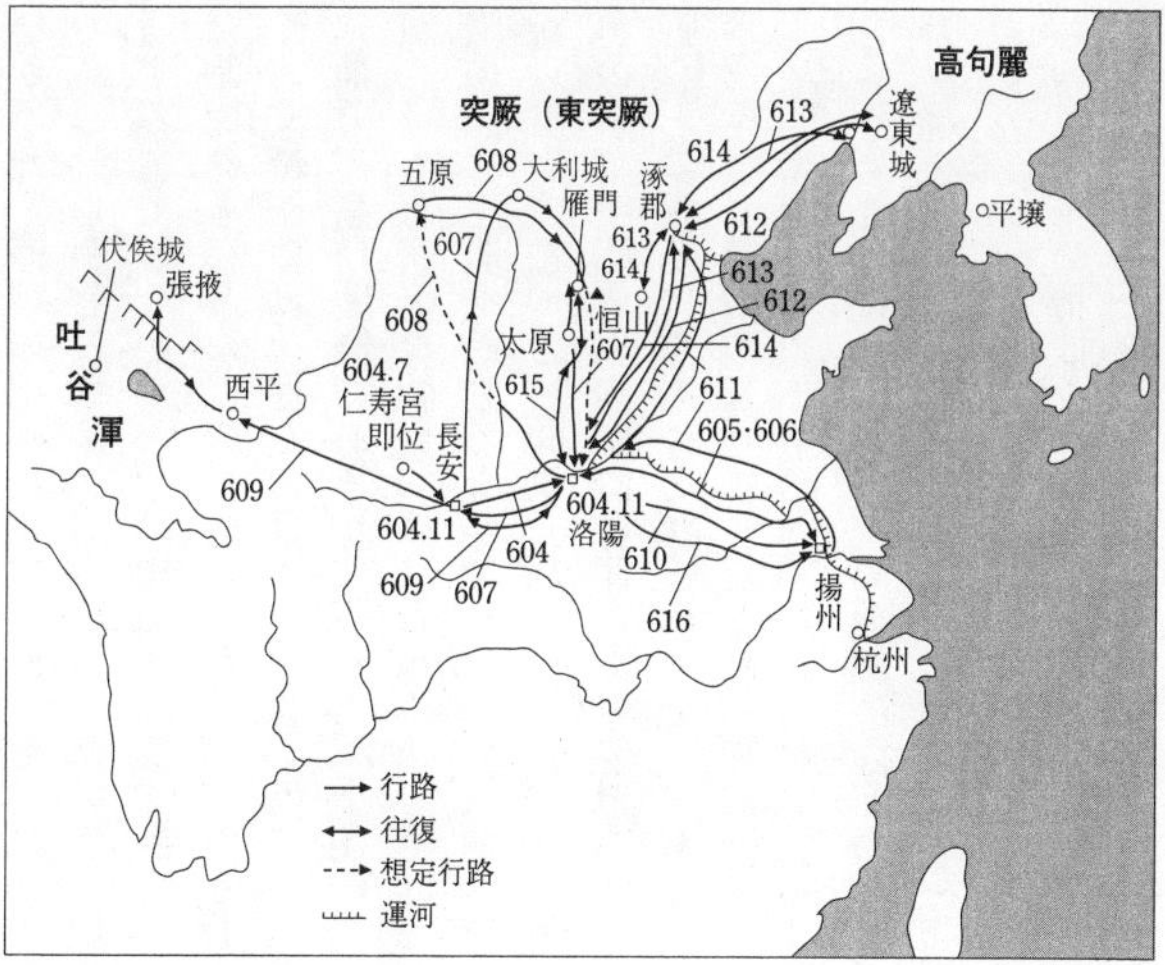

煬帝治政中行動図

高句麗遠征

中国東北の遼水より以東、朝鮮半島にかけての地には、六世紀の前半までに、北の高句麗に南の百済、新羅という三国分立の形勢ができあがっていた。そのなかでもっとも強盛であったのが、平壌（旧楽浪郡治）に都を置く高句麗であるが、隋が成立するとすぐに朝貢の使者を送り、良好な関係を築いた。しかし隋が全土を統一すると、高句麗は矛先が自国に向けられるのを警戒して、関係が次第に疎遠となった。はたせるかな開皇一八年（五九八）、漢王楊諒を主帥とする水陸三〇万の隋軍が侵攻してきた（三四九頁）。

この出兵は隋軍の惨敗で終わったが、それにしても隋の出兵は唐突で素早かった。直接の出兵理由は、その直前にあった高句麗による靺鞨をしたがえての遼西侵攻である。しかしこれは、隋の営州（遼寧省）総管の韋沖に撃退されていて、改めて大軍を派遣するまでもなかった。高句麗側を甘くみて、これを口実に徹底的な懲罰を加え、あわよくば制圧をと目論んだのであろうが、前節でふれたように、宰相の高熲はこれに積極的ではなく、文帝がそれを押しのけての路線転換であった。

他方、高句麗側であるが、隋から「上開府儀同三司・遼東郡王・高麗王」の冊封を受けながら、なお密接な朝貢関係に委ねる途を選ばなかったのは、なぜか。おそらく国境を接し、隋の圧力を肌で感じるなかで、その先にある直接支配の意図を鋭く嗅ぎ取っていたからに他ならない。じっさい開皇一八年の派兵がその予想を的中させ、不信感を確実にした。よく冊封の言葉で隋唐期の国際秩序が説明されるが、その背後に隠された隋唐王朝の直接支配への野心と緊張関係をもっと深く受けとめる必要があるだろう。

こうして煬帝の三回にわたる高句麗遠征が始まった。

大業八年（六一二）正月、大軍が幽州の地に集結された。その数一一三万、公称二〇〇万という。これに食糧や物資の運搬部隊がつき、兵員の倍にのぼったというから、合計三〇〇万を越える膨大な動員である。全軍は毎日一軍ずつ出発し、すべて完了するまでに四〇日も要したという。こんな伸びきった戦線で、相互の連携も大変であるうえ、親征であるためいちいち皇帝の指揮を仰がなくてはならない。兵士たちはといえば、鎧で身を固め、武器や楯を手にしたところに、各自の食糧をもたされ、身動きがとれないという始末であった。

たいする高句麗側は、国土を守る気概に燃えるうえに、城を堅くし防備を厚くし、各所に伏兵を配して準備万全である。結局そうした抵抗に翻弄され、隋の水軍の一部は平壌近くまで迫ったものの、七月に撤退をよぎなくされた。遼水を渡って高句麗領に入った兵員が九軍三〇万五〇〇〇人、もどりえたのがわずか二七〇〇人という惨憺たる結果であった。このなかで主体をになった府兵制は機能不全の状態におちいった。

だが煬帝はあきらめなかった。翌九年再度態勢を整え、府兵に代わる驍果（ぎょうか）という新たな兵種を組織して、四月、遼東に攻めこんだ。しかし敵の新城（遼寧省）を攻めあぐねていたところに、六月、楊素の息子楊玄感（ようげんかん）が黎陽（れいよう）（河南省）で叛旗をひるがえした。全土が動乱状態になりつつあったなかでのはじめての政権内部の亀裂であり、煬帝は急遽とって返し鎮圧にあたった。三度目は翌一〇年（六一四）で、これを朝議にかけたときは数日間誰ものをいわなかったという。それでも煬帝は兵を出したが、逃亡はあいつぐうえ、相手の高句麗も疲れはてていた。ついに高句麗王高元（こうげん）が降伏を申し出たのを潮時に、さっさと引き返した。

三度の高句麗遠征の失敗は、隋の命脈を縮め、その東アジア拡張路線の破産を白日のもとにさらした。煬帝は全土に沸き上がる反乱のなかで、もはや打つべき手を失って江都（揚州）に籠もり、そこで最期を迎えることになる。

沸き上がる反乱、そして隋の滅亡

大業六年（六一〇）元日の早朝、白装束で弥勒仏を自称する一団が、香（こう）と華（はな）をささげ、洛陽皇城の建国門（端門）に現れた。門衛たちが頭をさげた隙に、突如かれらから武器を奪い取り、反乱を起こそうとした。これが、中国史上しばしばみられる弥勒の下生（降臨）による世直しを説く弥勒教の乱の始まり、そして隋末唐初の諸反乱の先駆けであった。

諸反乱は煬帝最初の高句麗遠征のころから強まり、楊玄感の反乱を契機に大きく燃え上がって、四川を除く全土に波及した。史書に「天下の人、十分の九を挙げて群盗と為る」といわしめる状況で、確認できる反乱集団だけでも二〇〇はある。その中心地は、とくに厳しい徴発や収奪を受けた華北平原中央部から長江下流域におよぶ地域であった。はじめかれらは山中や沼沢に逃げ込み、また「遼東（高句麗）に向かい浪死（無駄死に）するなかれ」の反戦歌を流して逃亡農民を糾合し、隋の官憲と正面から渡り合う力をつけていった。

こうして蜂起した反乱集団は、弥勒教のほかに大乗教を名乗るもの、奴賊とよぶ奴婢系統の決起、義児・仮子とよぶ擬似血縁的な親衛部隊の出現などと多彩な一面を垣間見せ、最後に一五から二〇程度の群雄勢力へと集約されていく。その代表的な存在には、関隴系の名門から出て群盗世界に身を投じた李密、農民の出身ながら人々の信望を集め、礼節の国を築いた竇建徳、あるいは長江下流域によった杜伏威・輔公祏などがあり、長江中流には後梁（南朝）の流れを汲む蕭銑が力をもった。

かれらの多くは在地社会とつよい繋がりをもち、中央に乗り出す意欲をもちながらも地方割拠勢力にとどまった。その地方性の強さこそがこの時期の特色で、多彩な民衆側の動きもあわせ、そこに隋の進めた中央集権化にたいする反動、つまり反煬帝とともに反隋の意識が

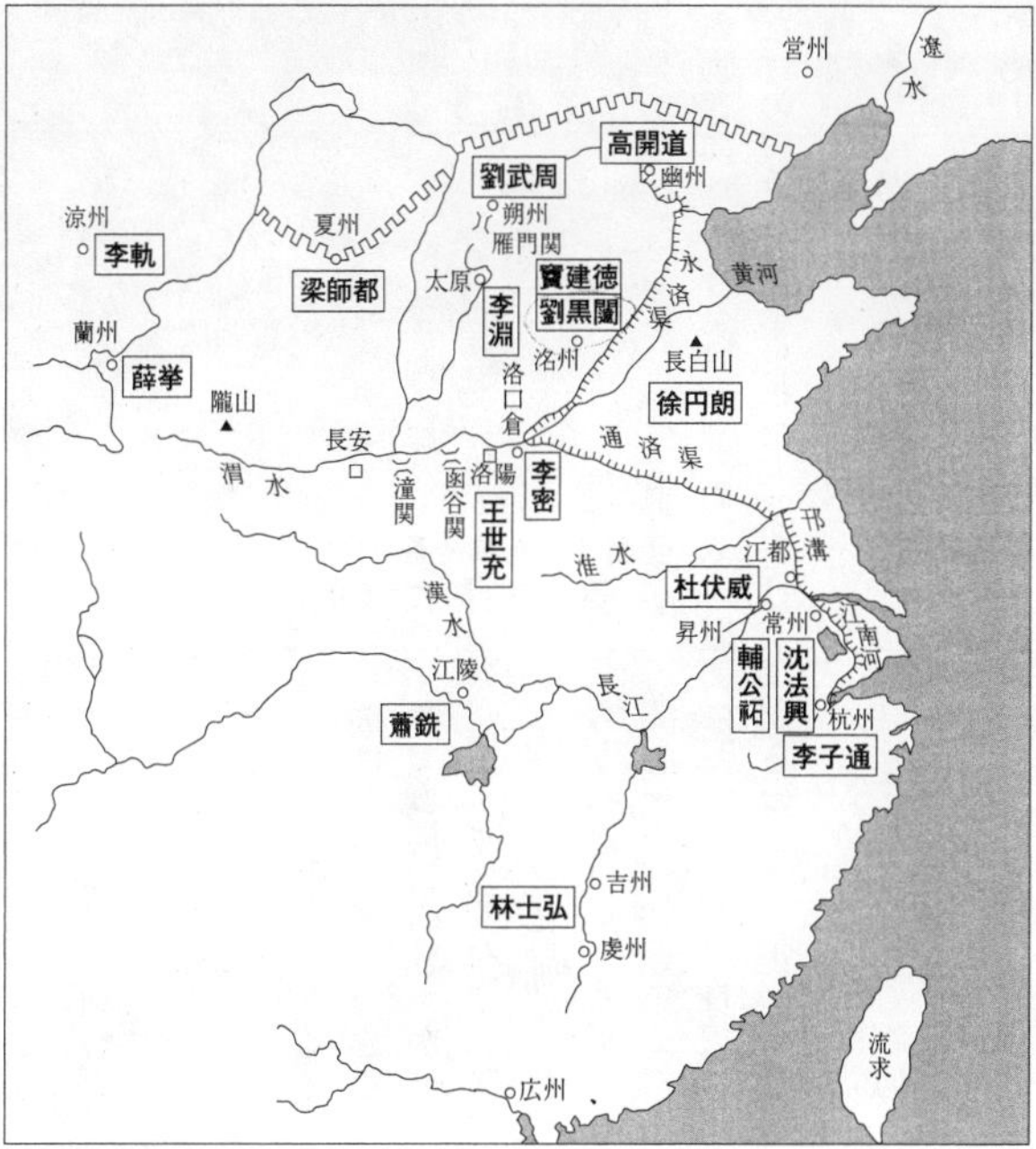
営州
遼水
高開道
幽州
劉武周
朔州
雁門関
涼州
李軌
夏州
梁師都
太原
李淵
竇建徳
劉黒闥
永済渠
黄河
洺州
長白山
蘭州
薛挙
隴山
洛口倉
徐円朗
長安
通済渠
渭水
潼関
函谷関
洛陽
李密
王世充
邗溝
江都
淮水
杜伏威
漢水
常州
昇州
江南河
江陵
長江
輔公祏
沈法興
杭州
蕭銑
李子通
吉州
林士弘
虔州
流求
広州

隋末唐初の群雄割拠図

発掘された煬帝墓　揚州市西郊外、2013年撮影。巻末の「補遺」参照

貫流していることが読みとれる。だがこれら地方群雄からは、隋に代わる普遍的な権力は生まれえず、太原（并州。山西省）留守の地位にあった関隴系主流の李淵に後がゆだねられるが、そのことは次章でふれることにしよう。

　最後に煬帝である。三度の高句麗遠征の失敗で、政権はもはや維持できないことを露呈したが、かれはそれでも再起のきっかけを求めて、遠征失敗の翌年（六一五年）、北方の突厥の根拠地近くに出かけた。しかし逆に突厥に雁門（代州。山西省）で包囲され、命からがら逃げ帰った。これ以後、かれは急速に政治への関心を失い、翌年（六一六年）江都に移ってからは世の動きに耳をふさいで、ひたすら遊興に明け暮れた。身辺に仕えるのは、皇帝にゴマをするだけの虞世基ら限られた人間だけ、高熲らのように正面から諫言できる人材は早くに処分されていた。

　そして煬帝は大業一四年（六一八）三月、北帰を求める動きに押された宇文化及の乱によって殺された。五〇歳であった。江南世界にあこがれた男としては、よい死に場所であったかもしれない。

第二章　唐の再統一とその政治

唐代の政治世界

　六一八年の五月に始まる唐の歴史は、一〇世紀初めの九〇七年、後梁の朱全忠(しゅぜんちゅう)にとって代わられるまでの三〇〇年近くにおよんだ。前漢と後漢をあわせて四〇〇年になる漢を別にすれば、中国史上もっとも長い命脈を保った王朝となる。だがこの唐朝も、一皮むけば厳しい政治的葛藤が渦巻き、権力をめぐる激突がどこまでも繰り広げられた。大唐帝国の名で知られる華やかさに包まれたその長い年代も、じつはけっして平坦な道ではなかった。

　そうしたいくつもある起伏のなかで、まず前段で特筆されるものに、則天武后(そくてんぶこう)という女性が現れ、一気に権力の頂点に登りつめる段階があり、唐朝は彼女の仕組んだ武周(ぶしゅう)革命によって、一時命脈を絶たれたのである。中国史上唯一となるこの女帝の時代が実現するには、当然権力構造の変化がともない、社会のあり方にも影響がおよばないはずはない。女たちもまたそこにかかわり、活発な動きを展開した。

　そしてその上に、とりわけ大きな事件として歴史を揺るがせたのが、八世紀の半ばすぎに勃発した安史(あんし)の乱(らん)（七五五—七六三）であり、これを契機に唐は様相を一変する。それは大きくいえば、隋に確立した律令体制をうけつぎ、統一国家としての体制がまだ整っていた前段の状況から、地方には藩鎮（節度使）の独立した勢力が現れ、中央では宦官が専権をふるい、また官僚たちは牛李の党争といわれる党派争いにしのぎを削るという、国家の力が大幅に制約される様態への変化であった。

この大きな変化は政治的体制的なそれにとどまらず、社会全体の様子やそこに生きる人々の思想や考え方にも影響を与えないはずはない。このことから、安史の乱に始まる変容は、つぎの宋につながる時代のうねり、中世（古代）から近世（中世）へ転換する重要なプロセスとして理解されることになる。宋代を扱うつぎの第七巻が、安史の乱から筆を起こすのもそうした意味においてである。

ただ同時に忘れてはならないのは、前半と後半とで表情がこのように大きく異なり、一見ちがう権力の主体がそこに生まれているかのような印象を漂わせながら、しかしそのじつ唐という王朝は存続している事実である。唐中央に刃向かった節度使権力にしても、結局最後までそれを越えることはできなかった。寸断分断されそうでいながら倒壊せず、一王朝としてつづいた重みはきちんと受けとめられる必要がある。

様々な起伏、そのあげく安史の乱による大きな断絶をみながら、しかしそれによってちぎれ飛ぶことなく三〇〇年もつづく。唐という時代は、そうした点から見ても、一筋縄では説明できないむずかしさと、それゆえの面白さをわれわれに訴えてやまない。いったいその王朝の求心力はどこにあったのだろうか。唐代史の本質につながるそのような問題を意識しつつ、以下、本章では、唐朝の成立から八世紀半ばすぎに勃発した安史の乱直前までのちょうど一世紀半の政治史を概観し、第三章では乱とその後の後半期の展開を追いかけることにする。

唐の旗揚げから玄武門の変

李淵立つ

隋末の動乱状況が最高潮に達しようとするその頃、その渦中からはずれやや静けさを保った場所があった。今日の山西省の省都となる太原（并州）の一帯である。そこを守るのが、太原留守の李淵であった。太原は都の長安や洛陽の北の固めとなる要衝で、北都ともいわれ、その要衝を皇帝の名代として守り、管内を治める全権が与えられたのが留守であった。したがってその役職に任じられるものは、隋室と特別の関係にあり、煬帝から信頼された重臣である必要があり、李淵もそうした条件を備えての就任であった。

李淵は隋室を興した楊堅と同じく、関隴系の主流から出た。祖父の李虎は武川鎮（内モンゴル）の出身で、西魏の建国にかかわり、その枢軸をなす八柱国の一人とされた。陳寅恪氏は、唐室のもとは漢族名門の趙郡（河北省）から出ているといい、また唐室じしんは出自を中国風に隴西（甘粛省）狄道の李氏と名乗るが、長く武川鎮で辺境防備にあたってきた過去や、大野氏という胡姓を使用していた時期があったことなどから、やはり隋室と同じく鮮卑・北族系か、それに近い漢族とみてよさそうである。

このような出自のうえに、前述したように李淵の母は独孤信の娘（四女）で、隋文帝の妻独孤氏（七女）とは姉妹となり、李淵は煬帝とは同年代の従兄弟同士であった（一〇頁系図参照）。李家はいわば隋室と同門で、本来それを支えるべき立場にあった。李淵は父が早く亡くなり、若くして家を継いだこともあり、年の割には老成した印象を与え、細かいことを気にしない親分肌のところに人望が集まった。対照的に煬帝は、独裁者として何でも自分でしなければすまず、猜疑心は人一倍強い。そのため煬帝は、この頼りにすべき李淵の存在を逆に警戒し、かれが病になったときなどは、そのまま病死することを願うほどであった。が、隋末の深刻化する事態は、そんな猜疑心だけに躊躇していることを許さない。煬帝はやむなく李淵を太原留守（りゅうしゅ）につけるが、腹心の王威と高君雅をその下につけ監視させた。李淵がこのように警戒されたのは、その家柄や人柄のほかにも理由があった。どうした訳か、その頃、「桃李子（とうりし）」がつぎの支配者になるという童謡が流行り、それが李姓のものを指すとみなされた。童謡とは文字どおりわらべ歌であるが、中国ではそれにかこつけて意図的に未来を暗示させる歌がよく流された。煬帝じしんそのことを知り、李姓のものに神経質になっていた。当時群雄の一人の李密がそれに相当する人物と有力視されたが、李淵に当てるものもいた。

李淵はそのようななかで、逃亡兵や官憲に追われた亡命者を匿（かくま）い、また領内の巡視に出ては人材の集結をはかり、密かに勢力を蓄えた。そしてその手足となって協力したのが、二人の息子、建成（けんせい）と世民（せいみん）であった。ただ李淵はいつ隋を見限る決断を下すか、腹の内は誰にも明かさなかった。そこで世民らは父を立ち上がらせるために、一計を案じた。

太原には町に隣接して、晋陽宮という煬帝が各地に設けた離宮の一つがあった。そこにいつ行幸してくるかわからない煬帝だけのために、美しい宮女たちが配されていた。それを管理する宮監の裴寂は、李淵の腹心であった。ある夜、二人は晋陽宮で宮女を侍らせて酒をのんだ。臣下としては絶対に許されない振る舞いである。酒の最中、裴寂はこの禁を犯した以上もはや後には引けないと迫り、その場で決起を決断させた。息子の世民らと裏で示し合わせてのことであったという。

このエピソードはどこまで信じてよいかわからないが、ともかく優柔不断の李淵にも決断のときがきた。監視役の王威と高君雅を斬り、近辺から兵三万をかき集めると、ついに行動に立ちあがった。ときに大業一三年（六一七）七月のことである。

唐朝政権の樹立

李淵の反乱軍は太原から汾水ぞいに南下した。目指すは長安である。

煬帝が即位して以来、洛陽が実質的な都となり、反乱者たちの目も洛陽の周辺から南北をつなぐ運河ぞいに注がれ、激しいせめぎあいがその一帯で繰り返されていた。それにたいして長安付近は、勿論反乱の動きはあるが全体に小ぶりで、東方の各地のような大物の勢力が跋扈する状況にはなかった。その当時を鳥瞰するならば、さながらエアポケットのような観を呈していた。長安城内は煬帝の孫で、まだ一三歳の代王楊侑が守るも、気骨あるめぼしい補佐の臣は外に出ていた。

七月に三万で太原を発した李淵軍は、途中、霍邑（かくゆう）に拠る宋老生と、河東に拠る屈突通（くつとつう）の強力な隋軍を突破し（いずれも山西省）、黄河を渡り関中（陝西省）に入り、一〇月ついに長安城を包囲した。軍勢は二〇万に増えていた。

ここに至る過程で、のちにも関係する一つの事件があった。太原を出てしばらくして、敵将宋老生を前にして長雨にたたられ、身動きができなくなってしまった。そのおり、近くの霍山（かくざん）（霍太山）の神の使いという白衣の老人が現れてお告げを伝え、それによって窮地を脱することができたという話である。霍山神とはその土地神・山岳神であり、道教神とつながる。唐朝と道教との最初の接点がここにあった。

そして一一月九日、李淵軍が一斉に城内になだれこみ、長安は陥落した。東方では李密が長年洛陽を手に入れようと戦いに明け暮れて、なおそれが果たせないでいるのに、李淵は旗揚げから半年も経たずに長安を押さえることができた。ついで煬帝を太上皇に奉り、代王を皇帝（恭帝）につけ、みずからは唐王となった。禅譲にむけた第一歩である。

その頃、煬帝は江都（揚州）で、酒と女におぼれるすさんだ生活を送っていた。政務にはまったく関心を失い、側近の虞世基（ぐせいき）が伝える甘言に耳を傾けるばかりである。それを見て驍果（ぎょうか）という親衛軍が動揺し、勝手に北の故郷にもどる動きをみせると、便乗して、煬帝に不満を抱く臣下たちは、宇文化及（うぶんかきゅう）を頭にしてクーデタを起こした。煬帝はここに縊（くび）り殺され、文帝との二代にわたる隋は滅亡した。ときに大業一四年（六一八）三月、長安側が決めた新年

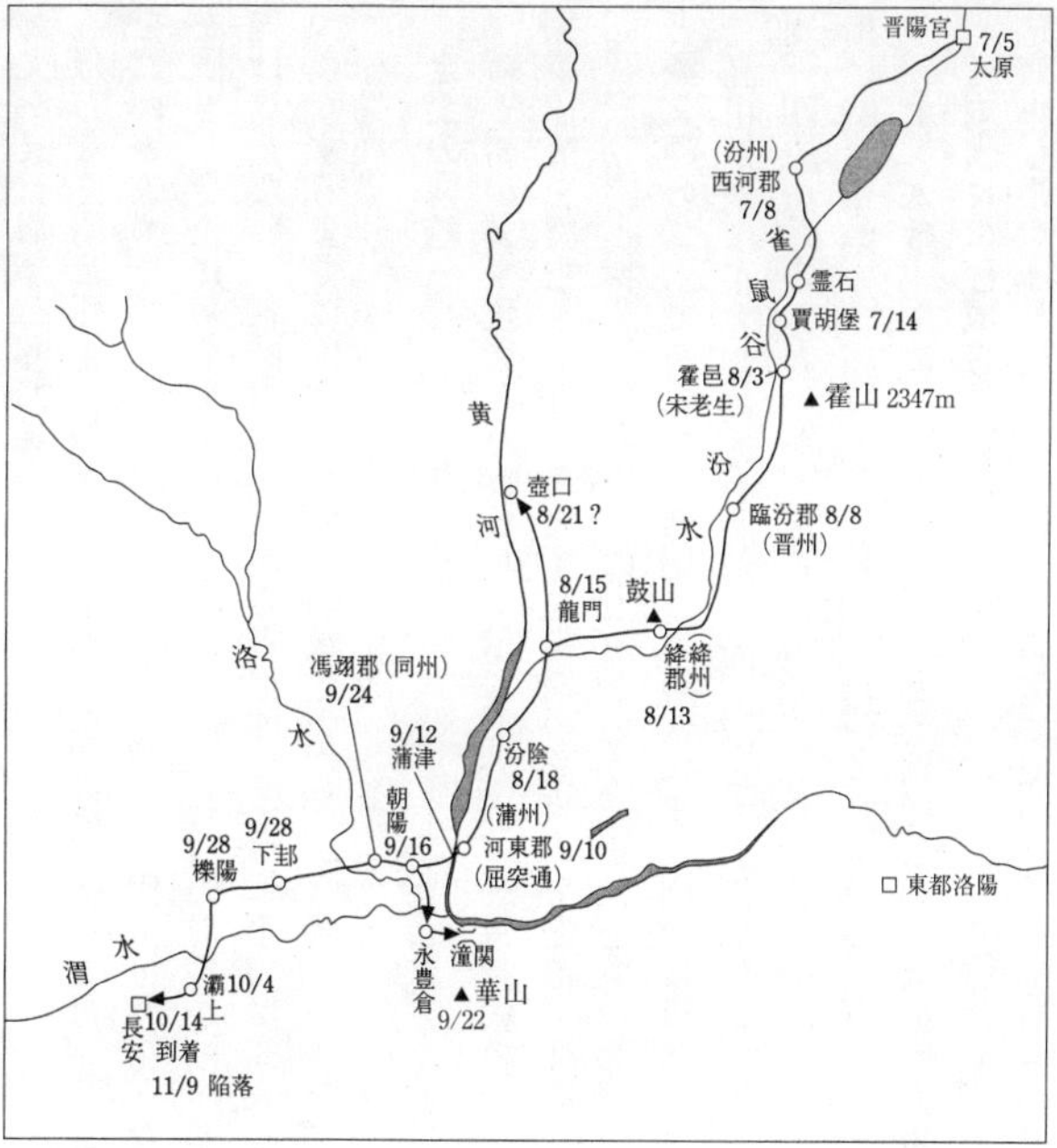

唐李淵長安進攻路線日程図

号でいえば義寧二年であった。

ほどなく煬帝死すの報を受け取った李淵は、その五月、恭帝にかわり皇帝位につき、年号を武徳と改めた。ここに唐は成立し、李淵は初代皇帝高祖となる。こうして唐は長安に拠点を置き、全土に号令をかける立場に立ち、各地の群雄から一頭地をぬきんでた。だが、まだ先は見えない。各勢力はこれから本格的に主導権争いに突入し、唐による統一の見通しがはっきりするまでには、なお数年の厳しい歳月が必要であった。

全土の再統一

新王朝がまず政治の方針として示したのは、煬帝時代の否定、具体的にはその柱となった大業律令を廃止し、とりあえず文帝期の開皇律令とその体制にもどすことであった。それを「開皇の故事」「開皇の旧制」に復すという。それを担ったのが、太原時代からの腹心、裴寂と劉文静の二人であるが、結局この時代はまだ内政に専念できる状態にはなかった。

高祖李淵は正妻竇氏との間に、四人の息子がいた。長男が建成、次男が世民、三男が玄覇、四男が元吉であるが、玄覇が若死にしたため、のこる三人が政権の樹立に加わった。旗揚げ時の年齢が、建成が二九歳で世民が二〇歳（一説に二一歳）、末の元吉が一五歳となり、上二人はすでに一人前の武将であった。この三人のうち世民が後を継ぐことになったため、史書には建成と元吉が悪く書かれるが、かれらは決して凡庸な人間ではなく、もともと兄弟仲も悪くはなかった。頼りない父にたいし、子供たちの方がしっかりしていて、統一の成功はそのお蔭といえなくもない。

即位後、高祖は建成を皇太子にし、世民が秦王、元吉が斉王とされた。皇太子は皇帝を助けるため都から離れられない身で、元吉はまだ若いから、対外戦では必然的に世民が中心となる。加えてかれは、生まれついての有能かつ勇猛な武将で、一八歳の大業一一年（六一五）の秋、煬帝が雁門（山西省）で突厥に包囲される窮地に陥ったとき、真っ先に救援に赴いたという話にその片鱗をうかがわせた。長安に入った後は、まず西北から迫ってくる薛挙とその息子仁杲（果）の軍を倒し、ついで唐の発祥の地である太原を奪って南下してくる劉武周・宋金剛の軍勢に反撃し、太原を含む山西一帯を回復した。

そして武徳四年（六二一）、全国統一に最大の壁としてたちはだかる洛陽の王世充と、河北をほぼまとめて中央に乗り出そうとする竇建徳の、両勢力と対峙することになる。王世充は煬帝によって洛陽の守備をまかされ、煬帝の死後洛陽で独立し、国号を鄭と名乗っていた。かれと対立をつづけた李密は、すでに敗れて姿を消し、煬帝を殺して北上してきた宇文化及の軍は、それ以前に竇建徳に潰されていた。李世民率いる唐軍は洛陽に向かうが、それを聞いた竇建徳は十万余の大軍で、黄河を渡り虎牢関（河南省）付近で唐軍と向き合った。しかしその農民上がりの大軍は、巧みな誘導作戦と敵の弱点と油断を厳しく突く攻撃の前にもろくも崩れ去り、竇建徳は世民の捕虜となって終わった。そうなれば王世充は洛陽を支えることは不可能であり、まもなく世民の軍門に降った。

唐にとって最大の敵と目された二大勢力がこうして潰え、唐の全国制覇の道はほぼ固まった。その後も、竇建徳の部下であった劉黒闥軍が河北で決起し、突厥と結んで一時唐を苦しめたり、江南では輔公祏の反抗などがつづくが、これらも武徳七年（六二四）までには収まった。これをうけて唐はいよいよ内政の整備に向かうはずであったが、その矢先に玄武門の変が起こることになった。

兄弟三つ巴の争い

唐成立以来の次男世民の働きは目覚ましいものがあった。そのあげく王世充と竇建徳を一挙に平定し、評価はいや増すと、兄弟間に微妙な隙間風が吹きはじめる。弟の活躍に焦りを覚えた皇太子建成は、みずから願いでて劉黒闥の討伐に乗り出した。そう智慧を授けたのが、部下の王珪と魏徴であった。かれらは、劉黒闥を平定して皇太子として存在感を示すだけでなく、東方で先行する世民の勢力拡大を抑え、いかにみずからの基盤を確保するかをも考えていた。

大きく「山東」と括られるその東方地域は、西の唐勢力に制圧されるが、しかし竇建徳や劉黒闥、あるいは李密などの群雄をつうじて噴き出したエネルギーは、唐朝の心胆を寒からしめるものがあった。その爆発する力の中心には、在地社会で実力を蓄えてきていた豪族や有力農民がいた。史料ではかれらを「山東の豪傑」と表現する。

山東の安定が緊急の課題である以上、かれら豪族とどう渡りをつけるかは唐そのものの問題であるとともに、政権の次期リーダーの資質を問うものでもあった。皇太子側も秦王世民側もそうした認識のなかで動く。長安を中心とする関中（関西）と洛陽以東の山東（関東）という対立あるいは対比の構図は、隋唐時代の背景につねに存在し、ときとして表面化する。唐初の兄弟主導権争いにまつわる山東問題は、そうしたなかの一つであり、また先取りでもあった。

建成と世民の対立に一層油をそそいだのが、一番下の元吉である。かれは、世民の下で王世充の討伐に手柄を立てたりしたが、武将としての資質は世民に遠くおよばない。それを自覚するかれは、長兄に協力して世民を抑えないかぎり、自分の立場がないと考える。その先には、あわよくば自分が皇帝になるとの野望も隠されていた。かれは密かに壮士を養い、兄世民の命もつけねらった。ただ建成は肝心のところで決断できず、代わって皇太子という立場を利用して、後宮の女たちをつうじて世民を除くように高祖に働きかけた。

そうした息子たちの動きを知ってか知らずか、父高祖の対応は一貫して場当たり的であった。かれは一時世民を太子にすると口にしたり、建成を皇太子に据えた後も、世民の働きに応えて次々と地位を上げ、天策上将、陝東道大行台尚書令（せんとうどうだいこうだい）というポストまで用意した。前者は王公の上、皇太子と並ぶ新設のもの、後者は陝東道つまり山東（関東）一円の民政・軍事を統轄する全権が与えられた立場である。こうした様子をみて、皇太子側が不安を抱かないはずはなく、両者一触即発の状態に高まっていった。

玄武門の変

ある日、世民は皇太子に招かれて酒を飲み、血を数升吐いた。皇太子側が毒を入れた可能性も考えられる。高祖はそこで世民に、洛陽に行き、兄弟が東と西で住み分けするように提案したという。先のことを考えれば、はたして高祖がそんな提案をするかは疑問であるが、結局その話は沙汰止みとなった。両勢力は長安を舞台に虚々実々の厳しい暗闘のあげく、武徳九年（六二六）六月四日の朝を迎えるのである。

その前日、世民は意を決し高祖に密奏した。皇太子と元吉が後宮の女たちと淫乱の関係にあり、その関係を使って私を亡き者にしようとしていると。それは大変なこと、明日かれらを尋問しよう、と高祖は答えた。ここにサイは投げられた。世民は翌早朝手勢をしたがえ、宮城の北門である玄武門（げんぶもん）をいち早く押さえた。そして一歩遅れた皇太子と元吉に攻勢をかけ、激闘のあげく林のなかで二人を討ち取った。そのあと世民は、皇太子・元吉側の残存部隊の反攻をしのぐ一方で、腹心の尉遅敬徳（うっちけいとく）を高祖のもとにやり、武力で身辺を固めた。世民はこうして一日にして敵対する兄と弟を除き、父の実権をも奪い、全権を一気に掌中にした。これが世にいう玄武門の変である。世民はそれから数日して皇太子の地位につき、二ヵ月後の八月に皇帝位に登った。太宗（たいそう）である。数えで二九歳という若さであった。

玄武門の変をどうみるか。結局のところ、兄弟間の後継争い、権力闘争の最終局面たるもので、唐代代替わりのたびにしばしば起こされる衝突の第一号である、というのが今日の大方の見方であろうか。政治路線上の大きな対立というレベルにはなかった、という理解である。ただ六月四日となった裏に、ちょうどその時期侵攻してきた突厥問題があり、その討伐にことよせて、世民の軍勢を奪い本人も殺害する企てが進行していて、世民はそれを知って逆襲した結果が玄武門の変となった、とも考えられている。変は内部だけの事情によるものでないことが、ここから推測できる。

と同時に想起したいのは、両派がつねに意識した「山東の豪傑」の存在である。最終段階でこれとつながる立場に世民側が立つが、皇太子側はその関係が強化されることを警戒した。加えてわたしたちは、隋の文帝の後期に起こった皇太子と晋王（煬帝）との対立が、関中を中心とする政権か、洛陽を中心とする政権かの路線争いでもあったことを知っている（四六頁）。即位後の太宗（世民）の政策なども含めて考えるならば、その近い過去の事例は玄武門の変の場合と重なる部分が多い。そうしたところから、私は玄武門の変が、一面で兄弟による後継争いであったと同時に、今後の唐をどのような方向にもっていくかの、大きな路線上の対立であった側面にも注目している。

唐太宗（李世民『歴代古人像賛』）
兄建成、弟元吉を倒し、父高祖の実権を奪って帝位につく。貞観の盛世を現出させた

天可汗へ推戴

李世民はその年の八月八日皇帝の位につき、二代皇帝太宗となった。玄武門の変のクーデタからわずか二ヵ月後のことである。皇帝という一極に権力を集中させる中国王朝の体制のこと、中間的であいまいな権力の形態は一切許されず、最後の権力交替までつき進んではじめて政情の安定をみる。肉親の関係でも容赦はない。ただ李世民の場合、兄弟を殺して実権を握ったばかりのこと、しかも父高祖はまだ健在であり、もうしばらく皇太子にとどまる期間があってもよいと思われるが、かれはそうしなかった。じつはそのとき、北から迫る緊急事態に決着をつける必要に迫られたからである。突厥の侵攻である。

突厥（東突厥）は隋の文帝期後半、啓民可汗のときから隋に服属して良好な関係を保っていたが、啓民が死に、息子の始畢可汗の代になると、おりからの隋末の動乱に乗じて立場を逆転させた。前章でふれた大業一一年（六一五）、煬帝が雁門（山西省）で包囲され危機一髪で逃れた事件は、その節目となる出来事であった。隋末、華北各地で頭角を現した群雄のほとんどは、突厥と好みを通じまたは臣属し、何らかの形で突厥につながっている。たとえば竇建徳とその部下劉黒闥、高開道や劉武周、薛挙や李軌らである。突厥は北からかれらを遠隔操作し、互いに争わせたり牽制させせて、その上に君臨した。それはいわば、歴代の中国王朝がとった北族分断策の逆の形であった。

じつは唐もまた他の群雄同様、突厥の支配影響の圏内に身を置いており、太原での挙兵は、その公認のもとで実行できたと考えられる。挙兵にあたり突厥は一〇〇〇匹の馬と二〇〇〇人の騎兵（一説に五〇〇人の騎兵と二〇〇〇匹の馬）を貸与しているが、そこには唐軍の補強という役割以上に、唐の行動の監視という目的があった。おそらく唐は突厥とのあいだに密約を結び、長安占領の暁には、成功報酬として領土や歳貢や掠奪の容認、臣従関係の強化などを約束したものと推測できる。が、唐は長安を押さえると、突厥には辞を低く接する一方で、着々と群雄を制圧して統一への道を進み、気がつけば突厥は唐とだけ対峙する状態になっていた。

唐の統一が実現し基盤を固めるならば、立場は一気に不利になる。その前に威圧するに如くはない。始畢可汗から処羅可汗をへて後を継いだ頡利可汗は、そこで武徳七年（六二四）から一〇万の騎兵を率いて南進を試み、ついに武徳九年（六二六）七月、西北から深く長安にまで迫った。玄武門の変による唐の動揺をみてとった行動であるが、李世民はこの危機を乗り越えるために、みずから先頭に立つ決意を固めた。それが八月初めのあわただしい即位であった。

啓民可汗（五九九－六〇九）
- 始畢可汗（六〇九－六一九）－突利可汗
- 処羅可汗（六一九）
- 頡利可汗（六一九－六三〇）

（　）内は在位年

東突厥可汗系図

それから二〇日後、突厥の本隊が渭水にかかる便橋（西渭橋）の北に姿を現した。太宗はすぐさま六名の重臣を率い便橋に赴き、川をはさんで頡利を非難した。頡利は太宗みずからの登場に驚き、あとから続々と詰めかける整然たる軍容に恐れをなし、橋上で白馬を殺して和を結ぶと早々に退却していった。

これが太宗の即位後最初の仕事となるが、ただ話は大分舞台回しがきいている。実際は、太宗は突厥の来襲を予想して背後を突く配備をすでにしており、頡利も唐を威圧することに力点があって、長居が危険なことは承知していた。渭水をはさんで見得を切るまでにいたったか疑問であるが、ともかく新米皇帝は危機をしのいだ。太宗はこれを機に人心をまとめ内を固める一方、突厥にたいし反攻に転ずる手がかりをつかんだ。

反攻の手がかりとは、突厥の大軍にただよう規律の緩みで、それが頡利可汗と突利可汗という二人の指導者間の微妙な関係からくることを太宗はみてとった。突利は始畢可汗の嫡子で突厥の嫡流、叔父の頡利可汗の下で小可汗となっており、他方秦王時代の太宗とは義兄弟の関係を結んでいた。そこで太宗は突利に近づいて、頡利の孤立をはかる一方、おりしも連年大雪がふり、家畜の多くが死に飢饉におちいった機をとらえて、李靖、李勣（李世勣）を主将にして頡利を攻めたてた。貞観四年（六三〇）二月、頡利はついに捕虜となり、ここに北アジアに君臨した突厥帝国はいったん滅びることになる。これが突厥第一帝国である。長安に連行された頡利可汗は、悶々のうちに没した。

突厥帝国の滅亡は、その配下にあった諸民族の君長たちに衝撃を与えた。かれらは即位後わずか三年半ほどで北の強国を倒した太宗の神業に驚き、将来唐が遊牧世界を包摂する中心となることを予感した。そこで相計り、太宗にかれら諸族の上に立つ天可汗（テングリ可汗）の称号を奉った。ここに一人で、中国の皇帝（天子）と遊牧世界の天可汗を兼ねる初めての君長が出現した。

理想の君主政治、貞観の治

太宗の治世は、こうしてまず一番の難関を突破して幸先よく始まった。貞観二年（六二八）には最後まで残った群雄の梁師都（りょうしと）もつぶされ、国内は統一されていた。あとは長い戦乱で疲弊した民衆の生活を安定させ、統治体制を整えることにすべてを傾注すればよかった。後世に知られる貞観の治の始まりである。

貞観の治として人口に膾炙する大きなきっかけを提供したのは、およそ一世紀後にまとめられた呉兢（ごきょう）の『貞観政要（じょうがんせいよう）』である。本書は太宗と臣下の問答集で、君臣のあるべき姿、政治の要諦が具体的やり取りをつうじて明らかにされる。本書の主旨をつきつめれば、君主たるものはいかに臣下の意見（諫言（かんげん））に耳をかたむけ、節度を守り寛容の政治を行うか、一方臣下は公正清廉にして、権威を恐れずに意見し、正しい政治につとめること、に帰着する。『貞観政要』をつうじて、後世の人々は貞観の治に君主政治の理想の姿を重ね合わせた。

じっさいこの時期、太宗が魏徴らの諫官と真剣に向き合い、房玄齢（ぼうげんれい）や杜如晦（とじょかい）らの大臣がそれを熱心に支え執務する様子は、史料の随所にみられる。太宗がそれほどまでに諫言政治にこだわった先には、当然のこと臣下の意見を聞かずに独裁的に事を進め、そのあげく亡国の

褚遂良（『新刻歴代聖賢像賛』）

杜如晦（慶長版『君臣図像』）

房玄齢（慶長版『君臣図像』）

君主となった隋の煬帝があった。ここから、煬帝の轍を踏まない善政の実践者としての姿が前面に出されるわけだが、しかしそれだけではややきれいに流れ過ぎる。

　両人とも次男の身で、兄を倒して権力をにぎった共通の暗い過去をもつ。他方皇帝としての資質では、冷静に比較して、先を見据えた構想力や実行力、学問や文学の素養などは煬帝の方が勝り、太宗には為政者として煬帝を越えるものはいくらもない。結局は煬帝の後塵を拝するしかないことを知る太宗は、諫言重視策をつうじて、煬帝を徹底的に悪玉に仕立て上げ、それと対比して自分がいかに名君であるかを印象づけ、そのなかで玄武門で起きた暗い過去も消し去ろうとした。

　太宗は自分の政治がどう評価されているか、よく気にした。君主の日々の公的言動は、左右に控える起居舎人（ききょしゃじん）と起居郎が「起居注（ききょちゅう）」として記録にのこす。それは君主が閲覧できない決まりであったが、太宗は何とか見たくてたまらない。あるときには、それとなく匂わすと、杜正倫（とせいりん）なるものに「起居注」にはきちんと書き残され、後世に伝えられるので、安心して政務に励んでほしいと諭される。別の折、それでも何とか見せてもらえまいかと頼みこむと、褚遂良(ちょすいりょう)に「史官はありのまま記録するのが仕事、人君がそれを見るなどもってのほか」と拒絶された。

とはいえ、史官側が完全に太宗の要望を拒絶しえたか、おそらくその名君ぶりの潤色や玄武門の変をぼやかした「起居注」などを太宗は見た可能性が考えられる。一方太宗は史書の編纂に力を入れ、隋の歴史は魏徴を責任者に『隋書』としてまとめさせ（貞観一〇年〈六三六〉）、煬帝の暴政と隋末の動乱を詳しく記録にとどめた。ちなみに『隋書』の全体の完成は顕慶元年（六五六）となる。

こうして記録（史書）には、太宗の意向が色濃く反映されることになり、後世の評価がそれによって定まる。たしかに太宗は有能な皇帝の部類に属し、比較的落ち着いた貞観の政治状況を現出させた。しかし、かれは後に崇め奉られるような名君で、一方煬帝は悪逆非道な暴君であったと決めつけるのには、少し慎重であってよいように思われる。

貞観の治の本質

前節において、新王朝を興した李淵が最初に示した政治方針が、「開皇の旧制」への回帰であったことを述べた。つまり煬帝時代の政治を否定し、その前の文帝前半期の体制にもどすことである。隋末の群雄たちも、ほぼ共通する方針を鮮明にしている。そのことは、とりあえず煬帝否認の立場をそう表明したという以上の、当時の人々を納得させる意味があった

魏徴像（清宮南熏殿旧蔵）　貞観の治を支えた名臣だった

からである。いわば開皇の治は、隋後の政治の指標であった。

開皇の治とは、開皇律令とそれにもとづく政治体制、そして政治軍事の主軸を長安中心に置く関中本位政策を柱とするものであった。長安を真っ先に押さえた唐李淵集団は、それだけでも全土に号令をかける条件を有利にした。高祖李淵はこうしてまず法体系として、開皇律令に範をとる武徳律令を発布した。その後たびたび手が入る唐律令の第一号である。

ついで太宗の統治が始まり、房玄齢らに命じた新律令格式の編纂が貞観一一年（六三七）正月に完成した。隋開皇―唐武徳の法令に残された煩瑣な部分が除かれ、後の模範となる体制がここにでき上がった。しかしこうしてたどり着いた先の制度は、じつはかなりの部分が煬帝時のものと重なっていた。

その典型は、国家を軍事面から支える柱である府兵制にうかがうことができる。唐の府兵制は、まず隋初にみえた驃騎府（ひょうきふ）とよばれる軍府の制度として出発し、貞観律令の発布される前年の貞観一〇年に、折衝府（せっしょうふ）を軍府とする形で定着をみた。この折衝府制は名称こそ違え、煬帝が確立した鷹揚府（ようようふ）制の再現に他ならなかった。

煬帝を否定しながら、新たな国家体制を実現させようとすると、結局は煬帝と同じ路線にたどり着く、そこに太宗のジレンマがあり、逆に煬帝の大きさを意識させる。とはいえ太宗の政策に煬帝と根本的に異なるところがあった。関中本位政策への対応である。太宗は征服戦争の過程で東方（山東）とつながりができ、洛陽がその拠点にもなり、そこを基盤に全土に君臨する思いもあった。しかし跡目争いに勝利したあとは、関隴系の人材を重視して山東系貴族と一線を引き、軍府による軍事力も関中に集中させ、関中本位政策を堅持した。関中を離れた煬帝が陥った結末を冷静に分析した結果でもあるだろう。

太宗の治世は二三年におよんだが、そのなかで前半の一〇年間ほどは諫言による政治が機能し、清新な空気がただよった。しかし後半に入ると次第に緩みがみえ始める。それを察した魏徴（ぎちょう）は、「陛下は近頃安易に民を使いすぎる」など一〇項目を提起したりして、引き締めをはかったが、貞観一七年（六四三）初めにかれが死ぬと、歯止めをかけるものがいなくなった。その結果、継嗣問題と高句麗出兵問題に冷静な判断が下せず、晩節を汚すこととなった。

高句麗遠征と後継者問題

高句麗は唐代に入ると、武徳七年（六二四）に高麗王・遼東郡王の冊封を受け、落ち着いた関係で推移したが、六四二年（唐貞観一六）に権臣泉（せん）（淵（えん））蓋蘇文（がいそぶん）がクーデタで全権を握り、百済と組んで新羅を圧迫し始めるころから、雲行きが怪しくなる。新羅の救援要請をうけて、唐は三国和解に努めるが、高句麗がいうことを聞かない。元凶が泉蓋蘇文にあるとみた太宗は、その元凶を除いて民衆を救うことを理由に、貞観一九年（六四五）水陸一〇万を越える兵力で高句麗に攻めこんだ。太宗じしんも遼水を渡り、安市城（あんし）の攻撃に加わった。

だがこの遠征も、高句麗側の抵抗と冬将軍の到来によって、撤退をよぎなくされた。動員・被害のほどは隋とはちがうが、その戦いと敗北の構図は隋と同じである。その後も貞観二一年、二二年と兵を出しつづけた。太宗は「魏徴がおればこうはならなかったものを」と悔いたが、結局同じ泥沼に足をとられたのである。

もう一つ、太宗にとって頭の痛い問題があった。継嗣の件である。かれは肉親と争って権力の座についたことを負い目にしていた。「起居注」にどう書かれているかを気にしたのもそれゆえであった。したがって、自分の後継ぎだけはそのようなことがないようにする、と決意していた。太宗の正妻（皇后）は長孫氏、鮮卑系の出で、賢夫人として知られる。彼女との間に三人の子がいた。長男の承乾、二男の泰、九男の治である。太宗は即位するとすぐ長男の承乾を皇太子とし、このまま嫡子が相続する形が定着するかにみえた。

しかし承乾は皇太子であることをまっとうできず、貞観一七年（六四三）四月、反乱を企てたかどで廃嫡された。二〇歳を過ぎたころから、若い僧と倒錯した性の関係にのめりこみ、あるいは一転突厥風の服装をし、髪を辮髪に結い、宮中でテント生活を始めるなど、奇行が目立ち出し、あげくは弟の魏王李泰や父の太宗までを殺そうと思い詰めたからである。そうなった理由の一つは、太宗が泰の方をかわいがり、できれば後継ぎにと態度で示したことにあった。泰は体が太っていて大人の風格を備え、まわりに学者を集め、太宗好みのパフォーマンスをとる。皇太子の地位が安泰でないと承乾があせるのも無理はなかった。

結局、長子は姿を消すが、ふつうであればそのまま魏王泰が皇太子となるべきであった。

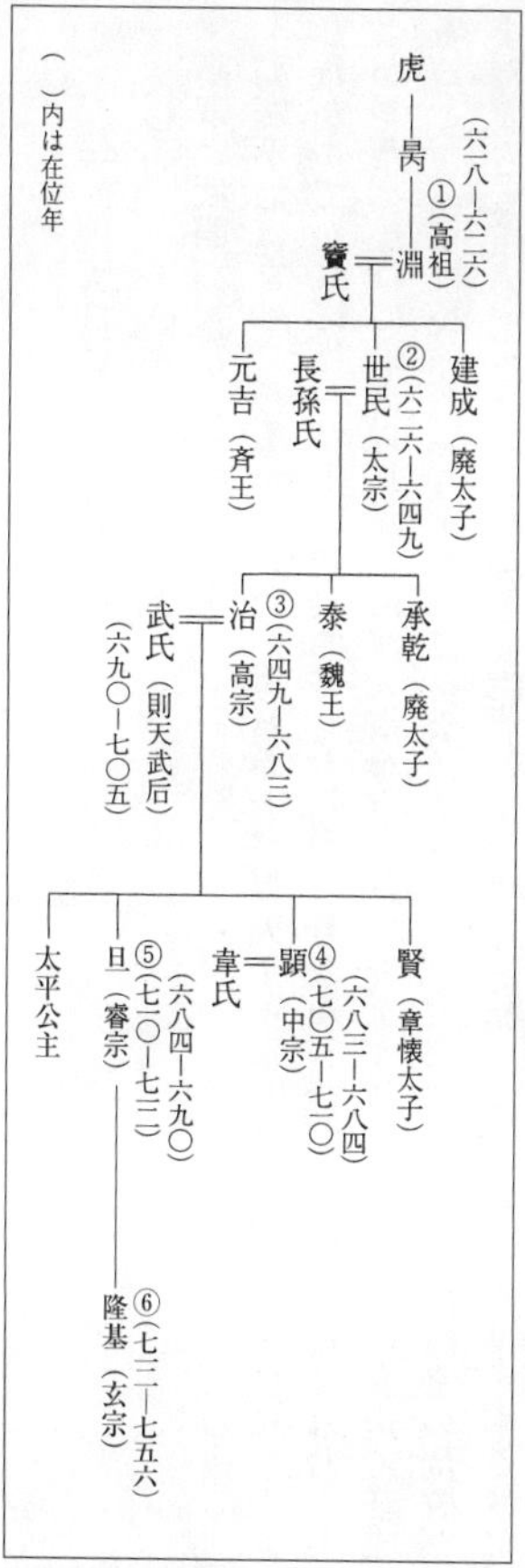

唐朝前半期系図

太宗ももちろん異存はない。だが横槍が入る。こうした事態を招いた責任の一端は魏王にもあり、皇太子はまったく無関係の晋王治がなるのが望ましい、という論法である。これを主張したのが、長孫皇后の兄の長孫無忌（ちょうそんむき）であった。弱気になっていた太宗はこのよくわからぬ論法を受けいれた。貞観一七年四月のこと、ときに治はわずか一六歳であった。無忌はこの若い皇太子の後見役につくことで、太宗後の政界の重鎮におさまることを狙ったが、それが唐朝の運命を大きく変え、自身も悲惨な結末をたどることを知らなかった。

こうして新政の意欲に燃えてはじまった太宗の治世は、貞観二三年（六四九）に終わる。隋の盛時と比べて経済力はまだかなり劣り、政治の内情も課題を多くかかえていた。後世いわれる貞観の治のイメージは、その現実とは必ずしも合致しないように思われる。

則天武后と武周革命

高宗と武照

高宗李治はまさに瓢箪からコマ、思わぬ形で皇太子となり、そのまま即位につながった。したがってかれには、特別の政治的野心も見通しもなかったが、周囲の期待はむしろそれでよかった。かれに求められたのは、太宗が定めた方針を守り、日々大過なく送る守成に徹すること、あとは長孫無忌らがすべてをやってくれる。太宗はそのように高宗の位置を定め、また妻も太原の王氏に出る女性を選定し、亡くなった。太原の王氏とは山東貴族に属するが、彼女の家の場合は早くより関隴系に身を置いてきていた。

だがほころびは、即位後まもなく思わぬところから出た。後宮（大奥）の女性問題からである。皇后となった王氏には子ができず、高宗は蕭淑妃とその間にできた素節をかわいがり、王氏から離れていく。思いあまった王氏は、二人の関係を裂くために一人の女を持ち出した。かつて太宗の後宮に才人として仕えていた武照という女性である。

高宗が二二歳で即位したとき、武照は二七歳の女盛りであった。通説によれば、太宗の死後、他の後宮の女たちと長安城内の感業寺という寺で出家し、太宗を供養していたところ、高宗が父の法要のために寺を訪れ、関係ができたといわれる。

だがこれにはおかしな点が多い。そもそも感業寺の所在がよくわからず、また寺で太宗の位牌をまつり、法要を行うなどは本来ありえないことである。皇帝の霊は太廟というところでまつられる。まして当時は道教優先、道先仏後の時期である。であれば、おそらく両人は太宗を看病する枕辺で知り合い、いつしか道ならぬ仲となり、太宗の死後それを知った王皇后が宮中に迎え入れるのを許したのが実情だろう。

宮中に再登場した武照は、蕭氏から高宗を離す役目をはたすと、返す刀で王氏も追い詰め、高宗を独り占めし、あげくは皇后位までを奪い取った。その過程で、彼女は太宗の遺託を受けた長孫無忌や褚遂良らと対峙したが、最後に重臣の李勣が、「これは陛下の家事（家庭問題）です」といって逃げたことを口実に、決着がつけられた。永徽六年（六五五）のことである。中国史上に例をみない二朝（二夫）に仕え、あまつさえ皇后位にまでのぼる。これは中国の伝統的な観念からは到底考えられないことであり、それをゆるすところに唐朝のもつ北族的空気を感じさせる。

則天武后（『集古像賛』）　中国史上唯一の女帝となった

しかし武后はそれで満足しなかった。高宗が政務をとるときは、背後から簾越しにあれこれ指図する。世にいう垂簾の政であり、人々は二人のことを二聖とよんだ。三十年余におよんだ高宗の治世は、最初の数年を除けば実質武后によって動かされた。この間、隋唐両朝の懸案であった高句麗を制圧している。

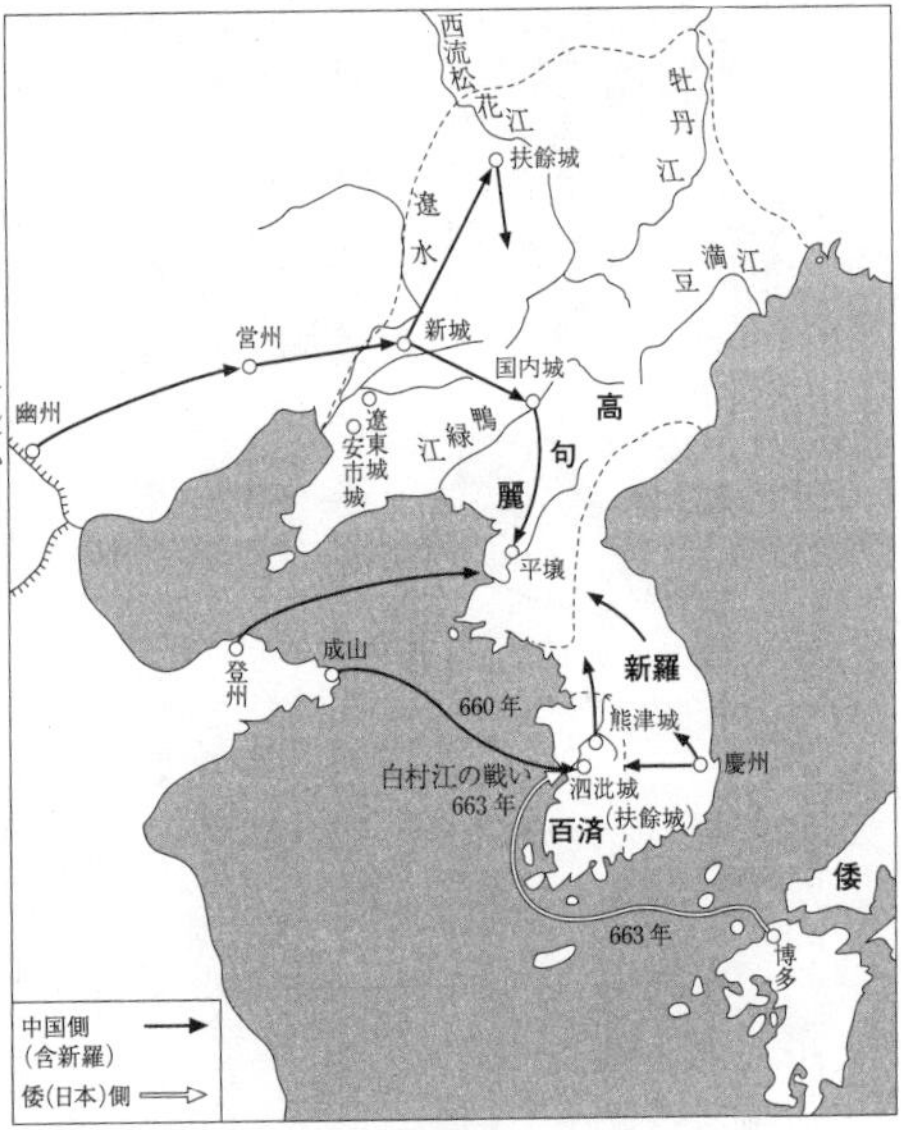

高宗・武后時高句麗征略図　唐は、顕慶５年（660）百済を滅ぼし、救援にかけつけた倭（日本）の軍勢を白村江（白江）に壊滅させ、さらに総章元年（668）高句麗を滅ぼした

すなわち唐は、顕慶五年（六六〇）、新羅と連携をとってまず百済を滅ぼし、救援にかけつけた日本（倭）の軍勢を、白江（白村江〈はくすきのえ〉）で全滅させた（六六三年）。こうして高句麗を南北から挟撃する態勢をつくった上で、総章元年（六六八）李勣を総大将にした唐軍が平壌を陥落させ、ここに高句麗は姿を消したのである。隋で四回、唐太宗のもと

で三回の遠征、高宗朝になって一〇年を越える攻防の末のことであった。高句麗の制圧は、一面からは武后政治の勝利をつよく印象づけるものとなった。

武后奪権への道

則天武后の則天は、彼女の死後に与えられた称号（謚号）である。したがって皇帝までのぼった彼女は、本来則天皇帝で呼ばれるか、それを認めない場合に則天皇后で表すのが適当であるが、本書ではその表記に近くしかも存在も浮きたたせる則天武后、あるいは武后を用いる。なお、陳寅恪氏あたりから広まった呼び方に武則天があるが、これは彼女が背負った皇后そして皇帝としての歴史性を曖昧にする無機質な呼称として、私はとらない。

武后は六九〇年に帝位につくが、新政権は一朝にしてなったのではなく、皇后就任以来の三五年間があって初めて可能であった。その期間、女が政治の表に出ることへの抵抗を排しつつ、みずからの政治基盤を確立することに全力を傾けた。そのため武后自前の政治勢力を築く必要があり、その拠点に洛陽が選ばれた。洛陽は武后時代、神都と名を変えた。

貞観時代、政治の実権をにぎる関隴系グループの優位性を確認するために、家柄序列リストを作らせたことがあった。しかしでき上がったそれは、山東貴族の博陵の崔氏を一位に置き、唐室系の隴西の李氏は第三位とするもので、怒った太宗は唐室をトップにすえるように再編纂させた。これを「貞観氏族志」というが、当時なお山東系貴族が隠然たる力を有していたことを物語るエピソードである。

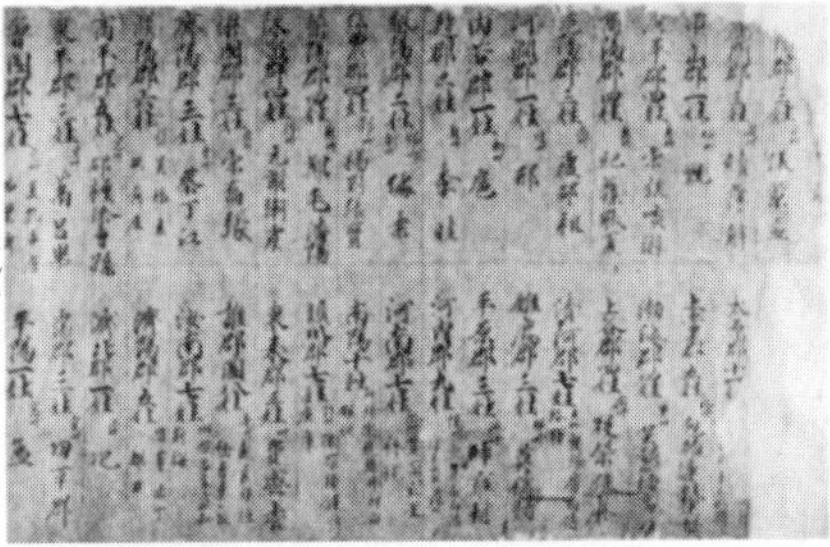

「貞観氏族志」作成のもととなる家柄序列リスト　全国各地の代表的姓が集約される

たいする武后は、本籍は山西太原管内の文水県の人、父武士彠が木材商人をしていて唐の旗揚げに加わった新参で、右の二系統とはまったく異なる寒門（非門閥）である。そこからまず、同じ寒門系の許敬宗や李義府らが集まり、彼女の先導役をはたし、その一環として「姓氏録」という新氏族志が編まれた。それは現実の上位の官位や勲位にあるものを中心とし、家柄だけを誇る門閥系を排除したものであった。関隴や山東の門閥勢力とはちがう第三の新興非門閥のものたちが登場する契機は、武后の出現によって用意された。

　武后は門閥にとらわれない人材を確保し、みずからの基盤を強化するために、隋にはじまる科挙を重視した。その科目ではまず儒教理解を問う明経科、そして文学の能力を問う進士科に人気が集まり、従来にない国家意識に目覚めた人物群像が次第に増えていった。武后は他方、門地にとらわれずに才能ある人材をブレーンとして身近に集めた。それを北門学士とよぶ。かれらに期待されたのは、きたるべき彼女の時代の方向づけであった。

女帝の王朝、武周政権の成立

着々と権力をかためていく武后は、様々な反対にみまわれた。最初は長孫無忌とそれに連なる太宗以来の旧臣たちの抵抗、あとでは光宅(こうたく)元年（六八四）の李勣の孫、李敬業の反乱があり、他にも唐室系のものたちの挙兵や追い落としの策動があった。しかし全体的には抵抗の動きは散発的で、各個撃破されて終わった。結局彼女がつぎつぎと繰り出す策謀に、人々は翻弄され打つべき手を知らず、唐の体制がかかえる甘さがそこに露呈された。

さて、弘道(こうどう)元年（六八三）末に高宗が亡くなった。武后はすぐに皇帝位につく動きには出ず、いったん皇太后となって息子に継がせながら、全権は手放さずに本格的な道ならしに入った。まず銅匭(どうき)とよばれる銅製の投書箱を用意して、下々から告密（密告）を奨励し、酷吏(こくり)とよばれる無頼不逞(ぶらいふてい)の輩を使って反対派をつぶす恐怖政治を進める。その一方で、天のお告げを記したという宝図(ほうと)（天授聖図）を洛陽の洛水から出現させたり、上古の周の政事堂という明堂を復元建隆させ、また二〇字ほどの独特の文字＝則天文字を作成して、厳格に使わせ

則天文字

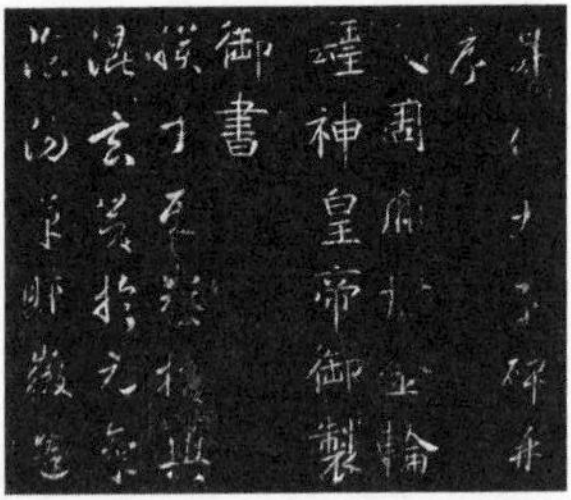

昇仙太子碑　則天武后の手になる碑文の拓本。達筆である

た。「大雲経」という仏典を全土に設けた大雲（経）寺に配備し、女王が出生して平和な仏国土が到来すると期待させたのも、この段階のことであった。

こうした入念な準備と演出のうえに、天授元年（六九〇）九月、武后は新朝を興した。国号を周としたことから、この政権交替を武周革命とよび、唐は一時的に命脈を絶たれることになる。彼女の齢六十七、八歳のころのこと、まだ肉体的にも精神的にも衰えず、中国史上唯一となる女帝の時代を邁進した。

皇后・女帝期あわせて半世紀となる則天武后の時代、なかでもその後半期は、政治は全体に内向きに傾いた。権力固めのためにエネルギーの大半が割かれたからで、いかに政治の中心にいつづけることが大変であったか想像できる。その結果、長く陰山山脈（内モンゴル）一帯に押さえこまれていた突厥が、まず永淳元年（六八二）唐の軛を脱して自立し、骨咄禄を推し立てて第二帝国をつくった（イルテリッシュ可汗。三三三頁）。それに刺激されるように、万歳通天元年（六九六）営州（遼寧省）付近にいた契丹族が反乱を起こし、それに乗じて営州に移されていた高句麗・靺鞨系の遺民が逃げ出し、渤海国につながる下地を築いた（三五四頁）。

そうした周辺民族の動きの激化に統治の緩みも重なって、体制の末端では、それを支える府兵制や均田制や租庸調制が動揺し始め、社会の変質が進行する。その結果、一番しわ寄せを受けるのは、末端に生きる民衆たちであり、その頃から土地を離れ逃亡するものが多く出はじめる。女帝の登場に目を奪われている間に、律令支配体制の根底では腐食が確実に進んでいたのである。

武韋の禍の時代

神龍（しんりゅう）元年（七〇五）正月、皇太子を推し立てたクーデタ軍が洛陽の北門、玄武門を突破して宮中に進み、武后の宮殿を包囲した。武后がかわいがる張易之（ちょうえきし）兄弟を君側（くんそく）の奸（かん）と見たて、かれらを除くことを名目とした決起であるが、これによって武后は幽閉され、武周朝は終わりを告げ、唐朝が復活した。クーデタ軍を動かす中心にいた宰相の張柬之（ちょうかんし）らは科挙系官僚であり、武后はみずからの政権を強化するために育てた科挙系官僚によって、皮肉なことに命脈を絶たれたのである。

こうして即位した唐の中宗は、じつに頼りない男であった。否、女たちの方が強すぎたというべきかも知れない。中宗の妻、韋后（いこう）は義母の武后と同様に権勢欲のかたまりで、娘の安楽公主は皇太子ならぬ皇太女として、ともに女帝になる野心を抱いていた。その間を動いたのが上官婉児（じょうかんえんじ）という女で、さらに中宗の妹の太平公主が隠然たる影響力をもって控えていた。韋后母娘はとくに私腹を肥やし権勢を広げるために、売官を盛んにおこない、独断で官位をばらまいた。それを墨勅斜封官（ぼくちょくしゃふうかん）とよぶ。そのあげく、韋后母娘は武后がとったと同じ道

上官婉児の墓誌　詳しくは411頁の補遺を参照

を歩くことを決断し、景龍四年（七一〇）六月に邪魔になった中宗を毒殺した。

　これは入念に準備を重ねた武后の場合とはまったく違い、その身勝手なやり方に一気に不満が高まり、中宗の甥李隆基が決起し、韋后らを殺した。李隆基は中宗の弟である父を皇帝に立て（睿宗）、みずからは皇太子におさまったが、しかし女の権勢はそれで終わらなかった。まだ太平公主が残り、兄の睿宗を取りこんで実権をにぎると、李隆基の権力を削ぐことにつとめた。危機感をつのらせた李隆基は、先天二年（七一三）七月ついに軍を出動して、太平公主を自殺させた。ここに女たちが政治を動かした時代は終わり、男たちがふたたび政治の主役に躍り出る。李隆基こそはその中心をになった玄宗その人である。

　武后から韋后に連なる女たちの時代は、後世もっとも忌まわしい時として「武韋の禍」と通称される。だが考えてみるに、これほどまでに女たちが活気に満ちて政治とかかわりをもった時期は、他にあるだろうか。なぜこのような女の世が現出したのか、一概に説明するのは難しいが、唐というこの時代、女たちのこうしたあり方を容認する土壌があったこと、したがって女性が権力を動かすことになっても、社会は必ずしも激しく反発する状況にはなかったことは知っておいてよい。と同時に、武后らの登場にあわせるかのように、日本では持統天皇が即位し（在位六九〇―六九七）、新羅ではすこし先立つが七世紀半ばに、善徳女王や真徳女王の政権が成立している。当時の東アジアに女性たちを押し上げる時代的空気があったのだろうか。

唐の盛時の光と影――玄宗の治世

開元の新政

玄宗が叔母の太平公主を倒して全権を掌握してから半年後の同年（七一三）一二月、年号が開元と改まった。玄宗の治世として有名な開元時代の到来である。玄宗は唐皇帝のなかで在位期間が一番長く、四四年間という長期におよんだ。そのなかで開元は七四一年までの足掛け二九年間にわたり、その後に天宝という年号が一五載（七五六。天宝三載〈七四四〉から至徳三載〈七五八〉まで、年を載で表記）までつづき、安史の乱の最中に息子の粛宗に位をゆずることになる。

玄宗は、名は隆基、睿宗の三男で、武后が実権をにぎった垂拱元年（六八五）に洛陽で生まれた。したがって韋后を倒したクーデタを起こしたときが、二六歳の若者で、それから兄

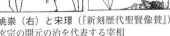

姚崇（右）と宋璟（『新刻歴代聖賢像賛』）
玄宗の開元の治を代表する宰相

を越えて皇太子となり、開元の新政に踏み出したときが二九歳であった。かれの即位もまた嫡子による相続ではなく、これに父を排除した経緯を重ねると、曾祖父の太宗のケースとよく似ていた。皇太子になる前のかれは、潞州別駕という地方勤務も経験したり、よく騎馬で郊外に出て庶民と接したりして、民情に通じていた。しかも生来豪気で正義感に厚いところがあり、皇族のなかで目立つ存在であった。

こうして登場した青年皇帝に、「武韋の禍」のもとで進行した体制の緩みや、新興地主層の台頭がもたらす社会矛盾などを克服する期待が集まった。玄宗がそこでまず宰相として政治を託したのは、姚崇（本名元崇、字元之）であり、やや遅れて宋璟が加わる。この両名が開元の治を代表する宰相で、太宗朝の房杜（房玄齢と杜如晦）にたいし姚宋とよばれるが、その政治手法は対照的であった。姚崇は臨機応変、打てば響くがごとくテキパキと事に当たるのにたいし、宋璟は法を適正に運用し確実に政務をこなす。両者はその手法の違いによって互いに補いあい、社会の安定につとめた。

姚崇は父の官職の関係から官界に入った恩蔭系（父祖の官位や家柄・影響力で官界に入る系統）であるが、その政務にたいする有能さが武后に買われて宰相に抜擢された人物であり、宋璟の方は科挙出身の官僚であった。つづいてこの時期宰相になるのが、張説や張九齢や源乾曜らであるが、いずれも科挙系官人であった。張九齢のごときはこれまで人材が出ていない嶺南・韶州（広東省）の地方官の子弟で、源乾曜は北族の流れで関隴系にも近い立場にあった。武后以来の門閥にとらわれない人材育成が、開元年間になって裾野を広げ開花したといえよう。

とはいえ、科挙系官僚は一般に、足元で進行する財政等の諸問題を根本から解決する、明確な見通しも意欲ももちあわせていなかった。宋璟にしても、長く朝政を担当するが、この問題に明確な方針を示していない。かれらの多くは文学を重視する進士科の出で、財務面には必ずしも明るくないうえに、在地の新興地主階層とつながり、国家と利害がぶつかる位置にあった。したがって、唐の支配体制を新たに締めなおすには、かれらとは異なる系列に人材を求めることが必要となる。それが宇文融であり、その先に李林甫がいた。

宇文融と張説

宇文融は遡ると、先祖は北周王室宇文氏とつながり、唐では代々高官を占めた関隴系の主流をなす家柄、恩蔭系の出身であった。このかれが都に近い富平県の一役人から政治の中心に躍り出たのが、開元も九年（七二一）のこと、天下に広まる逃戸（流民）の増大とそれにともなう税役減収への深刻な影響にどう対処するか、という鋭い問題提起をもっての登場であった。逃戸の問題は早く則天武后時代に指摘されていたが、解決のためにどう動くかの提

玄宗皇帝画像（「望賢迎駕図」〈部分〉上海博物館蔵）　中央右の杖をつく白衣の老人が玄宗。四川の蒙塵からもどってきた姿。その左脇が宦官高力士で、左端が粛宗か

案はなかった。そこに宇文融は、まず逃戸の実態を徹底的に洗い出すと主張し、玄宗に認めさせた。

　こうした洗い出しの作業を、戸口(ここう)の検括(けんかつ)あるいは括戸(かっこ)とよぶ。正規に戸籍に載る良民を主戸(しゅこ)といい、そこから逃げ出し他の主戸のもとに身を寄せたものを客戸(きゃくこ)とするが、宇文融は勧農使につき、部下の勧農判官を全土に派遣して、戸籍に漏れているこの客戸の把捉につとめたのである。この結果、開元一二年（七二四）末までに検括できた客戸が八〇万戸、その新登録の客戸から徴収した税銭が数百万銭にのぼった。この数字は一部水増しなど不正があったことを割引いても、当時戸籍に計上された全戸数の一割を越える膨大な数であった（開元一四年の集計で全戸数が七〇七万戸弱）。

　宇文融は最初、かれらを本籍地に帰し主戸にもどす方針をとり、後には寄寓先で客戸として登録させたが、いずれにせよ国家の管理下にかれらを組み入れる政策であった。逃亡した農民を客戸として受け入れたのは、主に新興の在地地主層であったから、括戸政策は地主層とつながる科挙系官僚の激しい反対を招くのは必然であった。

その反対の急先鋒に立ったのが、張説（ちょうえつ）である。かれは、姚崇、宋璟のあと最も玄宗から信頼された宰相の一人で、現実主義的な能吏であった。かれの現実主義とはいまある現状を追認したうえで、それに適合する策を提起するもので、課題の原点にもどって組みたてる発想はない。都を警備するために、機能不全に陥った府兵兵士にかわる募兵的な彍騎（かくき）という新兵制が実施されたのも、かれの発想からである。張説は、現状の変革を迫る宇文融の括戸政策にたいし、嫌悪の情をむき出しにしてことごとに反対した。

両者の対立は、ついに開元一四年（七二六）ころから関係者を巻き込んだ激しい政争に発展し、開元一七年（七二九）ころにまでおよんだ。その間、宇文融は山東貴族の末裔で恩蔭系の崔隠甫（さいいんぽ）と協力して張説を一時失脚させるが、のちに崔隠甫と朋党つまり徒党を組んだという理由で左遷される。かれはまもなく宰相に復権するが、その独善的なやり方が嫌われて、在位一〇〇日で地方に出され、亡くなった。ほぼ時期を同じくして張説も世を去った。

開元中期のこの政争の狭間で、宰相たちはというと、宋璟は一歩はずれ、源乾曜は宇文融寄り、張九齢は張説支持という構図であったが、玄宗は両派に二股をかける形をとった。しかし課題の財政不足の現状が改まったわけではない。玄宗は、宇文融を失脚させたものたちに、「かれを失脚させたが、肝心の国用不足をどうするのか」と怒りをぶつけたという。玄宗は玄宗なりに、表面の華やかさの裏で進む律令支配体制の変質に危機感を募らせるとともに、みずからの浪費生活を支える財政的バックを必要とする事情があった。そのため科挙系官僚の現状肯定の路線にはあき足らず、次第に離れていくことになる。その玄宗の方針転換にうまく食い込んだのが李林甫であった。

李林甫と楊貴妃

李林甫を政治の中心に押し上げたのは、源乾曜そして宇文融であった。李林甫は唐室李氏の支脈、関隴系の名門に属し、恩蔭の出身であるという点で、宇文融と立場を同じくし、張説追い落としでは行動をともにした。ただかれは理財面には明るくとも、宇文融のような体制の立て直しをはかる積極性をもちあわせていなかった。李林甫を際立たせたのは、玄宗の意向をよく汲み、「口に蜜あり、腹に剣あり」のやり方でまわりを威圧することであった。

李林甫が玄宗の信頼をえるきっかけとなったのが、玄宗の愛妃武恵妃（ぶけいひ）の一件である。玄宗には皇后に王氏という女性がいたが、事情があって失脚させ、皇后位は空位となっていた。玄宗は武恵妃をそれにあてようとしたが、彼女が則天武后の一族であったため反対が強く、断念した。やむなく武恵妃は、その子寿王瑁（ぼう）を皇太子にしたいと画策した。それには現皇太子の李瑛（りえい）を廃さなければならず、李林甫がそこに関与する。かれは策を設けて皇太子を廃嫡に追いこみ、武恵妃の期待に応えたが、一つ誤算があった。玄宗が寿王瑁を皇太子にすることに同意せず、皇子のなかで最年長の忠王璵（よ）をあてた。その過程で、武恵妃が失意のうちに亡くなった。

これは李林甫にとって大きな誤算であった。この皇太子が将来皇帝についたとき、自分の立場はどうなるか。その窮地を救ったのが楊貴妃（ようきひ）その人であった。武恵妃亡き後、玄宗の心の空白が長くつづいた。その空隙を埋めるべく、寿王瑁の妃楊氏が絶世の美女であることを薦めるものがいた。玄宗は彼女を一目見て心を奪われ、以来政治に関心を無くして二人の世界に沈溺し、政治のすべてを李林甫に委ねることになる。

ときに天宝の三載（七四四）、玄宗六〇歳にして、楊貴妃二六歳であった。ここにも、自分の子の嫁を奪って妻にするという、通常では許されない行為がまかりとおった。則天武后が二夫に仕えたケースと共通する姿である。

こうして李林甫は実権を独り占めし、天宝一一載（七五二）の死までそれを手放すことはなかった。かれは政治基盤を維持するために、ライバルになる芽は徹底的に摘み取ったが、

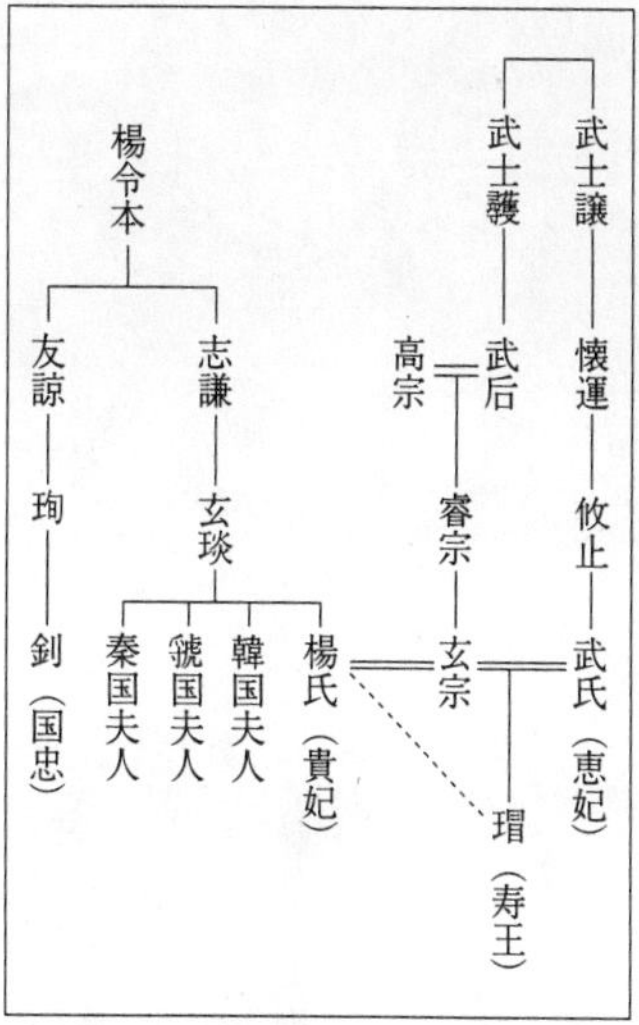

武恵妃・楊貴妃系図

ことに科挙系官人には敵愾心をむき出しにし、張九齢を最後にその系統は中軸から姿を消す。一方、将来を期待される文官が辺境防備の節度使のポストにつき、そこから中央の宰相につくコースを潰し、代わりに外族（非漢族系）出身の武将を節度使に任じた。かれらは多くの場合、目に一丁字もない武骨者で宰相にはつけず、李林甫の立場を侵す心配がな

かったからである。かれらを蕃将とよぶ。

かくして李林甫の周りには、権勢にひれ伏し唯々諾々と動く輩が集まったが、しかしそれでも予期せぬ破綻があった。辺境幽州（現在の北京）の節度使から頭角を現した雑胡（混血胡人）の安禄山と、楊貴妃の一族であった楊国忠の存在である。かれらは玄宗と楊貴妃の恩寵をバックに地歩を固め、あげくは李林甫の足元を脅かすに至った。恩寵によって権力にしがみついた李林甫は、この新参恩寵者の迫りくる足音を聞きながら世を去った。

華清池（陝西省臨潼県）　玄宗と楊貴妃の夢の跡。現在は観光地になっている

安禄山と楊国忠——恩寵政治と仮父子関係の意味

玄宗の治世の後半にあたる天宝年間になって登場し、政治にふかく関与することになった安禄山や楊国忠は、それまで主導権争いをしてきた科挙系とも関隴・門閥系（恩蔭系）ともまったく異質のものであった。

安禄山は突厥人を母にソグド人を父にもつ混血児であった。のちに母はかれを連れて突厥の安延偃に嫁ぎ、そこで安姓を名乗ることになった。その生まれ育った場所や世に出るまでの所在にはっきりしない点が多いが、史書では「営州柳城の雑種胡人」とあるのにしたがい、営州（遼寧省）付近で成長したと理解する。営州一帯は、旧高句麗系や契丹、あるいは突厥などのコロニーができる多民族の交流地となり、開元年間の一時期、朝鮮の新羅や満州の渤海などを牽制する安東都護府が置かれたこともあった。その国際色のつよい環境のなかで、かれは六つの「蕃語」を操る能力を身につけ、諸民族の交易や調停にかかわる互市牙郎という下役をえた。

のちに幽州節度使の張守珪の幕下に加わって功績をたて、認められて張守珪の養子（仮子）となった。以後着実に昇進を重ね、営州に拠点を置く平盧兵馬使、営州都督などを歴任して、天宝元年（七四二）ついに平盧節度使に任じられた。これを機に入朝して、玄宗そして楊貴妃との関係ができた。かれはそこでできた関係をいっそう強固にするために、楊貴妃に願い出てその養児（仮子）となった。

胡騰舞図（西安市東郊蘇思勗墓壁画）　烈しい異国風の舞を舞う胡人の姿が描かれている

よく知られたエピソードがある。あるとき出仕した安禄山が、まず拝礼するのに貴妃を先にして玄宗を後にした。玄宗が怪訝に思い尋ねると、胡人は母を先に拝し父を後にしますと答え、玄宗を大いに喜ばせたという。禄山は胡人であることとその親子（仮父子）関係を最大限活かして玄宗に取り入り、そこで生じた恩寵（寵愛）をバックに、范陽（幽州）節度使、河東節度使までも兼ねるに至った。

一方、楊国忠は蒲州永楽（山西省）の人、格別の家柄ではなく、若いときから飲む打つ買うの遊び人であったが、一念発起、蜀軍（四川）に身を投じて勤務についていたとき、またいとこの楊氏（貴妃）が玄宗の寵愛を受け、それを手づるに中央に進出するに至った。かれは銭勘定にすぐれ、財務面で活躍の場をつくったが、いうまでもなく楊貴妃の存在が背後にあり、玄宗の恩寵を確実なものにした。天宝一〇載（七五一）には、剣南節度使（四川省）となって雲南の南詔討伐に乗り出し、惨敗を喫したが、貴妃を後ろ盾として失脚処罰は免れ、あげくは李林甫が亡くなると中央の全権を掌握した。

新たな人物群像の登場の意味

このように安禄山も楊国忠も、従来なかった出自や形態をとって、権力の中枢に躍り出た。かれらを押し上げる契機となった擬制的な親子（仮父子）関係と皇帝の恩寵は、いわば表と裏の関係にあり、公的秩序のなかでの私的で個別的な上下の結びつきとなる。ここから従来、これを古い身分関係の現れ、不安定な権力状態のもとでの家父長的な秩序再編、といった理解がなされている。

だが一方で忘れてはならないのは、この時期の状況である。律令的な支配体制が社会の変化に対応しきれなくなるなかで、使職とよばれるそれまで見られないポスト、いわゆる令外の官が置かれ始める。辺境防衛に責任をもつ節度使を代表格に、広域行政をになう経略使（按撫使）などが随時設置され、玄宗期に入るとそれらの増設と正規の官職化がいっそう進むこととなった。と同時に、そもそも律令官制は旧門閥貴族層の影響や貴族的理念を取りこんでできていた。したがって律令体制の動揺は、そのもとで守られてきた旧門閥貴族層の社会的影響力を奪うことを意味した。その結果は何を物語るか、かれらの制約を離れた皇帝権の高まりということになるだろう。

このように見ることができるならば、仮父子関係も恩寵関係も、じつは古い私的個別的結合というマイナス面よりは、皇帝を中心とする新たな権力形態を模索する第一歩のあり方として、むしろ積極的に位置づけられるのではないか。まして使職のために新たな人的資源を必要とする状況にあり、かれらを把握し繋ぎとめる体制がまだ確立していない以上、あのような個別的関係をとるのは避け得ないことであった。李林甫や楊国忠、安禄山といった人物群像の登場は、大きく変わろうとする時代の先取りにして始まりを表明していた。

第三章　安史の乱後の唐代後半の時代様相

安史の乱の顚末

安禄山立つ

天宝一四載（七五五）旧暦一一月甲子（九日）、新暦でいえば一二月一六日、真冬の寒さが身を刺すその夜、現在の北京にあたる范陽（幽州）の一五万の軍勢があわただしく動き出した。安禄山が節度使の立場を利用し、長年かけて育ててきた部隊の出動である。その中核には子飼いの曳落河の兵士、まわりは漢族兵のほか、同羅・奚・契丹・室韋という北方ツングース系の少数民族出身の兵士がかためていた。そして翌朝、城の南郊に集結した軍勢を前に、安禄山は、このたびの出陣は朝政を牛耳る君側の奸、楊国忠を討つことにありと宣言すると、腹心の史思明に范陽の留守をまかせ、ただちに全軍に行動開始を命じた。歴史を大きく揺るがす反乱の幕はここに切って落とされた。

反乱軍は一気に河北を南下して、翌一二月一三日には唐の副都洛陽をあっさりと陥落させると、安禄山はここで翌年（七五六）正月元旦、大燕皇帝を名乗り、年号を聖武とした。そして六月、長安防衛の最後の一線となる潼関を、二〇万の兵力で守っていた老将哥舒翰を倒

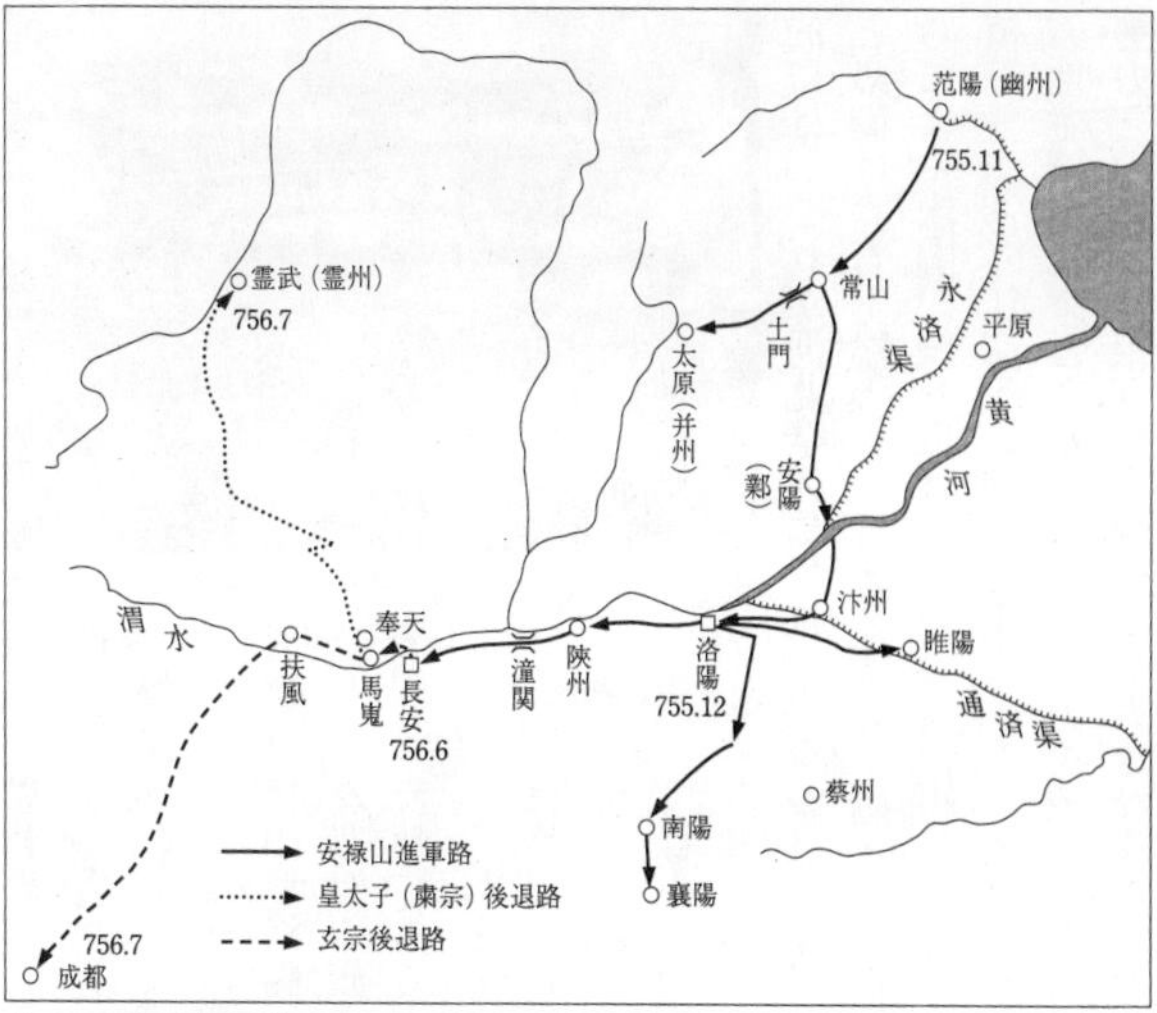

安史の乱反乱軍進攻図・唐側退路図

し、間もなく長安を占拠した。旗揚げ以来わずか半年余のことであった。

安禄山立つの一報は、わずか六日後、華清宮（かせいきゅう）にいた玄宗のもとにとどいていた。それを聞いてライバルの楊国忠は、予想どおりと一人ほくそえんだ。だが、いざ軍を出動させてみると、実戦にたけた反乱軍を前に唐軍はほとんど役に立たず、かろうじて潼関に逃げ込んで進撃を止める体たらくであった。そのあげく防衛の責任者に据えられた哥舒翰は、楊国忠らに急き立てられて潼関から討って出、潰された。二〇万の大軍もじつは急造の寄せ集め部隊で、官軍の中核はほとんど機能できる状態になかったのである。

しかし、安禄山にとっての伏兵が

潼関　長安の東方約120キロのところにある長安防衛の要。天宝15載（756）6月、安禄山の反乱軍は潼関を破り長安に攻め入った

思わぬところから現れた。河北の中央部、幽州と洛陽をつなぐルート上にあり、西に向かえば土門（井陘関）をへて太原に通ずる交通の要衝の常山郡、その長官（太守）をしていた顔杲卿の反抗である。かれは安禄山が洛陽に入るころ、安禄山が配置した土門の守将を殺し叛旗をひるがえした。河北における最初の反安行動である。この反抗は期待した唐側の援軍もなく、二〇日ともたず史思明に潰され、顔杲卿は一門とともに洛陽の安禄山の前に連行された。その公開処刑の場で、かれは手足を断ち切られながら、息が絶えるまで安禄山に罵声をあびせることを止めなかった。

　顔杲卿の行動の意味するところは大きかった。直接的には、これが河北全体に反抗の火をつけ、従兄弟で当時平原太守であった顔真卿がそのまとめ役に立ち上がった。またそうした動きに連携するかのように、河南では睢陽郡の張巡らによる激闘が繰り広げられた。反乱軍はこのため唐に向かう矛先を弱められ、また唐の経済基盤である江南への進出を阻まれた。それればかりでない。ここに結集した力は、新興の地方地主層や民衆たちが秘める潜在力を表出したものであり、唐後半期の河朔三鎮などの地方勢力と中央との相互の力関係に、大きな作用をおよぼすことになる。

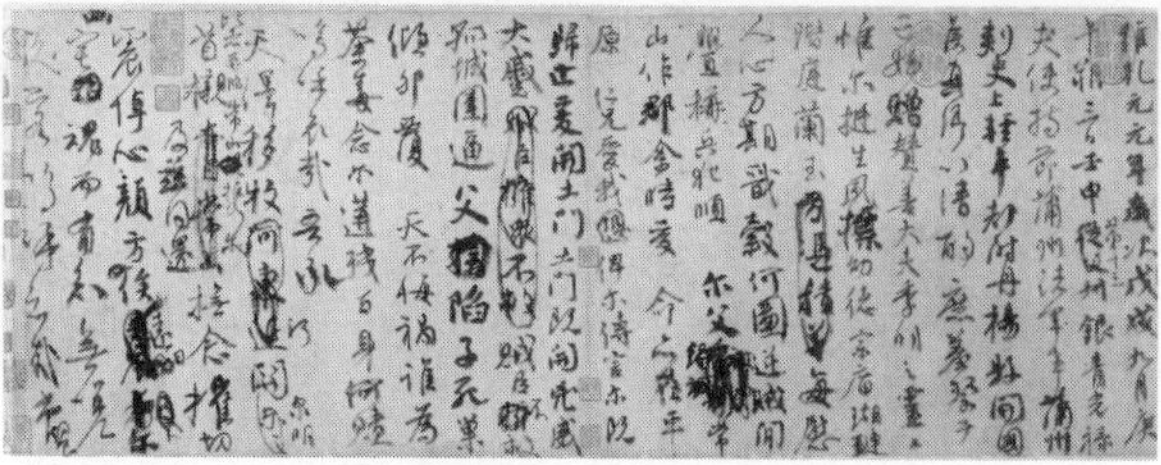

祭姪（さいてつ）文稿　顔真卿の行書の名作「三稿」のうちの一。「祭姪」の姪（甥）は顔杲卿の末子、顔季明を指す。安禄山に抗して無惨な刑死を遂げた姪（甥）にたいする悲しみと怒りの情がほとばしる名文・名筆といわれる

玄宗の蒙塵と唐の反攻

哥舒翰が守る潼関が陥落したとの知らせは、すぐ都にとどいた。潼関と長安の間は直線で一二〇キロ、軍を動かせば数日でとどく。玄宗は表向き討伐に出るふりをした上で、早朝楊貴妃ら一族と禁軍の一部をともない密かに長安を脱出し、西に向かった。七〇キロほど逃げた馬嵬（ばかい）駅に至ったところで、兵士の様子がおかしくなった。なぜこんな事態となったのか、張本人は楊氏一族だという不満が噴き出し、楊国忠がまず血祭りにあげられた。だが兵士の怒りはそれで収まらない。楊貴妃も同罪だという。玄宗はやむなく高力士（こうりきし）に命じ、近くの仏堂に引き入れ、首を絞めて殺した。ときに齢三八、名君といわれた玄宗を狂わせ、唐の運命を変えた絶世の美女の最期は、かくもあわれであった。

玄宗は今や七二歳の老齢、都を棄て、寵愛する女を殺してまで生き抜くことに執着するかれは、このあとそそくさと四川の成都に落ちのびた。最高責任者に求められ

郭子儀（『三才図会』）

る潔さはそこにはなかった。代わって皇太子李亨が残り、安禄山打倒の指揮をとることになった。皇太子らは都にもどろうとしたが果たせず、七月、朔方節度使のある霊武（寧夏回族自治区）に移り本拠とした。そしてただちに玄宗を上皇に押し上げ、皇太子みずから伝国璽（即位を認める先帝の印璽）もないなかで帝位についた。粛宗である。人心を集結させる緊急事態でのこととはいえ、これも唐朝の代替わりに現れる一種のクーデタに他ならない。粛宗もまた玄宗の三男で、嫡子ではなかった。成都の玄宗にはこのあと使者をやって事後承諾させた。

長安は玄宗らが逃亡してから一〇日ほどして反乱側に占領された。安禄山は洛陽に止まって動かず、部下をやって治めさせた。一方、粛宗は反攻に出るにあたり、河北方面で戦う郭子儀らの軍を引き上げさせ、長安奪回に集中させることにしたが、それだけでは勇猛な安禄山を圧倒する力に欠ける。そこでウイグル（回紇）と話をつけて兵力を借り、年末に数千のウイグル軍が合流した。

翌年（七五七）正月には安禄山が息子の安慶緒に殺され、反乱側に動揺が走った。目の病気や悪性のできもので生活が荒れ、それに跡目争いが重なって殺されたのである。だが唐の態勢はなかなかまとまらず、やっと九月になって二〇万の軍勢で攻撃し、念願の長安回復に成功した。都を失ってから一五ヵ月の後のことであった。

長安を取り戻した唐軍は、その勢いを駆って翌一〇月には洛陽に入城し、乱の鎮圧に期待を抱かせた。しかし、勢いはつづかなかった。唐軍の先頭にいたウイグル兵は、洛陽回復の暁には認めると約束されていた三日三晩の掠奪に熱中し、先に動かなくなる。その間に洛陽を脱出した安慶緒は、黄河の北の鄴城（安陽）で態勢を立て直した。唐が二〇万の軍を整えてうって出るのは、一年後（七五八）の九月のこと、そこに范陽から安慶緒救援をかかげて南下した史思明が加わり、翌年（七五九）三月まで鄴城一帯で双方の攻防が繰り広げられ、そのあげく唐軍は敗北を喫した。全体が各地からの寄せ集め部隊からなり、郭子儀を総大将としながら指揮系統が一本化できていないことに原因があった。

乱の収束と河北情勢

安陽での敗北の結果、唐軍は解体し、安慶緒の軍をあわせた史思明が、改めて洛陽に進出して、安禄山と同じく大燕皇帝についた。幾度もの戦禍にまみれた洛陽には、このとき収奪すべきものは何も残されていなかったという。前回の長安陥落に懲りている唐は、洛陽から西の陝州―潼関にかけての防備を強化し、史思明軍の西進を阻んだ。そうして、翌々年（七六一）三月、これも安禄山の場合と同じく、息子の史

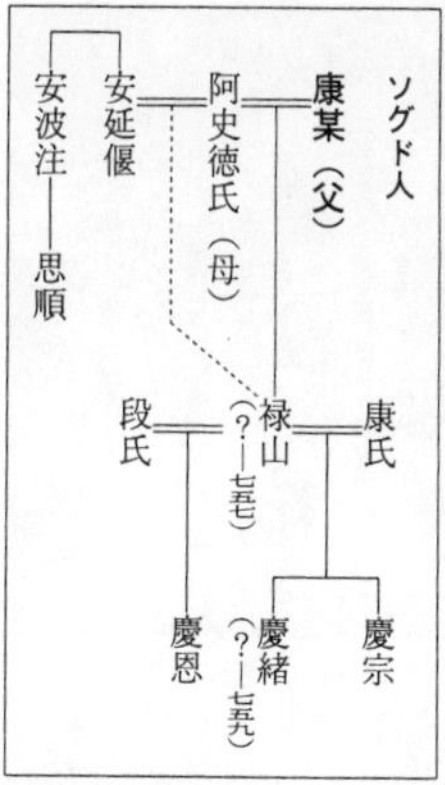

安禄山系譜

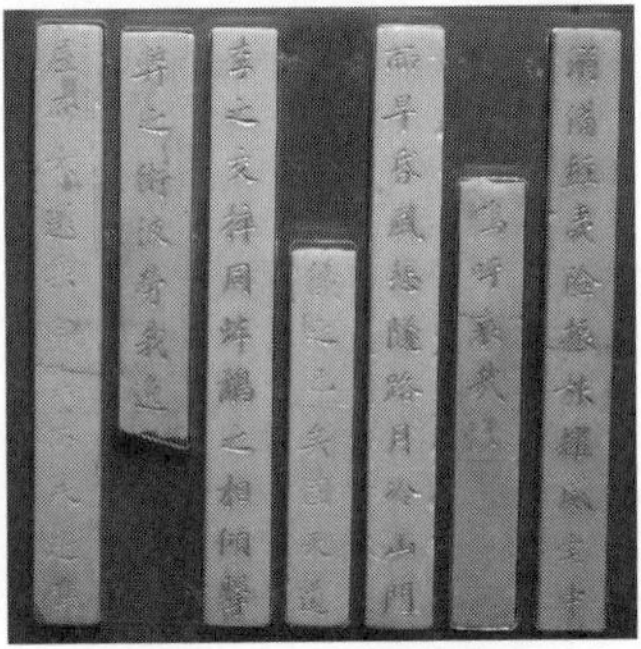

史思明哀冊（北京。史思明墓出土）
哀冊とは玉片に記された一種の墓誌。
史思明の死を悼んで記された

朝義によって史思明は殺された。これも跡目をめぐる理由からである。安禄山と史思明、在位した期間や死んだ場所、息子に殺される顚末がほとんど変わらない。両名はよほど同じ星のもとに生まれたのであろう。と同時に、かれらの死に方に、その後の藩鎮軍将における代替わりの難しさが予見された。

　それから一年ほど膠着状態があり、宝応元年（七六二）四月に粛宗に代わり代宗が即位して、唐側に反攻の気運が盛り上がり、一〇月に洛陽を回復すると、今回は軍を休めず逃げる史朝義を追って北上した。唐軍の先頭をつき進んだのは、僕固懐恩という鉄勒（トルコ）系の武将。かれは降ってくる史朝義配下の部将たちをそのまま安堵し、ひたすら史朝義を追い詰め、ついに范陽の東方で自殺させた。宝応二年（七六三）正月のことであった（史朝義死亡の場所や時期、死に方などに諸説あるが、ここでは『資治通鑑』の記述にしたがった）。

　こうして足掛け九年におよぶ安史の乱は収束した。だがこれは、唐に寝返った部将とその勢力を残したままのもので、反乱を支えた河北の地には、北から李懐仙の盧龍（幽州）、李宝臣（旧名張忠志）の成徳（恒冀）、田承嗣の天雄（魏博）、薛嵩の昭義（相衛）の各節度使が置かれ、真の再統合にはほど遠かった。長年の戦いに疲れはてた唐朝からみて、こうなるのはやむを得なかったが、しかしその当座の処置が唐朝に大きなつけを残すことになった。右の四節度使のうち、昭義を除いた三節度使が屈従を拒んで互いに連携し、唐後半期の統治に重くのしかかったからである。これを称して河朔（かさく）（河北）三鎮とよぶ。

一代の風雲児、安禄山と盟友史思明、二人は名も無い一介の胡人から、栄華を誇る大唐帝国に食い込み、はてはそれを蹂躙（じゅうりん）して自前の国＝大燕を打ち立てた。これによって、唐は支配体制の弱さをさらけ出し、大国としての威厳を潰された。しかし、このように屋台骨を根底から揺すぶられながら、唐はそこで分解したり、一地方政権に転落することなく、再び蘇って曲がりなりにもなお一世紀半、全土をまとめる求心力を保ちつづけた。その驚くべき復元力のなかに、唐という王朝が有していた柔構造ともいうべきもう一方の強さを忘れてはならない。

乱の残影と影響

唐が都を長安に置いた最大の理由は、いうまでもなく関中盆地という天然の要害の地に位置していたからである。唐前半、この一帯に軍府（折衝府）を多く配し、その軍事力で全土を圧した。だが府兵制は崩壊し、辺境防衛のために専門の兵士を擁する節度使が置かれるようになると、内と外の軍事上のバランスが崩れはじめる。安史の乱はまさにその崩れをついた行動であり、あげくは潼関が破られ、唐になって一度も外敵に侵されたことのない長安は戦禍にまみれることになった。

一旦弱さを露呈してしまった長安は、それからしばしば直接攻撃の対象となるのは避けられなかった。安史の乱がのこした後遺症といってよい。まず、乱が収まって束の間のその年一〇月、吐蕃（とばん）が西から長安に攻めこみ、一〇日余り占拠する出来事があった。西辺に配備された兵力を安史の乱討伐にまわし、手薄となった防衛戦を突破された結果である。代宗は陝州（せんしゅう）に避難し、宦官魚朝恩（かんがんぎょちょうおん）の率いる神策（しんさく）軍に保護された。

ついで、広徳二年（七六四）——永泰元年（七六五）に僕固懐恩（ぼくこかいおん）の反乱が勃発した。かれは安史の乱の平定では最大の功労者の一人である。ウイグルから兵力を借りる使者に立ったのも、前述のごとく乱に最後の決着をつけたのもかれであった。にもかかわらず、僕固懐恩は乱が終わった後、正当に遇されなかった。娘がウイグルの可汗に嫁いでいたこと、また史朝義を追跡する過程で、唐に寝返った部将たちを一存で安堵したこと、などが疑われたからといわれる。行き場を失ったかれは、やむなく霊州（寧夏）によって兵を糾合し、ウイグル（回紇）や吐蕃と連携をとり、唐に叛旗をひるがえした。しかし長安に攻め上る途中で、かれは病没して反乱は挫折することになるが、ただ吐蕃はこの機に再度長安近郊まで進撃し、長安城中を大恐慌に陥れた。

安史の乱からここに至るまでの過程で、中国という舞台にいかに多くの異民族（非漢族）出身者が登場するか。胡人の安禄山や史思明、その下の曳落河（えいらくか）ら北族系を主体にした兵力からなる反乱側はもとより、唐側でも、ウイグルや大食（たいしょく／タージー）（アラビア）・西域方面から来た兵士が先頭に立ち、哥舒翰（突騎施系）や高仙芝（高句麗系）や前掲の僕固懐恩らの部将が指揮にあたった。

唐のやり方は夷を以て夷を制する策にも近いが、ともかく安史の乱はそうした異民族同士のエネルギーがぶつかり合う場でもあった。吐蕃はそこに一歩遅れて加わった。だが最後に僕固懐恩がはじき出され、漢族の郭子儀が重鎮に収まる。その経緯のなかに、行き過ぎた異民族の跳梁を抑え、漢民族を軸に体制を立て直す方向がみてとれる。

その後、やや間があいて徳宗の建中四年（七八三）、淮西節度使（治所蔡州、河南省）の李希烈が反乱をおこすと、それを抑えるために、長安北西の涇原節度使の兵が遣わされた。かれらはそこで長安通過のさいに待遇改善をもとめ、無視されたのを怒って城中に乱入し、あげく朱泚というものを戴く反乱へと発展した。徳宗は一部の兵を従えて奉天（陝西省乾県）に逃れ、翌年まで一年近い流浪をつづけなければならなかった。

この事件を最後に、以後一世紀間、国内は大きく揺れつづけるなかで、長安が外族に占拠されたり、皇帝が蒙塵（天子が難を避け王宮から逃れること）をよぎなくされる事態はなくなる。その理由は、七八〇年に実施された新税制＝両税法が定着して、中央財政が安定し、それにあわせ中央禁軍が神策軍にまとめられて、強化拡充されたことが指摘できる。形を変えた関中本位の体制の復活である。唐の中興はどのようにしてなったか、それを次節で追いかけてみよう。

両税法と藩鎮体制——財政国家への道

河朔三鎮と平盧節度使

安史の乱は唐朝の性格を一変させ、治下の社会に深刻な影響を与えた。反乱は平定されたといっても、乱の基盤となった河北道（現在の河北省一帯）には河朔三鎮がのこり、周辺の藩鎮も巻き込んで唐中央に素直にしたがうことを拒否しつづけた。他方、社会基盤は分断され、流亡する民衆によって戸籍は崩れ、徴税体系は機能マヒに陥る。内外をとりまく厳しい状況のなかで、唐はどのように復興↓中興の道を歩むのだろうか。

前節でふれたように、河北は当初、安禄山の決起に激しい抵抗を繰り広げたが、それも一年ほどで抑えられると、以後唐にたいする反側（はんそく）（反唐）の地として、河朔三鎮を支えることになる。もともと河北一帯は、西の関中への対抗心が強く、物産や経済力でも関中よりはるかに勝っていた。安史の乱が収束したのちも、幽州などで安禄山や史思明が神として祀られ、そうした反中央の意識が河朔三鎮を背後で突き動かしていたとも考えられる。

三鎮のうち、盧龍（ろりゅう）（幽州）節度使の李懐仙は、契丹に仕えた柳城（りゅうじょう）（営州）の胡人（ソグド系か）で、安史の乱に加わって最後は燕京（幽州）留守（りゅうしゅ）の身で唐に降った。李姓はそのさい唐から与えられたものと思われるが、以前の姓ははっきりしない。

成徳（恒冀）節度使の李宝臣は范陽（幽州）に住む奚（けい）族（鮮卑系）の出、もと張忠志とい

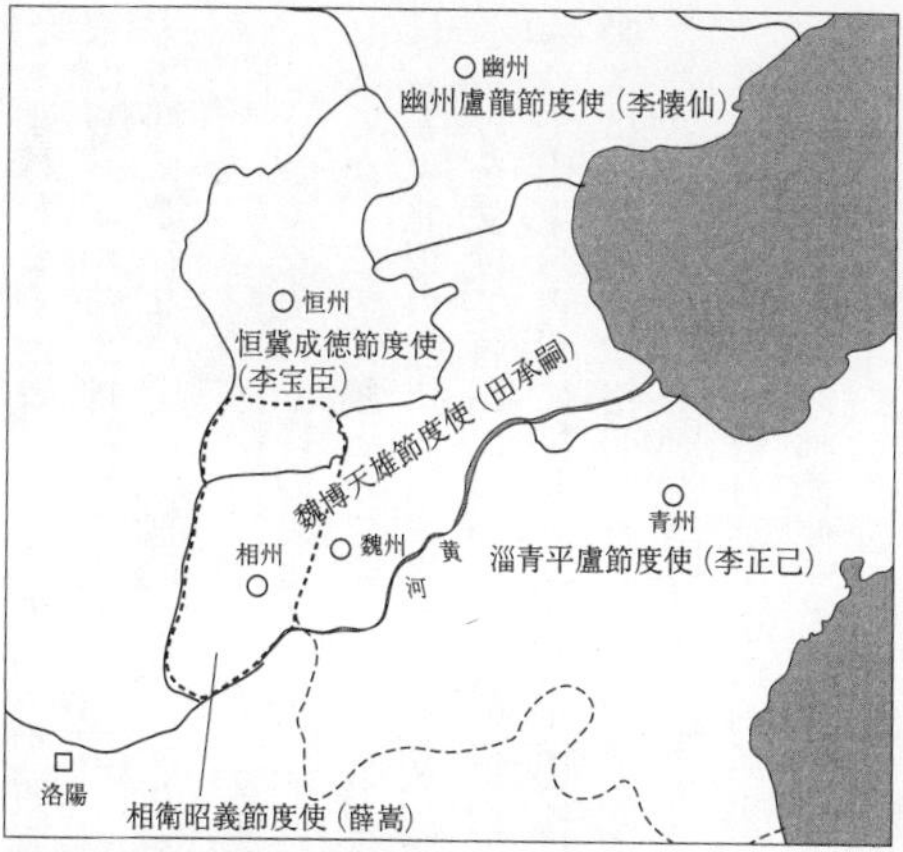

河朔・平盧等藩鎮の配置図

い、一時安姓を名乗り、最後は唐からその名が与えられた。安姓を名乗ったのは、もちろん安禄山の仮子（養子）となったからである。かれは乱時、河北中部の恒州一帯の押さえをまかされ、そこから唐側に付いて節度使を認められた。両名はともに非漢族の出身であり、権力の基盤や継承では必ずしも安定していたとはいえなかったが、残るもう一人、天雄（魏博）節度使の田承嗣は様相を異にしていた。

田承嗣は平州（河北省）にあった盧龍軍の将校から身を起こし、安禄山の右腕として活動し、反乱側の魏州刺史から唐の魏博節度使に任ぜられた。かれが前の二人とちがうところは、漢族であるうえ、七七九年まで長くその地位に留まって強固な基盤を築き、死後元和一五年（八二〇）ころまでつづく田氏世襲支配の道を開いたことである。田承嗣はまず領内の戸口の把握につとめ、壮丁の一〇万を兵士とし、そのなかから体軀に勝れたもの一万を選抜して、衙兵とよぶ強固な親軍を組織した。これは牙兵ともよばれる。他方、自前で役人を配置して税収の確保をはかり、表向きは唐の下に収まりながら、ふかく土地に根を張り、軍事・財政の両面から唐に対抗する実力を養った。これを力で抑えきれない唐は、官位を与えたり婚姻関係を結ぶことで懐柔をはかるしか手はなかった。

こうして安史の乱後のおよそ半世紀、華北東部の動向のカギは魏博節度使に握られることになるが、この三鎮とならんで、この時期勢力を広げたのが平盧節度使である。平盧節度使はもと東北辺の営州（遼寧省）にあり、安禄山に兼務されていたが、反乱が始まると唐の働きかけを受けて唐側についた。その後節度使となった侯希逸は、宝応元年（七六二）に兵を率いて山東の青州に移り、新生の平盧節度使として力を伸ばした。つぎの李正己になると、動きはいっそう本格的となり、唐に協力するなかで山東全域に支配をおよぼし、大暦一〇年（七七五）ころには南から田承嗣を圧するまでに至った。

東北辺に出たこの勢力が山東に割拠する経緯は面白いが、それにかかわって李正己が唐から「海運押新羅渤海両蕃使」を受けたことは注目される。じつはかれは高句麗人で、総章元年（六六八）に唐に滅ぼされて、営州に強制移住させられた高句麗系の流れと推測される。渤海国と新羅にたいする外交・交易の責任者（窓口）という初めてみる肩書から、このころより山東と朝鮮半島・中国東北部とが海路で結ばれ、そこから上がる利潤が権力基盤の強化に役だったことが知られる。後述するように、山東半島の海沿いには多くの新羅人が住みつきコロニーを形作るが（二九〇頁）、それは李正己の時代に始まるとみてよいだろう。

藩鎮体制の体質と歴史性

安史の乱が収束しても、華北東部一帯には河朔三鎮がのこり、平盧節度使が加わり、襄陽（じょうよう）（湖北省）の山南東道節度使梁崇義（りょうすうぎ）、汴宋（べんそう）（河南省）の淮西節度使李忠臣（りちゅうしん）らがこれと影響関係をもち、唐の支配に従わなかった。のみならず、唐は安史の乱をきっかけに国内全域に節度使あるいは観察使を配置した。節度使には当該地域の軍事の全権が、観察使には広域行政権が委ねられ、節度使はふつう観察使を兼ね、観察使が表に出る場合には軍事にかかわる経略使などを兼ねる。これらは軍事と行政の両権をもって地方に割拠することから、藩鎮（はんちん）とよばれ、それらが地方を動かし中央を規制する状況を藩鎮体制とよぶ。

こうして節度使・観察使は唐末までに四、五〇を数えたといわれ、唐中央は都のごく限られた一部を直轄支配するにすぎなくなった。ただ節度使・観察使の藩鎮体制になったといっても、すべてが独立反中央の動きにつき進んだかというとそうではなく、唐の統制に服するいわゆる順地（じゅんち）の藩鎮も多くあった。たとえば九世紀初め、財務系の文官として有名な杜佑（とゆう）や李吉甫（りきっぽ）は、ともに一時期淮南節度使を務めたのち、宰相として中央政界に進出した。生産力の高い淮南・江南方面を手放さなかったことが、唐朝が一世紀半にわたって存続しえた大きな理由であった。

では、そうであるならば、それら順地になぜあえて直接統治ではなく、節度使や観察使を配置する間接支配の形がとられたのか。

一つの答えはいうまでもなく、中央権力が弱体化したなかでの地方統治には、民政・軍事の両権をあわせ持ち、臨機応変に対処する必要があったからである。と同時に、注意しておきたい点がある。かつて魏晋南北朝時代、地方統治には将軍号（軍事権）を帯びた地方長官（刺史など）があたり、さらに隋・唐前半期まで、広域の軍事権と行政権を兼務した総管府や都督府がほぼ一貫して存続し、各時代の一面を代表した。節度使＝藩鎮にも、それらと共通する本質が認められる。節度使の登場を考える場合、使職という律令官制から踏み出た新たな側面とともに、魏晋以来の長いスパンにも目を配ることが求められる。

このような存在（機関）は、国家の統治がまだゆるやかで、体制の整備一元化が不十分な魏晋から隋唐という時代にあって、統治を補完するためにつねにありつづける必要があった。節度使とはそうした時代の最終段階における一つの姿であり、本来反権力に動く質のものではなかった。安禄山が平盧・范陽・河東三節度使の立場から反乱を起こしたのも、節度使の限界を打破するためであったとも解釈できる。安史の乱後、河朔三鎮系の節度使は、一時唐を凌ぐ勢いを示したが、結局は体制の枠内に安住して唐末におよんだのも、節度使の本来のあり方から必然の展開であった。

順地（じゅんち）にも節度使が置かれた理由を考えていくと、このような本質の問題に行き着く。節度使＝藩鎮の形をとる以上、唐に代わるべき地平と論理は生まれない。とはいえ、河朔三鎮を代表とする節度使が、唐に対抗しうる力を養い、唐の支配を制約した事実はのこる。それを許した直接的な要因は、かれらが安史の乱をふまえ、徴税の権をすべて独占してしまったことにあった。唐はそこで新たな策で対抗しようとした。それが両税法である。

両税法の施行とその意義

玄宗の治世になって、民衆の逃戸・流動傾向がつよまったことはすでに前章でふれた。宇文融は括戸によって、この状況の改善をはかったが、結局は成功しなかった。増大する辺境防衛の軍事費や肥大化する官僚機構を前にして、国家は、既存の租庸調や戸税、地税の確保、あるいは税目の拡大に努めたが、慢性的な赤字状態は変わらなかった。そこで裴耀卿の提案によって、江淮地方に滞留した租税を都に輸送することに本腰を入れ、運河による漕運や倉庫を整え、その結果かつては二〇万石ほどにとどまっていたのが、開元二二年（七三四）以降、二〇〇万石にものぼった。これを江淮上供米とよび、唐はそれに大きく依存することになった。

そのような時に、安史の乱が勃発し、かろうじて維持されてきた唐の課税体系がずたずたにされた。主税たる租庸調制はもはや機能しない。代わって乱の最中の乾元元年（七五八）、第五琦を塩鉄使として塩にたいする専売制が始められ、さらに劉晏によって拡充され、税収の半分近くを占める有力な税目となった。唐は安史の乱以後の破産した財政を、江南からの上供米と塩税にたよって何とかしのいだが、膨大な戦費をまかなうには、租庸調制に代わる土地税制が求められる。そこで両税法が創出された。

両税法の実施は中国税制史の一大転換を画する。古来課税制度は、土地は公のもの、住人はその見返りとして、収穫物（実物）の一部と労働を公（国家）に納めるという考え方に立った。その流れの頂点に均田制（土地制度）と租庸調制（税制）があり、徴税の対象は戸籍に登録された個々の農民とその一家であった。

そして安史の乱後、国家の把捉する戸口は大幅に減少し、逃戸となった農民は客戸として大土地所有者の荘園に吸収される。もはや以前にもどることは無理である。こうした現実を認めた唐朝は、現有する土地の広さに応じて夏と秋の二度課税することになった。課税基準の人から土地（資産）への転換、これが建中元年（七八〇）、楊炎の建議をいれて成立した両税法である。

両税法は、銅銭による銭納を原則とした。これも従来の物納を基準とする税制に代わる大きな変化であり、唐代中頃から進んだ貨幣経済に対応するものであった。すでに塩の専売税などが銭納され、両税銭とあわせて財政は大きく膨らみ、国家はそれらの金銭をもって兵士や官僚を養った。のちには江淮上供米も減らし、都や辺防軍の穀物は現地で購入する和糴（民間からの穀物買い付け）がとられるようになった。このような金銭で国政全体を運営する体制を財政国家とよび、宋代にそれが確立する。両税法の施行は、本格的な財政国家への第一歩を印した。

中央財政の立て直しとともに、両税法には抑藩（藩鎮抑圧）という効用があった。唐の直轄地から順地の藩鎮、さらにその周辺に広げられていくなかで、定められた対象（税目）と税額内で課税し、藩鎮側が勝手に徴税枠を広げることがむずかしくなる。また藩鎮が領内の上供分（中央上納税）を一括するのをやめ、配下の州・県が別々に上供する形へと改められていく。藩鎮が上供を一人占めするのを阻み、また藩鎮の影響力をその直轄州（使府州）内に狭めるためである。この両税法をつうじた中央優位は、憲宗の代になって定着をみることになった。

憲宗の中興

両税法を実施した徳宗李适（在位七七九―八〇五）は、その勢いを駆って、長年痛めつけられてきた藩鎮の抑圧に乗り出した。まず魏博節度使の兵力を削減することを要求し、成徳節度使が世襲を求めたのを拒否すると、両勢力は周辺の盧龍・平盧・淮西節度使などを巻き込んで反唐に立ちあがった。そうしたなか、涇原節度使の兵と朱泚とが結んだ長安占拠があり、徳宗は流浪をよぎなくされ、初志をとげることなく終わった。

なお書家で有名な顔真卿が、淮西節度使李希烈を説得すべく死地に赴いたのは、このときのことである。かれは李希烈のいかなる脅しにも屈せず、唐臣としての節義を全うし、剛直の士たる名を歴史上に焼きつけた。

顔真卿（『新刻歴代聖賢像賛』）　傑出した書家としてのみならず、反徒李希烈に敢然と向かい死についた不屈剛直の士としての名を残した

両税法の効果が発揮されはじめるのは、孫の憲宗李純（在位八〇五―八二

〇）の治世になってである。このころ国家財政は大幅に改善されつつあった。憲宗即位のはじめ、宰相の李吉甫が財務状況を集約した「元和国計簿」によると、唐の最盛時の天宝期とくらべて、担税戸が半分以下と大幅減少しているなかで、国家収入の方は六〇〜七〇パーセントを確保し、徳宗初期と比べると、二・七倍ほどの規模になっていた。これは専売税に加えて、両税法収入がもたらした結果であった。憲宗はこれをもって禁軍＝神策軍の拡充に注ぎこみ、一五万という中央軍の力をバックに、祖父の果たせなかった藩鎮抑圧に乗り出した。

動きはまず、元和元年（八〇六）、中央の交代命令に服さない西川節度使（四川）の劉闢を討平し、夏綏銀留後（陝西省）の楊恵琳を斬り、都長安の西南と西北を押さえることから着手された。そのあと、同二年（八〇七）に浙西（鎮海）、同四年（八〇九）に昭義（沢潞）、同五年（八一〇）に義武（易定）とつづき、同一三年（八一八）に隣の横海（滄景）を従えた。その一方、藩鎮中の問題児ともいうべき淮西（蔡州）の抵抗を、同一二年（八一七）に押さえこむことに成功し、その勢いで、同一四年（八一九）に淮西と連携関係にあった平盧（青州）を三分割させた。その上で、いよいよ河朔三鎮本体へと矛先を転じ、同じ年に宣武（汴宋）を降し、そして翌年三鎮の中心として唐を苦しめつづけた天雄（魏博）の田氏の支配を終らせた。憲宗はその直後に亡くなるが、後を継いだ穆宗李恒は事業を継続させ、翌一五年（八二〇）には成徳（恒冀）、長慶元年（八二一）には盧龍（幽州）を従属させることに成功した。

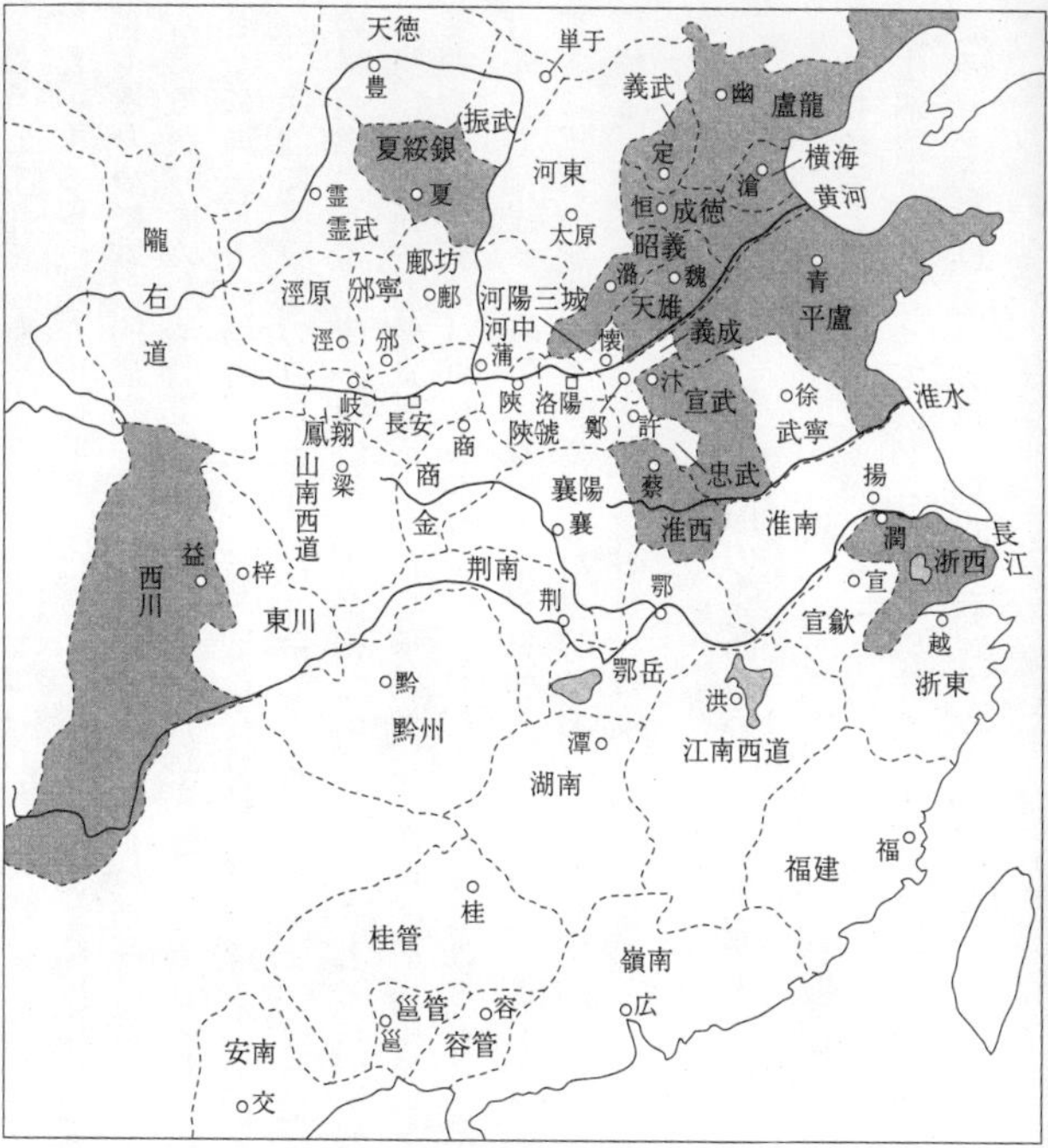

藩鎮配置図　網掛けは憲宗・穆宗期の制圧藩鎮

こうして年来の懸案に一つのめどがつけられた。唐はこれによって人事や徴税などで藩鎮にたいする優位性を獲得した。とはいえ、これ以上に節度使をなくしたり、藩鎮の兵力を改編するために本格的に動くことはなかった。これは当面を糊塗する姑息政策と非難するむきもあるが、唐の政治的現実的な力量から判断すれば、ほぼやむを得ない線ではなかったか。とくに藩鎮兵力の場合、それに踏み込むならば、国家は多くを抱え込むか、野に放つしかない。冷静に財政上の負担あるいは社会的不安を考えると、それに手をつけることを躊躇するのは当然である。唐と節度使は本来相互補完でいくことは可能であった。

憲宗が革新の意気に燃え、一代を藩鎮抑圧にかけ、唐の中興をもたらした。まさに中興の英主であったが、いつしか水銀をつかった金丹とよばれる不老長生薬に手を出した。そのあげく体が蝕まれ、狂暴となり、最後は宦官に殺された。かれのこの殺され方は、その後に到来する宦官の跳梁を予見させるに十分であった。唐後半期の政治はいよいよ本格的な宦官の専権と、それを一方で支える官僚政治の段階を迎えることになる。

宦官の専横と官僚の党派争い——門生天子の時代

唐朝政治と宦官

生殖器を切りとって去勢された半男性——宦官、かれらの事例は、世界史上随処に確認できる。その範囲をいえば、西は古代エジプトやメソポタミア、古代ギリシア、ローマ帝国からイスラム諸国、南はインドやベトナム、北はロシア、そして東は中国はもとより、朝鮮も含まれる。近世ヨーロッパにもその流れがあった。宦官の洗礼を受けなかったのは、唯一日本だけといって過言でない。それを必要とした裏には、権力の構造や体質にはじまる様々な要因が考えられるが、そのような存在を異質異常なものとして、受け入れを拒んだわたしたちの先人の姿勢や感性は誇ってよいもの、と私は考えている。

こうした地域と国家のなかで、宦官がもっとも深く根を張ったのが中国であることはいうまでもない。早くは殷（いん）の甲骨文字にそれを示すものがあり、二〇世紀の初頭に清（しん）が倒れ、帝政時代が終わりを迎えるまで、その間一度として断絶することはなかった。宦官は中国で権力というものが出現した有史以来、なくてはならない必要悪であった。中国は古来親から子、子から孫へと連綿とつづく血統の関係を重視する。そのことは、姓の継続ということに代弁される。姓=血統を途切れることなくつづけることこそが、子孫の先祖にたいする最重要の孝養であり、男子だけがそれを負うものであった。女子は他家に嫁ぐもので本家の嫡流

宦官の図（昭陵陵園段簡壁墓第二天井壁画）宦官は中国において有史以来途絶えることなく連続した必要悪であった

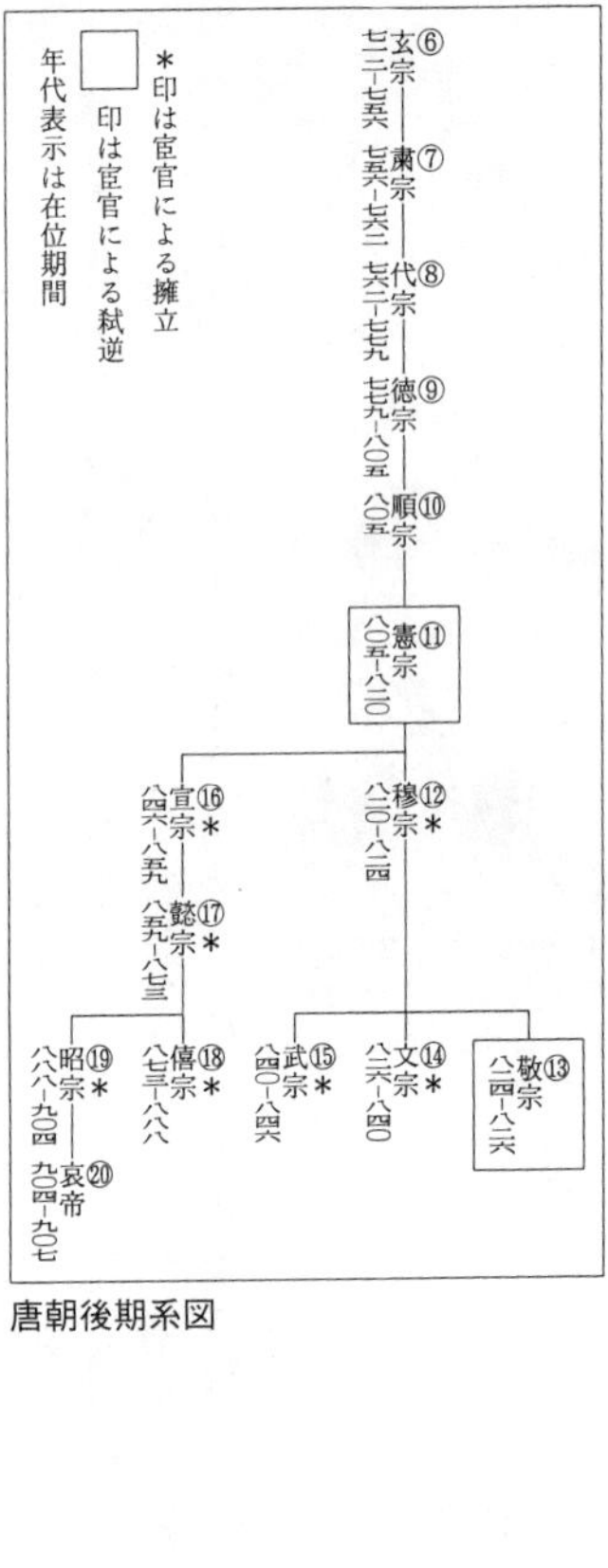

唐朝後期系図

には立てない。

そうした関係の頂点に立つ皇帝家では、そのために膨大な数の女性を後宮に集め、皇帝個人以外は男を近づけないように隔離した。男であって男でない中性的存在が必要とされる大きな要因がここにあった。宦官は日頃後宮のなかで暮らす皇帝と后妃たちの小間使いとして出発し、皇帝の個人的信頼を得て、外朝との取次役などをつとめるなかで、権力の中枢に容喙していくに至った。

その中国宦官の歴史において、かれらがもっとも政治を牛耳り強権を振るった時期が三度あった。後漢と唐と明の三朝のいずれも後半期である。そのなかでとりわけ大きな力を持ったのが唐代である。当時、宦官は皇帝の生殺の権まで握り、政治はかれらの意向のまま動かされた。かれらはみずからの権勢を誇って「定策国老（天子を廃立する元老）」とよび、皇帝を「門生天子（門生は学生の意、師に従う学生たる天子）」と見下した。

とはいえ、こうした様相は唐初からはっきりしていたわけではない。宦官を統轄する機関を内侍省といい、かれらにも品階が用意されたが、太宗以来、宰相位とならぶ三品官にはつけないという不文律があった。これが玄宗になって、高力士らを右監門衛将軍（従三品）につけて破られた。高力士は玄宗が権力を奪取するクーデタに功績があり、以来裏から玄宗の政治を支えつづけたことで知られる。ここに宦官が政治とかかわる道が開かれ、唐後半期へと接続するが、かれらの本格的登場を許したのは、すでにふれた仮父子や恩寵という個別的関係を生み出す時代の空気と無縁ではないだろう。

魚朝恩と神策軍

高力士に始まる宦官の政治関与は、安史の乱の渦中に粛宗李亨を皇帝に推し立てた李輔国、つぎの代宗朝での程元振という段階があったのち、魚朝恩が神策軍を引っさげて中央に乗り出したところで確定的となった。

神策軍とは、もともと中央とは縁もゆかりもない対吐蕃の第一線、河源九曲（甘粛・青海省）の地に置かれた辺境防衛軍であった。安史の乱が勃発すると、唐朝はこれら辺境軍に動員令を出した。その結果神策軍の一部が衛伯玉に率いられて、反乱の帰趨を決めるかもしれない安陽（河南省）の戦いに加わった。だがこの戦陣は、北から救援に駆けつけた史思明に破られ、唐軍は潰散した。神策軍は陝州（河南省）まで撤退したところで行き場を失った。かれらの本隊があった河源九曲一帯は、すでに吐蕃に征服されていたからである。そうしたときに安陽から逃げてきた魚朝恩と出会った（二七五頁）。

魚朝恩は観軍容宣慰処置使という全軍監視の役目にあり、敗北の責任は免れなかった。そのためかれはこの地で神策軍を自分のものとし、神策軍使ついで神策軍節度使を名乗り、出番をうかがった。そして広徳元年（七六三）一〇月、吐蕃が長安に攻めこむと、難を避けた代宗を迎え入れることに成功し、ついに魚朝恩は代宗を擁して中央復帰を果たした。そのあと間もなくして、僕固懐恩の反乱が起こり（一一二頁）、都に動揺が走るが、魚朝恩は神策軍を率いて城内を固めた。こうして一辺防軍にすぎなかった神策軍は、魚朝恩の配下に入ることで中央禁軍の中心にまで登りつめた。

従来、府兵制にもとづく国家の正規軍を指して南衙禁軍とよぶのにたいして、皇帝の身辺を固める親軍、いわば皇帝の個人的兵力を、北衙禁軍とよんだ（二六七頁）。両系統の兵力は、前者の衰退とそれに代わる後者の発展拡充という過程をたどり、神策軍も当然その流れのなかに配される。ただ神策軍が他の北衙系とちがうのは、宦官である魚朝恩の私兵ともいうべき性格のもとで出発し、かれの政治的野望ともからんで、特段の肩入れを受けたことである。とくに畿内各所にそれじしんの領地をもち、外鎮神策軍とよばれた。他の北衙にない根の張り方である。

大暦五年（七七〇）、魚朝恩は専横ぶりが嫌われて誅殺され、神策軍の兵権は一度宦官の手を離れる。その後、藩鎮との戦いなどに使われるなか、建中四年（七八三）に朱泚を推す涇原兵士の反乱によって、徳宗が流亡をよぎなくされたとき、救援に駆けつけたのが神策軍であった。徳宗は改めて神策軍を重視して左右神策軍に拡大し、信頼する二人の宦官、竇文場と王希遷にその実権を委ねた。その上で、貞元一二年（七九六）に、各神策軍の全権を握る護軍中尉というポストを新設して宦官をあて、宦官の制度的位置を確定した。前後して、他の北衙系禁軍は廃され、禁軍といえば神策軍、それを動かすのは宦官という形となったのである。

宦官政治への抵抗――永貞の革新と甘露の変

このようにして、徳宗朝の終わる九世紀の初めまでに、唐後半期を特色づける宦官支配の体制が築かれたが、しかしそれが定着するまでには、まだ幾段かの曲折があった。

徳宗は貞元二一年（八〇五）正月に病没し、皇太子の李誦が後を継いだ。これが順宗である。順宗は若いときから革新の意気にもえ、周囲の熱い期待を集めていたが、このとき中風にかかっていて、体が不自由ばかりか声が出せず、政務を執れる状態になかった。代わって政治の中心に立ったのが、順宗からもっとも信頼された翰林学士の王叔文であった。翰林学士とは皇帝のブレーンであるが、政治的基盤となると弱い。かれはそこで柳宗元や劉禹錫ら代表的文人たちを抜擢し、長い徳宗の治世で積もった垢を落とそうとした。

当時、地方官や節度使が、両税法の上に様々な税目を加えて収奪し、地方財源の余りを羨余と称して中央に差し出す進奉が広まった。王叔文らはそれを批判し、両税本体の税にもどし、また進奉を止めさせた。その他綱紀の引き締めなどに努めたが、かれらの考えるその先には、宦官政治の打破があった。それには宦官を神策軍から引き剥がす必要がある。王叔文は自派の軍人を神策軍の要職にすえ、奪権をはかったが、宦官とそれに連なる節度使らの内外の反対に直面し、後ろ盾となるべき順宗も同年八月に譲位をよぎなくされ、新政は失敗に終わった。この新政を年号から永貞の革新ともいうが、順宗がかりに健康であったとすれ

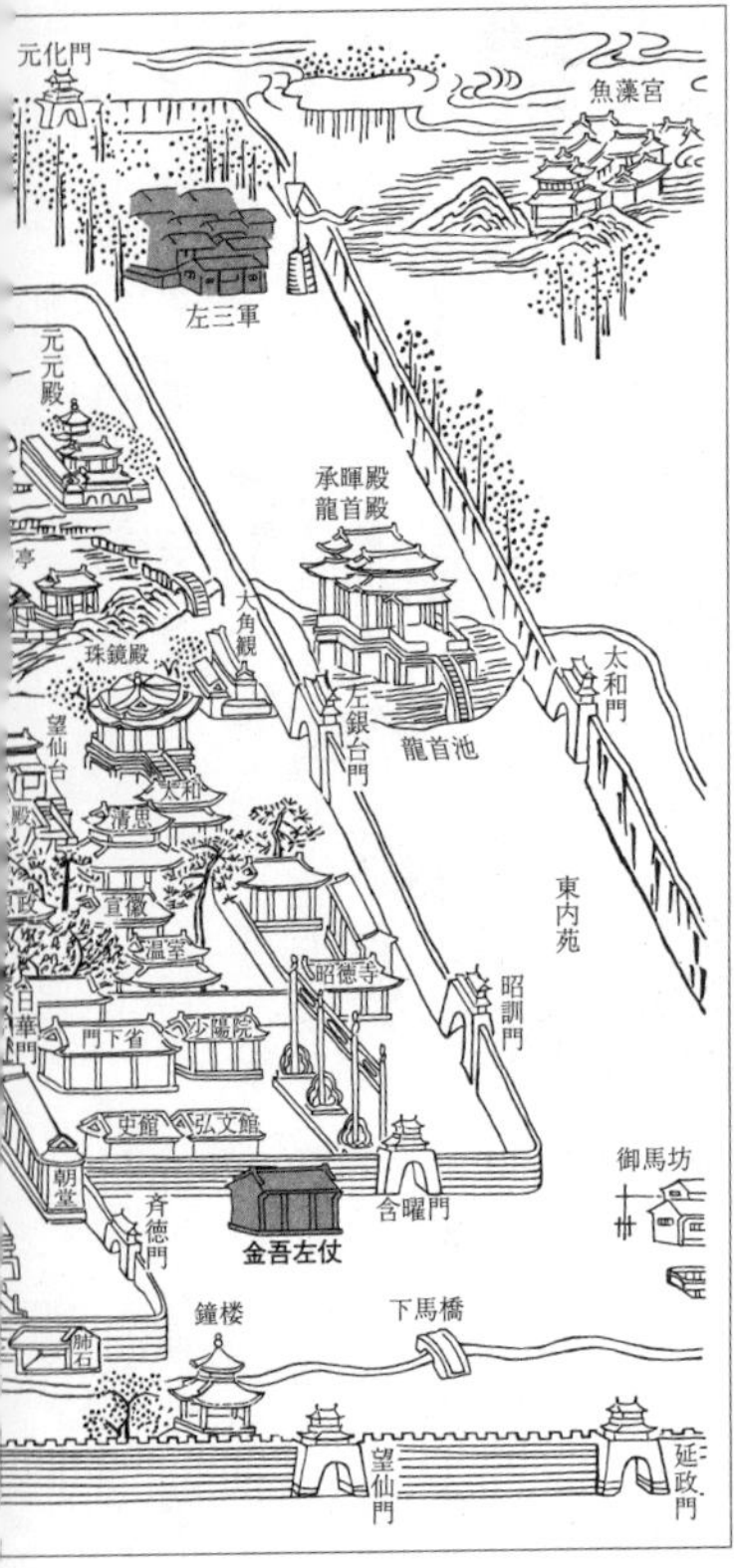

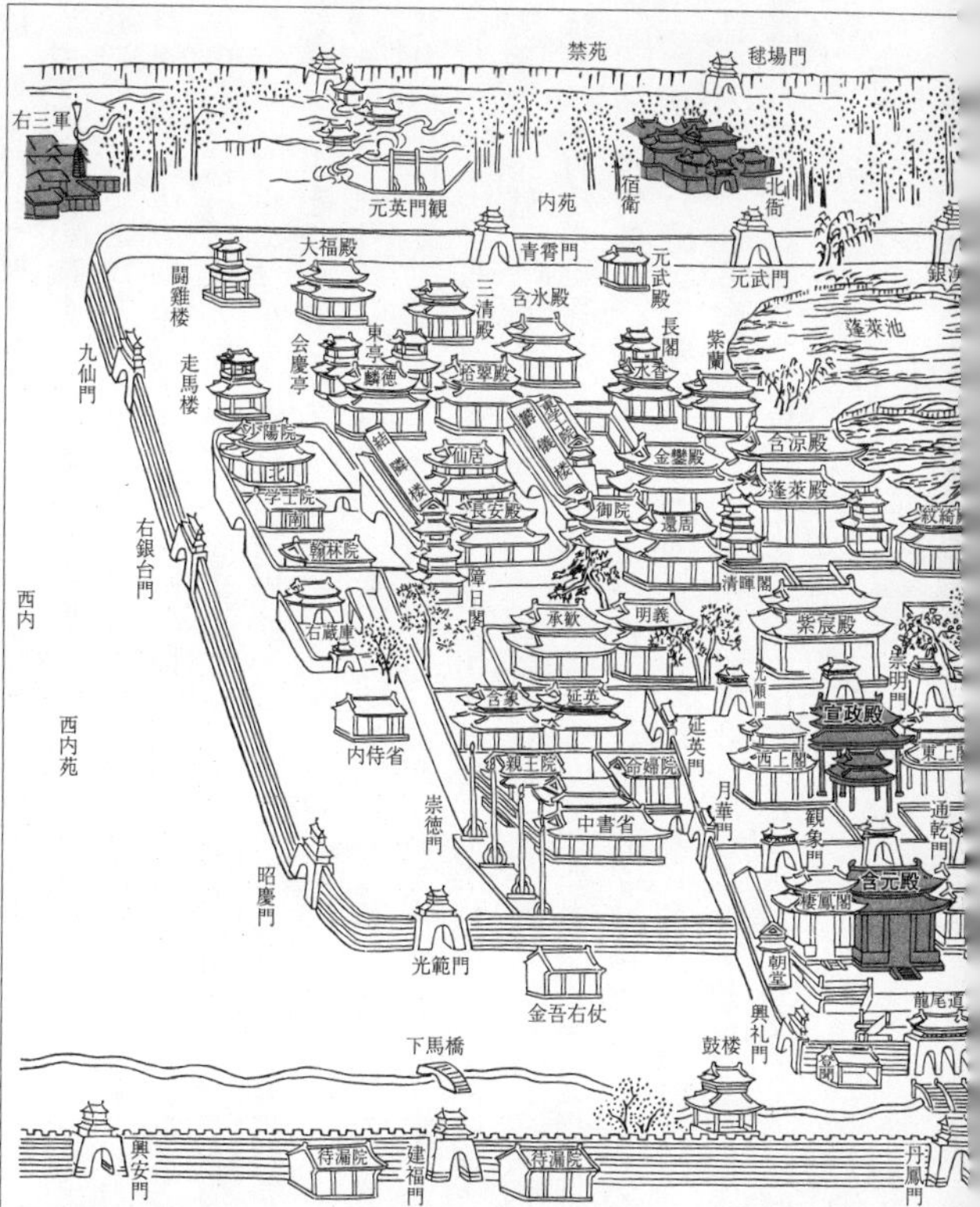

大明宮図（『陝西通志』、平岡武夫編『唐代研究のしおり第七　唐代の長安と洛陽』地図篇より）　大和９年（835）11月21日、大明宮の城壁の外の金吾左仗（右下方）の中庭の石榴の樹に、甘露が降ったとの報で宦官を誘い出し、一網打尽にする計画を立てたが、事前に事が露われ、逆に関係者は宦官の配下によって掃討された。北門＝元（玄）武門の外側に北衙宿衛、その両端に左三軍・右三軍、これらは神策軍の詰所にあたる

ば、事態はどう展開したか。宦官の地位はまだそれだけ磐石ではなかった。

つぎに宦官の権力を奪う動きが表面化したのが、三〇年後の文宗李昂の大和九年（八三五）のことであった。文宗はもともと宦官を憎む気持ちがつよかった。それを察した宰相の李訓は、鳳翔節度使の鄭注らと謀って、節度使の兵士を密かに都に入れるとともに、宦官を宮中から誘い出し一網打尽にする策を考えた。当時長安の東北にある大明宮で政務がとられ、その中心が含元殿や宣政殿で、周囲を高い城壁がとり囲む。宦官は皇帝を擁してその中で暮らす。その城壁の外側に金吾左仗という兵士の詰め所があった。

一一月二一日のこと、宣政殿で政務をとる文宗のもとに、金吾左仗の中庭にある石榴の樹に甘露が降った、という知らせがとどいた。甘露といえば瑞兆と、文宗はみずから赴くことにし、先立って宦官の仇士良らが下見に出かけた。仇士良はそこで幕の後ろに潜んでいる武装兵士を発見し、企みを察知して一目散に逃げ帰った。皇帝を抱え込み城内に逃げ込まれてはもはや打つ手はない。李訓以下謀反に関係したものたちは、宦官に指揮された神策軍によってすべて短時日で掃討され、事件は決着した。これを甘露の変とよぶ。

これをもって、唐朝における反宦官の動きは終わる。宦官政治の決着は、唐末、朱全忠が都に入ってかれらを皆殺しにするまで待たなければならなかった。それはとりもなおさず、唐朝の終焉を意味した。宦官はかくも深く体制に食い込んでいたのである。

中国では歴史上、官僚同士がある目的のためにつくるグループを、党とも朋党ともよんで悪いものとされた。君子たる官僚は仲間同士が連んでたむろしないもの、みずからの利害のために徒党を組むのは、小人のやることで政治の本道をゆがめるという理由である。しかし実際はもちろん、しばしば朋党は現れ、またそれを口実に弾圧する。早く後漢の末、宦官が政治を牛耳るなかで、心ある官僚・知識層が反宦官で連携しあったのを党人とし、禁圧して党錮とよんだのはよく知られた例である。

唐になっても、官僚同士が組んで主導権争いをするのはよく見られたが、宦官が跳梁した唐後半期になると、その動きがよりはっきりとする。先の永貞の革新にかかわった王叔文らのグループをその走りとして、間もなく本格的な朋党の時代が到来する。憲宗の元和三年（八〇八）四月の制挙（科挙の特別試験）で、牛僧孺や李宗閔らが時政を厳しく批判した事件を発端に、以後四〇年にわたった二つの派閥が争った牛李の党争がそれであった。

牛僧孺らは、当時着手されていた藩鎮抑圧策の無謀さを突き、時の宰相李吉甫の路線を批判した。これにたいし李吉甫は、憲宗に訴えてかれらを退け、ながく不遇に置いた。李吉甫が亡くなると、息子の李徳裕が父の政治を継ぐことを目指すが、憲宗の治世の終わりとともに、牛僧孺が宰相に進み、一転李徳裕らを排除する。そうしたなかで、牛僧孺や李宗閔に代表される牛派と、李徳裕を中心とする李派の二つの政治グループが形成された。

両派は、藩鎮にたいする抑圧（主戦）か妥協（和平）かを対立軸に出発するが、裏には牛派の科挙系、李派の恩蔭系という出身の違いがあった。あるいは、李派が李吉甫以下財務に明るく、唐朝の立て直しに力を傾けた当権派、牛派の方はかれらから疎外されていた体制不満派、批判派とも置きかえられる。ただこの批判派は、新たな代案をもつわけでなく、その結果が対藩鎮妥協の路線となった。

科挙系はまた必ずしも実務面に明るくない。牛僧孺についてこんな話がある。かれが宰相の任にあった文宗の大和五年（八三一）、唐と吐蕃の国境の要衝、維州（四川省）をもって吐蕃の大将が降ってきた。牛僧孺は状況をわきまえず、吐蕃を怒らせてはいけないことを理由に維州城とその大将を返還させてしまった。現地で折衝にあたったのが、ライバルの西川節度使李徳裕であったからであるが、このように狭い量見によって、かれは吐蕃に優位に立つ絶好の機会をみすみす潰してしまった。

がそれはそれとして、この恩蔭系にたいする科挙系という構図は、玄宗朝の宇文融ら恩蔭系と張説ら科挙系との関係を想起させる（九五頁）。そのときは張説らが敗れ、科挙系は政治の主舞台から退いた。そして今、牛派の科挙系が李派の恩蔭系と渡り合い、それを凌ぐまでに至っている。この現実は、科挙系官僚がこの一世紀間において大きく成長した証しであった。

牛李の党争は、八四〇年代になって、両派の領袖が相継いで世を去るなかで力を失う。それにしても、何故こうまで激しい党争が生まれることになったのか。その大きな理由に、宦官が政治を取り仕切る閉塞した状況を指摘したい。頭を押さえられて行き場のないエネルギーは、官僚間を敵と味方に峻別して発散させるしかなかった。宦官の側にとって、それは何にも増して好都合である。だが四〇年にもわたる政界を二分した対立で、有為な人材の芽を摘み、国力を消耗させた。この対立に終止符が打たれたとき、王朝内部から国を変える力は残されていない。あとは外部から幕が引かれるのを待つしかなかった。

流賊黄巣の大乱

九世紀後半の社会状況

安史の乱の勃発から一〇〇年、唐朝はいよいよ最終コーナーに差しかかった。この間、地方には藩鎮が割拠し、中央では宦官の跋扈と牛李の党争などがあり、大きく揺れつづけた。そのなかで、藩鎮勢力は河朔三鎮を除いて大半が唐に服属し、他方中央政界といえばその有利な状況を活かすことなく、野心をむき出しにした衝突のはてに失速していった。

藩鎮にしても唐朝にしても、もはや時代を動かす主役になりえないことは明白となる。では、それに代わり、行き詰まった時代状況を打破する主体はどこにいるか。唐朝や藩鎮から疎外され、厳しい収奪にさらされ、矛盾のしわ寄せをもっとも受け、現状に不満を募らせたものたちを措いて、他にはいないだろう。すなわち、藩鎮体制下の兵士であり、両税法と専売制の両面から収奪された農民たちである。

順地化した藩鎮にあっては、節度使に中央が任命した文武の大官が就くことが定例化していった。かれらはそこで一定期間勤め上げると、中央やその他の要職に栄転していくことになる。節度使として領内ににらみを利かせる一方、かれらが現地に根を張ることを阻むという両方の理由からであった。しかしこのことは、新たな問題をもたらした。いまそれを、大中三年（八五八）に張潜（ちょうせん）という一人の人物が出した現状分析に耳を傾けてみよう。

――節度使の交代にあたり、倉庫にどれだけ蓄積があるかを報告し、余剰分の「羨余（えんよ）」の多いことが業績、評価の指標となっています。しかし藩鎮財政には決まった支出（せんよ）があり、税金を増徴するか、将士を辞めさせるか、かれらに支給する経費を削減するかしないかぎり、羨余は捻出できません。近頃「南方」で頻発する不祥事は、いずれもこうした事情によります。一旦反乱が起こり、蓄えられた財物が奪われたり、討伐のため膨大な経費を使うのであれば、朝廷にとって羨余がいかほどのメリットがあるものか。民衆や将士につけを回さず、節度使みずから節倹に努めて羨余を作り出したものこそ、褒賞されるべきです。

当時節度使は、正規の税銭を取り立て国庫に納める以外に、できるだけ「羨余」を作って定期的に上納することが求められた。それは皇帝個人の倉ともいうべき内蔵庫に入り、神策軍を維持する財源になった。羨余の納入額が多いことで、かれらは栄進をとげたわけだから、勢い現地の実情にかまわず羨余づくりに励む。結果はまず、それによる影響を直接受けることになった兵士たちの反乱（兵乱）となり、ワンテンポ遅れて民衆たちの決起がくる。

そしてそれらの勃発する場所も、中央から比較的遠い「南方」に始まり、次第に北上することになるのである。

黄巣の乱前史――「南方」の兵乱から裘甫・龐勛の乱へ

右の張潜が言及した「南方」の兵乱（軍乱）は、八五〇年代の半ばころから目につき始める。まず宣宗の大中九年（八五五）七月、浙東藩鎮（治所越州、浙江省）の兵士が、観察使（節度使と同等の藩鎮長官）の李訥の振る舞いに反発して、かれを追放したのを皮切りに、大中一二年（八五八）五月には湖南藩鎮（治所潭州、湖南省）の都将の石載順らが、観察使の韓悰を追い出し、翌月には江西藩鎮（治所洪州、江西省）の都将の毛鶴が観察使の鄭憲を放逐した。そして同年七月、宣州（宣歙。治所宣州、安徽省）藩鎮の都将康全泰が、観察使の鄭薫を追放し、配下の四〇〇人を擁して三ヵ月の抵抗をつづけたあげくに、平定された。

これら一連の兵乱は、長江の南側一帯に置かれた藩鎮から起こり、康全泰になってより反唐的な色合いを強めた。兵乱の中心に立った都将は、藩鎮内での軍事面の一方の責任者、部隊長クラスとなろうか。兵士の多くは在地で台頭していた土豪層とつながっており、都将の背後にはそうした新興層の意向が反映していたものと考えられる。兵乱はしたがって、次につづく土豪層を中心に結集した民衆たちの決起とも、底流においてつながっていた。その民衆の決起が裘甫の乱であった。

裘甫（仇甫とも書く）は浙東の賊帥とも草賊ともいわれる。おそらく象山あたりの在地有力者である。大中一三年（八五九）一二月、一〇〇名ほどで象山に決起したのち、翌年正月に剡県（浙江省）を陥れ、一挙に勢力を数千名に増やし、浙東藩鎮領内を震撼させた。反乱はその年の六月に裘甫が捕らえられるまで、領内の東部を中心に激しく展開され、勢力は一時数万にも膨らんだ。その中核には唐の厳しい収奪にさらされた地域の農民、土地を追われた亡命・無頼のものたちがいた。驚いた朝廷は、安南都護（ベトナム方面の統治長官）として威名を馳せた王式を派遣して、やっと鎮定することができた。

浙東は唐の財賦の地というべき江南の一翼を占める。そのような重要な地域から、かつてない大規模で長期間におよぶ反乱が起こった。しかもそれまでの兵乱の枠を踏み出て、在地農民が主軸を担うものである。それは唐朝の弱体さと弱点をさらけ出す一方、民衆世界に広がる反唐の空気を映し出した。この反唐の動きは、一層唐を追い詰めるために、次の段階で兵乱と民衆の決起とが結びつくのは必然の方向であった。龐勛の乱はそのようにして、江南から北上した徐州一帯で繰り広げられることになる。

反乱の発端は、徐州から遠く南の桂州（広西チワン族自治区）にさかのぼる。今日風光明媚な観光地として有名な桂林である。そこに防衛兵として配備されていた八〇〇名の徐州出身の兵士がいた。かれらはもともと一期三年の約束で桂州に来たが、三年が六年になっても帰郷が許されず、さらにもう一年延長が命ぜられた。ついに怒り心頭に発したかれらは、咸通九年（八六八）七月、龐勛を頭目とし、手には武器をもって、故郷に向けて動き始めた。徐州の兵はもともと気性が荒いうえに、不当な待遇で気が立っている。かれらは大した抵抗

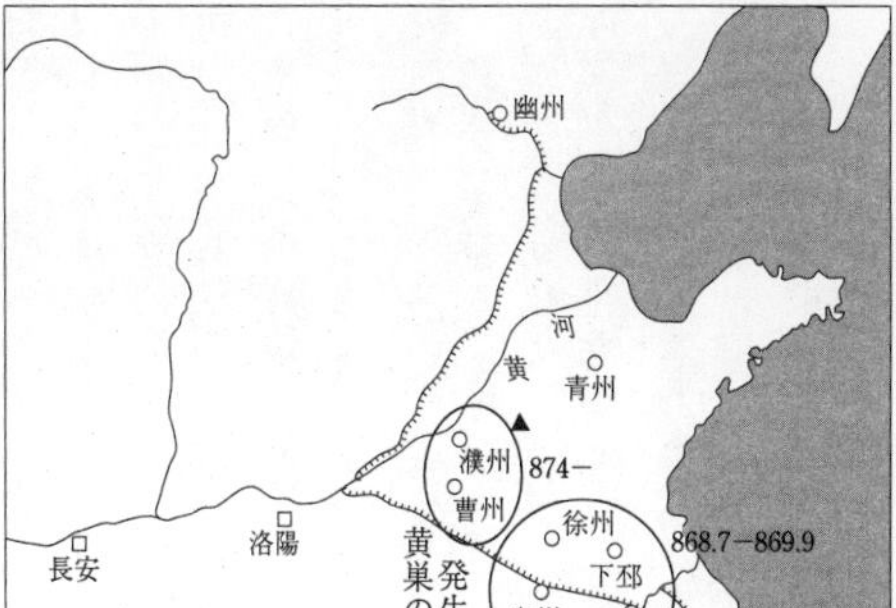

兵乱および裘甫・龐勛・黄巣の乱関係地図

にも遭うことなく、九月には徐州（江蘇省）に迫り、一〇月には徐泗観察使の治所である彭城を落とした。

これを機に勢力は急激に拡大をみた。そこには近隣の農民はもとより、はるか遠方からも馳せ参ずるもの、盗賊あがりのものたちが引きも切らなかった。下邳の土豪鄭鎰なるものは、三〇〇〇人の配下をしたがえ食糧・武器を用意して、陣営に加わったという。兵乱からはじまった龐勛の乱は、ここに広範な階層を結集した民衆反乱に様相を変え、しかも唐の生命線たる大運河を押さえる優位に立った。にもかかわらず、龐勛が望んだのは節度使という唐の官職であり、次代につながる展望はかれにはなかった。それを見透かした唐は、南北から攻めたて、最後は勇猛な沙陀(さだ)族部隊を繰り出し、龐勛を戦死させた。咸通一〇年（八六九）九月のことであった。

黄巣の大乱

康全泰の兵乱が三ヵ月、つづく裘甫の乱が六〜七ヵ月ときて、龐勛の乱は八六八年七月から数えると一五ヵ月（途中に閏月が挟まる）、徐州の活動だけみても一三ヵ月におよんだ。反乱期間は倍々と長くなり、規模も範囲も同じ調子で拡大してきた。それに加えて、反乱の本拠が北上し、唐朝の足元へと迫っていく。高まる反唐の気運は、いよいよ本格的な唐との対決という最終段階が近いことを予感させた。黄巣(こうそう)の乱(らん)はこうして勃発した。

反乱はまず、乾符(けんぷ)元年（八七四）、濮(ぼく)州（山東省）の人王仙芝(おうせんし)が部下数千とともに火をつけた。翌二年（八七五）、数万までに膨らんだ軍勢が山東の濮州、曹州一帯に展開し始めると、六月、曹州冤句(えんこう)県の人である黄巣が数千人をもって合流した。この黄巣の登場をまって勢力は一層強大になった。両名の連携は、乾符三年（八七六）に蘄(き)州（湖北省）で、王仙芝だけが唐官を受けようとして仲違いするまでつづき、以後袂を分かった黄巣は、長江を渡っ

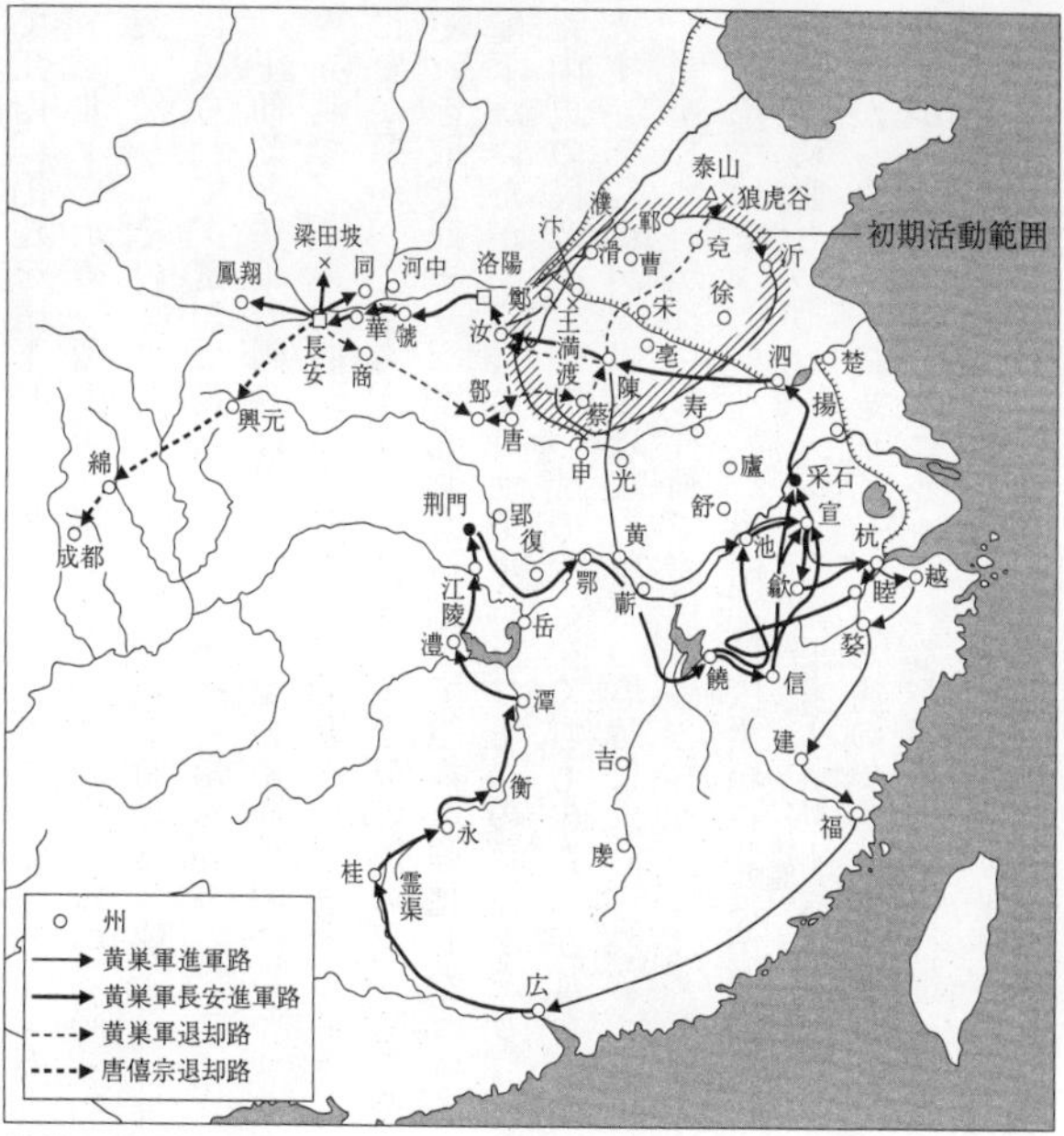
泰山
狼虎谷
初期活動範囲
濮
汴
鄆
兗
沂
梁田坡
同
河中
洛陽
滑
曹
鳳翔
鄭
宋
徐
長安
華
虢
汝
王
満
渡
亳
商
陳
泗
楚
鄧
蔡
寿
揚
興元
唐
申
光
廬
采石
綿
荊門
郢
舒
宣
復
黄
池
杭
成都
鄂
歙
越
江陵
蘄
睦
岳
澧
婺
饒
信
潭
建
吉
衡
福
永
虔
桂
霊
渠
広
州
黄巣軍進軍路
黄巣軍長安進軍路
黄巣軍退却路
唐僖宗退却路
黄巣の乱関係地図

て江南、福建を南下して広州にまで至った。乾符六年（八七九）秋のことである。それから一転北上を始め、翌広明（こうめい）元年（八八〇）一一月には洛陽を陥落させると、一二月には潼関を突き破り、そのまま長安に攻め入った。時の皇帝僖宗李儇（きそうりかん）は、宦官田令孜（でんれいし）と神策軍五〇〇人に護られて、密かに長安を脱し四川へと落ちのびた。

　王仙芝と黄巣の両名はもともと私塩の密売仲間、いわゆる塩賊の出身であった。当時塩は専売制で、その税収が国家財政の主要な部分を占めていた。しかし、官塩は値段が高いうえに質が悪かったから、安価で良質な塩を売る闇のグループやルートが生まれる。国は厳しくそれを取り締まり、密売側も対抗して組織を強化した。両名は旗揚げの段階で早くも数千の配下がいたが、背景には地下ネットワークの存在があり、そこに厳しい徴税と飢饉で疲弊した山東の民衆や、龐勛の乱の流れをくむものたちが加わった。中国は伝統的に闇社会（秘密結社）をもつが、起点はこの唐末の塩賊に求められる。

　関連して、かれらの行動で注目されるもう一つは、流賊（流寇（りゅうこう））主義という点である。山東西部で始まった反乱は、最南部は広州から北は黄河の線、内陸は長安までおよび、その間たえず移動しつづけ、一時定着を目指した広州でも占拠は二ヵ月もない。かれらは動きまわりながら食糧と人員を補給し、また唐の集中攻撃を避けた。近代の紅軍（中国共産党軍）の長征が一万二五〇〇キロといわれるが、黄巣軍の行程はそれをはるかに凌ぎ、この行程をつうじて唐を支えた最後の基盤と統治システムが解体された。

　黄巣は長安に入城すると、国号を大斉（だいせい）、年号を金統（きんとう）とし、百官を任命した。ここに民衆から出た新王朝が創始される、かにみえた。しかし歓呼に迎えられた黄巣軍も、すぐに長年の盗賊的気質をむき出しにして掠奪殺戮に走り、人々の支持を失った。そのうちに部下の朱温が唐側に寝返り、ついで唐が引き入れた李克用の沙陀軍に大敗し、黄巣は長安から退却した。時に中和三年（八八三）四月のこと、長安の占拠は二年四ヵ月で終わった。

黄巣軍はそのあと藍田関から商州（陝西省）を経て、河南の平野部に出ると、以前の流賊の姿にもどった。しかし、主要部隊の二〇万が沙陀軍との戦いでつぶされ、往年のような勢いはもはやなかった。そして、中和四年（八八四）五月、中牟（河南省）でまたも李克用に大敗を喫すると、あとは逃亡のはてに黄巣は、同年六月、泰山（山東省）の東南、狼虎谷で自殺し、その大乱に終止符が打たれた。

黄巣は何度も進士（科挙）の試験をうけ、失敗したという。したがって、書は読め、一定の知識は備えていた。しかしそのことで、かれに知識人の姿を重ねることには慎重でありたい。かれの行動に一貫するのは、徹底した暴力と破壊であって、知性や教養とは無縁であった。その例の一つに、広州に入ったとき、掠奪目的で蕃坊（イスラム系居住区）の住人十数万を殺戮して、繁栄の源泉をつぶしたことがあった。周りにも、国造りに関わりうる人材は皆無に近い。だがかれには、どこまでも付き従う膨大な民衆がいたことを忘れてはならない。かれは任侠の徒であり、反知識人であった。そうした男であって始めて、一〇年間も動きつづけることができ、行き詰まった唐の体制を清算するという、歴史的使命を果たすことができたのである。

唐の滅亡

黄巣の乱で全土が揺れているときの皇帝は、僖宗であった。かれはみずからの足元が掘り崩されているのを知ってか知らずか、闘鶏の賭け事やポロ（打毬）のゲームに熱中し、宦官の田令孜を父とも呼んで政治の全権をまかせるような暗愚な男であった。朝廷の中にはもはや危機に応える人材はなく、内側からも解体を早めたのであった。

黄巣の乱をつぶす先頭に立ったのは、かつて黄巣の部将であった朱全忠（朱温の改名）と、西突厥の流れを汲む沙陀族の族長李克用であった。朱全忠は宣武節度使を与えられ汴州（河南省）を拠点に、河南中部に勢力を広げ、李克用は鴉軍（鵶軍、カラス軍団）と恐れられた黒装束の騎馬隊を率いて黄巣を追い詰め、河東節度使として太原（山西省）に足場を築いた。だが考えてみれば、かれらは黄巣の乱があってはじめて、本格的な政治の舞台に出ることになったものである。

これに前後して、南の方でも、唐滅亡後を担うものたちがつぎつぎと頭角をあらわした。呉越の建国者となる銭鏐が杭州（浙江省）で、呉国の楊行密が揚州（江蘇省）で、また前蜀を建てる王建が四川の地で、などと。かれらもまた黄巣の乱に直接からんで押し出されたという点で、その所産であったといってよい。朱全忠はつぎにくる後梁の創始者となり、李克用の場合は息子の李存勗が遺志を継いで後唐を成立させた。つまり、黄巣の乱をつうじて、次代の五代十国の方向が用意されたのである。

僖宗の後を継いだのは、弟の昭宗李曄であった。かれは兄とちがって気骨があり、崩れゆく唐朝を何とかしなければとの思いがつよかった。そこで宰相の崔胤とはかって、朱全忠を河南から呼び入れ、天復三年（九〇三）正月、数百人の宦官を皆殺しにした。こうして唐後半期の政治をとり仕切ってきた宦官の専権は終息した。だが、宦官を除去してみれば、そこにあったのは裸同然の皇帝の姿であった。朱全忠はその裸の皇帝昭宗を洛陽に移し、長年の都長安を棄てた。

その後、独孤損や裴枢、崔遠ら三十余名の朝臣を、黄河の河岸の白馬駅に引きたてた。朱全忠の腹心李振がこういった。「かれらはいつも清流と自慢していた輩、黄河に投げ入れ濁流とします」と。朱全忠は笑いながらそれに従った。裴枢らは代表的な名流の家柄で科挙の出身者、かれらの殺害は、唐代貴族制社会の終焉を象徴する事件であった。そして天祐四年（九〇七）四月、朱全忠は新たに都となる汴州で即位した。後梁の太祖である。ここに三〇〇年近く命脈を保った唐の歴史は、静かに終わりをつげた。

第四章　律令制下の人々の暮らし

律令体制の構造と貴族制

律令制と貴族制

隋唐王朝やその時代の特色を表すのに、律令体制とか律令国家という言葉がよく用いられる。その場合、厳密には、安史の乱をはさむ前半がその時代にあたり、後半になると律令体制が崩れ、藩鎮体制の時代に変質すると理解される。律令とは、すでに第一章でもふれたように体制の根幹となる法体系で、簡単にいえば律とは刑罰法、令とは非刑罰法となる。これを二本の柱にして権力の普遍性、統治の正当性を打ち出したところに、律令制の時代とよばれる所以があった。

ただ誤解を恐れるのは、律令という法体系は、安史の乱によって機能を停止したとみられることである。じつはそうではなく、唐後半期も国を動かす基軸に律令があり、刑罰はもとより、官界の秩序その他はそれに規定されていたことは変わらない。もちろん前半期の律令制を支えた柱とされる均田制（土地制度）と租庸調制（税制）は解体して両税法となり、軍事の柱となる府兵制は変質をよぎなくされていた。官僚制にも令外の官たる使職が重用され、律令官制は影を薄くしたかにみえる。しかし大きく変わろうとする現実の一方で、国家や社会はなお拠り所を律令制に求め、それへ回帰する動きも根強くあった。

この当時の時代認識ともかかわって、国家の本質がこれまでしばしば貴族制と官僚制の両面から問題にされてきた。そこでは両者は対立する概念としてあり、貴族制を重視する立場からは、官僚制を越えた貴族の自立性とそれに制約された皇帝権のあり方が強調された。他方、官僚制の側からは、律令官制の強固で整然とした枠組みと、それに立脚した皇帝権の優位性が取り上げられ、貴族制を寄生官僚制と位置づけようとした。だがこのような対立の図式は正当であろうか。

考えてみるに、貴族という名門の家柄にしても、一切官界との関係を絶って存立しつづけることはむずかしい。かれらは婚姻関係や文化性、あるいは財政基盤などによって貴族たる体面を保ったとしても、一方で政界とのかかわりを失えば、時代から取り残されるのは見えていた。かの六朝貴族にしても、九品官人法による官界とのつながりを確保しての貴族であった。また唐初期、「貞観氏族志」をめぐって起きた山東貴族、博陵の崔氏の処遇問題は（第二章八七頁）、山東系貴族の有する隠然たる力と、しかし政治の前に屈従をよぎなくされる貴族の立場を象徴する事件であった。唐代、貴族たちはこうした事件をへて、官界とかかわりを深め、後には科挙にも積極的に加わった。

しかしだからといって、官僚制の優位だけを強調するのは早計である。唐朝じしんが「氏族志」にこだわったように、家柄や出自あるいは貴族的教養を重くみる空気は、唐一代をつうじて決定的変化はなかった。律令官制にしても、三省六部制とよばれる中枢官制の構造からして、南北朝以来の貴族制の影響を色濃く残し、皇帝の絶対優勢のなかで統治を進めるシステムではなかった。つまり貴族制と官僚制は相い補完しあう関係にあり、それを集約したところに唐の律令制があり、唐朝そのものの特質になる、と私は考えている。

唐律の構造と特色

刑罰法典たる唐律は、今日にのこる『故唐律疏議』などの法律書によって、ほぼ全容を知ることができる。唐代、高祖の武徳七年（六二四）に最初の律が制定されたのを皮切りに、玄宗の開元二五年（七三七）までの一世紀余りの間に、合計七回律文が修訂された。そのうち二回目にあたる貞観一一年（六三七）、太宗のもとで令とあわせて大幅な改訂がなされた後は、部分的な修正にとどまり、開元二五年の律において法令として完成し、後半期にそのまま踏襲された。

唐律の構成や条文は一二篇五〇二条、それは隋の開皇三年（五八三）発布の開皇律をほぼ踏襲してできていた。まず総則にあたる名例律があり、五刑（笞・杖・徒・流・死）や十悪（謀反以下一〇種の極悪罪）、八議（皇族・高官などへの減刑特典）など全体におよぶ刑罰の原理が説明される。その上で、国家統治にかかわる衛禁律や職制律、民衆の生活に関係する戸婚律や賊盗律、闘訟律など具体的な罰則規定がならぶ（次頁図参照）。

唐律に代表される中国法の特色について、桑原隲蔵氏は三つの点を指摘した。家族制度を維持するための家族主義、社会秩序を守るのが道徳で、法はその補助手段であるという道徳主義、地位や身分の上下によって差をつける差別主義、の三点である。だがこれをつき詰めていくと、結局は家族主義に帰着する。道徳にしても孝悌という家族倫理に原点をもち、刑における差別も父子の関係に始まるからである。社会を構成する根幹に家族があり、そこがしっかりすることで国家が安定するという思想が貫流する。例えば、人を殴打した場合、一般人同士であれば、殴った側が笞四〇の罰を受ける。しかしこれが家族内であれば、目上が目下に行うのは不論罪（咎めなし）であるのにたいし、その逆では厳罰に処せられる。かりに父母や祖父母を殴打すれば死刑、それも一番重い斬刑となる。

長くつづいた皇帝支配を支えた中国法は、ヨーロッパ近代法にたいし遅れた法体系と一般に印象づけられている。だがその中国法＝律が完成を迎えた七―八世紀段階のヨーロッパはどうであったか。そこには領主が領民を裁く慣習法はあっても、広大な領土を同じ成文法によって一律に治めることなど望むべくもなかった。しかも律の条文にたいし、皇帝とてまったく自由であったわけでなく、超法規あるいは法を無視した擅断主義には臣下の反対が待っていた。官僚も条文を拡大解釈して処断することは許されず、

	律　名（内容）	条数
1	名例律（総則）	57
2	衛禁律（警衛守固）	33
3	職制律（服務規定）	59
4	戸婚律（戸籍婚姻）	46
5	廐庫律（牛馬倉庫）	28
6	擅興律（専興賦役）	24
7	賊盗律（反逆殺人）	54
8	闘訟律（闘殴告訟）	60
9	詐偽律（詐偽）	27
10	雑律（補則）	62
11	捕亡律（逮捕罪人）	18
12	断獄律（裁判）	34
	計	502

唐律一覧

死刑などの重罪は何段階かのチェックが必要であった。法による規制はそれだけ重く、唐朝三〇〇年の長期政権もそれが重要な要因となっていることは確かである。

唐令にみる支配体系

全体がほぼ残された唐律にたいし、唐令の方は散逸の憂き目にあった。令は現実の政治や社会に対応するものであり、それを必要とする時代が終われば見捨てられるのはやむを得なかった。そこで仁井田陞氏は九世紀日本の『令義解』『令集解』に残された令文（養老令）を手掛かりに、中国の典籍中の逸文を集めて『唐令拾遺』にまとめ、唐令研究に筋道をつけた。その後、池田温氏らによって逸文の補充や再整理を加えた『唐令拾遺補』が出されるなど、唐令の中味と構造がかなりのところまでわかるようになっている。

令は唐代をつうじて一四回の改訂があったが、大枠は隋の開皇令三〇巻二七篇目をふまえていた。『唐令拾遺』はその後に追加・改訂された玄宗朝の三三篇にもとづいて復元を試みる。三三篇を一覧すれば容易にわかるように（次頁図参照）、唐の制度・行政にかかわるすべてがそこに盛りこまれていた。律と同様、その整備された制度とこめられた統治理念、それを支える文書行政の高度なあり方は、当時の世界のどこを捜してもない。古墳時代からテイクオフを目指した大和政権が、この先進の文物に飛びつき、それこそ文字どおり移植して近代化＝古代国家の形成につなげようとしたのも理解できるところである。

令の内容でまず中心となるのが、最初に来る「官品令」とつづく一連の「職員令」で、さらに「封爵（ほうしゃく）令」や「禄令」などを加え、中央から地方におよぶ官僚機構と位階が規定される。この体制を、国家の祭祀や儀礼にかかわる「祠令」や「儀制令」や「楽令」、文書行政を規定した「公式令」、位階と服装にふれる「衣服令」などが補完する。律令官制とはこれらを集約したものに他ならず、ここに含まれないのが令外の官となる。

一方、民衆支配の面からいえば、末端の郷村組織や戸籍にかかわる「戸令」、均田制の「田令」、租庸調など税制の「賦役令」があげられる。また府兵制やその他辺境防備の体制などが「軍防令」に盛りこまれた。

唐　令（33篇）	日本令（30篇）
1 官品令	1 官位令
2 三師三公台省職員令	2 職員令
3 寺監職員令	2 職員令
4 衛府職員令	2 職員令
5 東宮王府職員令	4 東宮職員令 5 家令職員令
6 州県鎮戍嶽瀆関津職員令	2 職員令
7 内外命婦職員令	3 後宮職員令
8 祠令	6 神祇令
道僧格	7 僧尼令
9 戸令	8 戸令
10 学令	11 学令
11 選挙令	12 選叙令
12 封爵令	13 継嗣令
13 禄令	15 禄令
14 考課令	14 考課令
15 宮衛令	16 宮衛令
16 軍防令	17 軍防令
17 衣服令	19 衣服令
18 儀制令	18 儀制令
19 鹵簿令	——
20 楽令	——
21 公式令	21 公式令
22 田令	9 田令
23 賦役令	10 賦役令
24 倉庫令	22 倉庫令
25 廏牧令	23 廏牧令
26 関市令	27 関市令
27 捕亡令	28 捕亡令
28 医疾令	24 医疾令
29 仮寧令	25 仮寧令
30 獄官令	29 獄令
31 営繕令	20 営繕令
32 喪葬令	26 喪葬令
33 雑令	30 雑令

唐令の全構成（唐日比較）

制度としての隋唐国家は、このように本来すべて令文のなかに明示されていた。これも当時の世界には見られない特色であろう。ただ明文があるからといって、即実際の姿と結びつけることは慎重であってよい。建て前と本音、制度と現実、法令と運用の間にギャップがあるのは当たり前のこと、あれだけの広大な国土と膨大な人口を統御していくためには、状況や地域性などに応じた柔軟性が必要となり、その柔構造が時代を一層魅力的に浮きだたせるように思われる。

律令制下の官僚生活

官僚制のシステム

この時代、政治の中枢に関わるためには、まず一品(いっぴん)から九品(きゅうひん)までからなる九品制、さらにそれを三〇階に分けた官僚ピラミッドのなかに身を置く必要があった。これを流内(りゅうない)とよび、それ以外の下級役人を流外とよぶ。ただし最上級の一品、二品は皇族および政界長老クラスがつき、実際に政治を動かすのはそれ以下で、宰相は多くは三品のランクから出た。また五品と六品のあいだに大きな段差があり、五品以上は宰相の推薦にもとづく勅任官で、六品以下が人事を扱う吏部によって決まるいわば認証官であった。官僚は通常、中央官（京官(けいかん)）と地方官（外官(がいかん)）を行き来しながら昇進していくわけだから、地方官も当然この九品官に含まれる。

さて、かれらを官僚ピラミッドに位置づけたのは、散官(さんかん)と職事官(しょくじかん)、封爵(ほうしゃく)と勲官(くんかん)という四種の体系であり、唐代半ばからはこれに使職という令外の官が加わった。このうち散官は品階や序列をあらわす肩書として、九品官に所属する文官、武官が原則として帯び、文官であれば文散官、武官であれば武散官という二系列に配された。ただ散官は実際の職務には関係せず、職事官が実際の行政などの仕事を担当した。職事官も九品中に組み込まれており、そのため一人の人物において職事官と散官の品階が一致しないケースがまま起こる。その場合、職事官の方が低いときにはそれに「行」を冠し、職事官の方が上のときは「守」をつけて、違いを表示することがあった。

また封爵とは王・公・侯・伯・子・男という爵位と戸数で表記される封地（食邑。事実上は虚封だが、一部実収を認められたものを食実封という）からなり、皇族および一部の功臣に与え、一方勲官は軍事などに手柄をあげたものを表彰する官名であった。これらの関係を、前章でも名の挙がった顔真卿の晩年（七二歳　七八〇年）を例にとると、このようになる。

――光禄大夫（文散官、従二品）・行吏部尚書（職事官、正三品）・充礼儀使（使職）・上柱国（勲官、正二品）・魯郡開国公（爵位、正二品）・食邑三〇〇〇戸（封地、虚封）・顔真卿

文官進謁図（恵荘太子李撝墓壁画）　唐代の役人の様子がわかる

品階	散官		勲	爵	職事官（各部門の最上位官を掲示）
	文散官	武散官			
正一品				王	(三師三公)
従一品	開府儀同三司	驃騎大将軍		嗣王・郡王・国公	太子三師
正二品	特進	輔国大将軍	上柱国	開国郡公	(尚書令)
従二品	光禄大夫	鎮国大将軍	柱国	開国県公	尚書僕射　都督(上)
正三品	金紫光禄大夫	冠軍大将軍	上護軍		尚書　門下侍中　中書令　卿　大将軍(禁軍)
従三品	銀青光禄大夫	雲麾将軍	護軍	開国県侯	散騎常侍　監　御史大夫　傅(親王)　国子祭酒　刺史(上)
正四品上	正議大夫	忠武将軍	上軽車都尉	開国県伯	折衝都尉(上)
正四品下	通議大夫	壮武将軍			
従四品上	太中大夫	宣威将軍	軽車都尉		内侍
従四品下	中大夫	明威将軍			
正五品上	中散大夫	定遠将軍	上騎都尉	開国県子	県令(上)
正五品下	朝議大夫	寧遠将軍			
従五品上	朝請大夫	游騎将軍	騎都尉	開国県男	
従五品下	朝散大夫	游撃将軍			
正六品上	朝議郎	昭武校尉	驍騎尉		
正六品下	承議郎	昭武副尉			
従六品上	奉議郎	振威校尉	飛騎尉		
従六品下	通直郎	振威副尉			
正七品上	朝請郎	致果校尉	雲騎尉		
正七品下	宣徳郎	致果副尉			
従七品上	朝散郎	翊麾校尉	武騎尉		
従七品下	宣義郎	翊麾副尉			
正八品上	給事郎	宣節校尉			
正八品下	徴事郎	宣節副尉			
従八品上	承奉郎	禦侮校尉			
従八品下	承務郎	禦侮副尉			
正九品上	儒林郎	仁勇校尉			
正九品下	登仕郎	仁勇副尉			
従九品上	文林郎	陪戎校尉			
従九品下	将仕郎	陪戎副尉			
					流外官（胥吏）

九品制の官僚ピラミッド　唐代の官僚システムは一品から九品までの九品制をとり、一品、二品は皇族および政界長老クラス、宰相は三品クラスから出た。五品以上が勅任官で、六品以下の認証官との間に大きな段差があった。さらに全官僚は散官と職事官、封爵と勲官という4種の体系の中に位置づけられ、壮大なピラミッドを形成していた

職事官の吏部尚書は散官より低いために、「行」字がつき、（充）礼儀使は令外の官であるため品階はなかった。このように、かれらは長い肩書を背負って官界を生きたが、もちろん一番重視されたのが職事官、後半になればそれと使職のポストであった。これによってはじめて俸給や職務給、その他の役得が得られ、貴族・官僚としての体面を保ち、多くの家族・親族を養えたのである。

主要機関の紹介

唐の行政の中枢は、隋初に確立した三省六部であった（二一八頁）。なかでも中心は、皇帝の諮問にこたえて原案づくりや詔勅の起草にあたる中書省（ちゅうしょしょう）で、長官を中書令という。これにたいして中書で策定された案件を審議し、時に封駁（ふうばく）という差し戻しを行う権能をもったのが門下省（もんかしょう）で、侍中（じちゅう）がその長官であった。政治のご意見番＝諫官（かんかん）である諫議大夫（かんぎたいふ）などもここに属した。門下省の背後には貴族勢力が連なり、その意思を代弁する立場にあったが、ただ皇帝の意向と衝突する封駁などは簡単に発動できるはずはなく、次第に存在意義を失っていき、玄宗朝には門下は中書の下に位置づけられる。そのことは、貴族の立場が皇帝支配下に組みこまれたことを象徴するものに他ならない。

さて中書、門下につづいてもう一つが尚書省（しょうしょしょう）である。長官は尚書令であるが、唐初一時期、秦王時代の太宗がついたために以後空位とされ、その下の左僕射（さぼくや）と右僕射（うぼくや）が事実上の長官となる。尚書省は日本の内閣に相当し、その下に省庁にあたる六つの部門、吏・戸・礼・

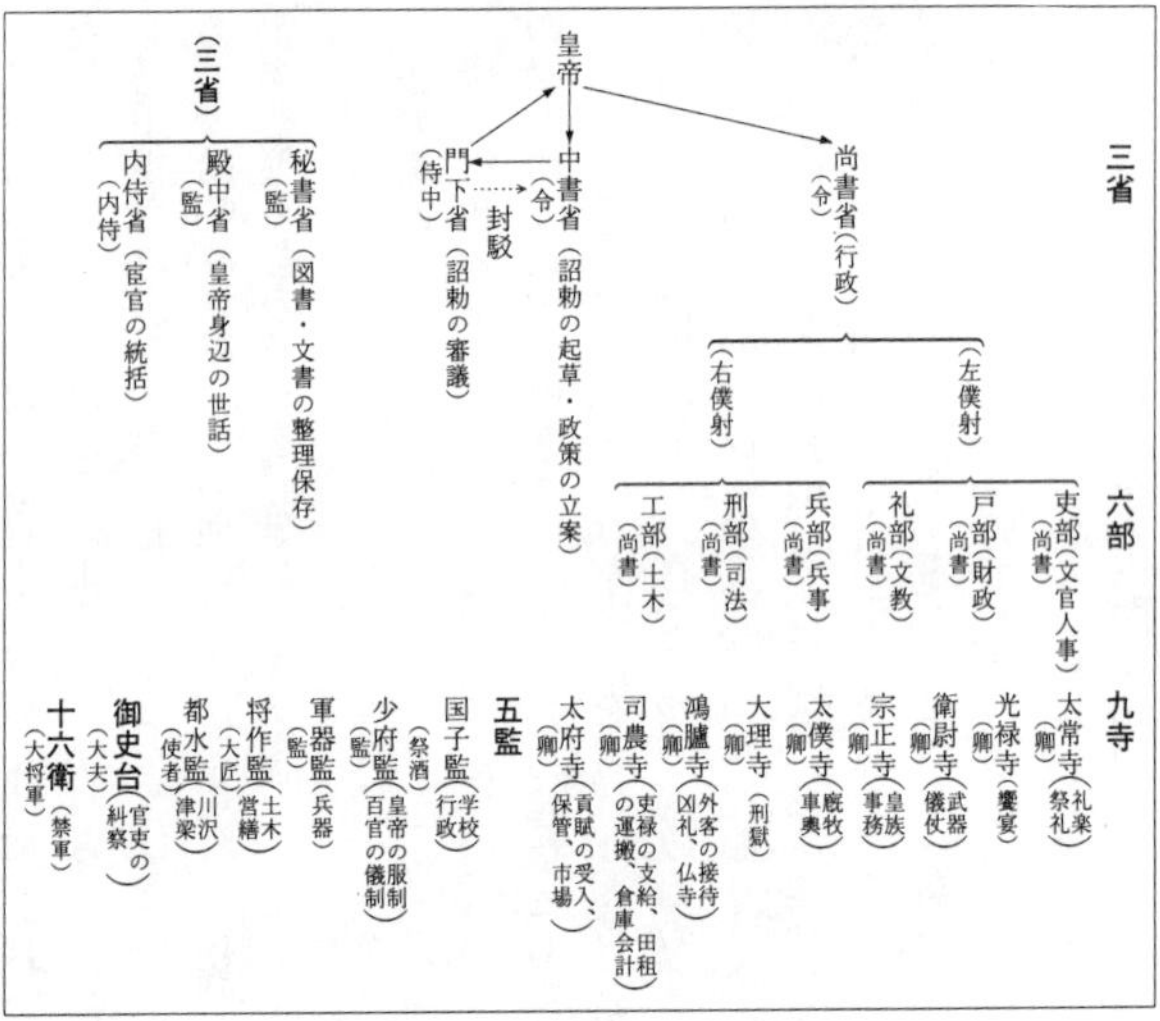

唐三省六部・中央官制表

兵・刑・工の六部を置いて実務を担当した。三省六部とはこれらの総称である。さらに行政にかかわるものに、九寺（太常・光禄・衛尉・宗正・太僕・大理・鴻臚・司農・太府の各寺。寺は役所の意味）、五監（国子・少府・軍器・将作・都水の各監）があり、六部と連携・補完の関係に立った。そして地方には、隋初に定まった州（時に郡）と県からなる行政単位が置かれ、統治の前面に立った。

これらに加え、もう一つふれておく機関がある。御史台である。京官や外官、地位の上下を問わず、官員の不正を弾劾し、また政治の誤りを指摘する役目であり、門下省とあわせて台諫と称した。官僚たちはこうしたなかで日々の行動をチェックされ、また勤務評定は各部門でなされ、地方官の場合は毎年正月の朝賀（元会）にあわせて上京する朝集使（ちょうしゅうし）がそれを報告し、それらを吏部が集約し人事考課に反映させた。

政治全体を統轄する宰相は複数制がとられ、一人が独裁する形になっていない。本来は三省の長官がそれにあたる仕組みであったが、他からも人材を求めるために、宰相を務めるものには同中書門下三品あるいは同中書門下平章事（へいしょうじ）などの肩書を与えた。宰相の会議の場所は政事堂といい、宮城内の門下省にはじめは置かれたが、のちに中書省に移され、中書門下が政事堂を指す言葉となった。これも右に述べた、中書省が門下省をしのいで実権をにぎる趨勢と連動している。

仕官の道

『唐六典（とうりくてん）』や『通典（つてん）』という当時の史料によると、唐の最盛時である八世紀前半の開元年間、文武官をあわせた九品官（職事官）の数が一万八〇〇〇名を越え、その八割が文官であった。うち京官をみると二千六百余で、五品以上は三九〇名であった。この限られた流内（りゅうない）に入ること、それを入流といったが、それにはどのようなコースがあったか。

まず前半期に主流であったのが、父や祖父の地位（散官）に応じて子や孫を位につける恩蔭（おんいん）コース、例えば父が正四品官であるとき、子の一人が正八品上の官に就けるというものである。任子（にんし）の制ともいう。これは前代の門閥主義につながるやり方で、当時まだ色濃くのこる貴族的観念の反映であった。その一方で隋の文帝以降、人材を広く求める試験方式の科挙コースが定着していった。最初秀才科が重視されたが、合格条件がきついために嫌われ、唐になると儒教の経典を試す明経科、そして文学の資質を問う進士科へと中心が移り、科挙といえば即進士科とみなされた。

科挙の試験を受けるためには、大きく二つ道があった。一つは中央に置かれた高官子弟の学校である国子学や太学、また地方に設けられた州県学の学生（生徒）から受験資格をえる道である。もう一つは、県試、州試に合格して上ってくる道、これを郷貢という。これら学生と郷貢の二種の受験生を集めて試験するのが、尚書省の礼部の仕事であり、責任者は知貢挙といった。毎年の受験者が一〇〇〇から二〇〇〇名で合格者が一〇名、二〇名であるから、大変な激戦である。そのため合格発表当日は悲喜こもごもの情景が繰り広げられ、合格者は長安東南にある曲江池という遊楽地に繰り出し、試験官を招いて一大謝恩の宴を張る。人々はそれを見ようと集まり、娘たちは将来の幹部候補生に胸ときめかした。

とはいえ、この合格ですぐ任官がかなったわけではない。さらに吏部による厳しい試験が待っていた。身（体軀）・言（言葉遣い）・書（楷書体）・判（判決文）の四項目で、これにパスして初めて官僚の道が開かれるために、なお短くても一、二年は要した。文学を問う進士科に人気が集まり、礼部試の上に外見や文章力を問う吏部試があったことも、貴族主義的な時代の風潮と無関係ではない。それゆえ貴族系の子弟は、唐の半ば頃から科挙に積極的に応ずるようになり、官界の主流がそちらに移行する動きをつくりだした。

このように九品官に入流するには、恩蔭と科挙の二つが主流であり、高官もふつうここから出たが、ほかに流外から九品官の中堅以下のポストをえるルートがあり、じつは数からいえばこれがもっとも多い。それに則天武后期からはっきりし、玄宗期に前面に出るところの、皇帝との私的関係をつうじて抜擢された恩寵といわれるものたちの存在があった。唐という時代は人材の登用という面では、貴族制で一貫した六朝時代と科挙制で一本化された宋代との狭間にたつ過渡的段階といってよく、その多様さや緩やかさがまた王朝の性格と通底していることは確かであろう。

村落の日々

村落の組織

前節で地方行政単位に州と県があることを紹介したが、正確にいうとその上に全土を一〇（のちに一五）に分けた道があった。これは監察単位に近く、行政区域ではない。また州のランクでは、都（上都）の長安を京兆府、副都（東都）の洛陽を河南府とよぶように、都に準ずる重要な都市とその周辺は府とされ、軍事を兼ねた要地は都督府とされた。ただしこれらの府は特別であり、全体を州県制といって間違いはない。州の長官は刺史とよび、県は県令、州が郡に変わると太守となる。これら中央から派遣された長官以下の主要官僚のもとで、戸口の管理から徴税はもちろん、治安や司法まで地方行政全般が進められた。

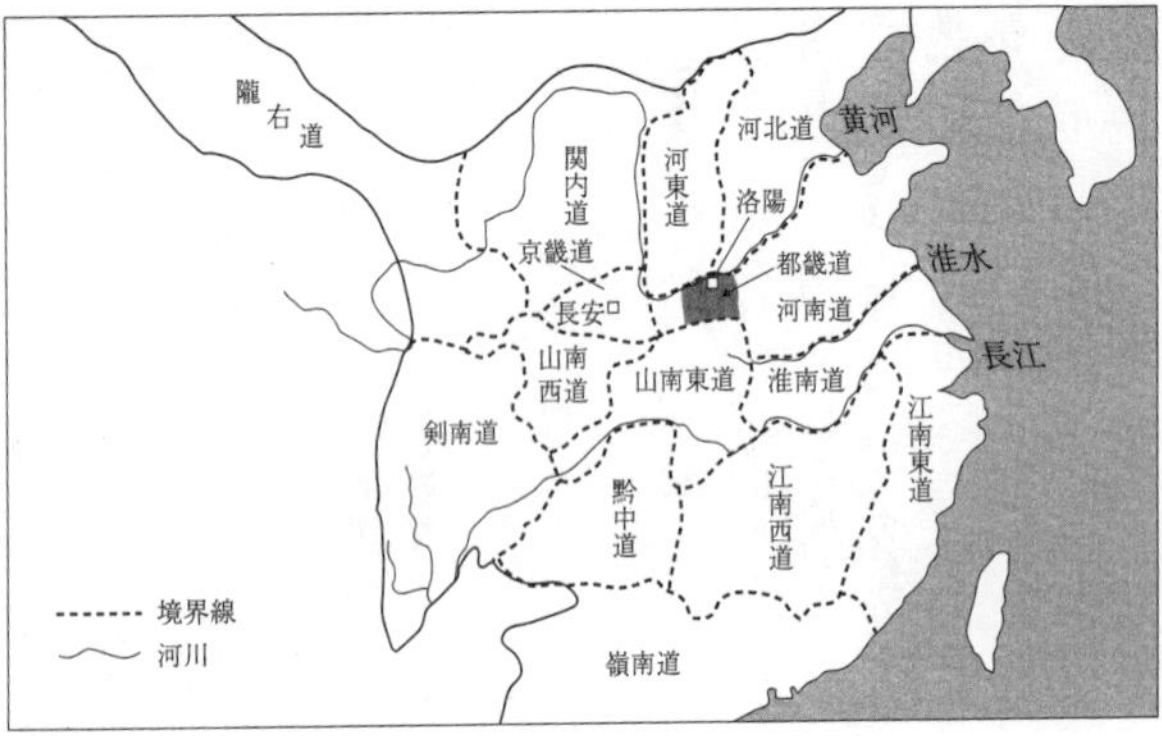

唐代十（十五）道図

このように述べてくると、国家権力は地方の隅々まで及んでいたように捉えられるかもしれないが、実際はそうはいかない。これは中国のどの王朝についてもいえることだが、権力がおよぶ範囲は県のレベルに止まり、その下は実質農民側の自治に委ねられた。ただ隋初、郡を廃止するという行政改革に対応して、伝統的な一〇〇戸までの単位（里）の上に、五〇〇戸（五里）を基準にする郷を置き、そこに権力側の意向にそう郷正（きょうせい）という責任者を配した郷里（きょうり）制が施行された（三四頁）。それによって強力な農村統治が目論まれたが、その反発が隋末大動乱へとつながった。唐はその反省から、郷里制はのこして郷正はやめ、郷里の運営を里（あるいは村）をまとめる里正（りせい）（村正（そんせい））にまかせた。こうして築かれた末端社会との比較的安定した関係が、唐の長い支配を支えた一つの要因となった。

農民支配にあたってまずなすべき仕事は、戸口の把握である。農民側はできるだけ登録から逃れ、それができない場合は年齢や性別をごまかそうとした。権力側は当然その反対に立つ。隋は力で推し進めた結果、煬帝の大業五年（六〇九）時点で戸数八九〇万、口数四六〇一万という公式数字を示し、隋の盛時と誇ったが、しばらくして衰亡へ向かった。それから二〇年後、太宗が即位したころの唐はせいぜい三〇〇万戸を把握するだけであった。いくら大動乱でも一〇〇〇万単位で人命が失われることはなく、戸口把捉力の減退がこの数字に表れた。唐はこれから徐々に戸口を増やし、一世紀以上をへた安史の乱直前の天宝一四載（七五五）になって、やっと隋の数値を越えたのである。農民にたいする唐の慎重な姿勢はここにも窺われる。

年号（西暦）		戸数(万)	口数(万)	1戸平均口数
隋	大業5(609)	890.7	4,601.9	5.17
唐	武徳2(619)	200余		
	貞観13(639)	312.0	1,325.2	4.25
	永徽3(652)	380		
	神龍元(705)	615.6	3,714	6.03
	開元20(732)	786.1	4,543.1	5.78
	天宝元(742)	834.8	4,531.1	5.43
	天宝14(755)	891.4	5,291.9	5.94
	広徳2(764)	293.3	1,692.0	5.79
	元和2(807)	310.3	2,055.5	6.62
	長慶元(821)	237.5	1,576.2	6.64
	宝暦年間(825-826)	397.8		
	会昌5(845)	495.5		

隋唐間戸口変遷表

　前述したように、唐は里を核にする郷里制を施行したが、ほかに散村を村、人口の多い都市の区画を坊とよび、それぞれ村正、坊正を置いて、里および里正とほぼ同格とした。里の下にはさらに隣保なる組織があり、四戸を隣、五戸を保と分け、保には保長がいたとされるが、隣と保を実質同義あるいは一体の表現とみて、相互の扶助と監視にあたる五人組と理解しておきたい。
律令の「戸令」によると、里正の職務は「㈠戸口を按比し、㈡農桑を課植し、㈢非違を検察し、㈣賦役を催駆す」と規定される。これは㈠戸籍調査、㈡農業奨励、㈢不法対策、㈣納税推進などと読みかえられるが、とすると、日々の業務は在地社会に一定の影響力をもつものでないとむずかしい。唐後半期に見えはじめる在地土豪層の動きには、このような里正になりうる有力層がかかわっていく、とみてよいのではないか。

戸籍と家族

唐代、戸籍は三年に一度、丑・辰・未・戌年につくられた。その年の正月から三月において、まず各戸から家族構成と所有田土を記した手実（申告書）が出され、里正が郷単位にまとめ、郷帳として県に提出する。そのさい疑問があれば家族調査をした。それを貌閲という。県では提出された戸籍を清書して三本つくると、一つは県にとどめ、のこる一つは州に、もう一つは中央の財務担当の戸部に送られた。このほか課税のために、戸籍と同形式の計帳という帳簿が毎年つくられた。これら簿籍にもとづいて、県では人口動向をまとめた郷戸口帳や、役務負担者のリストである差科簿などが作成され、課税の資料とされた。

今日わたしたちは、当時の実物の戸籍を、中央から遠く離れた敦煌、さらに遠方シルクロードの吐魯番の地で発見された文書に見ることができる。そこには各戸の家族の氏名から年齢、年齢によって区分けする丁中関係、成年男子（原則二〇歳—六〇歳）の有無による課戸

（担税戸）か不課戸か、課戸でも対象の成年者が別の役職にあれば見不輸（げんふゆ）（現在税は負担しない）と記される。また家族構成や資産額に応じた九等のランク（戸等）も確認され、それらはすべて最下層の九等戸か八等戸になっていた。戸籍の中味はこれで終わらず、後段には所有する土地の所在と面積、均田法規との関係などがまとめられる。

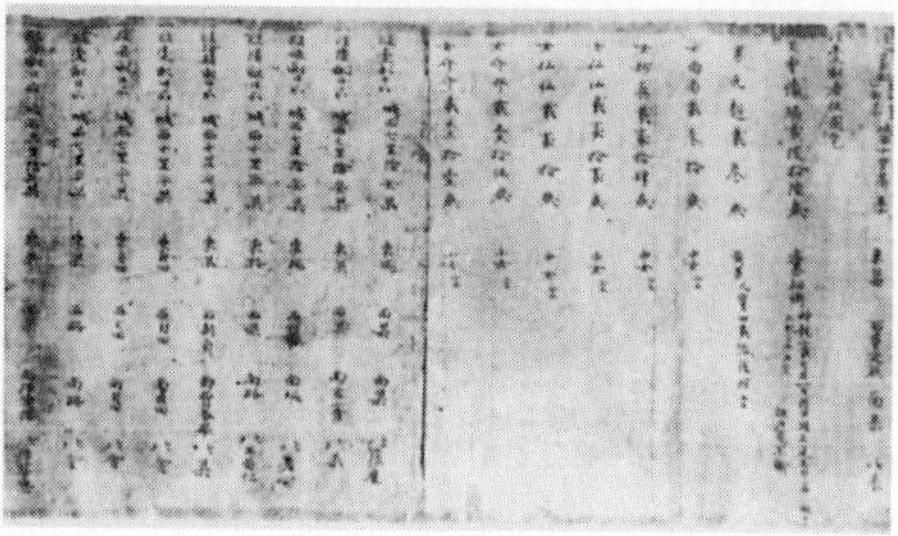

唐代の戸籍文書　戸主を筆頭に家族の名前が、性別・年齢・丁中などといっしょに記され、後段に一家の土地所有状況が列記される

戸籍類の限られたスペースには、このように大量の情報が盛りこまれていたが、同時に驚きは、文書行政がこのような辺境の末端社会まで徹底していたことである。余談だが、これを可能にした一つの要因は紙の普及にあり、それに対応する共通の字体＝楷書の定着、その書写人口の拡大もつけ加えてよい。書写係は役所が雇い上げた佐・史などの下役であろう。紙の方は中央から定期的に車に積んできて配られ、一部が民間に流出した。中国の製紙法は七五一年のタラス河畔の戦いでまずアラブ世界に伝えられ、数世紀をかけて西側世界に広まるから、唐と同じ時代の西方世界には、まだこれだけの文書行政は望むべくもなかった。

戸籍にのる情報のうち、家族の部分に目を向けると、多くの場合三～五名、夫婦と二人ほどの子供、それに老人一人のような構成となる。これは当時の全体の戸口統計から算出される数値とほぼ合致し、基層の家の形が推測できる。ただ敦煌戸籍からは、別の一面もみてとれる。「逃亡」や「没落」などの注記や若年層で男にかたよった死亡の多さ、その反対に女が過多となる現象などである。ここからは、登記にあたって男を女とごまかし、納税年齢の前に死亡と偽り、あるいは主体的に他所に生きる場を求める裏の姿も読み取れる。農民たちは厳しい収奪のなかに身を置くとともに、なおしたたかに権力と対峙していた。

家族には累世（るいせい）同居の大家族もあり、儒教主義の立場からは推称され、律の条文でもそうした家族関係が想定されていた。敦煌戸籍にも親が存命し息子たち複数の家族が籍を同じくするケースもみられた。国家にとって小家族の方が統治に都合がよく、小家族化が推進されたという考え方があるが、はたしてそうだろうか。問題はむしろ大家族を維持することの内側の難しさにあった。こんなエピソードが知られている。九世同居をつづける張公芸（ちょうこうげい）というものの家を、麟徳（りんとく）二年（六六五）高宗が顕彰するために立ち寄った。そしてどのようにそれが可能かと問う高宗に、かれは筆と紙を借りると、答えの代わりにただ黙々と「忍」の文字を書き連ねたという。家族関係の複雑さは古今東西を問わないのである。

均田制と租庸調制

中国の広大な大地の上には、数限りない人々が家族をつくり、地域社会を形成し、日々の生活を営んできた。かれらは日頃は物言わぬ従順な存在であるが、いったん火がつけばどこまでも焼き尽くしてやまない狂暴さを剔きだしにする。王朝はそのような民衆の上に君臨し、一元的な支配体制を築こうとする。そのための正当性をどこに求めるか、それは古来為政者に迫られた最大の課題であった。

力で抑えることは一時的にできても長続きはしない。そこから、民衆の生活＝再生産を保証することこそが権力の公的責務という政治思想が生まれ、その理想型として、上古周代に行われたとする井田制、一家一〇〇畝の私田を分与する土地制度が、儒家によって提示された。そして、その井田制以来の理念と系譜を継いだ先に、五世紀末の北魏に形をなし、隋唐において整った均田制があった。

均田制とはどのような制度であり、またどこまで実施されたのか。これには長く複雑な議論があるが、まず法規面から大きな特徴をいえば、北魏が牀（夫婦）で一〇〇畝という基準であったのにたいし、隋の煬帝以後、対象が一丁（成年男子）およびそれに準ずる一八歳以上の中男一人に一〇〇畝と変更され、女性への給田とその見返りとしての課税をはずしたことである。一〇〇畝とは一頃ともいい、今日の五・八ヘクタールほどになる。日本の一町歩（一〇反）が約一ヘクタールであるから、これは相当広い。その内訳は、給付と返還の対象となる口分田八〇畝と、代々農民側にのこされる永業田二〇畝からなる。

隋唐均田制の一丁一〇〇畝の基準は、国家の把握が夫婦から丁（個人）にまで及んだことを表すと同時に、土地分与者が課税負担者という原則を鮮明にさせるものであった。制度の簡素化と体系化が一層進んだ姿がそこにあった。とはいえ、この法規上の均田制と実際とは

	対象	口分田	永業田	租	調	役(庸)	雑徭
良人	丁男	80 畝	20 畝	粟 2 石	絹 2 丈・綿 3 両（布2.5丈・麻3斤）	20日*	40 日
	中男 18 歳以上	80 畝	20 畝				50 日
	老男・篤疾・廃疾	40 畝					
	寡妻妾	30 畝					
	丁男・中男 18 歳以上の戸主	30 畝	20 畝				
	工商人	40 畝	10 畝				
	僧侶・道士 男	30 畝					
	僧侶・道士 女	20 畝					
賤人	雑戸	80 畝	20 畝				
	官戸	40 畝	20 畝				

唐代均田・租庸調制　他に園宅地が良人３人に１畝、賤人５人に１畝
＊役１日＝絹３尺＝布3.75尺で換算

異なるというのが今日学界の共通した認識である。何よりも主たる対象地域となるはずの中国本土で、直接の痕跡が確認できない。敦煌や吐魯番（トゥルファン）から発見された唐代戸籍や土地文書に、土地をやり取りした均田制につながる様相がうかがわれるが、それは法規からは大きくはずれる上、辺境という特殊事情も関係している。ここから、法規はあっても実行性は疑問という具文（ぐぶん）説や、一〇〇畝を越える大土地所有を制限する限田（げんでん）説も出されている。

このように実施に疑問の多い均田制であるが、にもかかわらず当の隋唐王朝は「均田」を国是に掲げ、律令の「戸令」にそれを細かく規定する。そもそも均田制の背後には、井田制以来の土地の均分、平均の思想が貫流し、それを行う前提には土地国有（公有）の考え方があった。均田制（法）を前面に出すことで、かれらは権力による支配の正当性を確保することができた。そして当然一番肝心なものは、税収である。土地が国（公）のものである以上、農民にかかる税役はその代償、当然の責務となる。そうであれば均田制を行う、あるいは行う形

をとることの意味は重く、たんなる形式とか建て前だけですますことはできない。唐の前半までは、そうした「均」の観念が有効性をもつ時代であった。

さて、均田制に対応するのが租・庸（力役）・調の税制である。唐では丁を対象に租は粟（籾殻つき穀物）二石、調は絹二丈と綿三両（または布二・五丈と麻三斤）、それに力役（歳役）二〇日かそれに代わる一日絹三尺（布では三・七五尺）を基準とする庸となる。これらの税目はもともと別途に成立し、隋初に正税に一体化されたが、租＝力役一五日、調＝力役一五日として、力役一本に換算できる関係になっていた。つまり租庸調は年間五〇日の力役に相当した。

耕耘図（陝西省三原県唐李寿墓壁画）
唐代の壁画に描かれている牛耕の様子

これに加えて、地方的予備的力役で、中男も対象となる雑徭という税目があった。その性質上、正税の力役にたいし半分の軽さ、力役一日＝雑徭二日となるが、それが何日の義務になるかは議論が分かれる。ただ一般的には上限が四〇日と推定される。とすれば、正税の五〇日とあわせると計九〇日、年間のちょうど四分の一、一シーズン分の日数である。農民の再生産を保証しつつ税を課すには、これがもっとも妥当なところではなかったか。

とはいえ、律令制下の税はこれだけではなかった。

隋初、凶作に備える目的で義倉（ぎそう）（社倉ともいう）が置かれ、そこに戸等を基準に納めさせた義倉米が、唐では土地（資産）にかかる正規の税＝地税となって定着した。また別に戸等に対応する戸税ができ、官吏の俸給や公廨銭（こうかいせん）という役所経費にあてられた。この資産と戸等にかかる非人頭税が、つぎに来る両税法の先駆けとなったのである。

敦煌文書と吐魯番文書

律令制下の民衆の姿を知る場合、決まって引き合いに出されるのが敦煌と吐魯番（トゥルファン）から見つかった戸籍や土地帳簿であり、本章でもすでに何度か言及している。いったいそれらはどのようなものであったのか、ここで少しふれておこう。

敦煌文書は、公式的な説明では一九〇〇年（清（しん）光緒二六年）旧暦五月二六日、王円籙（おうえんろく）なる道士によって発見された。その場所は、敦煌莫高窟（ばっこうくつ）の第一六窟に入る通路の右側につくられた隠し小部屋であった。そこはのちに第一七窟と番号が付され、蔵経洞（ぞうきょうどう）ともよばれる。

文書発見の報にまず反応したのは外国の探検家らで、イギリスのオーレル・スタインに始まり、フランスのポール・ペリオ、やや遅れて日本の大谷探検隊、ロシアのオルデンブルグらが相継いで当地を訪れ、出土文物を国外に持ち出した。見かねた清朝政府も北京に運び出した。その結果およそ五万点にのぼる文書は、今日、イギリス（大英図書館、スタイン文書）に一万三〇〇〇点以上、フランス（フランス国立図書館、ペリオ文書）に七〇〇〇点、北京の国家図書館（旧北京図書館）に一万六〇〇〇点、日本に一〇〇〇点（巻）、ロシア

（ロシア科学アカデミー東洋学研究所サンクトペテルブルク支所）に一万二〇〇〇点などと各地に所蔵され、敦煌学とよばれる二〇世紀の新学問が成立することになった。

これら膨大な文書群の年代の下限は、一一世紀の前半と推定されているが、しかしいつどのような事情でここに封蔵されたのか、じつはまだ確定した見解をえていない。この近くにあった三界寺にかかわる書庫あるいは不用品置き場、はたまた西方のカラハン・イスラム勢力の侵攻、あるいはタングート族の西夏の占領に備えるためなどの諸説がある。がそれはともかく、文書の九割は仏教仏典類が占め、のこる一割のなかにおよそ一〇〇〇点の官私文書があり、本章に関係する唐代戸籍などはここに含まれていた。当時紙は大変貴重であった。それゆえ、それらは役所その他で役目をはたしたのち、反古紙として寺に下取りされ、経巻を補強する裏張りに使われたのであった。仏典用の二次利用のおかげで、今日わたしたちは当時の生の材料を手にする僥倖に浴している。

敦煌文書　文書が発見された当時の莫高窟第16窟の内部。右手の扉が隠し小部屋蔵経洞（第17窟）の入り口。戸口の前に発見された経巻・古文書が積み上げられている

一方、吐魯番文書である。新疆ウイグル自治区吐魯番市の中心から東へ四〇キロに、かつてシルクロードの要衝として栄えた高昌の地がある。今は城壁

高昌故城（新疆ウイグル自治区吐魯番市）　およそ1300年前シルクロードの要衝として栄えた高昌（西州）の遺跡

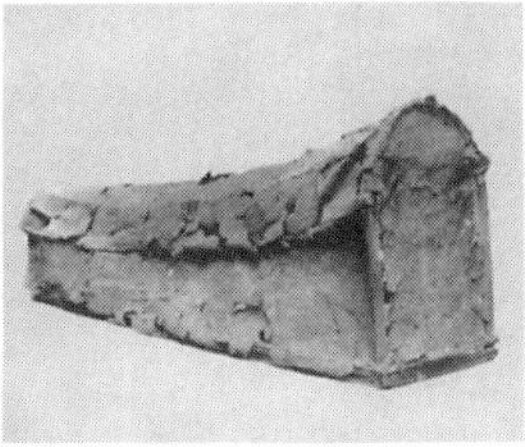

紙棺（吐魯番市アスターナ出土）この地の住人は紙にたいする特別の観念をもっていたのか、遺体に紙製の帽子や靴を着け、時に紙棺をかぶせて埋葬した

や寺院址だけが往時をしのばせるが、早くに漢民族の植民都市として成立し、隋代には麴氏(きくし)高昌国があり、唐代には直轄地の西州が置かれた。文書の大半は、この都市に近接するアスターナやカラホジョの漢族系住民の墓地から発見された。

ここは海抜マイナス一五〇メートルにもなる乾燥地にある。住民たちは横穴式の墓室（土壙墓(どこうぼ)）をつくって死体を埋葬したが、そのさい死体に紙でつくった帽子や靴を着ける。ときに紙製の棺をすっぽりかぶせたりする。なぜそうするかははっきりしないが、紙にたいする特別の観念や何らかの宗教的な意味、あるいは樹木の少ない土地柄のこと、木製棺桶に代えるためなどが理由にあげられよう。前述のごとく紙は貴重であり、ここでも役所や契約書などの紙が二次利用される。かくして敦煌文書とはちがって、墓中からミイラとともに、当時の社会・行政文書の断片が世に出ることになった。これが吐魯番文書である。

吐魯番文書を世界に知らしめたのは、二〇世紀初頭、西本願寺の法主大谷光瑞（おおたにこうずい）の派遣した大谷探検隊が、高昌一帯の墓地を発掘調査して、ミイラとともに持ち返った文書断片からであった。戦後これらは龍谷（りゅうこく）大学に移管され、大谷文書とよばれる。本格的な解読の結果、土地の還受を示す文書など貴重な資料が発見され、西嶋定生（にしじまさだお）氏はこれによって唐代均田制の研究に新たな火をつけた。

こうしたことに刺激されて、建国なった新生中国が当地の本格的な調査と発掘に乗り出し、一九五九年から七五年にかけてあわせて四五六基の古墓を調べた結果、膨大な文書や文物が提供されることになった。大谷文書もふくめたこれらの多量な資料群は、敦煌学に対抗して吐魯番学とよぶにふさわしい意義と可能性をもつものである。

人々の年中行事

中国の暦の特徴

人類は古来、神々への畏敬の念や生きることへの感謝の気持ちから、また日々の過酷な労働や単調な生活にメリハリをつけ、明日にむけて新たな活力をえるために、それぞれの土地に即した行事や祭祀（さいし）をつくり出し、暦の上に定着させてきた。なかでも中国の場合、西方世界に比べて農業生産力が全般に高く、そのことが年中行事の多彩さにもつながった。隋唐時代においては、そうした年中行事が出揃い、東アジア各地に広がり、その後の人々の暮らしに潤いを与えることになったことでもよく知られている。

隋唐期の年中行事を概観するに先立って、まず暦のことに簡単にふれておきたい。

ヨーロッパがユリウス暦以来太陽暦をとり、イスラム暦が太陰暦であるのにたいし、中国の暦は古くから月と太陽の運行を基準とする太陰太陽暦であった。すなわち月日は月の満ち欠け（朔望）で決められる太陰暦で、一ヵ月二九・五日を大月三〇日と小月二九日を交互に置いて調整する。だがこれだけでは、一年一二ヵ月で三五四日となり、太陽を一周する一年三六五日とずれてしまい、季節がうまくあわなくなる。そこで月齢による日付とは別に、太陽を基準にした年間のサイクルを、日照が一番短くなる冬至を起点にして押さえ、それを四季に分け、各季に六つの節目、通年でいう二十四節気を設けた。

節気は季節感を与える。農民たちは主にそれにしたがって農作業に従事し、日々の暮らしを営んだ。とはいえ、太陰と太陽とでは一年で一一日の差が生ずる。そのまま放置すれば、一月から三月が春、四月から六月が夏、とする三ヵ月単位で設定された季節表記と節気の表記とが合わなくなる。そこで二、三年に一回、閏月（うるうづき）をつくって正規の月のあいだに適当にはめこみ、日付と季節の調整をし、また正月元日が二十四節気の最初の立春になるように極力配慮した。わたしたちは明治になって旧暦表記を棄てたさい、暦と季節感の関係も棄て、季節とともにあった年中行事の意味を忘れたように思われる。はたしてそれがよかったか。それに毎日時間に追われる現代、時々閏月があれば、何ともいえぬ得をした気分になったかもしれない。

隋唐期の年中行事

さてこの上で、隋唐代の年中行事の主なるところを列記してみよう（括弧内は新暦換算の平均的日付）。

正月一日（立春、新暦二月四日）……元日
正月七日（二月一一日）……人日
正月一五日（二月一八日）……上元節（元宵節）、燃灯会（観灯会）
二月一五日（三月二一日）……社日（春社）、春分
三月一日（四月五日）……清明節。二日前日の二月末が寒食節、改火
三月三日（四月七日）……上巳節、祓禊、曲水の宴
四月八日（五月一三日）……仏誕生会、浴仏（灌仏）、龍華会
五月五日（六月一〇日）……端午節、競渡、粽子
七月七日（八月一三日）……七夕、乞巧節
七月一五日（八月二一日）……盂蘭盆会、中元
八月五日（九月一一日）……千秋節（天長節）
八月一五日（九月二三日）……中秋節、社日（秋社）、秋分
九月九日（一〇月一五日）……重陽節
一〇月一日（一一月七日）……立冬、新嘗
一一月一五日（一二月二二日）……冬至

一二月八日（一月一三日）……臘日(ろうじつ)
一二月二九日（二月三日）……除夕(じょせき)(みそか)

年中行事の主たる日程をみると、月々の一日と一五日（中日）の朔望の日に多く集まり、それに三月三日、五月五日、七月七日、九月九日の奇数（陽数）が重なる重日(ちょうじつ)の節句が加わる（正月一日は元日でかつ重日の節句）。ここにあげた行事は、八月五日の千秋節を除いては、長い時間をかけて人々の暮らしと国家の祭祀に定着したものである。

ちなみに、八月五日は玄宗の誕生日である。もともと中国には、個人の生日を祝う風習はなかったが、開元一七年（七二九）のこの日、玄宗が長安城内の興慶宮(こうけいきゅう)の花萼楼(かがくろう)で酒宴を催したおり、臣下の提案によって以後千秋節（のちに天長節と改称）の名で祝うことが定着した。千秋楽(せんしゅうらく)とはその日に演奏された曲名である。これが機縁となってその風習は臣下に広がり、下々に及んでいく。千秋節はいわば中国における誕生日を祝う嚆矢(こうし)となった。

王朝は冬至と元日をとくに重視し、冬至の日には南の城外に築かれた圜丘(えんきゅう)の上で天帝を祭り、正月には早朝太極殿(たいごくでん)（含元殿(がんげんでん)）に百官や皇族、朝集使を集め、朝賀の儀が行われた。その他の節日にも天を祭るなどの儀式が執行されたが、一方で民間に定着した行事にも積極的に関与しようとした。そのことを示すのが、官僚たちに与えられた特別休暇である。例えば、元日と冬至はそれぞれ七日間、寒食(かんじき)から清明のときに四日間、中秋や夏至や臘日(ろうじつ)には各三日間、その他ほぼすべての行事日に最低一日の休みがあり、それらを合計すると年間五〇日にものぼった。かれらは他に一〇日で一日の定休が与えられていたが、ともかくこうした特別休暇の様子から、年中行事が国家のなかに定着し、重用されていたことが裏づけられる。年中行事はいわば国家と民間とをつなぎ、一体感をもたせるためにも重要な意味をもっていた。

重日の節句——年中行事の柱

国と民間がともに重視した節日に、重日の節句がある。これを民間の習俗の側から少しながめてみると、正月一日、まず爆竹を鳴らして邪気を払い、そのあと一家で拝賀し屠蘇を飲み、歯がため用の飴である膠牙餳を食べ、家族の健康と一年の豊収を願った。門口には桃板を貼って悪鬼を除いたが、これが後世春聯（赤紙に吉祥句を書いて戸口に貼る正月飾り）となった。なお爆竹では当時はまだ火薬がなく、節のある青竹を火にくべて破裂させる文字どおりの爆竹であった。

三月三日の上巳節のときは、ちょうど水ぬるむ春の一番よい時節である。もともと水辺に出て身を清める祓禊（みそぎ）にはじまり、六朝時代から水辺の遊びである曲水の宴が生まれ、唐代にもちこまれた。この日長安では、人々は東南にある曲江池に繰りだし、また城外に行楽にでた。農民たちにとっては農作業のはじまりを意識させる日でもあった。

五月五日の端午の節句というと、わたしたちはすぐに風薫る新緑の気候を思い浮かべるが、じつは旧暦五月は悪月ともいわれ、雨期を迎え、食物は腐り病気にかかりやすい時期である。そのため、香りの強い艾を人形にした艾人を戸口にかけ、虎形にした艾虎を頭にかぶ

宴飲図（陝西省長安南里王村唐墓壁画）　唐代の人々が楽しく宴席につき、ご馳走を囲んでにぎやかに飲食している様子をうかがうことができる

り、悪気を防いだ。菖蒲の葉が用いられるのは唐よりややあとになってからである。またこの日、粽子が食べられ、ボートレースの競渡が行われたことで知られるが、これらは南からはじまり、唐代に全国化した。粽子も競渡も、この日湖南の汨羅という川に身を投じた戦国楚の屈原の霊を慰めるためにはじまったといわれるが、正しくは川の神、水の神を祭るためからであろう。北では雨乞い、南では水害を避け、ともに豊穣を祈ったのである。

つぎに七月七日、牽牛と織女が天の川を渡って再会する話で知られた七夕である。織女星のベガ（琴座）と牽牛星のアルタイル（鷲座）の二星に仮託されたのは、農耕と養蚕であるが、中村喬氏によると、もともと地上の河神の祭りにあわせ、河神の妻として捧げられる織女、河神に犠牲として捧げる牛をひく牽牛の意味があり、それがのちに河神の存在が薄くなって、牽牛と織女の年に一度の逢瀬の物語として人口に膾炙することになったという。河神の祭りには、秋の稔り豊かな収穫への願いがこめられていた。この日はまた、織姫と関連づけて、女子が穿針乞巧（綵糸を針孔に巧みに通す所作）によって裁縫の上達を願う乞巧節ともされている。

九月九日は陽数のもっとも強い九が重なる日から、重陽の節句とよばれる。九月は秋の最後の月、この日人々はご馳走をつくって小高い丘や高みに登り、澄み渡った秋空の下で一年の恵みに感謝した。春の終わりの上巳節が水辺でおこなう禊であったのにたいし、こちらは高所でおこなう禊であった。唐ではこの日、菊の花を酒にひたした菊酒を酌み交わすことも流行った。菊花には長命の効があるとされたからであり、菊花の節ともいわれた。

以上、重日の節句には、豊かな収穫へのつよい期待と感謝の農耕祭祀的観念が底流にあることに気づかされる。このことは自然環境や気象条件に左右される農業生産の厳しさを伝える半面、豊穣な稔りをもたらす大地がかれらの前に広がっていたことを教えてくれる。それゆえ、かれらは健康と長寿を祈り、楽しみを見出し生きつづけようとしたのである。

上元節と寒食節――風変わりな行事

年中行事のなかで、あまりわれわれに馴染みのないものを二つ紹介しよう。正月一五日の上元節と二月末の寒食節である。

上元節は今日も元宵とよばれ、昼は様々な姿格好をした一団が楽隊とともに街頭に繰りだし、夜は動物を象った灯籠に灯りを入れたり、イルミネーションで飾って人々を楽しませる重要な正月行事となっている。もともとこの日は養蚕とその紫姑神という女神を祭る日、また紫姑神が厠と縁があったことから厠神を祭る日として、南で行われたが、一方北では北朝後期ころから、この日街中を明るく照らす灯火と満月の下で、昼夜を徹して人々が戯れあう習俗が定着した。隋になり南北が統一されると、この北で行われた燃灯あるいは観灯の俗が優勢となり、養蚕を祭る行事は表にでなくなる。

隋唐期に観灯の俗が盛んになる裏には、このような理由も考えられる。この時期、長安や洛陽の都市が整備されると、人々は坊（あるいは里）とよばれる区画に居住することが義務づけられ、日暮れとともに坊門が閉められ、夜は坊から出ることは許されない。もし犯せば犯夜として厳しく罰せられる。それゆえ年に一度の夜行の解禁は、大切な息抜きの機会となり、つぎの一年間を生き抜く活力源となった。この日のために、隋の煬帝は洛陽に遠近の外族族長たちを集め、煌々たる明かりのもとで演じられる様々な見世物や一万八〇〇〇人もの楽隊をみせ、かれらの度肝をぬいたという（五四頁）。

唐になると、中宗・睿宗・玄宗のころにもっとも華やかになり、三夜にわたって夜行が許され、皇帝も宮女もお忍びで見物に出たという。出し物はたくさんの灯籠を一つにした灯樹で、たとえば睿宗のとき、二〇丈（六〇メートル）もの高さのところに五万個の灯籠をつけ、さながら花樹であったと形容された。秋田の夏祭りの竿灯をイメージしたらよいのであろうか。この燃灯の俗は西方から伝えられたというが、はっきりしないところがある。日本ではドンド焼きの習俗につながるといわれるが、これもややはっきりしない。

日本は唐から、年中行事のほとんどを受け入れたなかで、受け入れた形跡のないものがある。それが寒食の風習である。唐代、冬至から数えて一〇七日の旧暦三月初めが清明節となり、その二日前が寒食節であった。寒食当日をはさむ前後三日間、人々はそれまで使っていた火を断ち、食事は前もって用意しておいた乾パン類ですまし、老人や病人の暖かいものを必要とする場合も、日光や堆肥の熱などによって温める。この苦しい三日間が明けると清明節がまっている。まず新火をおこして料理をつくり、先祖の墓参り（これを上墓という）をかねて郊外に行楽に出る。つづく上巳の日には水辺の楽しみがあった。

寒食の由来には諸説がある。よく知られたのが、春秋時代の晋の文公重耳に仕えた介子推が、のちにその働きが認められなかったのを悲観して山にこもり焼け死んだ、という故事にちなみ、かれの霊を慰めるために火を断ったというものである。ただこれは、端午節の行事に屈原の憤死が仮託されたと同様に、そのまま信用できない。おそらくは山西地方にもとからあった参星（オリオン座）信仰に発するのだろう。すなわち冬の星座であるオリオン座（参星）が出ている間、火星（さそり座のアンタレス。惑星の火星ではない）がみえないことから、参星に遠慮して火を使わないという信仰である。と同時に、この地方には、火は使っていくと穢れて力を弱める、ために一定期間ごとに断火し新火をつくり直す、という改火の習俗があった。これらが合わさり、介子推に仮託され全土に広まることになった。

にもかかわらず日本には、この寒食の風習は入っていない。否、伝えられたかもしれないが、定着しなかった。改火は京都の大晦日のおけら火と似ているが、寒食が並行することや時季あるいは参星信仰などとの関係からみて、おけら火の習俗が寒食の行事の変形とは到底いえない。寒食の風習をうみだした中国、それを受け入れなかった日本、両者間には、火にたいする観念やそれをめぐる文化性に根底からちがいがあったように感じられる。

第五章　則天武后と唐の女たち

不安定な皇后と皇太子の地位——武后登場の背景

武后の生い立ちと権力の座

則天武后（そくてんぶこう）は唐代前半期に登場し、中国史上ただ一人の女性皇帝にまで登りつめた。彼女はどのように権力の座を射とめたか、その政治面からの行動や業績については、すでに第二章で取り上げた。しかし女性としての面からはまだ十分ふれていなかった。本章では唐代女性を考える手始めに、まず彼女の生い立ちなどを取り上げてみることにしよう。

武后の名は照（しょう）、父は武士彠（ぶしかく）、母は楊氏の二番目の娘として、唐の武徳六年（六二三）ころ生まれた（出生年には諸説あるが、本書ではこの説をとる）。ちょうど国内の反乱が収まり、唐が統一を迎えた時期にあたる。母方は祖父が隋の大臣をつとめ、隋室とは縁戚筋という名門の流れを汲むのにたいし、父方といえば山西（さんせい）太原管内の文水（ぶんすい）県で代々農民をしていた。したがって、武氏と楊氏の婚姻は本来到底考えられない形であるが、それが実現したのは、隋と唐が入れ替わるという時代の変わり目であったからである。

父武士彠は木材商で財をなし、それをバックに太原留守（りゅうしゅ）として赴任した李淵（りえん）に接近し、鷹（よう）

龍門奉先寺　本尊毘盧舎那仏は高さ17メートル。則天武后の発願と化粧料により上元２年（675）に造立された。顔は武后に似せて造ったといわれ、また東大寺大仏の原形となる

揚(よう)府隊正という府兵制の下級将校のポストを手に入れた。無名の庶民が官に近づく常套のやり方である。そして李淵の旗揚げに加わって長安に入り、一躍唐朝創業の功臣に名を連ねることになった。一方楊氏は隋という後ろ盾をなくし、婚期を逸しかけた女性であり、たまたま前妻をなくした武士彠と条件があい、結婚となったのである。武后は母からは美貌を、父からは農民的なしたたかさを受け継いだ。

そして彼女が数えで一四歳になったとき、宮中に召し出され、才人（五品）という妃嬪(ひひん)の地位が与えられた。太宗(たいそう)の貞観(じょうがん)一〇年（六三六）のことである。この年、太宗は長年連れ添った賢夫人の誉れ高い長孫(ちょうそん)皇后を亡くした。その後を埋めるものとして、高官良家の子女から若くて美しいものが選抜され、武后もその一人に入ったのである。一四歳での結婚はほぼ当時の平均であった。

それから太宗が亡くなるまでの一三年間、武后は太宗の後宮（大奥）で、ほとんど目立つこともなく暮らした。後宮には多くの女たちがおり、若く地位も低い彼女はまだ太宗の目には届かない。したがってそのままであれば、彼女は二七歳のまさに女盛りのときに未亡人と

なり、あとは日蔭の身として一生を終える運命が待っていた。だが彼女はそれで終わるのに納得せず、新たな可能性に賭けた。五歳年下の皇太子李治に近づき、関係をもち、皇帝となったかれ高宗の引きで再登場することであった。

しかしこれは大変危険な賭けであった。儒教道徳からは許されない「二夫にまみえる」不徳を犯すことになる。しかも李治と結ばれたのが、まだ太宗が存命中のことであったとすると、これは大変な不義である。後には武后は「牝鶏司晨（めんどりが時を告げる）」の謗りも受ける。だが彼女は世の囂々たる非難に耐えた。その結果が、高宗朝の後宮に入り、皇后となり、あげく女帝となるが、このような前代未聞の行跡を許したのは、彼女が何にも負けない鉄の女であったからだけではない。時代が断固それを拒む空気であれば、いかな彼女でも到底無理であった。

唐という王朝は、武后のような存在を最後には許容する一面をもっていた。それを可能にした要素に、唐朝をつらぬく色濃い北方遊牧民族的気風がある。北族世界にみられた女たちのたくましさ、力強さが唐にもちこまれ、最後に武后によって体現される。それとともに、儒教的倫理観よりも文学的教養を重視する貴族的時代性、そのことがもたらす時代的縛りの弱さも忘れてはならない。武后は女たちが活動できる恵まれた条件も味方につけ、権力の座に駆け上がっていった。

唐の皇后と後宮

武后は昭儀（二品）という位で高宗の後宮に再登場する。それから頂点に達するまでの道のりで、最も大きな関門の一つが皇后位の獲得であった。高宗にはすでに父太宗が決め、重臣の長孫無忌が後ろ盾となった王皇后がいた。王氏は子供ができなかったが、これだけのお墨付きがあれば、地位は保証されるはずであった。後継ぎの皇太子には、他の女性が生んだ高宗の子をあて、彼女が後見に座るという筋書きである。だが武后は高宗を取りこんでこれに挑み、強引に目的をとげた。してみると、皇后たる地位も必ずしも磐石でなかったことになる。

ここで唐代の後宮の制度を一瞥しておこう。後宮は皇后を頂点として、その下に妃嬪の系列が並ぶ。これを内官とも内命婦とも内職ともいう。後宮にはさらに皇后や妃嬪の世話などにあたる女たちが起居し、その数は膨大なものになる。玄宗時の記録で四万人もの女が後宮に関わったというのも、あながち誇張とはいえない。したがってかれらを取り仕切るために、表の官僚機構に似せた奥向きの組織がつくられ、宮人や宮女とよぶ女性の後宮行政官が配置された。

これらの体制は唐の前半と後半で異なり、はっきりしないところも多いが、前半期を基準に示してみると、一応次頁の図のようになる。

この後宮機構図にしたがうと、妃嬪で一二一員、宮官のポストで二〇〇人を越える。そこを皇后は後宮の代表者として統轄するわけだが、実際の立場は微妙である。皇帝の意を体した宦官が随所で目を光らせ、妃嬪たちも直接皇帝につながろうとする。また皇后に与えられた内部処罰の権限も、後宮全体に威令を張るほど強くはなかった。こうした後宮体制が、逆に武后の登場を許した一つの理由になるが、しかし彼女が皇后位につくと、一転いつ位を追われるかの心配にさらされる。気紛れな皇帝の寵愛をつなぎとめることは並大抵ではない。そこで彼女は持ち前の負けん気を発揮し、垂簾（すいれん）の政（せい）によって高宗を操縦し、確固たる足場を築くことにした。それが女帝への道となるのである。

後宮には通常、数千人の女たちが起居していた。そのうち皇后・妃嬪は一握りで、宮官のポストにあるものもごく限られる。圧倒的多くは侍女として皇帝や皇后・妃嬪の身のまわりの世話にあたる。さらにその下には多数の奴隷（官婢（かんひ））がいた。

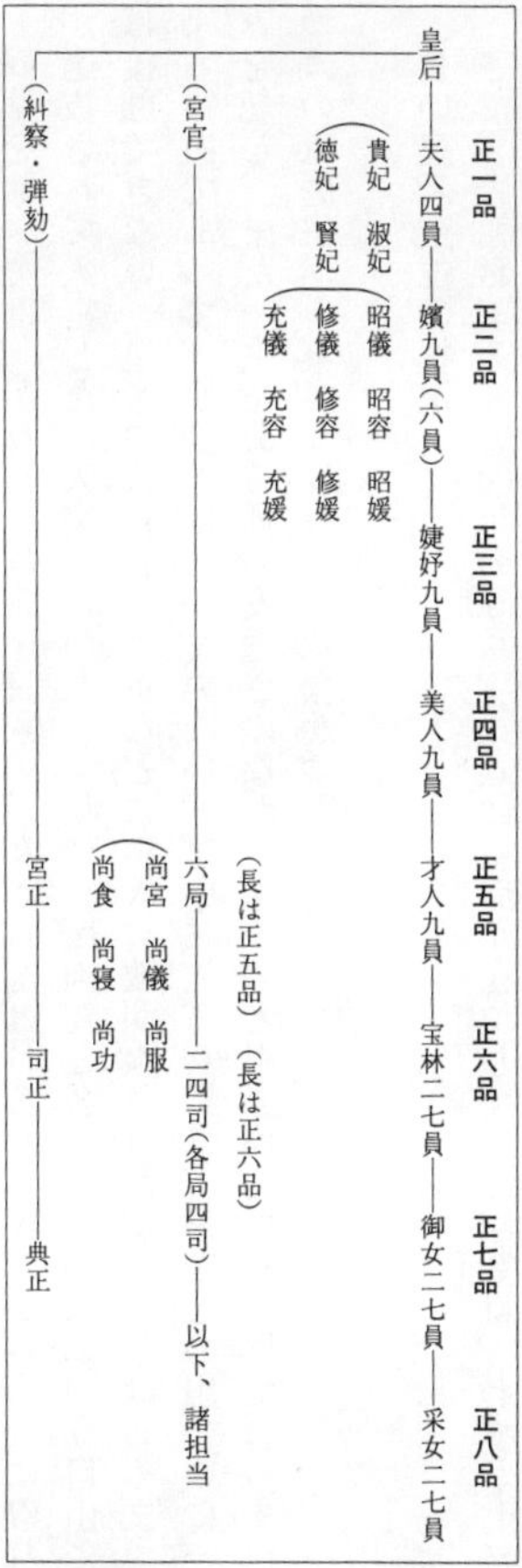

後宮機構図

奴隷を除いては、かれらは高官・良家の子女から選ばれるか、民間から容姿に優れたものが選抜されて入宮した。入宮したのちは、年に一度肉親と会える以外はふつう自由に外部とは接触できない。皇帝の代替わりの折などに宮人解放がなされたが、それはあくまで温情による措置であって、定制とはなっていない。宮中に入る女性は、皇帝との出会いに一縷の望みを託し、また一生をある種の安逸さのなかで送るのと引き換えに、外界で暮らす自由とふつうの家庭生活を棄てなければならなかった。

長い皇后空位の状況

さて、唐朝およそ三〇〇年のうち、正式に皇后が在位していた年数は、わずか七二年ほどに止まり、残りは皇后不在の状態であった。つまり全体の四分の三以上の時期は皇后がいなかった。この事実はあまり注目されていない。しかも皇后在位の七二年間をみると、武后だけで二八年余りと一人で三分の一を占め、他の皇后たちはその半分以下の年数にとどまった。この事実は、皇后時代の長さが武后の権力奪取に大きく作用したことを裏づける。

その半面、唐の後半期になると、正規の皇后が置かれるのは皆無に近い。そのなかには憲宗の郭妃のごとく、祖父が重臣の郭子儀で母が代宗の長女という毛並みのよさの上に、憲宗の子（次の穆宗）をもうけ、皇后となる十分な資格を備えるものもいた。周囲も盛んにそれを勧めたが、にもかかわらず憲宗は、言を左右にして同意しなかった。

唐朝では、皇后の空位は、必ずしも大きな違和感をもって受けとめられていなかったよう

皇帝	皇　后	皇后在位期間	在位年数
太宗	文徳皇后長孫氏	626（武徳 9）8 月—636（貞観 10）6 月	9 年 10 月
高宗	廃皇后王氏	650（永徽元）1 月—655（永徽 6）10 月	5 年 9 月
高宗	則天皇后武氏	655（永徽 6）10 月—683（弘道元）12 月	28 年 2 月
	（武氏：皇太后）	（683〈弘道元〉12 月—690〈永昌 2〉9 月）	（6 年 9 月）
中宗	順天皇后韋氏	（684〈嗣聖元〉1—2 月）	（1 月）
		705（神龍元）2 月—710（景龍 4）6 月	5 年 4 月
睿宗	粛明皇后劉氏	（684〈嗣聖元〉2 月—690〈天授元〉9 月）	（6 年 7 月）
玄宗	皇后王氏	712（先天元）8 月—724（開元 12）7 月	11 年 11 月
粛宗	皇后張氏	758（乾元元）4 月—762（宝応元）4 月	4 年
昭宗	積善皇后何氏	897（乾寧 4）11 月—904（天祐元）9 月	6 年 10 月
		正規皇后在位年月総計	71 年 10 月
		（参考）正規・非正規皇后在位総計	78 年 6 月

唐代正規皇后在位年数一覧

にみえる。ことに後半ではそれが常態化し、皇帝も積極的に空位の解消につとめていない。なぜかといえば、皇后につければ政治に嘴（くちばし）を入れ、実権を振るう機会をつくってしまうから。武后がよい先例である。皇后・後宮の制度がそれを阻めない仕組みとなっている以上は、皇后不置にしかずと、皇帝側または政治当局がそう考えるのも無理はなかった。それに加えて、この時期は北族的影響もあってか、家族関係に全体としてルーズなところがあり、皇后を置くべしとの主張もあまり高まらなかった。

総じていえば、唐代、皇后の地位は制度的に十分確立していなかった。皇后位に登ると、政治との距離が一気に狭まるのも、一方で失脚の恐れがたえずついてまわるのも、その表れといってよい。本来は皇帝と並んでつねに在位し、天下万民の父母となる存在であるのに、不在でも特段の論議をよばず、後半期にはそれが当たり前となる。これもまたその表れであった。皇后が安定した権威を打ち立てられなかった根底には、後宮体制の未整備があるだろう。唐の体制的な甘さやゆるやかさは、この皇后と後宮の体制においても無関係ではなかった。

ただ後宮の問題はいつの時代でも微妙である。皇后を中心とする強固なヒエラルキーで固められ、安定するのは理想に近い。たった一人の男を囲む閉ざされた空間のなかで、女たちは皇帝の心変わりや男児の出産をめぐり、激しい嫉妬や憎悪を繰り広げるからである。唐代の場合は、自己主張のつよい女性たちによって、皇后・後宮にひそむ問題点がいっそう際立ったともいえなくはない。

不安定な皇太子の地位

それにしても、唐代皇后になったものたちの終わりのよくないのが目につく。なぜなのだろうか。いわゆる畳の上で死ねたのは、長孫皇后ただ一人で、武后にしても、最後は皇帝を追われ、幽閉の身で死んだ。つぎの中宗の韋后は自分も皇帝になろうとして殺された。玄宗が太平公主を倒すクーデタなどを助けた王皇后も、安史の乱の混乱時によく粛宗を助けた張皇后も、結局は廃位あるいは処刑の憂き目にあった。そうした様相を見ていくと、一つの共通する問題が浮かび上がる。皇子（皇太子）の問題である。

すでに言及したが、隋から唐において長子（嫡子）相続の制度がついに確立しなかった。隋の煬帝、唐になっては太宗を始め、高宗、玄宗など、いずれも長男が皇太子に決まっていたのを押しのけて、皇太子そして皇帝となった。玄武門の変で兄と弟を殺した太宗は、自分の轍を踏ませないようにといち早く長男を皇太子にしたが、結局みずからそれを破ってしまった。この時期の皇帝をみまわすと、長子↓皇太子↓皇帝のコースをとったものは皆無といってよいのである。

このことは何を意味するか。いずれの皇子も皇太子となりうるチャンスが残されていたことである。逆にいうと、皇太子になっても皇帝に即位するまでは、一切気を許せなかった。その結果、皇后になったものは、子ができれば皇太子にするために画策し、子がなければ子が授かるように呪(まじな)いなどの策を弄する。息子を皇太子にしたのちは、今度はそれを守るために全力を傾ける。そうしたなかで問題を起こし、失脚とあい成るのである。こんな気の抜けない状態では、いかな皇后もたまったものではない。

皇后（正夫人）の生んだ嫡長子が相続する原則が貫徹しており、よほどの不祥事を起こさないかぎり簡単に交替、失脚はないとしよう。跡目をめぐる争いは絶無とはいえなくとも、かなり抑えられ、皇后も威厳をもって後宮に君臨することが可能になる。だが唐ではそれを認める制度も、共通の道徳観も定着していない。そのお蔭で、武韋の禍とよばれるような面白い政治状況を生んだり、韋后が夫の中宗を殺したのち、娘の安楽公主を皇太子ならぬ皇太女にし、女から女に世襲する空前にして絶後の企ても見ることができた。

闊歩する女性の生態――家庭と社会と日常風景

女たちの日常様態

一枚の絵から話を始めたい。開元・天宝時代の画家、張萱の作という「虢国夫人遊春図」である（遼寧省博物館蔵、縦五二センチメートル・横一四八センチメートル）。現存するのは北宋時代の模写であるが、原画の風貌をそのまま伝えるとされ、構図の面白さや人馬の描写、繊細な色使いや滑らかな筆使いなど、美術史の面で評価されてきた。だが一方でこれは、盛唐時の雰囲気、ことに女性の姿をビジュアルに垣間見せるという点でも注目されるのである。

虢国夫人は楊貴妃の三人いた姉の一人、貴妃に負けず劣らずの美人であった。この絵の題材は玄宗に呼ばれて出仕する場面か、一家で遊山に出かけるときのものか。かりに春の遊山とすれば三月三日の上巳節、着飾ってこれから曲江池に遊ぶ情景が連想される。八頭の騎馬のなかで、とくにたてがみの三つの刈り込み、また鞍の飾りなどからみて、もっとも高位のものが騎乗するのが先頭の馬、幼児を乗せたのがそれに次ぐ、ということになろう。

そこから想像をたくましくすれば、先頭を行くのが、この場の主人公である虢国夫人その人、男装の麗人である。一人置いた次の男性が、彼女の夫となる裴氏、そして最後尾が乳母に抱かれたかれらの子供となる。この幼児が、安禄山軍の長安突入によって逃げ出した馬嵬

虢国夫人遊春図（唐張萱　北宋徽宗趙佶模写　遼寧省博物館蔵）　春遊する列の先頭を行くのが、楊貴妃の３人いた姉のうちのひとり、虢国夫人。楊貴妃に勝るとも劣らない美人であったという。唐代の画家張萱の作になり、現存するのは後代の模作であるが、よく原画の風貌を写し、盛唐時の雰囲気・風俗を伝えるという。８頭の馬のうちたてがみの３つの刈り込みや馬具飾りから、先頭と後方から２番目の幼子の乗る、２頭の馬が高位の人の乗馬であることがわかる

で、楊貴妃が殺されたとき、虢国夫人とともに死んだ裴徽にあたるのかもしれない。幼児の前の二女性は侍女、二人の若者は小姓か若い宦官、最後の男性は侍者と解せないか。

さて、ここから浮かび上がる女性像である。まず騎馬の風、女たちはだれも至極当たり前のごとく馬にまたがり、巧みに馬をあやつっていく。唐朝ではふつうに見られたこの情景は、他の時代にはまったくみられない。また当時、馬や駱駝に乗るさい、女たちはよく帷帽とよばれる布の垂れた帽子をかぶった。はじめ風砂を避けたり顔を隠すためにかぶった冪羅（スカーフ）から変わったものであるが、ここでは素顔をそのまま出して街を闊歩している。これも他の時代にはない。

女たちの体つきであるが、楊貴妃も則天武后もそうであったように、豊満な肉体が好まれ、図中からもその一端がうかがえよう。頭髪は中流以上かそこに仕えるものであれば長く伸ばし、頭上に

加彩舞女木胎俑（吐魯番市アスターナ206号墓出土）　唐代女性の化粧は額に花鈿とよばれる花模様を、両頰や唇の両側にも紅や粧靨をほどこすなどした

高く集めて髷に結った。この高髷も唐代の特色であり、この図でもそれが確認できるが、侍女らしき女は先をやや横に傾けた髷にしている。

素顔の美しさに自信をもっていた虢国夫人は、当時一般の化粧法を好まず、玄宗の前にも薄く蛾眉を引くだけでまかり出たという。そのことでわかるように、この時代の化粧は全体に派手で、ふつう白粉に頰紅や口紅、様々な形の太い眉をくっきりとつけた。それのみか、額には黄色の粉を塗って、これを額黄とよび、また花鈿とか花子とよばれる花模様に切った金箔を貼ったりした。目尻から頰のあたりにも斑点や三日月状の模様をつけ、粧靨（靨子）といわれた。

列の先頭を行く人物を男装した女性とみることは、何か違和感を覚えるかもしれないが、じつはこうした胡服スタイルが宮中や上流者の間でかなり広まっていて、虢国夫人が特別の趣味の持ち主であったわけではない。余談であるが、唐代の娯楽の一つに馬に乗ってボールを追いかけるポロ（打毬）がはやった。主役はもちろん男性であるが、女たちの間でも行われ人気があったという。それには男装が適している。女たちは嬌声を発し、激しく馬上でぶつかり合い、それを男たちが周りから歓声をあげる情景が容易に思い浮かぶ。

額黄や花鈿や粧靨という化粧法は、おそらく西域方面から伝わった。冪䍦そして帷帽も、西域ないし北方から入ってきた。胡服もポロもである。さらに唐後半になると、烏膏という黒い口紅をつけ、赤茶色の頬紅を塗り、眉は細い八字形に引き、頭髪は潰れくずれた化粧法が流行した。チベット（吐蕃）風の影響ともいわれるが、前半の健全さから一転、不健全さを感じさせるものである。下降線をたどる時代の空気を投影した姿でもあろう。

いずれにせよ、こうしたファッションは、女性たちの自己主張のたまものであった。そしてその拠り所となったものが、中国の固有伝統ではなく、外からもちこまれた影響であった。みずからを変えようとする女たちの上に外来文化が交錯する。これらのことを通じて、唐という時代の開放性とともに、時代を越えた変わらぬ女性の生態も教えられる。

加彩騎馬女子泥俑（吐魯番市アスターナ187号墓出土）　唐の貴婦人が馬に乗って外出する姿。則天武后のころ裙（帽子の下の垂れ絹）のついたこの形の帽子（帷帽）がはやった

女たちの感情生活

唐律のなかに、妻を離婚できる七つの条件＝七去が規定されている。無子（跡取りが生めない）、淫泆（淫乱）、不事舅姑（夫の父母に仕えない）、口舌（おしゃべり）、盗窃（窃盗）、妬忌（嫉妬）、悪疾（病気）の七つである。もともと礼の古典にみられた内容をそのまま法令の上に出したもので、これに加えて、義絶といって、妻が夫家側に（夫が妻家側にする場合も含む）はたらく暴力や雑言も、公的な離婚の要件となった。

これらの要件のなかで、無子や淫泆や盗窃などが離婚につながるのは理解できるとして、面白いのは口舌や妬忌である。中国女性のおしゃべりや嫉妬ぶりのすさまじさを伝聞することは少なくないが、それは上古以来の長い歴史に裏打ちされていた。儒教はそれを徳目の形で抑え込もうとしたが、儒教主義が全体に弱まった隋唐になると、律という公的手段が動員されることになった。そこに浮かび出るのは、男と対等にものを語り、感情を直接表にする女たちの姿であり、行き着く先は、妬忌の場合にみられる悍妻とか妬婦、あるいは惧内（恐妻家）などの話となる。

すこしそうした事例をみてみよう。まず隋の妬婦といえば、文帝の皇后独孤氏が有名である。彼女は文帝の閨房に他の女を入れさせなかった。同様に則天武后も皇后になったのちは、高宗の周りに彼女以外近づけさせなかった。隋の文帝と唐の高宗はさしずめ惧内の代表格である。またこんな笑うに笑えない話がある。

唐初の武将に任瓌というものがいた。外では猛将で通った彼も、家では妻の嫉妬ぶりに頭があがらない。あるとき太宗が、彼の働きを褒めて宮女二人を下賜した。しかし彼は丁重に辞退した（一説には、貰い受けたが、妻は嫉妬のあまり二人の髪を焼き、丸坊主にしたという）。そこで太宗は、彼女を呼び出し、酒壺を前に置いていった。「これは毒酒だ。今後嫉妬を悔い改めるならばよし、さもなければ飲みほせ」と命じた。当然謝るものと予想していた太宗に、彼女は「私は改められません」というと、そのまま酒を仰いだ。もとより毒酒ではなく、彼女は死ななかったが、のちに太宗はしみじみと述懐した、「何と女の性のこわいことよ」と。

囲碁仕女図（吐魯番市アスターナ187号墓出土）

この話には後日談がつく。ある酒席でこのことが話題になったとき、任瓌は冗談めかしてこう話した。妻というものには三回怖い時がある。結婚した当初の端然と構えて菩薩様のごとく見える時、子供を産み育てる姿が子育て中の母虎のごとく見える時、そして年を取って顔が皺くちゃになり山姥（やまんば）のように見える時の三回だ。ご一同もおわかりになるだろうと。それを聞いて座は大いに盛りあがったという。

やや任瓌の話にスペースを割きすぎたかもしれ

ないが、妬婦の具体例、まわりであたふたしている男（夫）たち、妬婦に凝縮された当時の女たちの一端を彷彿させるのではないか。唐代においては、この任瓌の妻に勝るとも劣らない事例は枚挙にいとまがない。唐の中頃の話では、房孺復（ぼうじゅふく）の妻の崔氏というものが大変嫉妬ぶかい例として知られている。彼女は侍女がきれいに装うことは許さず、化粧映えする侍女が現れたときは、嫉妬に狂い眉には刺青、額は火箸でみみずばれにさせたという。また癇癪のあまり侍女を打ち殺し、雪中に埋めたなどという話もある。これまた何ともいえぬすさまじさである。

語弊をおそれずにいえば、古来、女に嫉妬はつきものといわれる。中国史においてそれが公然と話題にのぼり始めるのは、魏晋のころからであろうか。後漢時代の礼教のしばりから解かれ、老荘思想など多様な思想の広がりのなかで、女たちが自己を表現しはじめたことと軌を一にする。そこに、儒教的中国的倫理観とは無縁な北族世界の習俗が流れ込む。嫉妬の表し方がより直接的になるのは当然の成り行きであろう。だがもう一方で忘れてはならないのは、彼女たちが妬婦や悍妻のごとく家庭の主婦（女主人）として現れること。当時の家庭生活はどのようになっていたのだろうか。

結婚と家庭生活

唐では、法律的には一夫一妻制であった。結婚の手続きは正式には、家と家の関係を前提にした六つのプロセス、納采（のうさい）（男家から結婚の意向打診）――問名（もんめい）（双方の姓名や生年、祖先などの聞き合わせ）―納吉（結婚の可否の占いと女家への報告）―納徴（結納、婚約確定）―請期（婚礼日の決定）―親迎（新郎による新婦の出迎え）、をへるものとされた。これを六礼とよぶ。その場合、四番目の男側の結納、親迎時における女側の持参金は大きな問題となるものであった。

まず売婚の風の助長である。唐初、門閥重視の影響がのこるなかで、政権の担い手となった新参者たちは、家格をあげようと山東貴族との婚姻に積極的になった。貧窮化しつつあった山東貴族の方は、結納や持参金を目当てにそれに応えた。太宗はこれを禁じたが、足元の高官である魏徴や房玄齢らからそれを破る始末で、つぎの高宗はやむなく、三品以上の家では絹三〇〇匹以下などと上限を定めた。これが守られたかはわからないが、こうした風潮の広がりの結果、金のない貧窮層では結婚難の状況を生み出した。

こうしたことの一方で、離婚そしてつづく再婚も比較的容易になされている。前にあげた七去は夫の側から離婚できる理由であるが、義絶の場合は妻側も言い出せる条件であった。その他、性格の不一致や夫の長期不在などによる協議離婚（和離）も正式に認められていた。またこんな物語が伝えられている。唐の後半のこと、呼延冀なる人物が妻をともなって任地に赴く途中で、賊に遭いみぐるみ剥がされた。やむなく妻を近くの民家にあずけ、任地に着いてすぐ迎えを出すことにしたが、別れにあたり妻は「もしお迎えが来なければ、私はすぐ出奔します。いくらでも受け入れてくれる方はおりますから」といった。じっさい妻は、夫が任地に着いて間もなく、新しい男ができたと離縁状を送りつけて来た。

離婚と再婚の最たる例としてあげられるのは、唐朝の公主（皇女）たちだろう。正史『新唐書』にまとめられた唐前半期の公主およそ一〇〇名のなかで、再婚した数が三〇名にものぼる。そのなかに、すでに名のあがった太平公主や安楽公主らの四人の再再婚組も含まれる。また、夫のほかに弁機なる坊主を囲った太宗の娘、高陽公主のように、結婚している身で他の男と私通する例もまま見られた。ただしこれが後半期になると、離婚・再婚の記録がみえなくなる。唐室の権威が弱まるなかで、彼女たちが気ままに振る舞う余裕を奪うとともに、モラルを求める空気の高まりがそこに影響していたかもしれない。

全体に受ける印象として、唐代の女性たちは男女の関係、結婚観にルーズであった。別のいい方をすれば開放的であった。そのことは貞操観念の軽さ、弱さという問題につながり、さらには家庭関係の希薄さということが意識される。

とはいえ、こうした問題を女性の側だけに転嫁するのは一方的である。則天武后が皇后位を奪取する正当化のために、許敬宗が「田舎の親爺でも、すこし小金がたまれば嫁を替えたくなるもの」といった言いぐさに潜む無責任さが、男側につねについてまわる。男は、高位者には媵（妾）を一定数もつことが公認され、手柄をたてれば妾や婢を下賜されることがあった。これは一夫一婦＋多妾制ないし一夫多妻制への方向を意味する。

女は結婚によってはじめてみずからの立場を規定し、また実現できた。彼女たちは皆、平和で幸せな家庭生活を望んでいた。だが男は頼りなく、また体制に守られている。そうしたなかで生き抜くには、様々な形で自己を主張するしかない。その最たる形が妬婦になった。

しかも家庭にあっては、妻たちは一夫多妻制の圧力にさらされつづけていた。こうした動きに抵抗し家庭の秩序を守る、それが妒婦を生むもう一つの背景、そして温床であることも忘れてはならないだろう。

遊里の世界と群がる男たち

長安の遊郭と『北里志』

人間が多く集まって生活し社会を形成するとき、決まって歓楽の場所ができ、遊興と性の売買がなされる。それを求める男がおり、奉仕の見返りを期待する女がいるからである。唐代においても当然そうであった。全国各地にそうした花街の存在を推定できるが、今それを都の長安においてうかがってみよう。黄巣の乱が一応収まった中和四年（八八四）、荒廃した長安の街並みを前にした一人の年老いた官人、孫棨（そんけい）が、かつて足繁く通った遊里＝北里（ほくり）のことどもを、記憶を奮い起こしながらまとめた『北里志（ほくりし）』によって。

長安城内の東側の商業中心区といえば東市（とうし）である。北里はそれに隣り合った平康坊（へいこうぼう）の一角にあった。附近は高官たちの居住区となり、唐後半期にはこの平康坊と北の崇仁坊（すうじんぼう）に、地方藩鎮の長安事務所ともいうべき進奏院（しんそういん）が集中した。平康坊のすぐ北側を東西に貫く道路は、東の正門の春明門（しゅんめいもん）と西の金光門（こんこうもん）を結ぶメインストリートで、もっとも賑やかな往来であった。その大道に臨む北門から入ってすぐ左側（東側）の二〇〇メートル四方ほどの区画が、目指す北里の場所となる。すでに玄宗の天宝年間にここに若い者たちが出入りして賑わったという記録があり、ほぼ唐代をつうじた花街の所在地である。

内部は路地を基準に三つに分かれ、北から北曲、中曲、南曲とよび、その順で格づけが上がった。曲の由来としては、局（区切られた場所）とか、路地あるいは通路の入り組んだ場所などが考えられるかもしれないが、同時に日本の曲輪（くるわ）（郭）のように、周囲を塀などで囲んで区分けした意味もなかっただろうか。じっさい遊里に身を落とした女性には、厳しい監視のなか、簡単に逃げ出せない仕掛けが待っていたからである。

北曲は、一番北側の坊の塀ぞいにならぶ小さな妓家（ぎけ）をいい、地方からの出稼ぎのものや貧しく結婚できない庶民たちの性のはけ口となったのではないか。中曲そして南曲になると、外壁を紅く塗り、木々などを植え、庭石などを置いた中庭があり、その周りにはいくつかの風情をこらした客室があって宴会ができる。また妓女（ぎじょ）たちの部屋があって客の相手をする。妓家は数人から十数人の妓女をかかえ、日本の置屋と茶屋がいっしょになった形で客をとる。こうした妓家が各曲数十軒あるとして、およそ一〇〇〇名ほどの妓女がこの郭（くるわ）に起居していたと想像される。

中曲や南曲で遊ぶものは、そこそこ金のあるクラスであって、高官大官たちはあまり出入りしない。かれらは自分の妓女や妾を持ち（家妓（かぎ）という）、このような場所に出入りする必要がなかった。したがって中下級の官僚や進奏院に出入りする地方官、さらに文人墨客や一部の商人たちが得意客となる。これに科挙の合格者が合格祝いに繰り込んだり、科挙の受験

女性楽舞図（左、西安唐韓休墓壁画）　胡旋舞を舞う踊り手にあわせる４名の奏者（楽器は箜篌、笙、撫琴、拍板）、１名の歌い手たち

妓楼（右、敦煌莫高窟第７窟北壁壁画）　遊里の中は、数人から十数人の妓女を抱えた妓家（妓楼）が集まって曲（曲輪）を構成した

準備のために上京したものたちが通う。したがって詩文の素養や歌舞音曲にすぐれた名妓がいると、さながら教養人たちが遊ぶサロンの観を呈することになった。

妓女の世界

今、遊里の女を妓女とよんだが、正式には音楽と舞踊ができるもので、所属の仕方によっていくつかに分かれるところの総称である。そのなかには、早くは女性舞楽者を養う内教坊、のちに玄宗が当時流行りの俗楽を教習させるために新設した外教坊や梨園という、皇帝管轄下の機関に属し、皇帝の宴楽に供する宮妓がいる。その他、個人の所有となる家妓、地方官庁に属し宴席にかかわる官妓（節度使の軍営では営妓とよぶ）などもそれである。これにたいし北里など花街のものたちが、民妓としての妓女であった。ただし彼女たちは、教坊の管理する楽戸という戸籍に登録され、宮中の宴会に動員されることもある。そういう意味では、この民妓も半分は宮妓という顔をもっていた。

花街の華やかさの裏では、いつも変わらぬ欲望が激しく渦巻いていた。妓女たちの出は貧しい農家の娘であったり、良家の娘が騙されたり、身を持ち崩したりと様々で、女衒の手をへてここに来た。妓家の主人は妓女上がりで、娘たちを買い入れると、仮母（養母）―仮女（養女）の親子関係を結び、厳しいしつけを一手に施す。そこには読み書きから詩文などの教養もふくまれた。仮母の一部には文化性の相当高いものがいたとみなければならない。しかし仮母はつねに仮女たちの行動を監視し、客からはあくどく搾り取る存在で、「爆炭」とあだ名がつけられた。彼女たちはその一方で、進奏院のお偉方や大商人を旦那にもち、またやくざ上がりを夫にもったりして、商売を守ることに気を配った。

仮女としての妓女をみると、仮母に酷使される日々のなかで、大きな息抜きは同じ平康坊内を南に下った保唐寺に、八のつく月三回の縁日、ありがたい講話を聞くためにお参りすることであった。そのきれいどころを見ようと、当日は門前がごったがえしたともいわれ、妓女は妓女で顔見知りの客を連れ帰ることもあった。あくどい仮母は縁日のたびに、銅銭一差し（一緡。一〇〇〇文）の代償金をとった。妓女は他の客を断り自分のために過ごすときにも、同じく一〇〇〇文を払ったというから、一人に一日その程度の実入りは求められたのだろう。当時米一斗（成人五日分）が一〇〇文程度と仮定すると、成人五〇日分の食事代にあたる。遊里の中・南曲で遊ぶことがいかにお金がかかったか、おして知るべしである。

身を持ち崩す男と支える女――「李娃伝」の世界から

娯楽の少ない当時、男どもの究極の遊び場所が遊里となる。それにたいして妓女の側は、短い花の期間のなかで、仮母の搾取に耐え、また仮母といっしょになって男から搾り、蓄えをつくってこの苦界から脱け出る道を模索した。彼女たちにとって正式な結婚などは夢のまた夢、幸運であれば官僚や商人などに落籍され、家妓として囲われることであった。しかし一度遊里に染まった身では、なかなか囲われものでおさまることはむずかしい。容色が衰えていった先はどうなるのだろうか。

そうしたとき、決まって引き合いに出されるのが妓女を主人公にした小説「李娃伝」である。あら筋はこうである。玄宗の天宝のころ、科挙の受験のために長安に出てきた名門の若者が、平康坊の妓女、李娃に夢中になり同棲する。しかし金の切れ目が縁の切れ目、二年分ほどの滞在費を使い果たすと、結局妓家から追い出され、李娃も姿を消す。一文無しになったかれは、病気になり、葬儀屋の仲間に救われ、挽歌の歌い手として頭角をあらわした。そして歌合わせの当日、その姿を上京していた父親にみつかり、瀕死の折檻をうけ道に棄てられる。かろうじて一命をとりとめたかれは、物乞いをして暮らし、ある雪の日偶然李娃の門前に立った。

李娃はその変わり果てた姿に心打たれ、みずから身請け金を仮母に渡して自立し、かれのために献身的につくすことになる。まず一年かけて健康を回復、ついで書物を買い揃えて科挙の受験勉強に没頭させ、数年後ついに首席合格をかちえた。かれは人柄も評判よく、四川の成都に官僚として職をえた。赴任にあたり、李娃は自分の役目はおわったと身を引く決意を伝えたが、かれはそれを抑えて四川に入る剣門に至り、そこで成都の長官となる父と再会した。父は立派に立ち直った息子を許し、李娃との結婚を認めた。かくして李娃は夫の栄達を助け、父母には孝養をつくし、一家の繁栄をもたらした。めでたしめでたし、と。

この士人の若者と妓女による身分を越えた純愛と立身の物語は、たんなる才子佳人の恋愛小説に終わらせない時代の相をみせてくれる。作者は、白居易の弟の白行簡（七七六―八二六）であり、八世紀の後半から九世紀初めの時代状況が背景として意識される。そして主人公の若者は、時代の担い手にむかう科挙系士人の存在を印象づけ、その挫折から復活、ついで繁栄へと至る道筋は、安史の乱後の閉塞した状況とその先にある一縷の望みを暗示する。下層の女性との交情や最下層の葬儀屋の存在には、それに向けて協力する下層の都市住民、新興庶民たちの下からの力が仮託されていないか。

がそれはそれとして、もう少し李娃に焦点をあててみると、彼女はけなげで芯がつよく、男のために献身的で無償の愛情をそそぐ。美しいうえに聡明である。これは唐の前半期を闊歩した女性たちと比べると正反対の立場にたつ。いわばそれは男たちの一つの理想型を表すと同時に、男の優位へと傾斜しはじめている時代感覚を先取りした産物であった、とも理解できるだろう。

もう一つ注目してみたいのが、結婚の形である。彼女は妓女であるから、教坊管理下の楽籍に登記される。唐代、良賤制がしかれ、良民と賤民との結婚は法律でかたく禁じられていた。楽籍にあるものは奴婢などよりは上であるが、大きくは賤民身分に括られる。そのため妓家の妓女から妾になっても、それは家妓としての妓女で、身分が良民にかわったとは簡単にいえない。だが物語では、その点を一切無視して正式な結婚によるハッピーエンドとする。その越すに越されぬ一線をすいと通過していく筋書きに、下層の女たちがみずからの夢を重ねたことは十分考えられる。

盛唐婚嫁図（敦煌莫高窟第445窟北壁壁画）
唐の時代の結婚披露宴の様子が描かれている

このことに関連して、二人の有名な女流詩人にふれておきたい。一人は薛濤（七六八—八三二）、もう一人は唐末の魚玄機（八四四頃—八七一頃）である。薛濤は長安の良家の出で、父の蜀（四川）赴任にしたがったが、その地で父が死ぬと零落して、成都の西川節度使に属する営妓となった。その巧みな詩が節度使の韋皐に評価され、以後その幕府で作詩にはげみ、多くの当代一流の詩人、白居易、元稹、劉禹錫らと交わった。だが営妓ゆえに、故郷長安にももどれず、結婚もせず、その地の浣花渓のほとりで女道士として生涯を閉じた。

魚玄機は森鷗外に同名の小説がある。長安の人で、

薛濤製箋図（清光緒年間）
唐代の女流詩人の第一人者薛濤が手紙をしたためているところ

早くより詩才に恵まれ、唐末を代表する詩人温庭筠（八一二―八七二）の指導も受けたが、一五歳ころ李億という官僚の妾になった。しかしかれの妻の嫉妬にあって追われ、咸宜観という道観の女道士となり、個性的な詩作と男出入りの激しい生活のはてに、最後は侍婢を殺害したかどで死刑となった。彼女の出身はよくわからないが、一説に妓家の出であったという。普通の家庭のもので、美しい容貌に恵まれた詩才となれば、はじめから妾となる道は考えにくい。彼女は妓女でなくても、実家が妓家であれば楽籍に身を置くものとなる。魚玄機もまた、良賤の身分制の高い壁に苦しんだ一人ではなかったか。

『女則』と『女論語』

古来礼制と唐代女性の女戒の書

よく知られているように、中国では古来、女たちに礼として求める条件があった。「未だ嫁せざるは父に従い、嫁しては夫に従い、夫死しては子に従う」という三従である。夫婦の関係をしばるために、「夫は妻の天」とか「夫婦は一体」の論もあった。また女として守るべき徳目に「婦徳（貞淑）、婦容（温順）、婦言（言葉）、婦工（手仕事）」の四徳があった。この上に結婚した女を離婚できる条件として、すでにふれた七去が出されてきた。

だがじつをいうと、なぜそうまでして女たちを抑える論理が必要とされたのか、あるいはそうまでして抑えなければならない理由とは何かということになると、これまで明確な答えは出されていない。儒教イデオロギーのもとで女性がいかに虐げられたかは盛んに論じられながら、である。がそれはそれとして、隋唐代の女性たちは、騎馬にまたがって動きまわる行動性、男女関係のルーズさ、家庭における主婦の地位の高さ、妬婦の形に代表される自己主張などを通じて、簡単に男たちから虐げられた様子をみせない。則天武后の統治を実現させたのもこの時代であった。そうみると、彼女たちは、長い中国史のなかでもっとも恵まれた時期を生きたかにみえる。

しかしながら、女たちの元気さが目立つその時代に、そうした動きに逆行するかのような考え方、男のもとでの女のあるべき心得が、形をかえて出されていた。それも多くは同性の手をつうじて。こうした試みを遡ると、後漢の班昭（曹大家）が七ヵ条にまとめた『女誡』において、「女は卑しく弱い」存在であり、三従・四徳を守って生きるべきことを説いた主張に行き着く。だがこれは、儒教が礼教として人々の日常を律していた後漢で成立したもので、唐代とは現れる環境が大分ちがうのである。

唐になって最初に出された仕事は、太宗の皇后長孫氏の『女則』一〇巻である。彼女は太宗にたいする内助の功に徹し、政治への関与を極力さけた慎重な女性であった。その彼女が、古今の女たちの優れた行跡や犯した過ち・悪行などをまとめ、みずからの行動の指針にしたのが『女則』であった。太宗は長孫氏の死後、この書を見せられ彼女の思慮の深さを知って、ああ大切な伴侶を失ったと慟哭したという。内容の細部はわからないが、基調は班昭の『女誡』をつぐものと考えてよいだろう。

これを嚆矢として、唐では侯莫陳邈の妻鄭氏の『女孝経』一巻、王搏妻楊氏の『女誡』一巻、薛蒙妻韋氏（韋温の娘）の『続曹大家女訓』一二章、さらに尚宮宋氏の『女論語』一〇篇、王琳妻韋氏『女訓』などがあげられる。またこうした著作に混じって、則天武后にも『列女伝』一〇〇巻や『孝女伝（孝子列女伝）』二〇巻があることも特記される。これらは武后の皇后時代、ブレーンとなる北門学士を使ってまとめたものと思われる。長孫皇后に負けない名皇后ぶりを装い、政治的野心をカモフラージュする意図をもってなされた仕事ではないか。唐前半期のこれらの編集には、このように皇后が直接かかわり、多分に政治的意味がこめられていた。

『女論語』が語りかけるもの

それにたいし、安史の乱後の後半期はどうであろう。じつは右にあげた『女孝経』以下の一連の作品がほぼその時期のものとなる。このことははしなくも、後半期に入ると女性によるそうした著作が一気に増えたこと、また彼女たちは始めから権力や政治の思惑とつながって出したとも考えにくいこと、などを浮き彫りにする。ではなぜ女たちはそうした方面に関心を向けることになったのか。そのなかの一つ『女論語』で少し考察してみたい。

『女論語』をまとめたのは、貝州（河北）の宋庭芬という儒者の五人の娘たちであった。時期は安史の乱が収まったあとの徳宗朝のこと、五人は父の影響も受けてか、早くより儒学に関心をもち、華美を嫌い、結婚をせず学問で身を立てることを誓った。『女論語』はそうした彼女たちの間で準備され、長女の若莘がまとめ、次女の若昭が注解を付ける形でできあがった。貞元四年（七八八）、彼女たちは迎えられて徳宗の後宮に入り、妃嬪としてではなく、学問や文学の面での相談役ないしは後宮の事務の責任者である尚宮、のちには後宮や皇族の教育係として長く重きをなした。『女論語』は彼女たちのそのような立場をつうじて、宮廷から社会各層に広まった。

『女論語』は唐の記録では一〇篇とあるが、後世の流布本は一二章となっている。したがって原本はいったん散逸し、のちに前掲の『続曹大家女訓』などを参考に形を整えたとの説もあるが、たとえその場合でも当時の考え方が反映されているはずである。

今日目にできる『女論語』の内容は、大きく三つの柱からなる。一つは女として貞淑で温和、そして節義を守る生き方のこと、第二は父母、舅姑、夫への世話と子女の訓導という基本的な務めのこと、三つ目は身につけるべき手仕事、客への接待、早起きにはじまる一日の家事、家産家計の運営など具体的労働内容について、である。そして文章は四字一句、二句一文を連ね、すべてに韻を踏み、読む者がリズミカルに暗誦できる体裁をとっている。

『女論語』で説くところは、一見後漢の『女誡』と基調を同じくし、その延長線上にくる同一性格の書物のごとく映る。従来の理解も大筋そのようなところに止まっていた。しかし果たしてそれだけのものか。そもそも『女誡』が、これから嫁ぐ娘たちに与えた心得として、そのことに関係する女のあり方を説く形をとるのにたいし、『女論語』の方は女性のあるべき姿を全面的にとりあげ、そのなかで母親の家庭における役割をつよく意識させる。貞淑にして勤勉、服従を求める一方で、内側から夫を支え、家事をきりもりし、子供の養育と教育にあたる中心としての役割である。これは『女誡』以来説かれてきた女性をめぐる概念を、一歩新たな地平へ押し上げた意味をもつ。

安史の乱によって、女たちが気ままに振る舞うことを容認してきた唐朝の根幹は大きく揺らいだ。時代の空気もそれを許すだけの余裕を失っていくなか、女たちは現実を直視する生き方を迫られる。もはやかつての栄華が望めない以上、家庭にもどり、男たちを頼り、堅実に足元を固めなおすしかない。しかし一方的に男に屈従するのではない。『女論語』とは、また同じ時期の『女孝経』や『続曹大家女訓』も、そうした曲がり角に際会した女性たちへの指針として用意されたのではなかったか。それはまた、来るべき儒教の時代の予兆でもあった。

女の教育

『女論語』が念頭に置くのは、勤勉に働く女性たちであった。彼女たちは、早朝からテキパキと家事全般をきりもりし、家事の合間には養蚕や織布、裁縫など身につけた女の手仕事によって、家族のために布を織り着物を縫い、布地の一部は売りに出して現金収入を得る。あるいは夫を助けて野良仕事に出たり家畜の世話にもあたる。他方彼女たちは、倹約に努めて家産を殖やし、男の子には学問をつけさせ、客人への応対には気を配り、女としての礼節は忘れない。

加彩労働女子泥俑群（吐魯番市アスターナ201号墓出土）女性の家事労働を表現している。左から、杵で穀物をついている。箕で穀物をふるっている。臼で粉をひいている。右端では、麺棒で麺をのしている

ここから推測される彼女たちの所属階層は、その日その日の農作業に明け暮れる一般農民ではない。もちろん大勢の使用人をかかえた上層の大官でもない。その中間にくる中下層の官僚から地主層あたりとなるだろう。なかでも唐後半期、均田農民に代わって台頭し始めていた土豪地主層の家庭が、『女論語』の女たちの姿にもっとも近いものがある。これら新興の階層こそが、つぎの宋代の支配層、地主科挙官僚につながるのである。

『女論語』がこうした階層の女性を主たる対象としていたとすると、そのレベルまでは文字を解することができたか、内容を理解するものと想定されていたことになる。このことは、当時

ある。

女性で一定の読み書きのできるものが相当に広がっていたことをうかがわせる。前節であげた遊里の女たちですら、詩作ができることが素養の一つとなっていた。唐代になって、女性による女のための著作が多く出されたのも、見方を変えればそうした女性層があったからである。

では女たちはどこで教育を受けたのか。当時女性のための公的な教育機関はなく、庶民の間にも日本の寺子屋のような女子も交えた私塾は一切ない。彼女たちに教育を施す場は、家庭の内しかなかった。先生は主婦たる母親であった。

たとえば、書家として有名な顔真卿（七〇九―七八五）の場合、その家は当代一流の貴族というにはほど遠く、しかも父が多くの子供を残して亡くなったあとは、貧窮の底に置かれた。そうしたなかで母の殷氏は実家に援助を求めつつ、子供たちの教育にあたり、顔真卿が世に出る下地を作ったという。また唐宋八大家の文章家の一人、韓愈（七六八―八二四）は、三歳で父を失い、親代わりの長兄も一一歳で亡くした。それから長安に旅立つまでの八年間、地方で日々読書に励む彼を母親代わりとなって支えたのは、兄嫁（長兄の妻）の鄭氏であった。

このように家庭にあって、文字の読める女性がかなりあり、さらに彼女たちを通じて次代へと受け継がれていく。そうした意味からいって、唐代の女性たちの知的水準の高さは改めて注目されてよいことである。

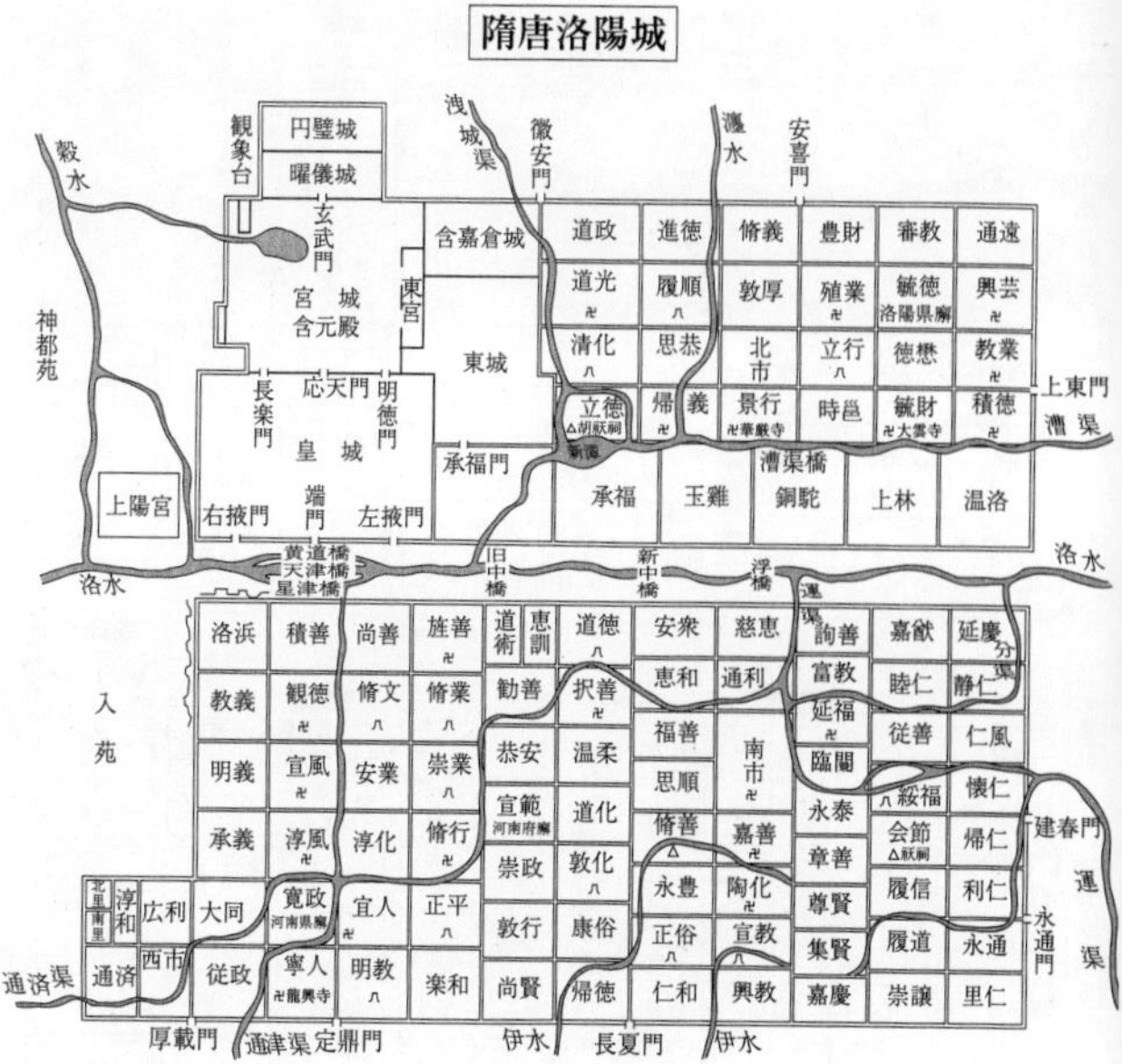

隋唐洛陽城（卍：仏寺　八：道観　△：三夷寺）

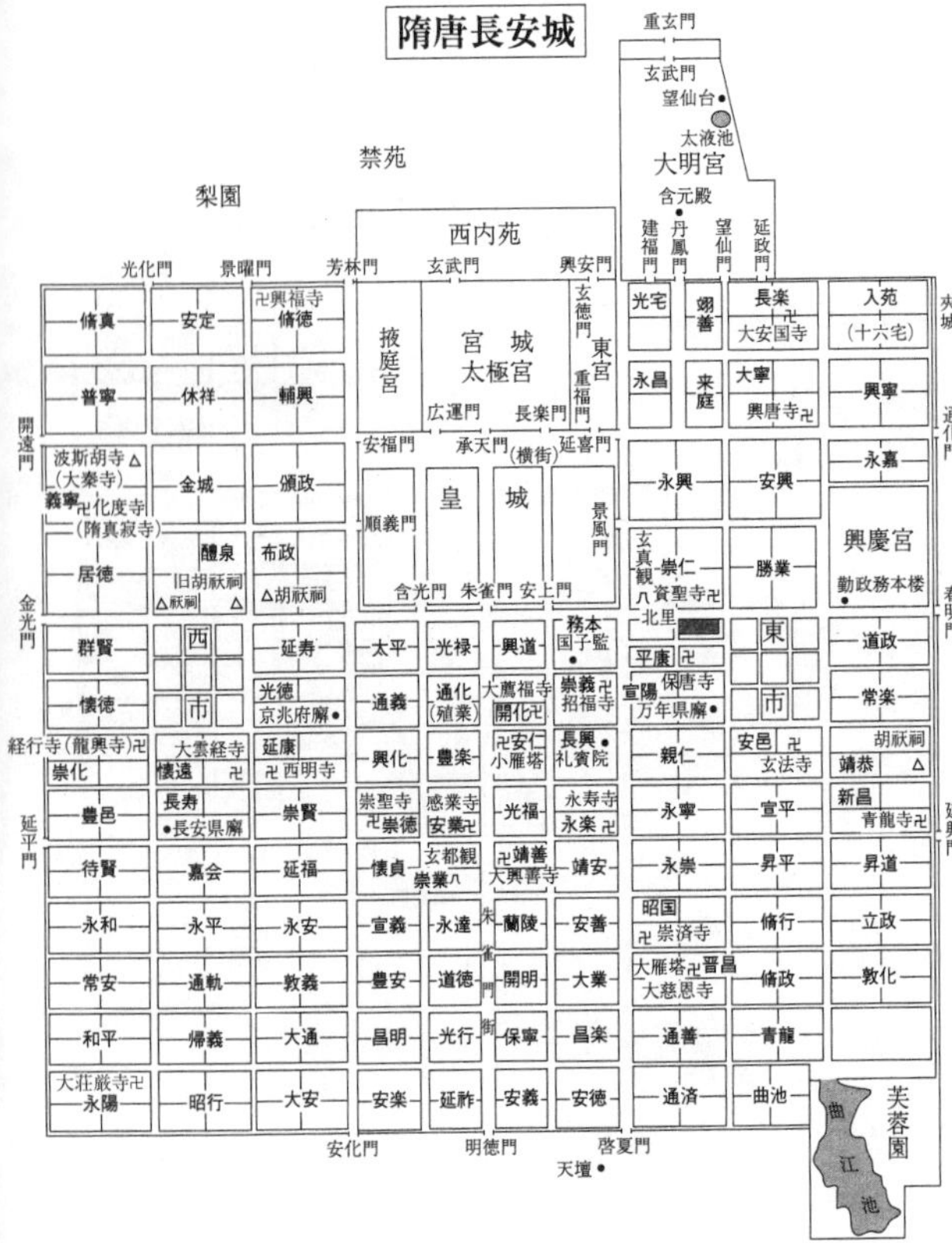
隋唐長安城
重玄門
玄武門
望仙台
太液池
大明宮
含元殿
建福門
丹鳳門
望仙門
延政門
禁苑
梨園
西内苑
光化門
景曜門
芳林門
玄武門
興安門
脩真
安定
興福寺
脩徳
掖庭宮
宮城
太極宮
玄徳門
東宮
重福門
光宅
翊善
長楽
大安国寺
入苑
(十六宅)
夾城
普寧
休祥
輔興
広運門
長楽門
永昌
来庭
大寧
興唐寺
興寧
通化門
開遠門
安福門
承天門
(横街)
延喜門
波斯胡寺
(大秦寺)
金城
頒政
皇城
順義門
景風門
永興
安興
永嘉
義寧
化度寺
(隋真寂寺)
醴泉
布政
玄真観
崇仁
資聖寺
勝業
興慶宮
居徳
旧胡祆祠
祆祠
胡祆祠
含光門
朱雀門
安上門
勤政務本楼
金光門
春明門
群賢
西
延寿
太平
光禄
興道
務本
国子監
北里
東
道政
平康
懐徳
市
光徳
京兆府廨
通義
通化
(殖業)
大薦福寺
開化
崇義
招福寺
宣陽
保唐寺
万年県廨
常楽
経行寺(龍興寺)
大雲経寺
延康
西明寺
興化
豊楽
安仁
小雁塔
長興
礼賓院
親仁
安邑
玄法寺
胡祆祠
崇化
懐遠
靖恭
延平門
豊邑
長寿
長安県廨
崇賢
崇聖寺
崇徳
感業寺
安業
光福
永寿寺
永楽
永寧
宣平
新昌
青龍寺
延興門
待賢
嘉会
延福
懐貞
玄都観
崇業
靖善
大興善寺
靖安
永崇
昇平
昇道
永和
永平
永安
宣義
永達
朱雀門街
蘭陵
安善
昭国
崇済寺
脩行
立政
常安
通軌
敦義
豊安
道徳
開明
大業
大雁塔
晋昌
大慈恩寺
脩政
敦化
和平
帰義
大通
昌明
光行
保寧
昌楽
通善
青龍
大荘厳寺
永陽
昭行
大安
安楽
延祚
安義
安徳
通済
曲池
芙蓉園
曲江池
安化門
明徳門
啓夏門
天壇

隋唐長安城

第六章　都市の発展とシルクロード

長安・洛陽の景観とその生活

長安と洛陽の位置

隋唐三〇〇年の都となった長安は、内陸部にかなり入った関中盆地（二一六頁図参照）にある。関中の「関」とは、東方に出るほとんど唯一の幹線上に置かれた函谷関ないし潼関を指す。その関所で固められた内側を意味する関中は、南は、海抜三七六七メートルの太白山を主峰とする秦嶺の山並みが東西に連なり、北から西にかけては、起伏の激しい黄土高原が広がり、その先には古くは隴山の名で知られた六盤山が西方をさえぎる。東側は黄河の激流が南下し、そして東へと湾曲する。

関中はこのように天然の要害に囲まれた盆地であった。しかも一定の人口を養えるだけの平野部をもっていた。それにあまりいわれないことだが、西の隴山の南麓一帯に広大な国営牧場（監牧地）が広がり、長安の近郊にもそれがあり、大量の軍馬が容易に供給できたことも重要である。こうした条件を背景に、上古の周（西周）以来、政治権力の中心が置かれ、隋唐期までおよんだ。

黄土高原
洛水
黄河
蒲津関
蒲州
同州
永豊倉
潼関
華山
1997
東渭橋
中渭橋
漕渠
西渭橋
(便橋)
華清池
長安
万年
長安
京兆府
法門寺
隋文帝陵
馬嵬駅
乾陵
昭陵
藍田関
庫谷関
商州
駱谷関
子午関
終南山
2604
秦嶺山脈

代	陵名	帝名	埋葬年
1	献陵	高祖	貞観 9 (635)
2	昭陵	太宗	貞観 23 (649)
3	乾陵	高宗	文明 元 (684)
		武后	神龍 2 (706)
4	定陵	中宗	景雲 元 (710)
5	橋陵	睿宗	開元 4 (716)
6	泰陵	玄宗	広徳 元 (763)
7	建陵	粛宗	広徳 元 (763)
8	元陵	代宗	大暦 14 (779)
9	崇陵	徳宗	永貞 元 (805)
10	豊陵	順宗	元和 元 (806)
11	景陵	憲宗	元和 15 (820)
12	光陵	穆宗	長慶 4 (824)
13	荘陵	敬宗	太和 元 (827)
14	章陵	文宗	開成 5 (840)
15	端陵	武宗	会昌 6 (846)
16	貞陵	宣宗	咸通 元 (860)
17	簡陵	懿宗	乾符 元 (874)
18	靖陵	僖宗	文徳 元 (888)

関中唐十八陵一覧表

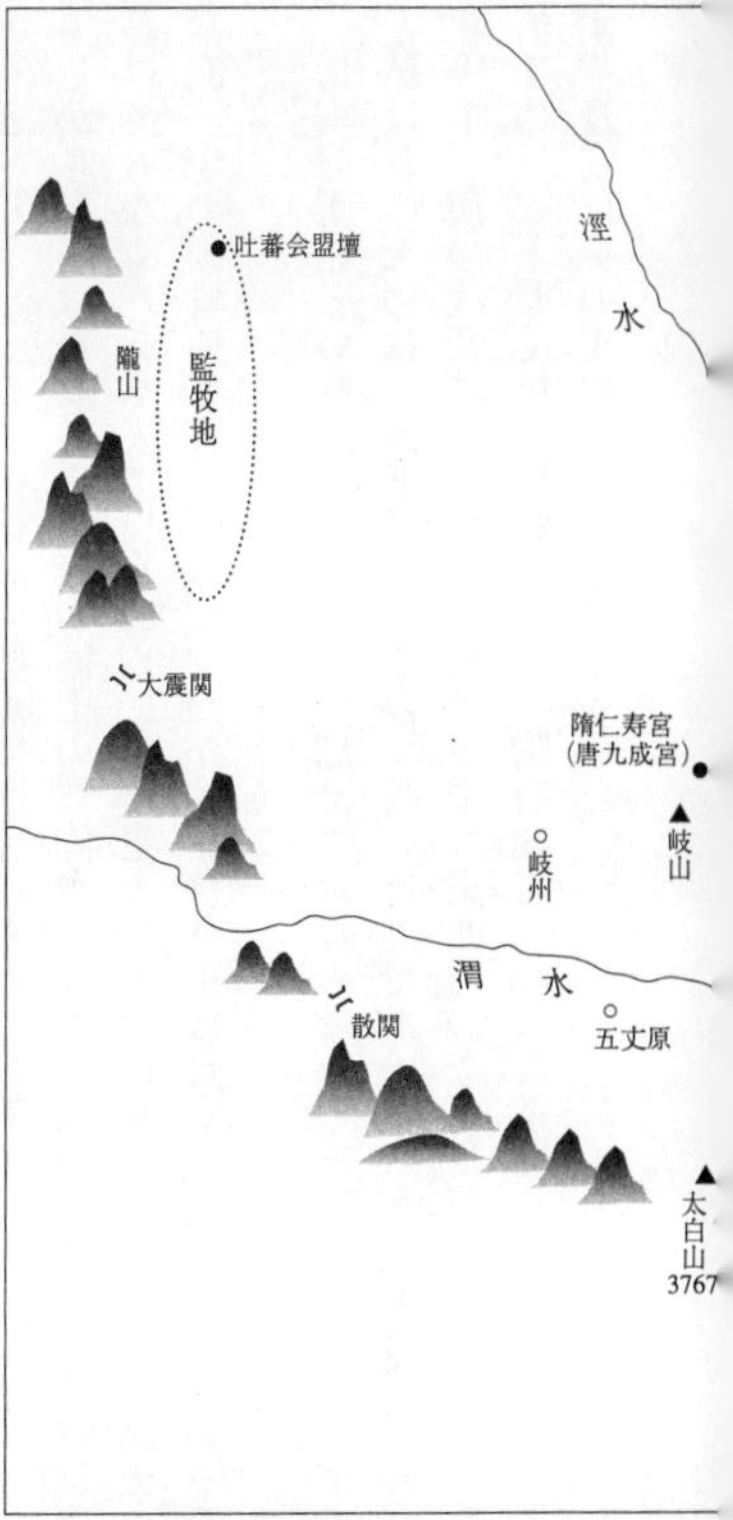

隋唐関中地域図　関中の「関」とは、東方へ向かう幹線上の要衝で、唐では主に潼関を指す。この重要な関所で守護された内側を意味する関中は、天然の地形に守られた要害であり、西周の昔から隋唐期まで政治権力の中心地であり続けた

とはいえ内陸部の要害は、半面、外部との交通や物資の輸送などの面で、不利さや弱点にもつながる。首都であれば膨大な消費人口を抱え込むが、関中の生産力では支えきれない。それを補う函谷関や潼関のルートは、大変な難所で輸送には難渋し、しばしば停滞する。そこに関中の飢饉が加われば、都はただちに深刻な食糧不足の巷と化すのである。

そのような場合、皇帝は一時的に長安を捨てて洛陽に避難する。洛陽は華北平原の西端にあり、華北や江南から運ばれた税米は、いったんここに集積され、陸路関中に運ばれることになっていた。洛陽は長安にとって東方にたいする橋頭堡であり、西と東とを結ぶ接点であった。それゆえ隋の煬帝や唐の則天武后のように、既存のしがらみを断って新たな政治を行おうとするとき、ここは絶好の拠点に選ばれるのである。

しかし洛陽は長安のような防衛上の堅固さはなく、東方の中心あるいは交通の要衝に立つわけでもなく、あくまで長安あってこそ生まれる存在意義であった。歴史上、両都市は相互補完、車の両輪のごとき関係に立つが、やはり主は長安、従が洛陽であることは変わらなかった。

長安の所在という点でいまひとつ忘れてはならないのは、シルクロードを介して西方世界と結ばれるために、西北部のここが一番の適地であったことである。シルクロードは前二世紀後半、漢の武帝によって開かれて以来、東西をつなぐ物資・文化そして相手を知るための情報の幹線として重視されてきた。隋唐朝も、多大な犠牲をはらいながらも西域（せいいき・さいいき）経営を止めず、長安はその東の起点として定着した。

しかしながら、唐も後半期を迎え、物の移動や人の往来が活発になると、経済の先進地帯である東方の華北平原や長江下流域、その間を結ぶ大運河ぞいの諸都市に重点が移りはじめる。そのころから広州やさらに揚州まで、大食（アラビア）系商人が訪れ、船による大量の交易を進め、陸上のシルクロードの存在意義を奪っていった。こうして長安の地位は次第に低下し、唐の滅亡とともに歴史の中心から姿を消すことになる。それとともに洛陽が果たした歴史的役割も終わる。唐の滅亡は、政治や経済それに文化の重心が西から東に大きく移行したことを画する歴史の節目でもあった。

唐代都市の構造と特色——長安を中心に

長安城（二一四頁図）はすでにふれたように隋初、宇文愷によってプランニングされた都城＝大興城にはじまる。全体の形状は、南北が八六五一・七メートルで東西が九七二一メートルという東西に長い方形をなし、四周は土を突き固めた版築の城壁で囲まれ、外側に濠をめぐらす。城壁一周の距離は東京の山手線を一回りするのとほぼ同じで、内部の面積は京都盆地を占めた平安京の三・五倍はあった。いかに大規模であったかわかるだろう。

なお城壁は、基礎の幅が九～一二メートルあり、高さは五メートルほどと推定される。わたしたちが今日目にする西安城は一〇メートルを越える頑丈な石組みの造りで、高層の堂々たる門楼をもつ。それと比べると、当時は大分貧相ではあった。城壁の構造や長さからして、敵にここまで攻めこまれると、長期間持ちこたえるのはむずかしい。唐の李淵（高祖）

がほぼ無血状態で入城できたのも、また安禄山軍が潼関を破るの一報で、玄宗があわてて逃げ出したのも、そうした事情からであった。

城内に目を転じよう。北に皇帝を中心とする居住・執政の空間たる宮城、その南に官庁が集中する皇城が置かれ、住民はその南側の坊（里）とよばれる区画で暮らす。城郭の言葉で表現すれば、宮城と皇城が城（内城）で、それを囲む長安城全体が郭（外郭・外城）にあたる。皇帝（天子）の所在を一番北にもってくるのは、このときが初めてである。それは一見「聖人（天子）は南面して天下に聴く」という古典の理念を具体化したようにみえるが、『周礼』などでは宮城（内城）は王城の中心にあるものとされた。したがって長安城は古典との関係を重視する以上に、先行する北魏の洛陽城や東魏・北斉の鄴城（河北）の、内城＝宮殿区を北寄りに配した構成からの影響をふまえていると考えておく必要があろう。

なお今、皇帝（天子）の所在を一番北に置くことを問題にしたが、じつは長安ではその北に渭水近くまで広がる禁苑（御苑）があり、周りを城壁で固めていた。内部は樹木や草が茂り、池があり、珍しい動物などが放し飼いにもされる。皇帝の狩り場になり、宮城の北門を固める北衙禁軍の兵営があり、高宗が築いた新宮城、大明宮もこの敷地にあった。のちには音楽の梨園やポロの毬場（競技場）も置かれた。この広大な禁苑もあわせると、皇帝の居場所は全体の中央に立つことになる。洛陽でも内城に隣接する西側から北にかけて広い禁苑が設けられていた。隋唐の都城がこのように禁苑を併設するのも、先行の都城にはみられない大きな特色であった。

この都城のまたもう一つの大きな特徴は、宮城の北門、玄武門から皇城の南門の朱雀門、そこから南に走る朱雀門街をへて明徳門にいたる南北の中軸線をはさんで、整然とした東西対称で構成されたことである。商業の場所も、西市、東市と同じように配置される。中軸線の起点は、南の終南山に入る谷の一つの石鼈谷口で、ここから真北に伸ばした線が中軸線であった。長安城はまずこの南北の基軸を決めた上で、秦嶺から北流する河川をはずした平地部分に、左右対称の形をとって画定された。

ちなみに隋唐の洛陽城の方は、地形の制約もあり長安のような区画はできなかったが、中心となる宮城、皇城でみると、南北を貫く中心軸で左右対称となる。軸を伸ばした先には、伊水の流れをはさんで龍門石窟がある西山と向かいの東山、その両山を門（門闕）にみたて

断臂（だんぴ）菩薩像（西安北郊唐大明宮遺址付近出土　西安碑林博物館蔵）　頭部・四肢を欠いたいわゆるトルソーだが、理想的な人体の美しい均整と重厚な量感を見事に表現している。身にまとう薄絹の表現も洗練されていて、いずれ熟達した作家の彫技になることを示している。1000年以上たった今日もなおその芸術的魅力をたたえた名品である

唐長安城含光門遺址　含光門は皇城南面の西側門。石の敷居には当時の車の通行で削られた轍（わだち）の跡が残されていた

た伊闕（いけつ）という場所があった。

　このように隋唐の長安城は、過去の理念や形態を負いながら、独自に創り出された人工の都城であった。足元には過去をひきずる建造物などの遺物は何もない。その結果、帝都は宇宙の中心という論法を広げ、長安こそは天の命を受けた地上唯一の支配者＝天子が治める天空の都として設定された、という見方が注目されている。南の郊外に天壇、北の禁苑に方壇などの祭天施設が拡充され、儀礼作法がいっそう精密になったこともそれに照応するという。

　だが、こうした長安をめぐる天空観について一つ注意しておくと、隋の大興城に始まる長安城に、最初からそのような一貫した理念があったかは疑問である。それらは時々の状況に応じて付加され、膨らまされてきた経緯をもつ。儀礼や理念と実際のあり方との関係はどうなのか、検討の余地もある。その上、北族的色彩も無視できず、中国的理念だけで説明することはむずかしいだろう。とはいえ、こうした都城の精神と論理をつよく意識させることじたいに、唐という時代の特質があることは間違いない。

坊の構造とその特色——住民の日常生活の場

宮城と皇城を除いた長安城中に南北一一本、東西一四本の街路が走り（城壁沿いも含める）、碁盤の目を形づくる。街路は一番広いのが、皇城南門（正門）の朱雀門から南の明徳門を結ぶ朱雀門街で、幅は約一五〇メートル、両側に歩道と水路、それに沿って柳の並木が連なる。この朱雀門街をはさんで西（街西）が長安県、東（街東）が万年県と区分された。

長安におけるもう一つのメインストリートが、皇城の前を東西に走り、東の春明門と西の金光門をつなぐ、幅一二〇メートルの街路であった。この皇城前大街こそが人と物資の往来が長安城中で一番はげしく、政治・行政部門に出入りする朱雀門、商業の中心の東西両市、そして前章で見た遊里の平康坊などは、すべてこの大街に臨むのである。

このように碁盤の目状にできた街路間を埋めたのが、人々の居住する坊（里）であった。坊は周りを高さ三メートルほどの土塀で囲まれ、大きな坊で四つの門、小さな坊では二門がつけられ、この門から坊内の街路や路地を経て、それぞれの家へと行き着く。坊門は、鍵を管理する坊の責任者である坊正によって、日出前の四時頃開けられ、夕方日没とともに閉ざされる。したがって住人は日没までに帰宅し、翌朝まで坊から出られない決まりとなっていた。ただし有力者や大寺院などは、直接大街に向けて門をつけることも許された。

長安の坊は、街西・街東に五四ずつあり、これに東西二市を加えると、全部で一一〇を数えた。このうち大きな坊は周囲四キロ、ちょうど京都御所の道路に囲まれた御苑の区画がそれに相当する。小さな坊では約半分の二・一キロほどあった。碁盤の目状に街路がつけられ、その間に自立性と閉鎖性のつよい坊がはめ込まれるというところに、長安という人工都市のもつもう一つの大きな特徴があった。なお洛陽にも同様なことがいえる。見方を変えるならば、隋唐の長安（洛陽）は四角いブロックの集合体、あるいは細胞が集まった組織体ともいえなくはない。

いったい何故このような形態がとられることになったのか。従来の説明では、漢代、農民の拠りどころとなる一〇〇戸程度の里という単位があり、複数の里が集まって城郭ができたその関係が、長い時間をへてこの都城までつづいた結果である、とされる。だが、坊の場合、収容される住民は万単位であり、規模や機能の点で漢代とはまったくちがう。

一方、北魏の洛陽城や北斉の鄴城（ぎょうじょう）にみえる里が、この坊に直結するという解釈もある。文献によると北魏の場合、一辺が一里（約四五〇メートル）の正方形で、里門が四つあり、里正らに管理され、同じく碁盤の目状に並べられたという。これは長安の小坊に近く、隋唐長安城の原点の一つとなる可能性が生まれる。

北魏のそれがどこまで系統性や実効性をもったかははっきりしない。各里のあり方や相互の連関もよくわからない。だが考えてみるに、北魏も隋唐朝も主流は北族・鮮卑系が担ったとすれば、その碁盤の目状をした里制も坊制も、北族的、遊牧民族的な発想が原点にあってもおかしくはない。そこで思い至るのは、遊牧世界の根幹となった部族ないし部落のことである。部族（部落）は本来、族長のもとで生活（生産）と軍事をともにする共同体であり、独立性をのこしながら王（のちに皇帝）にしたがった。坊（里）のもつ特性や実施の背景を

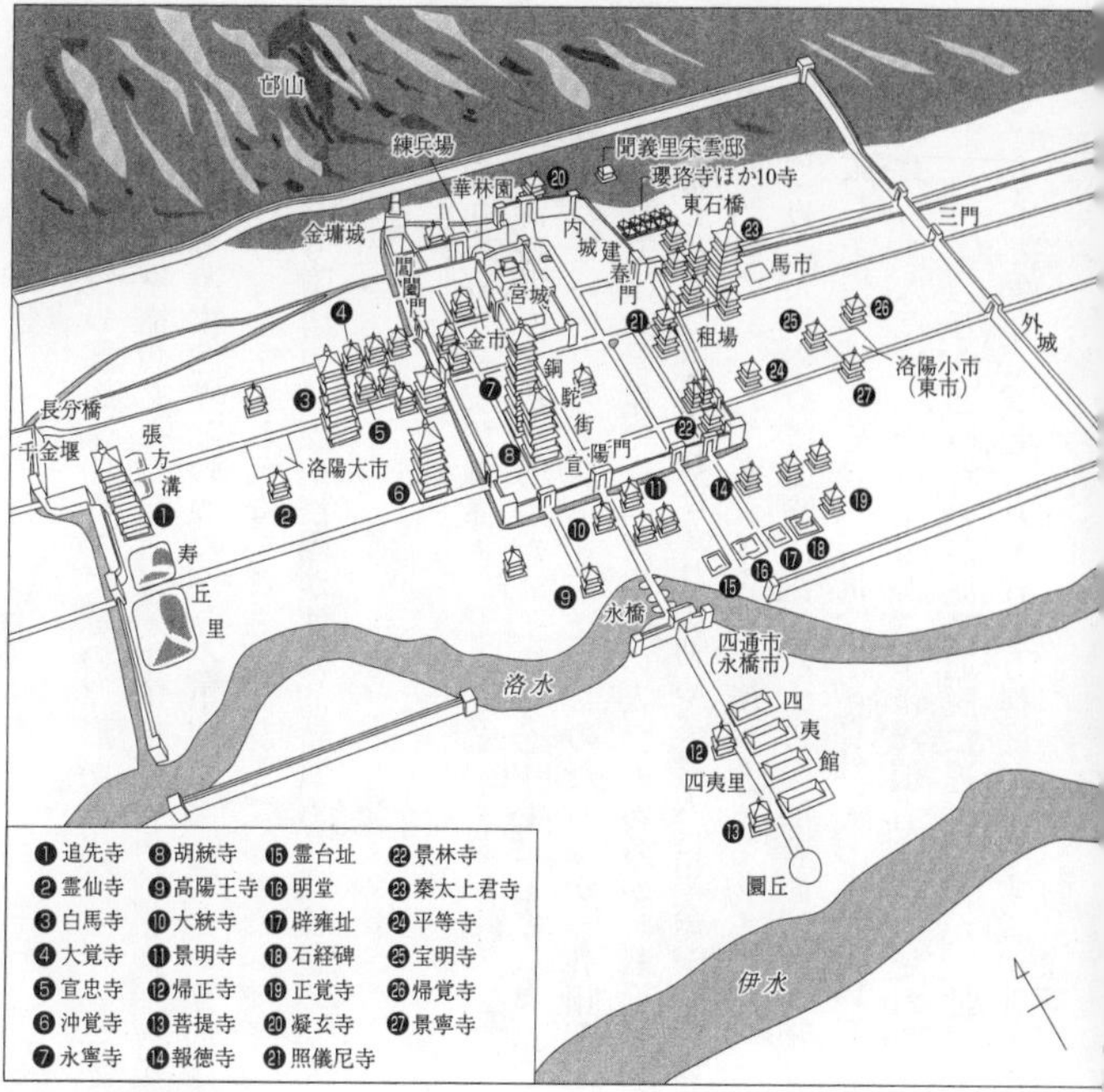
邙山
練兵場
聞義里宋雲邸
瓔珞寺ほか10寺
華林園
東石橋
金墉城
内城
建春門
三門
馬市
閶闔門
宮城
租場
外城
金市
銅駝街
洛陽小市（東市）
長分橋
張方溝
千金堰
洛陽大市
宣陽門
寿丘里
永橋
四通市（永橋市）
洛水
四夷館
四夷里
圜丘
伊水
❶追先寺
❷霊仙寺
❸白馬寺
❹大覚寺
❺宣忠寺
❻沖覚寺
❼永寧寺
❽胡統寺
❾高陽王寺
❿大統寺
⓫景明寺
⓬帰正寺
⓭菩提寺
⓮報徳寺
⓯霊台址
⓰明堂
⓱辟雍址
⓲石経碑
⓳正覚寺
⓴凝玄寺
㉑照儀尼寺
㉒景林寺
㉓秦太上君寺
㉔平等寺
㉕宝明寺
㉖帰覚寺
㉗景寧寺

北魏洛陽城

みていくと、遊牧の部族（部落）にその原形が見出せる。

隋唐の長安城を構想した為政者は、中国伝統の里的組織形態を意識する一方、なおみずからの出身である遊牧世界とのつながりを重視した。坊という形はやはり独特なものであり、中国史の上だけでは生まれえないことを確認しておきたい。そして坊に現れた非中国的要素は、はしなくも隋唐の長安や洛陽が北方的特質も色濃く包み込んでできたことを教えてくれるのである。

人口動向からみた長安の風景

長安の居住の場所は坊であった。その坊を中心にして人々はどのように暮らしたのだろうか。日没後の長い坊内の生活をどう送ったのだろうか。芥川龍之介の小説でも知られる『杜子春伝』の話では（原作では「周隋間の人」とあるが、舞台は唐の長安。芥川は洛陽を舞台にして翻案した）、落ちぶれたかれが初めて老人に出会ったのは、日もとっぷり暮れた長安の東市の西門前であった。かれには行く所も食べる物もない。このような情景から日没後も坊外をうごめく人の姿や、街路にたむろする浮浪者の群れをイメージしてしまうが、はたして本当に厳しく坊門は閉ざされ、日没後の坊外は人っ子一人いない静けさに戻ったのだろうか。

城内に暮らす人々は、上は皇帝から下は浮浪者まで、それこそ全階層がそろっていた。その数およそ一〇〇万人というのが従来通説に近かったが、他に一五〇万説などもあり、近年はさらにもっと少なく、七〇万～五〇万程度とみなす説が強まっている。長安という都市の性格をはかるうえで、人口問題は一つの重要なメルクマールとなるはずであり、少し私見を交えてその問題をみておきたい。

ここでは、唐の盛時であった玄宗の開元・天宝期を基準にする。すでにふれたように長安は行政的に万年・長安の両県からなっており、管轄区域は周辺の城外も含んでいた。両県は城内城外合わせて戸数で七・五万〜八万、一戸五人で計算すると人口四〇万人程度となった。これが戸籍に登録された住民＝編戸(へんこ)である。これまでの研究はここからいかに城内分を析出するかに向かい、城内の住人三十数万人の数を導き出した。編戸全体との差の一〇万近くが城外の農民となるわけである。

ただここで注意しておきたいのは、この農民の存在である。そもそも長安の坊は、規模からいって、一坊で地方の県城クラスかそれに近い大集落に相当する。地方では農民も一緒に住み、昼間は農耕に出て行くが、長安の場合、住民に農民の姿が見えない。城内の南部がじっさいは畑地になっていたとも伝えられるが、坊内に住んで城外の農耕に出ていくことは事実上困難であった。

では城外に暮らすことになるかれらは、都市から除外される存在であったかというとそうではなく、食糧の生産や危険のさいの保護、あるいは日々の行き来や役務などにおいて、城内と分かちがたく結ばれていた。その意味でかれらは長安の住民であった。万年・長安の両県が城の近傍まで含んでいるのもそうした理由からであり、これをあえて城の内と外を峻別させるやり方は、私はとらない。

一方、朝廷関係では、中央官僚が約二六〇〇〇人、下級の官人や職務者（内職掌人）が三万五〇〇〇人とみると、家族をあわせ二〇万人近くとなる。なお官僚はふつう士籍に入り、下級職務者も楽戸なども、ともに編戸の民とは重ならないと考える。他には、皇族（家族をあわせ数千人？）や後宮の女性（四万人）、宦官（三〇〇〇人）や官奴婢（一万人以上？）などもいた。これ以外に仏教道教の僧尼二万〜三万人、科挙受験生とその従者で一万数千人、一万はゆうに越える外国人などが多いところである。これら皇族以下およそ一〇万人も編戸のものではなく、これに官僚関係の二〇万近くを足すと、非編戸者が三〇万ほどになる。

これに加えて問題になるのが、首都防衛の兵士の数である。種類は府兵の南衙系と皇帝禁軍（近衛兵）の北衙系からなるが、両者は唐前半期に南衙が中心を占め、府兵制の衰退にともなって北衙が増え、玄宗期は両者の勢力が逆転、北衙優勢になっていた。

府兵制が機能していた時期、八万〜一〇万の府兵（衛士）が都に交代で詰めたというのが従来一致した解釈であったが、はたしてそれほど多くの人員が必要だったろうか。第一警備の仕事もそれほどあるわけでなく、その間かれらを食わせるだけでも大変である。私は多くても五万〜六万人であったと推定する。しかもその三分の一程度は都下の住人（編戸）から供給された（このことは次章で詳述）。

これにたいし北衙は専門兵であり、軍籍に置かれ、家族は長安市内か郊外に住んだ。玄宗時代の直前までは、北衙兵は二万ほどであり、その後増えて四万程度にはなったかもしれない。かれら全員が家族持ちかはわからないが、そうした家族を含む関係者で一〇万人ほどは見積もれるだろうか。もちろん編戸の民には入らない。

もう一つ、この都市で見落としてはならないのが、浮浪者を含む戸籍漏れの人間たちである。先の杜子春の境遇がこれにあたる。この算出はむずかしいが、一つの解釈として十万余の数が出されている。唐の後半になると、地方から流入する浮浪者でこの部分がさらに増えるものと推測される。

さて以上を集計してみると、編戸の民が四〇万、朝廷とそれに近いところを合わせて三〇万、兵士関係で一〇万～一三万程度、戸籍漏れの者十数万、合計ちょうど一〇〇万という線に落ち着き、長安一〇〇万人と言い習わされた表現が正当であったことが裏づけられた。もちろん当時世界中にこれだけの人口を擁する都市はどこにもない。これ一つをとっても、唐が世界帝国であったことは間違いない。ただ人口構成をみて、いかに非生産的人口の多い、頭でっかちの都市であったかわかるだろう。長安を理解するとき、その点はつねに意識しておきたいところである。

都市名（国名）	人口
長安（中国）	800,000
バグダード（アラビア）（765年時点で480,000人）	700,000
コンスタンティノープル（ビザンティウム）	300,000
京都（日本）	200,000
アレクサンドリア（エジプト）	200,000
コルドバ（スペイン）	160,000
エローラ（インド）	90,000
ローマ（イタリア）	50,000
パリ（フランス）	25,000
ケルン（ドイツ）	15,000

紀元800年世界主要都市人口表
(T. CHANDLER, G. FOX, '*Three Thousand Years of Urban Growth*'より)

商工業の発展と商人・職人たち

国営市場とその管理体制

隋唐時代の商業といえば、まず最初に長安の東西の二市、洛陽の南北二市に西市を加えた三市の名があげられる。規定によると、これらの市は、門は他の坊と同様に早朝から日没まで開けられたが、商売は正午に鼓の合図で始まり、日没より前に終えることになっていた。時間でいえば五時間ほどであろうか。一日中自由に取引できたわけではない。

すこし市の構造を、長安の市で見てみよう。広さは前節でふれた大坊と同じで、一周四キロのほぼ正方形、周りは同じく頑丈な坊壁で囲まれていた。ただ他坊とちがうのは、道路が十字形ではなくて井字形につけられ、門が各面に二つずつ開けられていたことである。これが市井（しせい）という言葉の由来になったともいわれる。

この道路で区切られた中心部に、中央官庁太府寺に属する二つの役所、市署（ししょ）と平準署（へいじゅんしょ）が陣取る。市署は商取引全体を管理し、たいする平準署は市をとおして国家の不用品を放出し、また必要品を買いつけるのが主な業務であった。長安は時間がたつにつれて、街東が高級階層区、街西が庶民階層区と色分けができてくる。それは市にも反映する。平準署はそれに合わせて物を出入りさせた。

唐代の商業活動の上に大きな影を落としたのは、市署であった。市署は長安や洛陽の市に置かれただけでなく、地方の州から県の機関のあるところにまで置かれた。逆にいえば、市署がある場所以外では商取引はできない決まりであった。長安の市でいえば、門の鍵は市署がもち、開閉は厳格であったという。また品質や物価や交易が適正であるかを監視し、使用する秤は公正さを保つために、毎年八月に一斉に検査して検印を受けさせた。

盗賊に遭遇した商人たち（「観世音普門品」敦煌莫高窟第45窟南壁）　当時の商人の身なり、携帯品、馬の背に積んで運ぶ商品などをうかがうことができる

市署による監視と管理は、市で営業する商人や職人にもおよんだ。かれらは市籍に登録されたと考えられる。商工業者は科挙受験資格を奪われていたから、市籍と一般の戸籍（編戸）とは別籍になるかもしれない。かりに一般戸籍とは別籍とすると、前節の人口計算に追加が必要になるだろう。それには資産などが登記され、それを基準に戸税がかけられ、また庸役（力役）を課すためにも使われたという。

市にはこの市籍に載る土地の商人＝坐商（坐賈）の他に、他所から商品を持ち込んでくる多くの客商（行商）がいた。かれらは、本人の名前に同行者名や扱う商品名を記した官庁発給の身分証明書＝過所（公験）を帯びて旅をし、市の坊に着くとまず、坊を囲む土塀の内側に沿って軒を連ねる旅館に行き荷物を下ろす。そこを邸店とよぶ。邸店は旅館とともに倉庫も兼ねた施設で、市署の管轄下にあった。客商は坐商をつうじて商いする一方で、邸店の倉庫の前に品物をならべて売買もした。

商店は肆や舗の語で表されるが、それらは自由に坊内で店を開けたのではなく、扱う商品の種類ごとに一定の区画に集められ、行とよばれる組織に組み込まれた。長安の場合、おそらく盛唐時、東西市にそれぞれ二二〇行（一説に一二〇行）ほどがあったといわれ、各商店は所属する行の標識をかかげ、行の責任者である行頭（行首、行老などともいう）をつうじて市署につながった。行は同業組合という点で、ヨーロッパの中世都市に生まれたギルドに似る。ただしヨーロッパが自治的自立的であったのにたいし、こちらは国家の管理のなかで存在した。

隋唐都市の一面と商工業者

このように見てくると、唐朝は商工業にたいしてかなり管理的、抑圧的であった印象をつよく抱かせる。そのことを象徴的に表現するものが坊制と市制になるが、ここから唐代都市の後進性と商工業の未成熟さが、次にくる宋代と対比して指摘されてきたのであった。しかしながら、そうした一方で、長安を始めとする都市の文化が華やかに花開いたことが知られている。都市文化は都市の閉鎖性や後進性とは無縁のものなのだろうか。文都市の商工業の様子を知るために、同業組合としての行にもう少し目を向けてみたい。

献から確認できる長安の行には、肉行、薬行、絹行、筆行、秤行、鉄行などがみえる。また米肆や麵肆（製粉）、餅肆（餅屋）、金銀肆（金銀細工）、珠玉肆（玉細工）、楽器肆など商店の名前もみえるが、これらの周囲には行があったと推定してよいだろう。こうした数多くの商店と行の背後には、商品生産にかかわる多くの専門職人や労働者たちがいた。かれらの中には、官営の工房で朝廷（皇帝）御用達の品々、醤油や酢などの食料品から金銀その他の調度品、宮廷の儀礼用品や武器武具に及ぶ品々を製造するものがいる一方で、民間の作業場ないしは個人の家で働く数え切れないものたちがいた。

房山石経拓片の寄進題記　房山雲居寺の大般若経の最下段の空白部に、寄進者にかかわる肉行・絹行・綿行などの行名が刻まれ、唐代の商工業の在り方を知る貴重な史料になっている

例えば、唐も後半になった会昌三年（八四三）六月、ちょうど長安に滞在中であった日本僧円仁は、東市西半分の「十二行四千余家」が焼けた大火の記録をのこした。これにしたがえば、一つの行が平均四〇〇戸近くとなるが、同業商店がこれほどあったとは考えにくく、各行関係の職人の家もかなり含まれた可能性をもつ。行は一二だけではないから、民間の職人数の多さ

も推して知るべしである。

そもそも行が多く登場し始めるのは、玄宗朝の頃とみてよいだろう。そのことを裏付けるのが、房山雲居寺に寄進された石経に刻された多様な行の存在である（第八章三二五頁）。それらは当時の地方都市、幽州（現在の北京）に成立した行であり、石経上に初めて名前が出るのは玄宗の天宝初年になってからである。行名には長安で見られた肉行や絹行などの他に、大絹行や綿行、大米行や屠行、生鉄行や幞頭行など、従来知られなかったものが多く見られた。この地方都市にしてこのような活況である。おそらく全土の主たる都市には、時期を同じくしてさらに多くの行が生まれたはずである。

動き出す都市住民

このように澎湃と現れる行の存在から、国家が商業活動を把握し、管理下に置くその一環として行を設けたとは到底思われない。しかも幽州の行でいえば、商売の一方で自前で宗教行為をしたりして、ある種の自立性を確保している。むしろ国家の側は、活発化する商工業の動きを追いかけるのに忙しかったのではないか。そうした見方が成り立つとすると、唐朝の管理的立場やそれを正当とみなす従来の見解にも見直しが必要となる。

その関連で、長安での人々の動きに少し焦点を合わせると、坊制と市制の枠を踏み出した様子もあちこちに見られた。こんな話がある。天宝九載（七五〇）のとき、鄭六なる者が友人の韋と連れ立って新昌坊の飲み屋に出かけたおり、鄭だけが用事で昇平坊に向かい、途中で素晴らしい美女と出会い、一夜を共にした。夜明け前その家を出て坊門まで来たが、門がまだ開いておらず、門の脇で胡人が灯りを点し、餅（胡餅）を売る屋台を出していたので、先の美女の家のことを尋ねると、それは女狐であった……。

これは「任氏伝」という小説上の話であるが、当時の長安の様子の一端がうかがわれるだろう。すなわち、長安東南はずれの新昌坊に飲み屋があり、昇平坊には胡人の餅屋があり、夜中から早暁時も営業していた。飲食店を始めとする店が東西市だけでない場所にも広がり、また坊内であるが夜店があった。

こうしたところから、安史の乱後になると、商店が城内各所に広がることは当然として、坊の土塀を破って外に家を張り出したり（侵街という）、坊門の開け閉めがいい加減になったり、市の営業時間が守られなくなり、夜市や朝市が現れるなどの情景が見えはじめる。後のことだが咸通一四年（八七三）、三〇年に一回の法門寺仏舎利の開帳が行われた。そのおり、長安の各所でそれを祭る張りぼてがつくられ、夜に灯りが入れられて、幾日も人々が夜を徹してたわむれたという。坊制や市制はそこではかなり崩れて

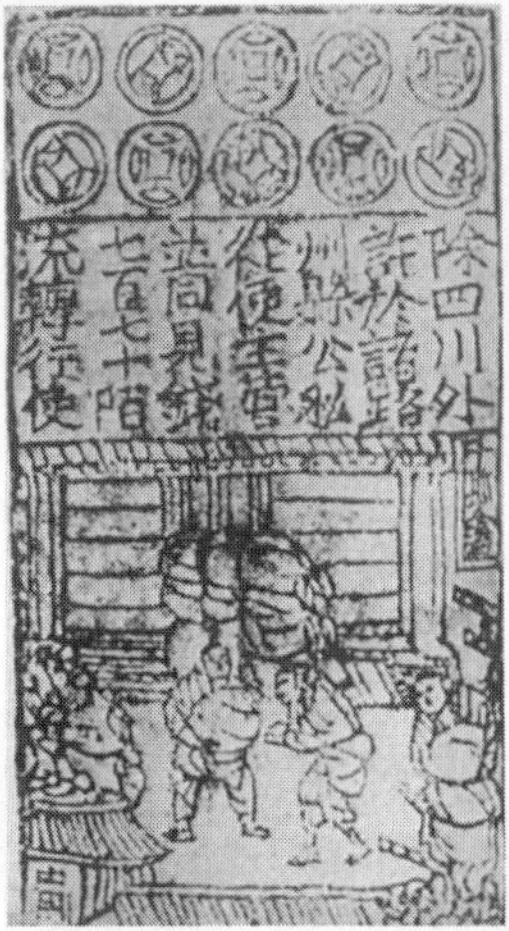

交子　銅銭は持ち運びに不便なうえ危険も多いので飛銭（手形）のシステムが始まり、さらに交子（紙幣）に発展する

いた。

唐代の長安や諸都市の姿は、坊制と市制の縛りを前提にこれまで論じられてきた。だが都市住民が増え、商工業が拡大し、一方で権力が動揺するなかで、三〇〇年間も人々は黙ってそれに従うものだろうか。むしろ坊や市は、国家と住民のせめぎあう狭間で、たえず揺らぎつづけていたと解することで、都市が秘めたエネルギーや可能性が垣間見えてくる。

地方都市の発展と草市の広がり

首都長安とその商工業の発展が、地方諸都市の発展と連動していることは、前項の幽州における行の大量出現という事例からも知られた。これはとりもなおさず、広域にわたって物資が動き、大規模な商取引がなされ、またそれを支える様々な産業が生まれていたことをうかがわせる。そして、商取引をスムーズかつ安全に進める手段として、唐の中頃以降定着したのが、送金の手形（為替）である飛銭（便換、便銭）であった。当時の基本通貨は銅銭であるが、これは持ち運びに不便であるうえ、途中の危険も多い。そのため、現物の代価として飛銭を渡し、別の地でそれを現金に換えるシステムが広がり、さらにこのシステムが宋の交子や元の交鈔で知られる紙幣に発展するのである。

広域商業圏の成立にともなって発達した都市の代表が、揚州（江蘇省）と益州（成都、四川省）であった。そのことから当時、「揚益」とか「揚一益二」などと表現された。両都市は長江の下流と上流、しかし大きく括ると、ともに北中国にたいする南を代表する立場にあ

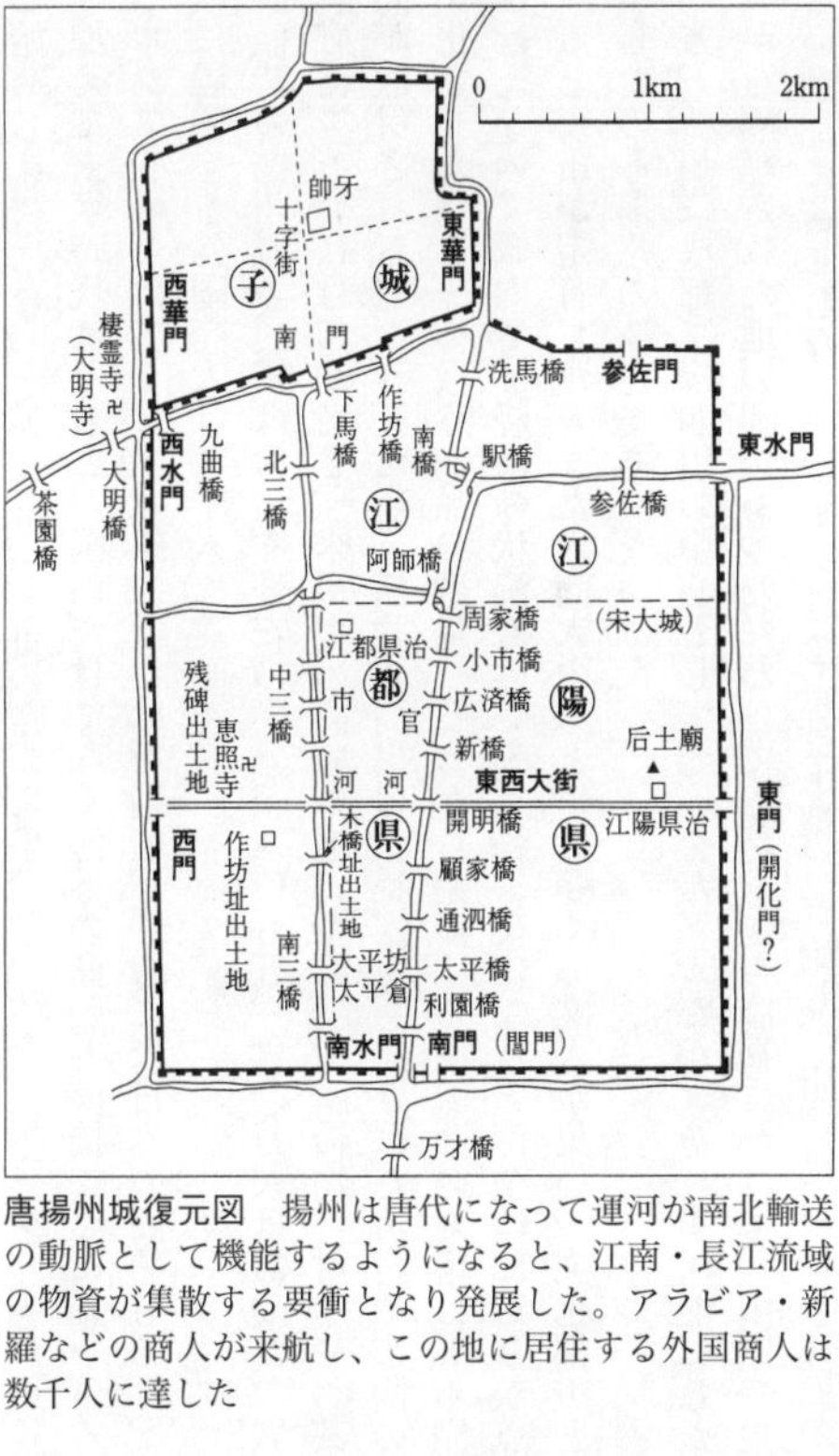

唐揚州城復元図　揚州は唐代になって運河が南北輸送の動脈として機能するようになると、江南・長江流域の物資が集散する要衝となり発展した。アラビア・新羅などの商人が来航し、この地に居住する外国商人は数千人に達した

った。揚州は、開皇九年（五八九）に隋が陳を平定すると、建康（南京）に代わる江南経営の中心に位置づけられ、次いで煬帝が大運河を開いてから、江南・長江流域の物資が必ず経由する要衝となったいわば新興都市であった。その本格的な発展は、運河が南北の動脈として機

能し始める唐代になってからで、七世紀末には大商人が多く集まる商業都市に変貌していた。加えて玄宗時代になると、国内だけでなく海外の商船も直接ここに錨を下ろした。遠くはペルシア船のちにアラビア商船、近くは新羅船、さらには日本の商船もあり、唐末にはこの地に居住する外国商人は数千人に達した。

最盛時の揚州城の規模はおよそ長安の半分、人口も五、六〇万人はあった。城内を走る運河（官河）ぞいには市ができ、米や塩の商いの他、金銀器や絹織物、材木やお茶など様々な商品が取引される。こうした商業活動の高揚は、長安で意識された坊制や市制の制約を有名無実化させた。第一、扱う商品の数量、四方から輻湊（ふくそう）する商船への対応は、市制の枠内だけでは行えない。城内では侵街の状況も広くみられ、夜になると街全体に灯りが点り、唐後半になると夜市が定着した。また大商人のもとには多くの文人が集い、文化都市としての一面を示したのも揚州の特色であった。

一方、益州（成都）は四川の中心として発展をたどったが、それを可能にした一つは他の地域から隔絶された地の利にあった。わけても隋末から唐初にかけて、中原や長江下流域が激しい動乱に苦しむなかで、唯一ここだけ平穏に終始し、唐代における発展の基盤を築いた。その上に四川は温暖な気候で物産に恵まれ、水運も開けていた。

こうした自然条件を生かした代表的産業が養蚕と絹織物であり、その良質な製品は蜀絹（しょくけん）として広く知られた。成都では毎年春になると、蚕市とよばれる養蚕具を売り買いする市が城内各所に立ち、それに合わせて人々が雲集したという。そのことは養蚕・絹織り業の盛んな様を表すと同時に、それに代表される定期市の発達、商業の活況ぶりを窺わせるものである。

成都は揚州よりやや狭い城内であったが、公称「成都一〇万戸」、これを一戸五人で計算すれば五〇万人、ほぼ揚州に匹敵する人口を擁する都会であった。しかしこの一都市だけが繁栄したのではなく、連動して周辺には草市（そうし）が多く生まれていた。草市とは城内の制約から離れた都市近郊で、水陸の交通の要衝に自然発生的にできた市をいい、次第に人々が集住し家屋が作られ、城壁を築き、新しい県城にまで発展するものがあった。

草市が全土に広まり始めるのは、唐代中頃以降であり、その中心は淮水から長江にかけての江淮地方の水運に恵まれた一帯であった。銭納を原則とする両税法の施行や茶や絹などの商品作物の広がりは、農村を否応無しに貨幣経済に巻き込んでいく。その結果、都市と都市の間を埋める場所に市ができ、農民が持ちこむ農産品と都市の製品とが交易される。こうして定着していく草市は、活発化する唐代の経済活動を代弁すると同時に、農村の変貌、都市圏の広まりの先駆けをなすものであった。

隋唐世界を駆け抜けた西域人

長安の異国文化と異国人たち

私は今二〇〇四年夏の猛暑の最中にこの章をまとめているが、猛暑といえば、内陸の盆地にある西安の夏はとても暑い。往時の長安人も、さぞや難儀をしたことだろう。そこでま

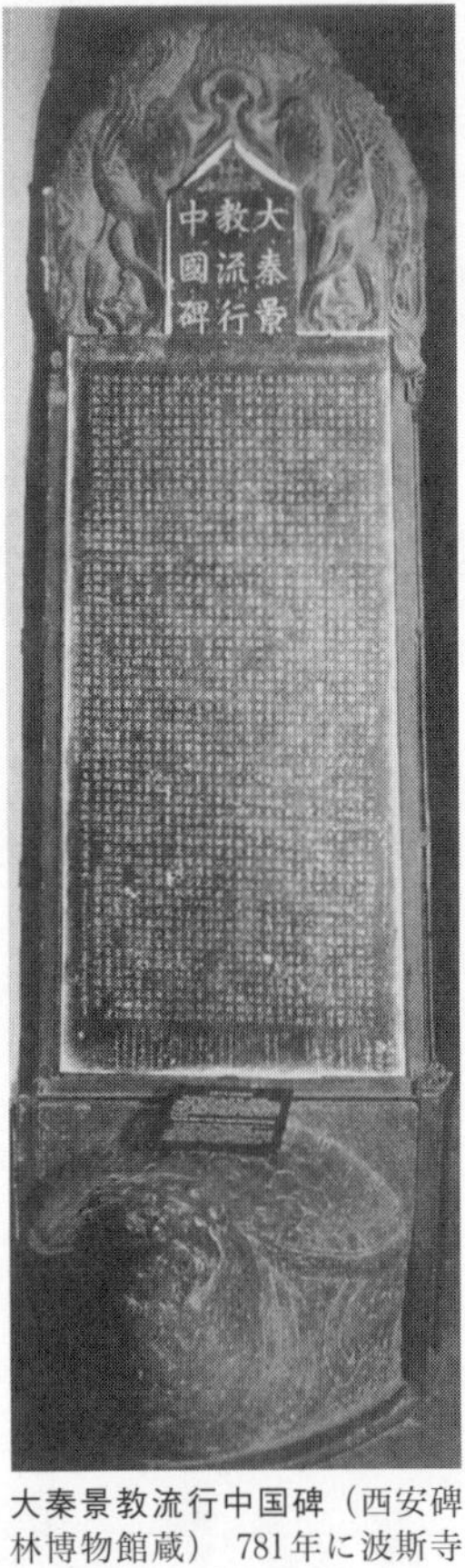

大秦景教流行中国碑（西安碑林博物館蔵） 781年に波斯寺（大秦寺）に建立。下段にシリア文字がある。景教伝来の経緯が記される

ず、関連する一つのエピソードを挙げてみたい。

酷暑のある日、涼殿で涼を取っていた玄宗のもとに、ご意見番の陳知節がやってきた。人主たるものが一人涼殿に納まるのは何事か、と諫めるためである。建物は四方の庇から水が流れ落ち、簾のように外気を遮断し、室内に冷気を満たす。陳はひんやりした石の椅子を与えられ、そのうえかき氷を賜った。とたんに背中がゾクゾク、お腹はゴロゴロ、やっと許されて門を出たところで、堪えきれず粗相をしてしまった。玄宗はといえば、そうしたなか水で回る扇風機の強い風にあたり、なお噴き出る汗を拭うのに忙しかった。

冒頭にこの話を出した本意は、長安の暑さや玄宗の暑がりはさておき、玄宗の時代に、屋根（あるいは天井）から水が流れ出る噴水機能を備え、扇風機が回る冷房の利いた特別の建物があったという、興味深い事実を紹介したいためである。当時大官たちの邸にも、自雨亭

子とよばれる同様の建物がつくられた。向達氏はこれを、払菻国＝東ローマの技術にもとづくものとみた。このことに代表されるように、長安には西方の技術や文化が流入し、定着していた。

唐代長安には、ゾロアスター教（祆教。五世紀に中国伝来。唐初長安に）、キリスト教異端のネストリウス派（景教。六三五年伝来）、マニ教（摩尼教。六九四年伝来）の三教が西から伝えられ、波斯胡寺、胡祆祠、大秦寺などの寺院が、胡人の活動する西市近くに建てられたことはよく知られている。これを三夷教とよぶ。なお右の払菻国東ローマは、玄宗の時に高僧を使者として派遣したというから、正統キリスト教もこの地に足を踏み入れたことになる。イスラム教（回教）も八世紀以降、海路訪れた大食商人をつうじて、何らかの形で長

突厥とソグドの首領会盟図（北周安伽墓石屏　西安出土）上段は両首領の馬上での挨拶、下段はソグド集落のゾロアスター教寺院での会盟の様子。左側の長髪の人物が突厥で、右側の帽子の人物がソグド。この後の隋唐王朝における両者の姿を象徴している

安に持ち込まれた可能性がある。もちろん仏教と道教はある。さらに仏教では、当時インドに成立したばかりの密教が陸路と海路でもたらされた。わが空海が訪れた長安の青龍寺（せいりゅうじ）はその代表寺院であった。八四〇年代に武宗に弾圧されるまで、長安は多様な宗教が混在し、それらに心の拠りどころを求めて生きる多様な人種が暮らす都市であった。

古来、西域系を含む異国人が都に多く住みついたのは、北魏の都洛陽とここ唐の長安であった。前者には一万戸を越える外国人が住んだという。おそらく大半は西域系ではなかったか。一方唐では、唐初の貞観四年（六三〇）に長年対立していた東突厥を平定すると、降伏した突厥人のうち一万戸近くを長安に住まわせた。まだ国内が完全に落ち着いていない危険性も残されていたはずなのに、太宗はそれを認め、一〇年後の貞観一四年には、朝鮮・高昌・吐蕃の国々の留学生を、一〇〇〇、二〇〇〇という数で受け入れている。

また、のちの八世紀後半の徳宗期、外務省に相当する鴻臚（こうろ）寺に登録され、生活を保証された胡人だけで、およそ四〇〇〇人にのぼった。かれらは出身国の使者や人質など公的身分で訪れ、そのまま残留したものたちであった。したがって当然、これに属さない西域系商人や宗教者などが何倍もいたとみてよいだろう。この他、安史の乱の平定に協力したことをきっかけに、長安の町で暮らし始めたウイグル（回紇）人は、常時一〇〇〇名は下らなかった。このように唐の長安は、その始まりから、多くの異国人とかれらのもたらす文化を抱え込んだ国際色豊かな都市であった。

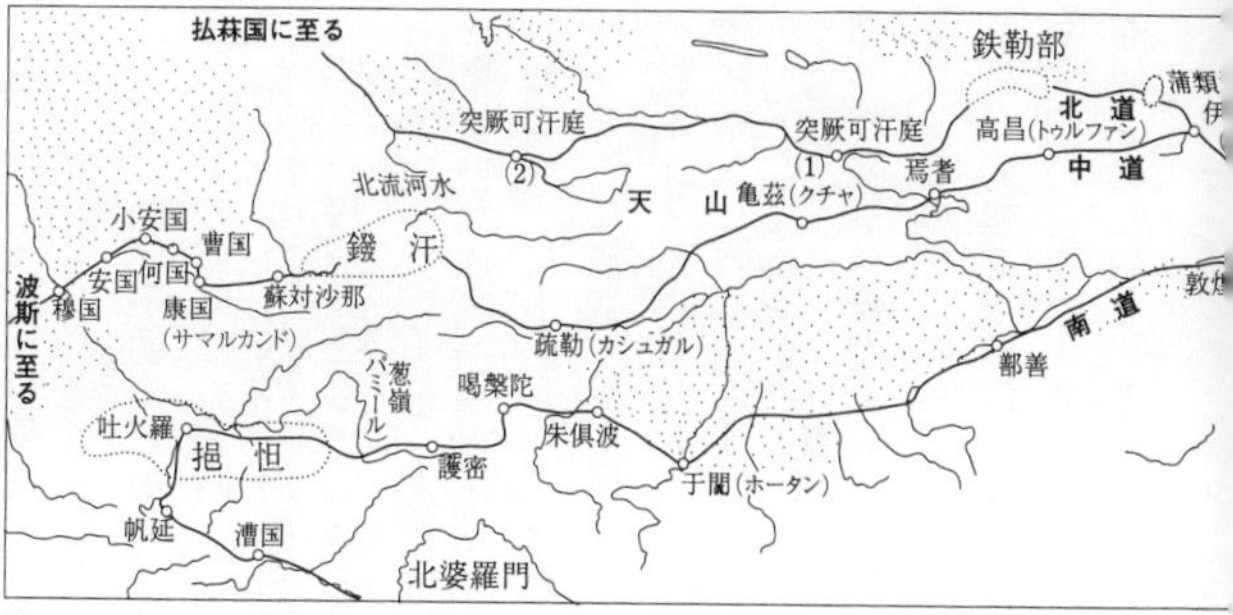

西域三道地図（『西域図記』より復元）

隋唐王朝と西域政策

それにしても、何故こうも多くの異国人が共存することができたのか。考えられる第一は、隋も唐も王室は鮮卑系かそれに近い混血系で、純粋な漢人国家でなかったことである。それゆえ当事者たちは、伝統に裏打ちされた漢文化や儒教精神に固執する立場にはなく、異なる民族や文化には比較的寛容になる。異国人たちはまた対漢人では、隋唐王室と共通の立場であり、排除される理由はなかった。北魏の国際性も同様の事情によるだろう。

ただし隋の場合、前半期は国家の体制造りや突厥との対立のために、本格的な対外開放の動きは煬帝の治世になってからであった。その当時西域系の商人たちは、まだ隋国内の混乱を恐れて張掖（甘粛省）で交易していた。そこで裴矩はかれらから聞き取りを行い、西域諸国の国情や道路状況を整理し、地図もつけた『西域図記』三巻として煬帝に報告した。これが機縁となって西域商人は本格的に洛陽に迎え入れられ、往来が活発化する。

唐では、太宗が懸案であった対突厥問題に決着をつけて以降、対外開放路線が定着する。かれは中国国内の皇帝であることとともに、西域系諸国がたてまつった天可汗（てんかかん）の称号に喜んだ。唐は歴代王朝のなかで、長城による防衛にほとんど関心をもたなかった稀有な王朝であるが、その方向は太宗時に確定した。太宗をしてこう動かしめたのは、唐朝がもつことになった突出した力への自信ではなかったか。その上でかれは、西域諸国からさらに西の国々や文明と直接関係をもつことにこだわった。

そのことを具体的に示したのが、貞観一四年（六四〇）八月に長駆軍を派遣し、新疆吐魯番（トゥルファン）の麴（きく）氏高昌国を平定したことである。唐は高昌とは本来そう深刻な対立があったわけではない。にもかかわらず武力で平定すると、間接統治を求める臣下の意見を押しきり、西州をそこに置き、中央の直属とした。唐の周辺民族政策の基本は、一定の自治を認め間接的に統治する羈縻（きび）政策にあったが、ことシルクロード経営では、いかなる犠牲を払っても直接の管轄下に置くというわけである。

この裏には、残存していた天山北側の西突厥系や、青海・チベットから勢力を広げる吐谷渾（とよくこん）や吐蕃（とばん）への牽制という意味が考えられる。が同時に注意しておくべきは、パミール高原の先にある西アジアのペルシアと大食（アラビア）の抗争、インドの動静などをじかに把握し、的確に対処しなければならないとする厳しい国際認識である。シルクロードはたんなる物資や文明の行き来する道だけではなく、重要な国際情報の伝達路であった。長安が西域胡人に開放されたのも、そうした西側世界の動向と連関づけて見直すことができるかもしれない。

ソグド人の活躍

このように唐朝は、異国人に門戸を広げ、西域経営にも積極的に乗り出した結果、多くの西方からの人々が唐の領内に移り住んだ。タクラマカン砂漠（ターリム盆地）の南を走る南道や北側の中道（天山南路）ぞいの諸都市には、古来イラン系民族が居住していたが、南北朝の後期ころから、そこを通って東に向かうものたちが現れた。人種としては同じイラン系に属するソグド（粟特）人たちである。七世紀の半ば以後になると、さらにイスラム国家の出現によって国を追われたペルシア系の人間が、東へと移って行った。

ソグド人の出身地はパミール高原の西側、今日のウズベキスタンのサマルカンド一帯のソグディアナ地方である。そこの住民は「深目高鼻で、鬚髯（ひげ）多く、商賈（あきない）に善し」といわれ、一説に、かつて中国甘粛省の祁連山北部から敦煌の附近にいて、匈奴に追われた月氏の後裔であったという。ソグディアナのオアシス都市の王族は、もと昭武（Chub）という同姓で、その分枝あわせて昭武九姓ともよばれた。サマルカンドの康国（康居）、タシケントの石国、ブハラの安国、その他米国、史国、曹国、何国などである。

生まれついての商業民であるかれらは、利のあるところどこでも赴き、交易に従事する一方で、行き着いた先で役人となり、傭兵や武将となり、はては農民になって生きるものもいた。かれらは文書を扱う経理能力があり、利権や利益を守るための武力やその才覚を備え、また息の長い商取引のために土地に根を下ろす道も知っていたからである。かれらは東突厥では役人として政治を動かす立場に立ったが、中国方面にあっては商人としての活動の他、集落（コロニー）をつくって定住した姿が広く知られている。たとえば、七世紀前半、康国出身の康艶典なるものが旧楼蘭の領域のロブ・ノール西南に、ソグド人を率いて移り住み、のちにここが石城鎮とよばれた。敦煌の一角にも従化郷と名付けられたソグド人集落があった。ここではかれらは興胡とよばれ、農業と商業を両立させていた。

さらに中国よりの原州（寧夏回族自治区）の地に、北朝末期の西魏＝北周以来、ソグド系史氏一族が在地の有力者として根を張っていたことが近年明らかになった。かれらが力を蓄えた裏には、当地のソグド人の結束、それをバックにして国家と軍事面でつながったことが指摘できる。史氏は北周—隋—唐にかけて府兵制の武官に関係し、唐朝の成立時にはいち早く自前の武力で参加し、玄武門の変では太宗側に協力して、その後の足場を固めた。

こうした事例をつうじてわかってきたことは、唐朝治下、ソグド人はこれまで考えられていたより数も多く、広範に存在し、商行為だけではなく、軍人や在地勢力として国家や社会とふかいかかわりをもっていたことである。コロニーにはマニ教やゾロアスター教の胡祠（寺院）が置かれて、これら夷教がかれらを通じてかなり中国国内に広がっていた。

ソグド人に代表される西域系胡人が、中国にない生活習慣や文化様式をもちこみ、人々の日常を豊かにしたことは従来周知のところである。食物における粉食やブドウ酒、服装での胡服や胡帽、西域系の音楽や楽器や画法、娯楽における胡旋舞やポロの遊技などと枚挙にいとまがない。かれらは本人ないし父祖の出身地（国）の名を姓としており、そこからかれらの出身を知ることができる。前述の史氏が史国系、あるいは安禄山は旧姓康氏で康国系、などの形である。

ソグド人を東に駆り立てたのは、何よりも中国のもつ富、その高い文化であった。しかも唐には、かれらを柔軟に受け入れる度量の広さがあった。商人から軍人まで、芸術・文化人から農民まで、多彩な人材が活動した意味を、ソグド人の側からだけでなく、受け入れた唐という王朝の側からも考えておく必要があるだろう。

海のシルクロードの人々

唐招提寺の開祖となる唐僧鑑真は、日本に戒律を伝えるために六次にわたって困難な渡航を試みたが、その二度目の天宝七載（七四八）のとき揚州を出て南に流され、たどり着いた広州（広東）で、つぎのような光景を目の当たりにした。「波羅門（インド）・波斯（ペルシア）・崑崙（南海諸国）などから来た船が、香薬や珍宝を山と積んでところ狭しと停泊し、その他師子国（スリランカ）や大石国・骨唐国・白蛮・赤蛮（東南アジア諸国か）などから往来するものも多数あった」と。

それから一世紀と三〇年を経た唐末の乾符六年（八七九）、広州を包囲した黄巣は、城を陥落させた後、長く抵抗をつづけた住民を大量殺害するが（二四三頁）、そのなかには商業を営むイスラム教徒、ユダヤ教徒、キリスト教徒、ゾロアスター教徒ら一二万が含まれていた。これは同時期を生きたアラビア人アブー・ザイドなる者が、『シナ・インド物語』にのこした信憑性の高い記録である。イスラム教徒がアラビア系、ゾロアスター教徒がイラン・中央アジア系などと考えれば、かれらは西方から海路訪れたいわゆる胡人となる。

この一二万の数を信用するとしよう。とすれば、殺害を免れたものたちも相当いたはずで、唐末の広州は、一二万をはるかに越える胡人が暮らす、異国情緒に満ちた国際港湾都市としてのイメージをかきたてる。かれらは漢人とは別の蛮坊（ばんぼう）に暮らし、その責任者をつうじて唐側の管理を受ける一方、固有の信仰や風俗習慣をつづけることが許された。このように広州社会にしっかりと根を張っていたゆえに、黄巣軍から広州を守る先頭に立ち、大量殺害の憂き目に遭遇することになった。

それにしても、これほどの数の西方系の胡人が中国の地にまとまって居住した例は過去に知らない。唐の長安に来住した西域系胡人もこれに遠く及ばない。当時の中国船はまだマレー半島を越えてインド洋に乗り出すのは少なく、西アジア方面との交易はアラビア人らの手に委ねられた。ここにも唐のもつ富力の高さと包摂力の大きさが現れていた。かれらは、商船で犀象（さいぞう）の牙や玳瑁（たいまい）、沈香（じんこう）・龍脳（りゅうのう）などの香料や珠宝類を持ちこみ、絹製品をはじめ陶器や茶などを満載して戻っていった。その点から、海上ルートを海のシルクロードとよぶのは誤りではない。

こうして広州に集まる異国人から税を徴収する税関として、唐は玄宗の開元初年（七一三—七一四年）に市舶司（しはくし）を設置し、責任者を市舶使とした。この頃から活発化の兆しをみせ始めていた南海交易に対応した処置である。胡人たちは船で港に着くと、市舶司によって積み荷の検査を受け、そのなかからまず国家が必要品を買い上げ、残りが一般に売り出される。関税の徴収や最初の独占的な買い上げは大きな利潤をもたらすため、宦官が市舶使のポストに好んでつき、また商賈を管轄する広州の長官（唐の前半は都督、後半は嶺南節度使）たちもそれに群がった。南海交易はそうした横槍のなかで消長をたどり、最後に行き着いたピークが黄巣に潰され、唐代における節目をつけた。

アラビア人俑（右、陝西省醴泉県張士貴墓出土）深目高鼻で髭をたくわえ胡服を着た、典型的なアラビア人の姿をしている。玄宗のころから長安・揚州・広州などには、万を数えるアラビア人がいたといわれる
黒人俑（左、陝西省西安南郊嘉里村裴氏小娘子墓出土、陝西歴史博物館蔵）　エジプトのカイロ付近の遺跡から中国の唐代以降の陶磁器の破片などが出土することがあるが、唐代中国へも西方から象牙・香辛料などが輸入されており、アフリカなどとも交渉があっただろう。中国各地の遺跡から、写真のように皮膚が黒く、頭髪が縮れ、厚い唇をした黒人の俑が出土する

八世紀中頃から本格化する広州の繁栄は、端的にいって陸路のキャラバン交易に代わる海路による大量輸送時代の到来を告げるものであった。陸のシルクロードから海のシルクロードの時代への転換である。中国世界の対極に位置する長安と広州の関係でいえば、陸のシルクロードに結びついた内陸都市長安の失墜と南海に開かれた東南部の隆盛、歴史の天秤が西北部から大きく東方・東南部に傾いたことを意味する。長安に基盤を置く唐朝の歴史的使命の終わりは、こうした面からも決定づけられていた。

第七章　隋唐国家の軍事と兵制

府兵制とその展開——府兵兵士の世界

中国史に占める軍事兵制の意味

中国の歴代王朝には、膨大な軍事力を背景に、民衆を一方的、強圧的に収奪・抑圧しつづけた、というイメージが植え付けられている。ここから、中国史は皇帝専制支配のもとで長い停滞社会がつづいたという認識も導き出され、今日もなおその見方が生きているように思われる。だが考えてみたらいい。民衆を一方的に抑圧の対象、搾取の対象にする権力などは、短期的にはありえても、長い命脈を保つことは到底不可能であろう。

権力に問われるのは、いかにして民衆の日常の営為を可能にし、再生産を保証するかであり、これができなくなったとき、ふだん物言わぬかれらが動き出す。いったん火がついたその反乱の凄まじさは、権柄（けんぺい）をにぎるものたちだれもが知っていた。皇帝権力があの広大な地域や社会をまとめ上げることで、やっと存在の正当性を見出し、一方民衆たちも唯々諾々と皇帝支配に服していたのではなかったとすると、そこにみえるのは決して停滞社会の様相ではない。

話を隋唐にもどすと、この時期の前半、府兵制という形で膨大な兵力が組織された。これはいうまでもなく王朝を支える暴力装置であったわけだが、じつはその半面で、権力（王朝）と民衆世界とを結びつける逆の機能も負っていた。兵士は民衆から供給される。かれらは兵士になることで、国家権力の手足として抑圧の側にまわる一方で、自分たちが所属する社会を国家に近づける役割をはたしている。権力の側もそのことを当然視野にいれながら、制度の運用にあたった様子がみうけられる。

中国の歴史社会にあって、軍事と兵制とそれを支える兵士の意味するところは大きい。にもかかわらず、この問題に正面から踏みこんだ研究の蓄積は必ずしも多くない。良い鉄は釘にされず、立派な人間は兵にならないとしばしばいわれてきた。そうした思想に縛られてか、兵制や兵士の世界を対等の目線で柔軟に論じられなかったことが、一つの理由になるかもしれない。

であるとすれば、隋唐時代の兵制と兵士を新たな形で取り出せないか、かねてから私はそのような関心を抱いている。上からの統治の手段、制度上の問題というだけでなく、下の民衆の側から、あるいは内側を支える兵士の側から捉え返したものとして、である。以下本章で取り上げる隋唐期の兵制と兵士の背後には、こうした関心がはたらいていることをご承知おき願いたい。

府兵制とは何か——新たな理解の手掛かりを求めて

隋唐時代における軍事力を概略すれば、前半期では府兵制による兵力、後半期になると神策軍を中心とする北衙中央軍と藩鎮地方軍となる。そこで本節ではまず、前半の府兵制を取り上げることにする。

府兵制はほぼ次のように理解される。すなわち、六世紀半ばの北朝後期の西魏に始まり、隋唐時代に完成した兵制であり、均田制によって農地を支給された農民（均田農民）から、その見返りとして徴兵する制度である。農民は国家の直接支配下に置かれ、移動が認められず、租庸調（それに雑徭）を国に納めるか、代わりに府兵制による兵役を負担しなければならなかった。このように均田制・租庸調制・府兵制の三本柱は密接に関連しており、一つがくずれれば全部がくずれる運命にあった、と。

だがこの理解が成り立つためには、乗り越えなければならない幾つかのハードルがあった。その一つ、府兵は租庸調に代わる負担の一種であるとすると、府兵からなる正規軍＝国軍とはいったいどのような性格の軍隊なのか。兵士としての専門性や積極性、国軍がもつべき継続性や有効性は、どう保証されるだろうか。

法令によると、いったん二〇歳ころに府兵の身分についたものは、六〇歳の老の区分に入るまで府兵身分を外れない仕組みであった。兵力という面からいえば、二〇代、三〇代の青壮年期には府兵勤務、体力が衰えるその後は農民に戻る、というのが合理的であるはずだが、じっさいは府兵と農民の間に、自由な行き来は認められていなかった。

もう一つ例を挙げてみよう。府兵制という制度の最大の特色は、全土に府＝軍府という単位（軍団）が置かれ、それを中心に兵士が結集される組織形態にあった。このような兵力結集の方法は、分裂時代を迎えた三国魏に、地方の軍事的固めとして置かれた都督府に始まる。これを嚆矢として、兵力をもつ軍府が国内各地に配置されるようになったところに、華北に進出した北族の軍団が加わり、両者が融合しあって隋唐の府兵制を生み出すことになる。ここからわかるように、兵士（府兵）とは本来一般農民とはちがう立場にあり、また府兵制は、農民が直接かかわる租庸調制や均田制とは異なる成立の背景をもっていた。一見密接につながっているかにみえる三本柱の関係は、じつは事情も論理もかなりちがいがあった。

にもかかわらず、従来の解釈では、府兵の仕事は農民にかけられた役務の一種、府兵とは農民兵と同質のもの、という見方が大勢を占めてきた。農民兵であれば従順で安上がりというわけだが、しかしそれだけで正規兵はつとまるだろうか。

むしろ注目すべきは、府兵は農民的な顔をもちつつも、権力の末端に連なる位置にあったこと、したがって府兵制は、国家にとって軍事の柱であると同時に、国家と民衆世界とを結ぶ重要なパイプであったことである。府兵制のもつそうした多様な役割を知るためには、今までの府兵イコール農民という兵民一致のドグマから離れ、もっと柔軟に制度や実態を見直すことが求められている。

隋唐府兵制の成立とその展開

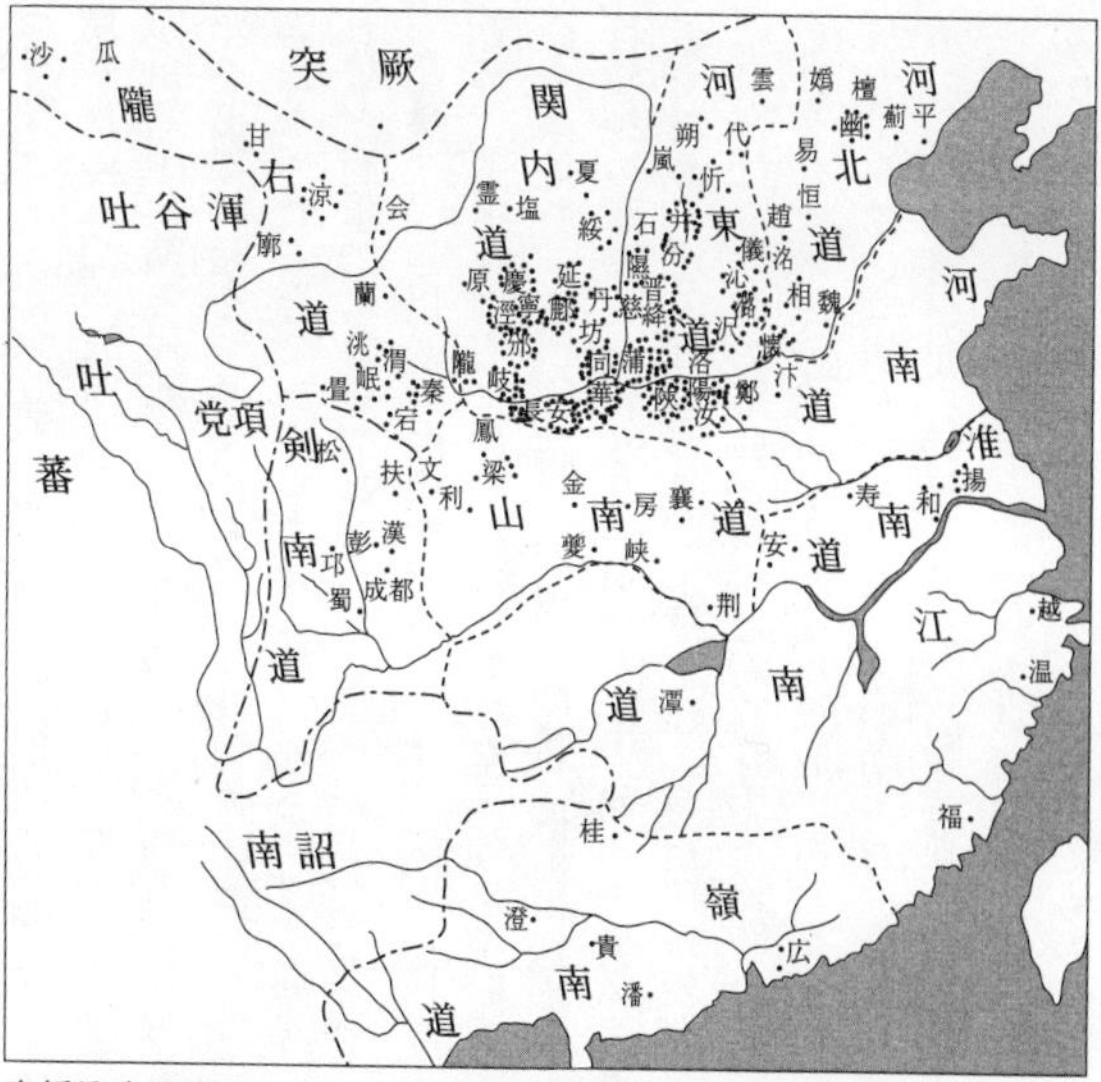

唐折衝府分布図　唐太宗は軍事面における隋煬帝の挫折に学び、折衝府を長安や洛陽一帯に集中させる新しい軍制を確立した

前項でふれたように、府兵制の特徴は、中心に府（軍府）を置いて兵士（府兵）を所属させ、そこから戦闘や治安に動員するところにある。狭義の意味での府兵制は、六世紀半ばの西魏から八世紀半ばまで、約二世紀の歴史として理解されるが、実際は三国時代からの前史があり、突然出現したものではなかった。つまり、分裂した時代状況や北族の参入などの要因が混在し、国家の正規軍まで高められたところの時代の所産、それが府兵制であった。

さて、二世紀におよぶ府兵制の歴史は、隋の開皇一〇年

（五九〇）を境に、前期府兵制から後期府兵制へと踏み出すことになる。そのことはすでに第一章の二節（三八頁）で言及したが、端的にいうと、それまで、兵士（府兵）の家と農民が戸籍を兵籍と民籍とに別にする、いわゆる兵民分離の状態にあったのにたいし、開皇一〇年を機に兵籍をやめて民籍に一本化したこと、つまり兵士も農民も同じ戸籍上で扱われる状態になったことである。ただしこれをもって、兵士と農民が同一化するかというと、事はそれほど簡単ではなかった。

開皇一〇年以後の歴史をみると、まず煬帝の段階が注目される。煬帝は府兵制の拡充につとめ、関中を中心に配された軍府を全国的に増設するとともに、軍府名を鷹揚府とし、その命令系統を、「鷹揚郎将―鷹揚副郎将（鷹撃郎将）―校尉……府兵」の形に改めた。郎将とは将校の意で、皇帝からの命令を一方的に下に伝える立場である。ここに将軍が軍府の責任者であった段階は終わり、上意下達の新指揮系統ができあがった。

煬帝はこうして築いた膨大な府兵兵力をバックに、大業八年（六一二）高句麗を平定すべく遼水を越えたが、結果は無残な大敗であった。要因は色々あるが、その大きな一つに府兵兵力が有効に機能しなかったことがあった。上から強制的に徴発された府兵の戦意ははじめから低く、国を守る気概に燃える高句麗兵の敵ではなかった。

煬帝が育成をはかった府兵兵力はここに崩れ去る。煬帝はそこで新たに驍果という部隊を募り、兵力の中核に据えた。驍果となったものには、それまで体制の網の目から漏れていた在地の有力層や都市のアウトローがいた。かれらは驍果となって上昇のチャンスを得る一方、その一家には租税の免除と戦功への恩賞という特典が用意された。

唐の太宗は、府兵制を再建するにあたって、この隋の挫折の経緯を十分参考にした。まず軍府の所在については、長安一帯に四割以上を集め、残る大半を洛陽・太原の周辺に配した。これは煬帝の兵力拡散政策にたいする反省にたった、隋文帝の関中本位政策への復帰である。他方、軍府は折衝府と改称したが、それは基本的に、煬帝が整備した鷹揚府制を、驍果制の利点も取り込みつつ継承したものであった。こうして貞観一〇年（六三六）、唐の軍事面での体制が確立した。

軍府と府兵

唐の府兵制の柱となる軍府（折衝府）は、定員に応じ上中下府の三ランクに分かれ、定員が当初は一〇〇〇人・八〇〇人・六〇〇人であり、途中から各二〇〇人ずつ増員された。軍府の数は総計で六〇〇所以上あり、そこから唐の常備軍は、初め四八万人、後に六〇万人程度と推定されている。

軍府の組織は、折衝都尉（隋の鷹揚郎将に相当）を責任者に、次のような形をとった。

折衝都尉―果毅都尉―（別将・長史）―校尉（団）―旅帥―隊正・副隊正（隊）―火長（火）―衛士（府兵）

折衝都尉（上府で正四品上）から隊正・副隊正までは官品をもち、中央の任命を建て前とする。軍府の役割はまず、周辺の住民（農民）から府兵になるものを選抜し、名簿に登録、戦技訓練を施すことにあった。そのうえで、かれらを都の警備や辺境の防衛にあたらせる他、戦時における出陣、地方の治安維持にも関係した。

すでにふれたように、いったん兵士として登録されたものは、六〇歳までその立場に縛られる。とすると、かれらを登録した名簿は、兵籍としての一面ももったと想定できる。開皇一〇年から兵と民を一体にした戸籍体制のなかでの、「兵籍」である。

府兵とは通称であり、正式には「衛士」ないし「侍官」と呼ばれた。中央には一六の衛（禁衛）があり、そのうちの一二衛が直属の軍府をもっていた。これを軍府の側からいうと、各軍府は中央一二衛のいずれかに属し、都との距離に応じ、例えば五〇〇里までであれば兵員を五番（五班）に分け、各番一ヵ月（三〇日）ごとに交代して都の勤務につく仕組みであった。これを番上（上番）という。衛士とは中央の衛に所属する武士のこと、侍官とは〝天子を侍衛する武官〟に由来する。日本の「侍」の語源はここにあるのではないか。衛士も侍官も皇帝・中央に直結した栄えある称号であり、明らかにそこに農民と一線が画されていた。

軍府は中央の衛に直属するから、どんな遠方からでも番上するのが建て前であった。規定では二〇〇〇里（約一一〇〇キロ）を越える遠方でも、一二番で各番一月の勤務（『新唐書』兵志）とか、九番で各二月勤務（『唐六典』）とかになっていた。だがこれでは往復するだけでも膨大な日時を要して、負担も過重となる。それに国境近くの軍府であれば、わざわざ都に出るより境界を守ることの方が大切である。じっさい遠い辺境の西州（吐魯番）に置

開皇十二（十四）衛府	大業十六衛府	唐十六衛
左右衛（領軍府）	左右翊衛（驍騎）	左右衛（驍騎）
左右武衛（領軍府）	左右武衛（熊渠）	左右武衛（熊渠）
左右武候府（領軍府）	左右候衛（佽飛）	左右金吾衛（佽飛）
左右領左右府	左右備身府（のち驍果）	左右千牛衛
左右監門府	左右監門府	左右監門衛
左右領軍府（領軍府）	左右屯衛（羽林）	左右威衛（羽林）
	左右禦衛（射声）	左右領軍衛（射声）
左右備身府(領軍府)開皇18年追加	左右驍衛（豹騎）	左右驍衛（豹騎）

隋唐衛府表　衛府の（　）内は各所属府兵（衛士）の名称

かれた四つの軍府では、兵士は衛士と名乗りながら、その域内の鎮戍（出先の軍事基地）、烽堠（物見台・のろし台）の防衛に専念し、都へ番上はしていない（二六一頁図参照）。

そうした状況を考慮すると、実際の運用面では、地方の要衝に置かれた都督府や国境附近の軍事拠点に、近接の軍府から番上する方法もとられていたと推定される。とするならば、都からは遠方でも、実際の番上範囲はそう遠方にならず、平均すればほぼ五〇〇里（約二八〇キロ）以内で、一番一月勤務の五番（五班）制が基準となるだろう。

しかし、かれらを衛士（侍官）と呼ぶことは変わらない。栄誉ある中央の正規兵を名乗ることで、かれらの地方社会における優位さを保証し、同時に中央への帰属意識を高めるねらいがそこにあった。一見分散的に流れそうな軍府が、じつは求心的に作用していた裏には、そのような政策的配慮が見てとれる。

府兵兵士＝衛士の生態

もうすこし、府兵兵士の位置づけについて見ておこう。

従来の解釈では、府兵の負担とは本来一般農民より重いという前提から、負担に耐えられる高戸多丁戸（戸等が高く成年男子の多い家）から兵士を出させた、また一方で納資という金銭で兵役を免れる道が用意されていた、と説明されてきた。しかし納資制は府兵の場合、制度の規定にも、実際の史料からも確認できない。

兵士への重い負担を示す事例として、よく指摘される事柄に、食糧や武器などの自弁、農閑期の一二月における軍事演習（季冬習戦）があげられる。だがその食糧にしても、本人が軍府で費消するものであり、番上や防人などのさいには別途に支給される。季冬習戦にしてもいわれるほど大きな負担にはみえない。

また個人が用意すべき武器類はというと、「弓一張、矢三〇本、胡籙（矢筒）・横刀・礪石（といし）・大觿（大型ナイフ）・氈帽（毛織帽）・氈装（毛織軍服）・行縢（脚絆あるいは軍靴）各一点」などがあった。これらは通常の武具装備類であるが、一般民では所持が許されないものである。そのことを考えると、それは確かに負担ではあるが、半面一般民にたいする優位さの象徴ともなる。日本の武士や西洋の騎士が所持する武具は、ふつう自前で用意したものではなかったか。

兵士は命をかける職務であるが、手柄を立てたり働きがよければ、勲官という肩書や褒美がもらえた。兵士にとって勲官は、地域社会における特別の扱いや栄誉につながるものであった。これとは別に、軍府の軍官（将校）に昇進して国家権力の一角に連なるチャンスがあったことも重要である。

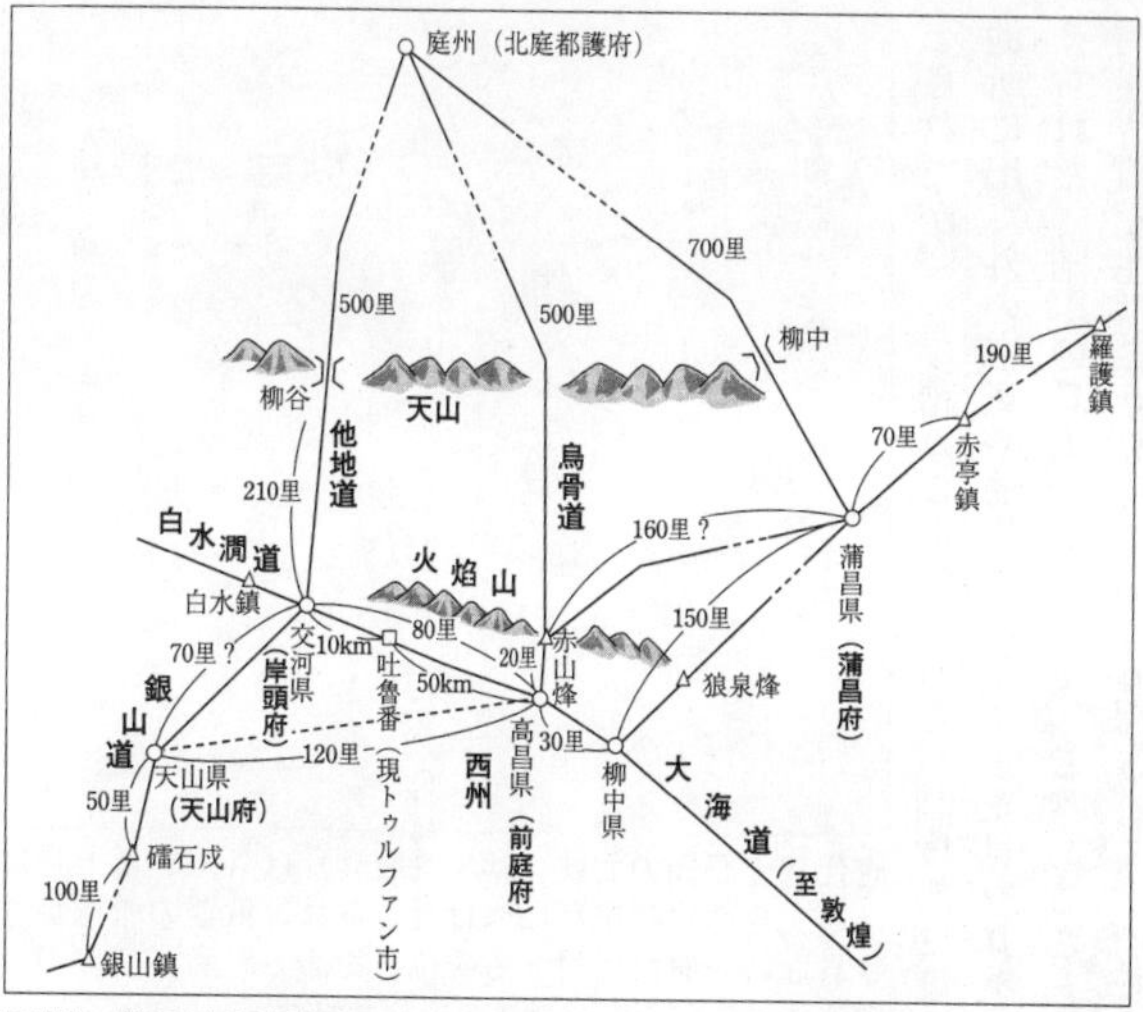

西州一帯軍府関係概図（○印は県城、△印は出先軍事拠点）　西州4軍府所属の兵士は都には番上せず、西州管内500里内で勤務していた

府兵たちの末端の単位は一〇人の火であるが、外部にまとまって出動する場合は二〇〇人の団か五〇人の隊が主体であり、かれらの所属は校尉の個人名からとった団名で表された。そしてこの校尉（従七品下）以下副隊正（従九品下）までの軍府官のポスト（品官）は、働き次第で一介の府兵にも開かれていたのである。

府兵は、他の役務についていない二〇歳すぎの成年男子から補われた。もちろん農民が主体である。かれらは府兵に登録されると、原則としてその家は租庸調を免除される。府兵本人は非番時には農業にかかわるが、通常は軍府で訓練を受け、ほぼ五ヵ月に一度は都に番上し、また防人の勤務につくこともあった。防人は北方辺境の鎮や戍(じゅ)の塞(とりで)、あるいは都護府などで警備にあたる仕事となるが、じっさいどのような規定で、どう運営されたかははっきりしない。一般的な理解では、府兵在勤中に一度、三年間従事するとされるが、一年任期が原則であった可能性も考えられる。

衛士（府兵）はこのように見てくると、根は農民につながっていても、土地に一生縛りつけられた一般農民とは本質的に異なっていた。従来、農民より重い負担を強いられたとされたが、一歩踏みこんでみると、制度的には農民より軽い条件のなかにあった。加えて他所に出て外の空気や情報に接し、また見返りを得、上昇志向の望みを満たすチャンスが与えられた。国軍の兵士である以上、こうあることは当たり前の話である。正規軍としての専門性や積極性はこうしたなかで確保される。府兵制がもつ民衆世界と唐朝とを結ぶ役割も、

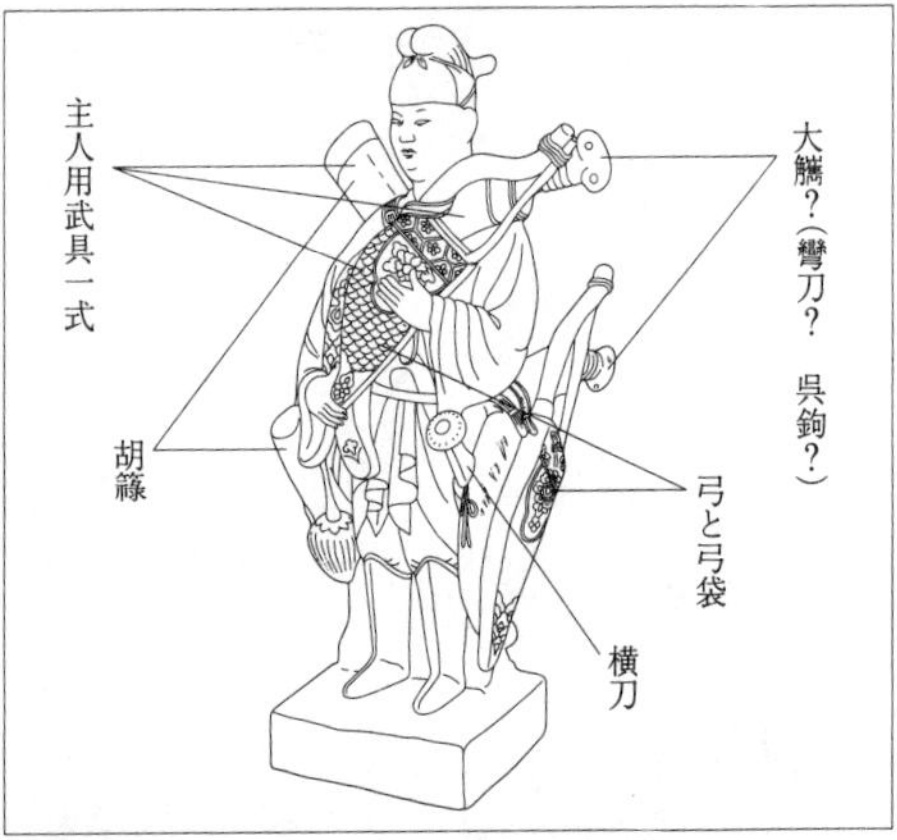

唐代武士石俑の武装　兵士（府兵）は外出・番上時には弓矢や横刀類を身につけた。それは武器の所持が許されない一般民に対する優位さを表し、勲官や褒美・栄誉につながるチャンスが用意された

ここからおのずと明らかになるはずである。

府兵制の変質から崩壊へ

太宗が制度を確立させてからおよそ半世紀、曲がりなりにも唐朝の柱石として機能した府兵制に綻びが目立ちはじめる。

七世紀末の則天武后の治世を迎え、内政に主たる関心が移るとともに、辺境の押さえが弱まる。その隙をついてまず、内モンゴルの陰山山脈附近に移され、唐に服していた突厥（東突厥）が、永淳元年（六八二）に決起し、北の故地にもどり唐と対立しはじめた。それに刺激されて東北の営州（遼寧省）一帯が騒がしくなり、万歳登封元年（六九六）に契丹が反乱を起こし、その機会に高句麗系の大祚栄が脱出して渤海国の建国に動き出す。他方、西方では吐蕃がさかんに唐の境域を侵しはじめていた。

唐は周辺諸民族に対処するために、かれらの領域に都護府を設置して軍事的ににらみを利かす一方、管内の部族長に唐の官職名を与え、部族の自治を許してきた。それを羈縻政策とよぶ。その政策が機能しているあいだは、辺境防衛にそれほど兵力を割かずにすんだが、六八〇年代以降の動きは、もはや従来のシステムだけでは追いつかないことを露呈した。綻びの裂け目は中央・地方・辺境の三方面から次々と現れる。

まず辺境であるが、迫り来る諸民族に抗するために、唐は広がった境界線を次第に後退させた上で、それまでの鎮戍制に代わって、軍・城・守捉・鎮という防衛拠点を設置し、数千から万におよぶ兵員と軍馬を配置した。その後、軍や城の数は増し、開元の末頃には四十余軍、四城、一〇守捉、四鎮にまでなった。このように膨らんだ辺境の軍事拠点を統轄するべく設立されたのが、節度使（せつどし）であった。これは景雲二年（七一一）、甘粛の涼州都督を改めて河西（かせい）節度使としたのを皮切りに、およそ一〇年間で辺境地帯の各所に一〇節度使が設けられ、総兵力は五〇万、軍馬が七万頭近くに上った。

ここに張りつくことになった兵員は、防人や募兵として派遣され、そのまま現地にいついたものたちで、当初は健児（けんじ）とよばれ、のちに長征健児と称された。かれらは見返りに土地を与えられて家族と住み、税を免除され、食糧や衣服の提供を受けた。

一方、六九六年に反乱を起こした契丹は中国側の防衛線を破って、破竹の勢いで南下をは

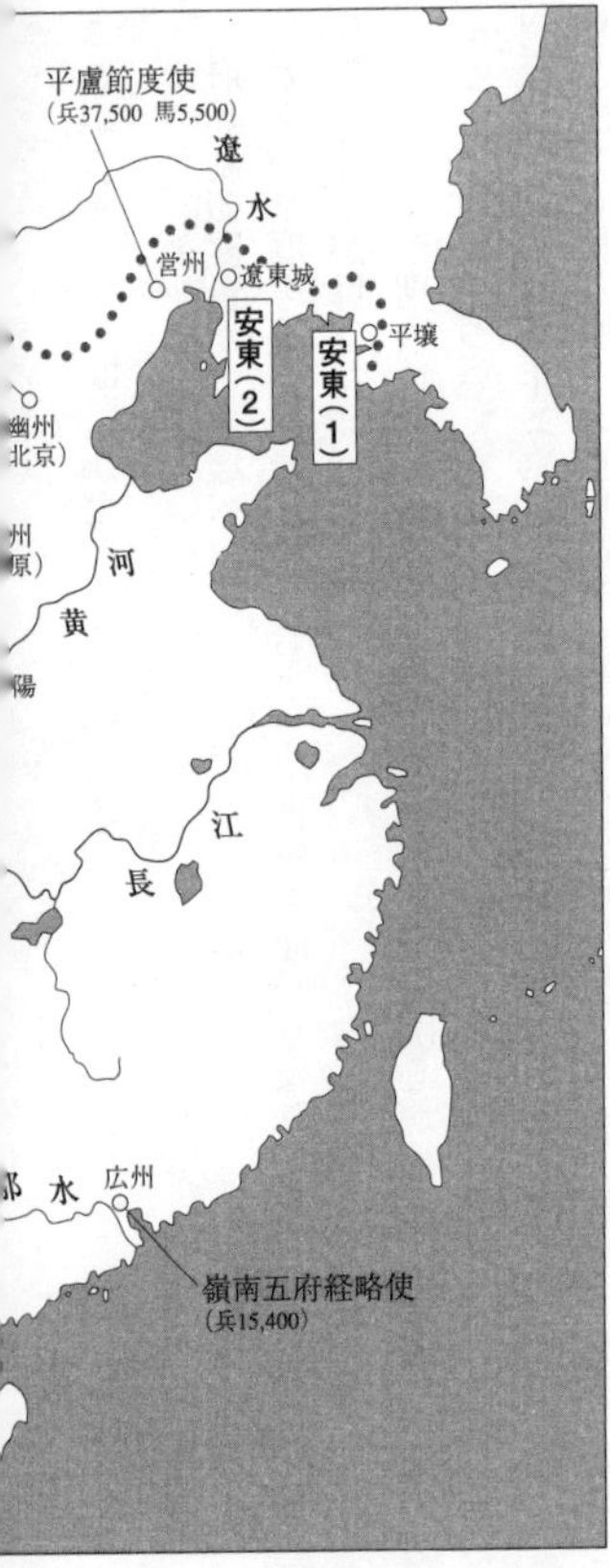

六都護府・十辺境節度使所在図ならびに兵力定員

じめた。それに突厥が便乗して河北に侵攻し、華北東部一帯に衝撃がはしった。当時は武周政権の時代である。この方面はもともと軍府が少ない上に、既存の軍府では欠員が生ずる状態にあったため、政権側では急遽農民を募り、一定の報酬を与え、地域防衛軍とした。これを武騎団とも団結兵ともよび、このお蔭で政権は危機を乗り越えることができた。

辺境の長征健児にせよ、華北東部の武騎団にせよ、これらは本質的に府兵制とは異なる新兵制（新兵種）、その後にくる傭兵制（募兵制）の始まり、というのが従来の有力な見方であった。府兵制から傭兵制への転換点をそこにみるのである。たしかに両者とも配置されたその地に足場を置き、府兵のように都への番上はない。また所属先の軍将への依存度を増している。

ただし武騎団をみると、軍府の不足やその機能低下に対処する、いわば府兵制の現状を補完する意味合いもつよい。健児（長征健児）の方は、つねに戦陣に明け暮れたというより、分番で任務につき、非番時には農耕にもかかわっていた。傭兵というと丸抱えの雇われ兵をイメージしがちであるが、ここでは土地との関係が切れていない兵士、府兵制とのつながりを残した兵士であることを忘れてはならない。唐後半期にみられる節度使（藩鎮）配下の兵士も、じつはこれに類似している。

このように、新たな兵制は傭兵制の方向に踏み出しつつ、なお府兵制の延長上にあったように思われる。では中央における兵制の綻びからの変化は、どう見たらよいのだろうか。

北衙禁軍の成立と展開

北衙と南衙——中央禁衛組織

唐代、中央の禁軍（近衛軍）を表すのに、北衙と南衙という言葉がよく用いられた。衙とは皇帝の居所あるいは役所のこと、皇帝は南面（南向）して天下を治める立場に立つから、南側に正式な行政機関や官庁を配し、それを南衙と総称した。南には正式かつ公的な行政領域という意味がこめられる。

それにたいし北側は皇帝の私的個人的な範囲、南の表にたいする北の裏という関係に立つ。北門にあたる玄武門は、皇帝が私的ないし非公式的に利用する門であり、正式な行幸などの場合には、南の正門たる承天門から朱雀門を使う建て前になっていた。

そのように、南衙は本来役所を指すものであったが、唐に入ると禁軍の意味も加わった。なぜそうなるかというと、一方の皇帝の私軍＝親軍が次第に存在感を増してきて、それとの区別をつける必要からである。すなわち国家にとっての正規軍が、南衙管轄の中央軍となるところから南衙の呼称が定着し、これに対応して皇帝の親軍を北衙とよぶことになる。北衙は名のとおり宮城の北門を固め、宮城北の禁苑（北禁苑）に軍営を置いていた。

南衙禁軍とは、中央の一六衛の兵力を指していう。前節でふれたように、番上の府兵は、所属する軍府（折衝府）に定められた衛で勤務につくが、それは一六衛のなかの一二衛であ

儀仗隊兵士図（唐李賢墓壁画）　朝廷の警固・儀礼などにあたる親衛隊や儀仗隊は、府兵中から選抜補充された左右千牛衛の任務だった

った。のこる四衛は、左右監門衛が宮城の門の警備や事務部門を担当し、左右千牛衛は親衛・儀仗にあたり、府兵のなかから選抜され補充された。

　南衙と北衙の関係を隋でみると、文帝はむしろそうした二重性を克服しようと努めた。隋は禁軍を一二衛府にまとめたが、それは北周まであった皇帝直属の近衛兵と地方の府兵という、両系統を一体化させたものであった。唐の監門衛や千牛衛は、この近衛兵の系譜であり、他は府兵の系統となる。煬帝になっても基本的にその方針が守られ、隋末に驍果制や「給使」という親衛隊が創設され、二元化への芽がみえたところで隋は滅亡した。

　このように隋は基本的に一元的な兵制をとったのにたいし、唐は最初から南衙・北衙という二重構造を用意した。まさにそこに、隋の滅亡の要因を集約した唐の一つの答えがあった。隋は統一政策の一環として、兵制の一元化も推進し、逆に兵力運用の硬直化や皇帝親軍の弱体化をまねき、現実の状況に対処できなかった。それを反省して唐は、中央の兵力に異なる二つの柱を設定し、双方でカバーしあうシステムをうち立てた。その三〇〇年もつづく命脈のカギを握ったのは、一つに南衙・北衙の関係にあるといって過言でない。

父子軍から北衙四軍まで

唐の李淵が太原で旗揚げしたとき、その兵力数は、地元民から集めた兵士や高句麗遠征の脱走兵などからなる三万であった。各地に勢力を広げていた反隋の群雄たちから比べると、三万の数は特別目立つものではなかった。それが半年後に長安に入城したとき、二〇万の軍勢に膨らんでいた。進撃の途中、反乱集団や制圧した地域の兵員を吸収した結果であった。唐はこれらの力を背景にして、およそ一〇年をかけて再統一を実現した。

さて、統一が実現したあとの問題は、これらの兵士たちの扱いである。唐はかれらの大半を帰農させ、府兵制を支える中心に位置づけたが、これ以外に、都にとどまり皇帝の身辺警護にあたる親衛部隊三万人がのこった。三万といえば太原挙兵時と同じであり、おそらくかれらを母体としているとみてよいだろう。唐朝とともに死線をくぐった同志であり、忠誠心で固く結ばれたものたちであった。かれらは都から一日で往復できる渭水の北側に開けた肥田を分給され、禁苑のなかに設置された屯営に番上し警護につく。江戸幕府における三河以来の旗本にも似た立場である。

かれらははじめ元従禁軍（げんじゅう）とよばれたが、年月が経つとリタイアし、職務は子供に受け継がれ、父子軍（ふしぐん）とも称された。ここに皇帝個人の親軍たる北衙禁軍の基礎が固まった。その後、太宗はこのなかから騎射にすぐれた兵士一〇〇名を選び、飛騎（ひき）とよび後に百騎とよんで外出時の警備にあたらせた。これは武后時代になると千騎、ついで睿宗のもとで万騎と拡大され、玄宗の開元二六年（七三八）に左右龍武軍として定着した。皇帝ともっとも近い位置にあり、北門を固めたこの軍こそが、武后政治を終わらせるなど、唐前半期の代替わりに起こるクーデタの主役を担わされた。

一方、元従禁軍（父子軍）とされた本体の系統からは、まず北衙七営ができ、ついで左右屯営という形にまとめられる。当初は体力強壮のものを内から選抜したが、それが追いつかなくなると、高宗の龍朔二年（六六二）に府兵のなかから騎馬や射撃にすぐれたものを補充した。これを境に名称も左右羽林軍と改められ、北衙の中心兵力へと成長していく。

かくして玄宗朝において、衰退していく府兵制に代わって、左右龍武軍と左右羽林軍のいわゆる北門（北衙）四軍が正規軍の中心に立った。一軍あたりの定員は一万五〇〇〇、四軍あわせると六万ほどにのぼる兵力が、六番制をとって警備の主体を担うことになった。

南衙禁軍の変質と解体

前節でふれたように、七世紀末ごろから府兵制の綻びが目立ちはじめ、そのあげく辺境の防衛には長征健児や節度使があたり、一方内地には団結兵や武騎団が組織され、府兵制の変質・衰退を白日のもとにさらした。この辺境と地方の変化に中央も一歩遅れて連動し、開元年間に、府兵の番上にたよってきた中央の一二衛も、兵員の補充がつかなくなる。そこで辺境の場合と同じく、府兵のなかから長期勤務者を募って、長従宿衛とよんだ。開元一一年

（七二三）のことであった。

ついで長従宿衛の名を彍騎と改め、いっそうの定着をはかった。すなわち総定数を一二万とし、一二衛に各一万ずつ所属させて六番勤務制とし、彍騎を出す州も都を中心に特定した。従来の五番制から六番制に変え、彍騎州を定めることで、負担の軽減と恒常的な兵員確保をはかったのであるが、それでも維持はむずかしかった。一見華やかな玄宗の治世のその裏で、社会の末端では階層分化が進行し、農民たちの逃亡や零落が広がり、彍騎や府兵を繋ぎとめるのは不可能であった。

かくして軍府は空洞化し、本来の役目をはたせなくなり、ついに天宝八載（七四九）五月に軍府（折衝府）の兵を集める権能を停止した。ここに、西魏にはじまった狭義の府兵制の役割は終わりをつげた。ただ一言つけ加えると、兵を集める権能の停止がただちに軍府の解消となったのではなく、現員としての軍府官や府兵はそのままのこった。また、後半期になっても折衝府や軍府官の名前が、時としてなお一定の機能をもった形で確認される。そのことは、折衝府が地域社会の一つの核として、いかにふかく根を張っていたかを考えさせる。

唐長安城中の兵士たち

先に唐代長安の人口を推算して、以前からいわれる一〇〇万人という概数に正当性が見出せることを論じた（二二九頁）。そのさい、府兵制期の番上兵士（衛士）の数がどのくらいにのぼるかに言及し、従来の定説に一部修正の必要なことを指摘した。

すなわち、軍府（折衝府）数が六〇〇で一府の定員が標準で一〇〇〇人とすると、およそ六〇万人が唐の常備軍と想定された。かれらは衛士であり、都に番上するのが義務であったから、標準の五番制で割ると一番が一二万人、ただしすべてが五番制の枠内ではないから、それを配慮して一番一〇万人程度が目安となる、というのが従来の考え方となる。しかしその一方で、府兵の納資（代役銭）による勤務回避も強調されてきた。

これにたいして私は、府兵には納資の制度はなく、また衛士とよばれても全員都に番上する必要はなく、遠方であれば近接の都督府などに番上したのではないか、と推定した。そう理解することで、かれらは五〇〇里以内で五番制というほぼ均等な条件のなかに身を置くことになった。

この上で、では都への番上者の数をどう算出するか。それにあたり、軍府全体の四割以上が長安とその周辺の関中一帯に集中していたことを想起したい。これらはちょうど五〇〇里圏内の軍府であり、集計すると兵員数は二五万から、多く見積もっても三〇万ほどとなる。ほぼこれらが都への番上対象とすると、一回の番上は五万〜六万人という線に落ち着くのである。この数値はこれまで考えられてきたところと比べると、相当少ない。

だがその後、玄宗期になって、崩れた府兵番上制を補うために置かれた彍騎（かくき）では、総数一二万を六番勤務、つまり一番二万人ということであった。他方、彍騎が置かれた時期の北衙の兵力は、六万人程度までに増えたが、かれらも六番制、一番一万人で交代勤務であった（二七一頁）。これらの他に、なお番上をつづける府兵たちを合わせると、合計で五万〜六万人ほどと算定できる。結局玄宗朝になっても兵数でそう大きな変化が認められず、そのあたりが長安を守るのに適当な数、ということになるのではないだろうか。

都に番上した兵士（南衙）の仕事といえば、宮城や皇城あるいは長安城内全体の昼夜を分かたぬ警護であった。具体的には、各城門や諸官庁の固めや城内の皇族関係者宅の警備、また街角に置かれた舗（兵士詰め所）での監視などがあった。また折々に催される朝会では、正装して宮殿の殿庭や道筋を固め、皇帝の郊外での祭事などに付き従う。

そして、合間の非番時には、城内の定められた場所で、射撃や武術の訓練、さらには隊伍を組んでの歩行訓練などにも加わった。このなかで武人としての資質を認められた者から、皇帝の身近に仕える千牛衛の衛士や、北衙の兵士が補われた。番上のさいの様々な訓練が、かれらを正規兵に育てる大切な機会であったことは忘れてはならない。

神策軍と藩鎮兵――唐後半期の兵力

安史の乱後の中央軍

天宝一四載（七五五）の末に安禄山が公称二〇万（実勢一五万）の軍勢で決起したとき、首都防衛をになっていたのは、北門四軍と彍騎からなる五万～六万の軍であった。しかも元従禁軍の流れを汲む北門四軍は、高官や有力者の子弟で占められ、本気で体を張る気概はなかった。唐側は急いで兵を募り、洛陽や潼関の防衛にあてたが、数だけはあってもこんな急造軍では安禄山の敵ではなかった。半年後の六月に潼関も破られ、長安もほどなくして抵抗らしい抵抗もないまま陥落した。四川に落ち延びた玄宗に従ったのがわずか一三〇〇、霊武（寧夏・銀川市）に向かった皇太子（後の粛宗）の供回りは一〇〇にも満たなかったという。

こうして唐の中央軍は壊滅した。その後玄宗からなかばクーデタによって位を奪った粛宗が、まずすべきことは自前の親衛軍を作ることであった。そこで身近に仕える臣下の子弟などから、神武天騎とよばれる軍を組織し、のちに長安にもどると、これを拡充して左右神武軍とした。形ばかりのこっていた北門四軍とあわせて、北衙六軍が成立する。

つぎの代宗の時代、その親軍となるのが左右神策軍であり、さらにつぎの徳宗のもとで左右神威軍が新設され、北衙一〇軍の体制ができた。唐代における北衙禁軍の展開において、とくに玄宗以後から、皇帝たちはこのように自分の軍隊を作ることを意識し、一〇軍にまで膨らんだ。このことは南衙系の衰退が大きな理由とはなるが、同時に律令制的な縛りの後退による皇帝権の高まり、その質的変化の反映としても理解できる。

前述したごとく、ちょうどそのころから仮父子関係や恩寵関係という私的関係が顕在化するが、北衙の拡大もそれらと通底するところがあるだろう。中央の権力と権威は弱っていくなかで、皇帝権だけが強化されるというねじれ現象がそこにあった。

神策軍の拡大と皇帝権

徳宗の貞元年間に出揃った北衙一〇軍のなかで、玄宗朝までの北門四軍（左右龍武軍・左右羽林軍）はほとんど名目的な軍隊であり、のこる安史の乱以後の六軍が中央軍を構成していくものであった。だがこれらから最後まで生き残り、中央軍の中心に位置づけられるのは神策軍だけであった。それは何故だろうか。

神策軍の登場する経緯は、すでに第三章で紹介したが（一一七頁）、ここでそれを少し思い起こしていただきたい。もともと前身は、対吐蕃の前線に置かれた辺境防衛軍であった。安史の乱が勃発すると、動員令にしたがって河北の安陽（河南省）で反乱軍と戦い、敗北して陝州（河南省）に撤退した。そこで、やはり安陽の戦いから逃げてきた魚朝恩という有力宦官と出会い、その指揮下に入ったことが、神策軍のその後の方向を決定づけた。広徳元年（七六三）一〇月、吐蕃が長安に侵攻し、代宗が陝州の神策軍に難を避けた機会をとらえ、魚朝恩は代宗を擁し、神策軍を従えて都にもどることに成功したからである。これ以後神策軍は、いわば代宗の親軍の形をとって地盤を固めていく。

代宗をついだ徳宗は、即位後みずからの軍隊の育成を目指し、左右神威軍をつくり、神策軍の力を抑えようとした。しかし間もなく、その方針は全面的に転換される。建中四年（七八三）の朱泚の乱のさい、都を追われた徳宗のもとに駆けつけ、復権のためにはたらいたのが神策軍であった。

神策軍は他の禁軍と異なり、軍の核心には辺境防衛軍以来鍛えられた百戦錬磨の強さと結束力があった。それに国軍の中心まで引き上げてくれた皇帝への恩義、国家への忠義の思いも、他より数段篤かった。宦官の支配にたいしても、特別違和感は抱いていない。こうした特質が神策軍を国軍の中心に押し上げるのは必然の展開であった。

これ以後、神策軍は宦官の統率と手厚い保護のもとで勢力を広げ、次の九世紀前半、憲宗の治世になると、左右神武軍と左右神威軍を吸収し、禁軍は神策軍に一本化されていく。こうした動きに歩調をあわせ、辺境や地方を守る諸軍から神策軍下に加えられることの要請がつよまり、それらを神策軍の外軍＝神策行営として中央軍に組み入れた。神策行営側はこれによって親軍の地位と待遇の改善を獲得し、中央側では直接支配できる兵力を大幅に増やす。その結果、兵力の総数は一五万を数えることになった。

こうした事実は、それまで都と皇帝の周りにだけ足場を置いた北衙禁軍が、全国的な軍事力へと踏み出したことを表すものであり、いわばその歴史における一大転機であった。この肥大化する軍事費を支えたのが、定着した両税法の収入と地方官が皇帝個人に貢いでくる羨余であった。憲宗はそのようにして強化された神策軍の力と財政基盤をバックに、藩鎮勢力を個別に抑えこみ、河朔三鎮をのぞくほぼすべてを順地化したことはすでに述べたところである。

唐代後半期は前半期がもっていたような国家の光彩がうすれ、皇帝の権威は弱まり、国力は大きく減退している。にもかかわらずこの頃になると、皇帝一人の下に集まる財政力や兵力の規模はふくらみ、その独裁性は相対的に強化されている。こうした皇帝権のあり方は、宋の君主独裁制の先駆けともみなされる。であるとすれば、神策軍が中央だけでなく、全国的にウイングを広げはじめた憲宗期に、傭兵制時代の本格的な到来をみることは可能となるだろう。

藩鎮の軍事力

安禄山が反乱に決起したとき、付き従った一五万の軍勢の内訳を見ると、まず中心を、家僮あるいは部曲の名でよばれる弓矢をよくする数百の護衛と、降伏してきた北方系民族の同羅や奚・契丹・室韋の兵士八〇〇〇人が固めた。同羅ら北族兵は曳落河（胡語の健児、壮士の意）とよばれ、安禄山とは仮父子の関係を結んだ親軍兵であった。そしてこの外周に、かれが長年、平盧・范陽（幽州）・河東の三節度使の地位にあって培ってきた管下の兵士がいた。この節度使下の定められた兵士を官健とよぶ。

安史の乱が収まったのち、河朔三鎮をはじめ各地に節度使（藩鎮）が分立して、反唐の動きをつよめるが、その軍事力の基本形はほぼ安禄山軍に現れていた。河朔三鎮を代表する魏博節度使の田承嗣の場合、かれは安禄山の部下として築いてきた子飼いの兵（家兵）をもっており、さらに魏博の地に臨むと、戸口の把握につとめ、成年男子を軍隊に組み入れた。数年でそれが一〇万にも増えると、そのなかから体軀強壮なるもの一万人を選抜して、田承嗣の親軍とした（一一五頁）。これを衙兵（牙兵）とよぶ。衙兵は特別に選抜された親衛部隊ではあるが、大きくはやはり官健に属するものであった。

田承嗣の衙兵を嚆矢として、各節度使のなかに中核の兵力がつくられ、また牙中軍とも中軍とも牙内軍ともよばれた。これら親軍系は節度使（藩帥）にたいし忠誠心が篤く、個人的な仮父子関係を結ぶものがあり、これにたいし藩帥はかれらに特別の待遇を与えた。衙兵たちはこうした中で強固な基盤と団結を築き、藩帥の代替わりや廃立にあたって、意にそわないものを排斥したり脅迫したりした。この風潮は驕兵とよばれ、後半期の藩鎮にしばしば見ることができる。

これに対処するために後任の節度使がとったのは、衙兵たちを厚遇して手なずける一方、衙兵から身を守る独自の兵隊をもつことであった。それが家僮とも家兵ともよばれるもので、藩帥はかれらとの結びつきをいっそう強固にするために、藩帥一人対多数の家兵という集団型の仮父子関係をつくりあげた。こうして藩鎮内部の軍事力は、大きくは家兵と官健の二重構造、さらに官健を衙兵と一般の官健とに分ければ三重の関係、にと区分できることになる。

では、これらの兵力の性格をどう理解するか。従来の解釈では、官健でいうと、魏博節度使下の農民から徴兵したような古い方式と次代につづく傭兵的側面とが混在している、ということが注目された。また家兵（家僮）は節度使の私兵、つまり家内奴隷的な存在であり、次代につながる積極的な位置にはない、というのが大方の見方であった。

ただし、先にふれたように、辺境防衛に登場する健児（長征健児）が大きくはまだ府兵制的枠内のものであったように、藩鎮内部の官健、その中心に立つ衙兵は同じく府兵制に連なる性格は否めない。かれらは農民から組織され、農民世界に一方の足場を置きつつ、専門兵としても動いていた。これにたいして家兵の場合、そこにみられる仮父子的関係を、むしろ大きく変化する時代を先取りした姿とも、私は理解している。家兵とは旧来の律令制から新たな段階に踏み出そうとする権力体＝藩鎮にあって、決まって必要とされる兵力の形であり、皇帝側の神策軍ともつながる一面を備えていたように思われる。

第八章　円仁の入唐求法の旅——唐後半期の社会瞥見

円仁の旅程と目的

入唐八家と円仁

隋唐時代、倭（日本）から数多くの人々が、その高い文明に引き寄せられて、逆巻く大海を渡り大陸中国の土を踏んだ。かれらは遣隋使や遣唐使の船のほか、新羅や渤海の商船などに同乗して、かの地の先進文物を摂取して持ちかえり、古代日本の国造り、「近代化」のために貢献した。

こうして大陸を訪れた人々のなかで、大きな位置を占めたのが仏教者であった。かれらは小野妹子を使節とする大業三年（推古一五年、六〇七）の遣隋使の一行において、仏法を学ぶ「沙門（僧侶）数十人」としてまず現れる。唐になると、そこに加わっていた僧旻や南淵請安らが帰国し、代わって新たに三論宗の道慈や法相宗の玄昉らの僧人が、唐で仏教を学び、奈良仏教の興隆に貢献した。

平安時代を迎えるころから、日本において密教への関心が高まり、それに押されるように本場の正統密教（純密）を求めて唐に行くものが増えた。そのなかで代表的なものが、最澄、空海、円行、常暁、円仁、恵運、円珍、宗叡の八名で、これを指して入唐八家とよぶ。密教のことは別にふれるが（三〇五頁）、この入唐八家の一人が今取り上げようとする円仁である。

円仁は延暦一三年（七九四）に、関東の下野（栃木）都賀郡に生まれ、比叡山に上り最澄に師事した。そしてかれが四五歳を迎えた承和五年（八三八）六月、遣唐使船に同乗して博多から唐へと旅立った。当時とすればリタイアしてもよい年齢である。そのときの円仁の立場は請益僧といい、使節一行とともに短期間で帰国するものであった。かれの師の最澄もそうであった。だが豈図らんや、円仁が博多に帰り着いたのは九年後の承和一四年（八四七）九月のこと、五四歳の齢になっていた。

慈覚大師円仁像（兵庫県一乗寺蔵）

円仁が唐土を踏んだその時期、唐朝は政治的にも社会的にも大きく変わる節目にさしかかっていた。そうした時期に際会し、かれはそれこそ筆舌に尽くしがたい苦労を味わいながらも、時代の様相を克明にメモし、帰国後それを旅行記にまとめた。それが『入唐求法巡礼行記』四巻であり、当時を知る第一級史料となっている。本章では、この一日本人僧の目を通して、九世紀半ばの唐代社会の諸相を覗いてみることにする。

遣唐使留学生「井真成墓誌」の発見

ところで、遣唐使のことに関連して、ちょうど本章を執筆しているさなか（二〇〇四年一〇月）、かつての長安である西安の場所で、日本の遣唐使に加わった留学生の墓誌が発見されたと報道された。墓誌は一辺が三九センチの正方形の石板で、この上に載る覆斗形（中国マスを裏返しにした屋根形）の蓋とセットをなす。そして、蓋の上面に一二字の篆書文字、墓誌本体には一七一字の楷書文字の、合計一八三文字が刻されていた。

その人の姓は井、字は真成という。何よりも目を引いたのは、出身を「国号日本」と記していたことである。墓誌文によると、かれは唐の開元二二年（七三四）正月に長安の官舎で亡くなり、翌二月四日に長安の東郊に埋葬された。ときに三六歳であった。これまでの通説では、日本という国名が定まったのが大宝元年（七〇一）制定の大宝律令であり、翌二年（唐の長安二年）に粟田真人を責任者とする遣唐使において、武周（則天武后）側にそれを認めさせた、と理解された。ただしそのことを実物の史料で証明できなかったが、今次の墓誌にみえる「日本」は、その長年の課題に応える意味をもっていた。

墓誌はこのように新たな事実を提供する一方、多くの疑問ものこしている。まず墓誌には本人生前の官歴が一切記述されていない。にもかかわらず、死んだとき、「皇上」すなわち時の皇帝玄宗から、尚衣奉御という官を贈られた。尚衣奉御のランクは従五品上、皇帝の身辺の世話にあたる殿中省の尚衣局という役所の責任者、もし生前についた実職であれば相当高い地位と権限をもったことになる。しかし死後であっても、これだけ高い贈官に浴したことは、背後に何か特別の事由があったはずという考え方が可能になる。

それに加えて、この人物が文字どおり日本人であったとすると、本貫はどこにあったろうか。日本史側の有力な見方では、河内国志紀郡井於郷を本拠とする井上忌寸氏の系統か、河内国志紀郡長野郷にいた葛井氏系、という。ともに今日の大阪府藤井寺市の場所である。なお右の円仁の遣唐使団にも、随行員として井俰替なる人物の名があった。かれも井真成と何か縁戚関係があるのだろうか。

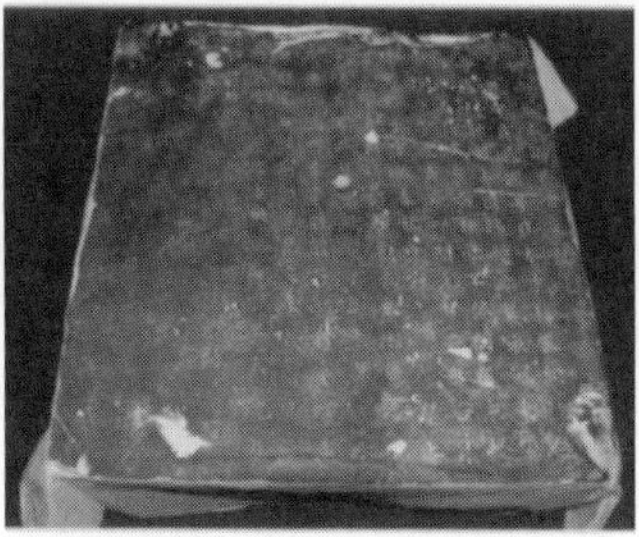

井真成墓誌　2004年10月、陝西省西安市の西北大学は、717年の遣唐使の一人と思われる日本人井真成の墓誌を入手したと発表した。この年一緒に海を渡った遣唐使の中には、阿倍仲麻呂・吉備真備・僧玄昉らがいた。墓誌は39cm四方の石板で、「公姓井字真成国号日本」など、171文字の墓誌銘が刻まれている

井真成の死亡時の年齢から逆算して、生まれたのが六九九年（文武天皇三年）とすると、かれは一九歳の折、七一七年（日本の養老元年、唐の開元五年）の遣唐使船で長安に渡り、在唐一八年目で病に倒れ異国の土になった、と解される。七一七年の遣唐使船というと、唐の官僚として一生を終える阿倍仲麻呂、また帰国して奈良朝の政界で活躍する吉備真備や僧玄昉らがいた。かれらは真備を年長

とした同世代のものたち、長安の街中でともに支え励まし合って生きた姿を思い描くことができる。

この墓誌はいたって粗末な作りであり、大きさも最小の部類に属する。また誌面の後段四分の一ほどが空白でのこり、字数も多くはない。しかし墓誌としての体裁はほぼ備えている。当時墓誌は誰もが自由に作れたというのは微妙で、ある種の政治的、社会的な制約があった。そのなかでまだ無名の異国人で、職位もきちんとしていない井真成の墓誌ができている。しかも文面はやや定型的ながら、全体に死者への哀悼の情感がただよっている。この二枚の石板から、仲間の死を悼む阿倍仲麻呂たちの思いや、かれらによる当局への働きかけの痕跡を嗅ぎ取れないだろうか。

円仁の入唐求法の思いと密入国

さて、話を円仁とその『入唐求法巡礼行記』に戻さなければならない。

円仁の入唐の目的は大きく二つあった。一つは祖師の最澄がかつてそこを訪れた天台宗発祥の聖地、天台山を参拝し、国清寺（こくせいじ）にて天台教学上の疑義を質すことである。もう一つは、できれば長安に足を伸ばし、正統密教の体系や修法を学び、持ち帰ることであった。

日本の天台宗は、今日では真言宗とならぶ密教の本流とされるが、その始め、最澄と空海のとき、ともに八〇四年（延暦二三年）の遣唐使船で中国に入

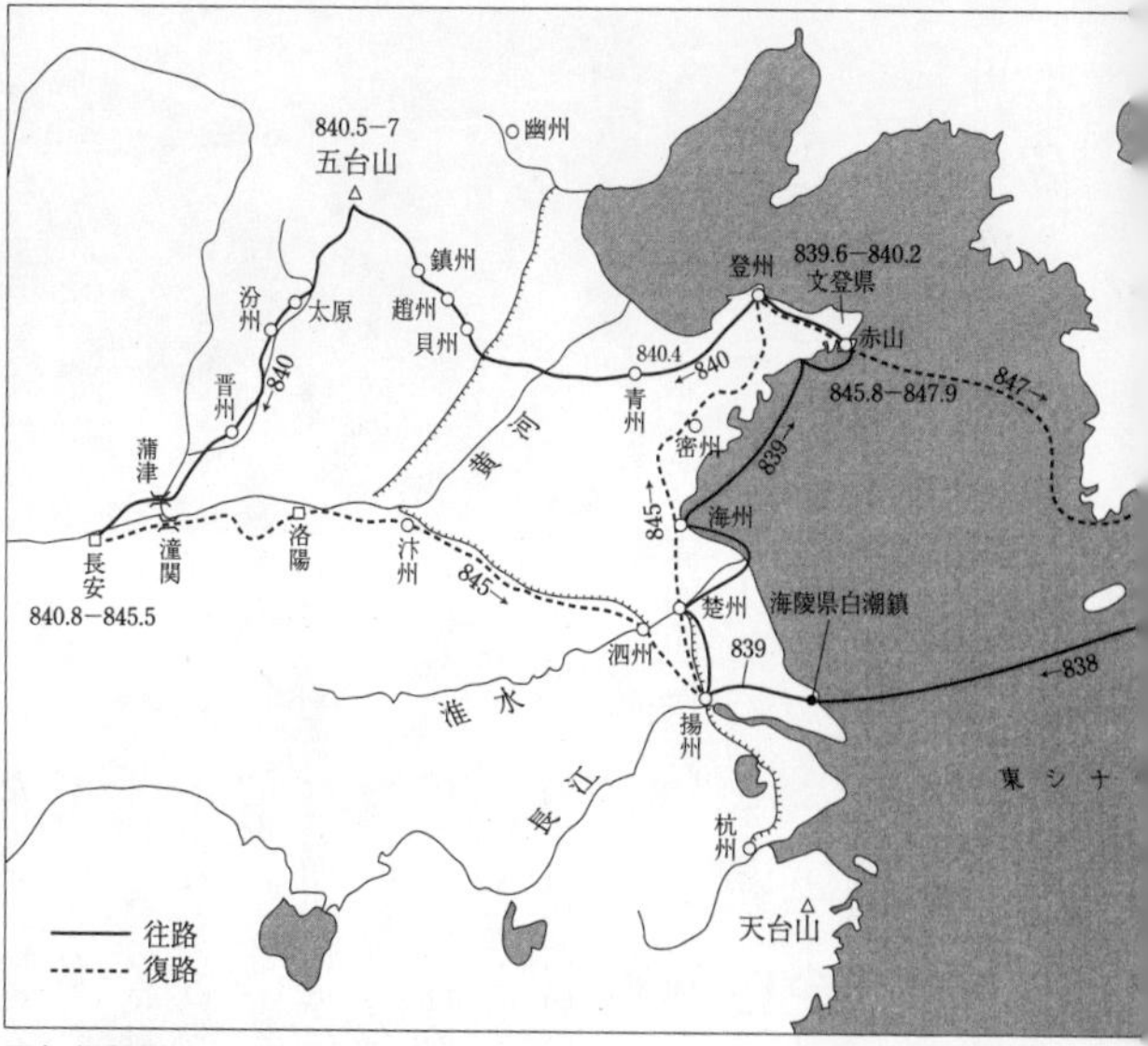

円仁行程図

りながら、空海は長安の青龍寺にて、恵果から胎蔵界と金剛界という密教の奥旨を伝授された。それにたいして、最澄は天台山から江南南部の一帯に止まり、越州（浙江省）の龍興寺で順暁から胎蔵界系の密教を学んだというが、金剛界もふくむ正統な密教を受け入れる点で、天台宗側は決定的な遅れをとってしまった。このことは最澄の存命中から、ずっと天台側の負い目としてあり、その弱みをいかに克服するかが、最澄の一番弟子の円仁に課せられた責務であった。

　だがかれの願いは、入唐して間もなく打ち砕かれる。到着し

現在の国清寺　天台山国清寺は天台宗発祥の聖地、開祖は智顗で804年に入唐した最澄も訪れている

た揚州（江蘇省）の地から一歩も出ることを許されず、第一の天台山参詣希望すら認められない。あげくは、長安に赴いた使節一行が役目を終えてもどってくると、いっしょに帰国船に乗せられ、所期の目的を何も達せられないまま帰国を強制された。かれは長期滞在型の留学僧ではなく、請益僧という短期滞在の資格であったことがその理由とされるが、円仁の気持ちはそれでは収まらない。

　かくして最後の手段、今でいう密入国、不法残留の仕儀にあいなる。帰国船に乗せられた唐の開成四年（八三九）、一度は失敗したのちの六月、山東半島先端の登州文登県にある赤山浦に上陸し、その地の赤山法華（花）院という寺に匿われた。そこで八ヵ月ほど過ごしてから行動を開始し、まず青州に出て、やっと公験（旅行証明書）を入手することができた。ここからただちに北に進んで五台山（山西省）の霊場をまわり、それが終わると太原をへて、念願の首都長安に入った。時に開成五年（八四〇）八月二二日のことであった。

　円仁は長安での滞在を、せいぜい一年程度と考えていた。しかし結果として、滞在は会昌五年（八四五）五月まで足掛け六年の長きにおよんだ。歴史に名を残す大事件、会昌の廃仏に遭遇したからである。長安を去った後も、出国までにまだ多くの山や谷が待ちうけていた。かれは大きく変わろうとする中国社会の激流に飲みこまれながら、みずからの足と信仰で生き抜いた歴史の証人であった。

円仁の旅の全行程

日本人僧円仁はいわば徒手空拳の身で九世紀半ばの唐に挑み、その足跡を記録にのこした。二〇世紀にそれを読んだアメリカ人のエドウィン・ライシャワー氏は、訪れた土地の状況を詳しくしかも生彩あふれる人間的記録としてまとめた点で、玄奘（げんじょう）の『大唐西域記（だいとうさいいきき）』をしのぎ、同じ中国という社会を内面まで入って克明に描写しぬいた点で、マルコ・ポーロの『東方見聞録』をしのぐものとして、この「円仁の日記」を世界に紹介した。久しく日本の一部学者の間にだけ知られてきた四巻七万字からなる本書は、これ以後世界史上の代表的旅行記として世に出され、認知された。その意味で本書をめぐる研究は、二〇世紀後半に本格化した新しい学問領域であるといってもよいだろう。

円仁の唐での行程の概略を示すと、次のようになる。

八三八年（日本承和五年、唐開成三年）六月一三日　乗船（博多）、三日後出発
七月二日　揚州海陵県白潮鎮桑田郷東梁豊村に上陸
七月二五日　揚州城に到着　翌年二月二一日まで揚州滞在（滞在期間約八ヵ月）

八三九年（開成四年）二月二一日　揚州を出立――楚州をへて、四月五日　海州東海県で下船、宿城村の新羅人の家で休息。官憲につかまり、四月一〇日　日本船に再乗船

六月七日　山東文登県清寧郷赤山村（赤山浦）に停泊、八日　下船し赤山法華院（新羅院）の世話になる。（七月一五日　同乗の遣唐使船出立。七月二二日　後来の遣唐使船出立）、翌年二月一八日まで当所に滞在（赤山滞在約八ヵ月）

八四〇年（開成五年）二月一九日　赤山法華院を出立――文登県・登州をへて、三月二一日　青州着、四月一日　公験（旅行証明書）を入手

四月三日　青州出立――五月一日　五台山に入る（竹林寺）――五月一六日　大華（花）厳寺に移り（五月二〇日～同月二三日　五台山めぐり）、七月一日　大華厳寺を出発（五台山滞在二ヵ月）

七月一三日　太原（北京）着、以後汾州、晋州をへて、河中府（蒲州）で黄河にかかる蒲津関を渡り、渭水では東渭橋を渡り、八月二二日　長安城内に入り、大興善寺に荷を下ろす。八月二五日より資聖寺に居住。しばらくして会昌の廃仏が勃発し、還俗を強要され、そして会昌五年（八四五）五月一五日に長安追放（長安滞在期間は五年近く）

八四五年（会昌五年）五月一五日　長安を離れ、六月九日　鄭州着。汴州、泗州をへて、

六月二八日　揚州に着く。その後楚州、海州、密州を通過して、八月一六日に登州、そして八月二四日　文登県に到着し、旅の出発点にもどる。

以後八四七年（大中元年）九月二日に赤山浦を発つまで、船の便を求めて山東・江蘇の

海岸一帯を彷徨した。

円仁はこの求法の旅において、はたしてどれほどの距離を動いただろうか。山東赤山浦に上陸してから、青州をへて五台山を巡礼し、一転長安に向かい、そこを出て揚州まで行き、最後は赤山浦から新羅（しらぎ）船に乗るまで、途中驢馬（ろば）を使ったり運河や海岸を船で移動することもあったが、大半は自分の足で歩いていた。少なく見積もっても五〇〇〇キロはある。玄奘やマルコ・ポーロにはおよばないにせよ、大変な距離である。そのなかで、かれが当地の人々と同じ目線でみた当時の社会の一端をすこしながめてみることにしよう。

新羅人社会と山東・華北の農村

山東新羅人社会との出会い

密入国を企てて以来、円仁はなんと多くの新羅系住民と出会い、助けられたことだろう。かれらの存在があってはじめて、円仁の無謀とも思える行動が無事実現したといっても過言でない。

新羅人との本格的出会いは、開成四年（八三九）三月、遣唐使一行が楚州で雇いあげた九艘が新羅船であり、六十余名の新羅人船員が各船に分乗したことにはじまる。楚州には新羅人のコロニー（新羅坊）があった。そのあと、円仁と従者三名が海州（現在の江蘇省連雲港（れんうんこう）

市）でこっそり下船したとき、出会ったのが山東から楚州に木炭を運搬する新羅系船頭たちであった。ついでかれらに近くの新羅人集落に案内され、新羅人の村長から訊問された。円仁一行は、新羅人の求法僧と偽ったものの、結局見破られ、遣唐使船に戻されてしまうが、この過程で、楚州から海州一帯に多くの新羅人が住み、さらにかれらに木炭などを販売する新羅商人たちがいたことが浮き彫りになった。

　新羅系住民はここだけにとどまらなかった。その後、円仁が乗った遣唐使船は、山東半島の南岸を良風を求めながら北東に進むが、停泊した浦々には新羅人の姿が確認された。そして赤山浦（せきざんほ）に上陸したとき、円仁らが見たのは、高台に立つ新羅寺院＝赤山法華院と、その下にできた新羅人集落であった。寺には三〇名を越える僧、集落には数百人の在俗の住民が、質素で落ち着いた日常を営んでいた。

　この寺は、新羅人張宝高（ちょうほうこう）（唐名＝張保皐（ちょうほこう）、朝鮮名＝弓福（きゅうふく）　一四頁）によって建てられ、かれが寄進した年間五〇〇石の収穫がある寺荘で維持されていた。一石は約六〇リットル、当時一人年間五石分を食したとすると、一〇〇人が養える。張宝高は日本・唐・新羅三国間の貿易で財をなし、清海鎮（せいかいちん）（朝鮮半島南端の莞島（ワンド））に拠って海賊討伐で名を挙げ、このころ新羅の政界に食い込んでいた。その張宝高の唐における拠点が赤山にあり、新羅系住民はそのあたりから南へと広がっていったと推測される。

　かれら新羅人を国外に押し出させた背後には、八世紀後半にはじまる国内の権力争いと、それによる社会的動揺、あるいは飢饉などの国内事情があった。一方中国側も、安史の乱以降の地方統治の弛緩、あるいは山東を治めた平盧節度使の李正己が高句麗系であったこと（二一六頁）などがあり、かれらの受け入れを容認したことも考えられる。と同時に、当時東アジアの海域を結んでいた新羅商人の影響力も無視はできないだろう。国内の動揺のなかで、むしろそれゆえにかれらは積極的に外に場を求め、海域に、他国にと乗り出した。当時新羅人はもっともインターナショナルであり、わが円仁はかれらのネットワークを借りて目的を達成し、また無事帰国することができた。

新羅人の暮らしと年中行事

開成四年（八三九）六月初めに遣唐使船を下りた円仁は、翌年二月一八日まで都合八ヵ月余をここ赤山法華院の一隅で過ごした。その間、かれはおりおりの寺の行事に加わり、その様子を記録している。関係する行事につぎのようなものがあった。

八月一五日　新羅節（中秋節。餺飥・餅食を用意。新羅の対渤海〈高句麗？〉勝利記念日の意味合いが濃厚）

一〇月一五日　月食（院中総出で声をあげ、木板を打ち鳴らす）

一一月九日　冬至節（僧侶ともに挨拶し、仏に礼拝す）

一一（一二？）月一六日　法華会（法華経の講経と諸仏への礼懺で、朝から夜中におよぶ。正月一五日までつづくこの期間中、近郷近在の新羅人の僧俗老若男女が集会する）

一二月二九日　除夜（新羅院の仏堂と経蔵に灯りをつけ、各房では竈を燃やし、徹夜で仏に拝礼する）

正月一日　年始（早朝、仏へ拝礼が終わると、自房にもどって粥を食べたあと、仏堂で仏のまわりを礼拝供養したのち、僧俗が一緒になり新年の挨拶をして散会する）

正月一五日　法華会の最終日（参加者、前日が二五〇名でこの日が二〇〇名、終了後参加者に菩薩戒を授け、散会）

この他に、寺の大きな行事としては、冬の法華会にたいする夏の法会（夏安居、八巻金光明経の講経）もあったようであるが、円仁は参加していない。それはそれとして、こうした行事の様子から、赤山院（新羅院）をとりまく人々の暮らしがとても質素であること、赤山院がこの一帯の新羅社会にしっかり根を張り、精神的支柱になっていることが印象づけられる。円仁が後年遺言で比叡山の麓に赤山禅院を造らせたのも、そうした山東赤山院のあり方に感銘を受けたからではないだろうか。

赤山一帯での暮らしは、円仁にとって単調で退屈であったはずである。かれは一年前には天下第一の都市、揚州の活気のなかにいた。そこでは開元寺や龍興寺という大寺に身を置き、多くの僧衆と交わり、寺で催される様々な行事や盛大な斎会に招かれる、刺激に満ちた生活があった。

それはばかりか、冬至節では三日間も人々が正月同様に楽しむ様子を目の当たりにした。暮れから正月三が日にかけては、紙銭を焼き、爆竹を鳴らし、除夜の鐘を撞き、互いに新年の挨拶をする。街頭には様々な食物がならべられた。そして、正月一五日から三日間つづく昼夜を分かたぬ観灯会、元宵節がやってくる。街中は灯火で明るく照らされ、寺院の仏像もライトアップされ、男女が連れ立って参詣したりして、夜の解放感を味わっていた。

公験が発給される

円仁は中国に入って一年半ほどの間に、まったく対照的な場所で年を越した。揚州と山東赤山浦である。揚州と比べて赤山はひなびた田舎である上に、新羅人社会という条件が加わる。年中行事のやり方も揚州とかなり違っていることがわかる。しかしこの赤山での足かけ九ヵ月は、円仁がつぎに飛び出していくために重要なステップであった。

円仁はここで、親身に応対してくれる一人の地方役人と知り合った。文登県の出先にあって赤山一帯の新羅人社会を管轄する、勾当新羅押衙の張詠という人物である。かれはおそらく漢人であろう。赤山院の円仁と文登県との間に立って、円仁の求法の夢がかなうように積極的に県にはたらきかけ、公験が発給されるように取り計らった。それのみか、後年円仁がぼろぼろの風体で赤山浦にやっとたどり着いたとき、張詠はなおその地におり、無事もどったことを心から喜び、安心して逗留するようにと労わった。そして大中元年（八四七）九月に、新羅の商船に同乗してこの浦を出立するとき、餞別まで出し別れを惜しんでくれたのも張詠であった。

このような地方役人がかれのために動いてくれたお蔭で、円仁は密入国者から晴れて公道を歩ける身になれた。張詠がなぜそうまでして円仁を助けたかといえば、円仁の求法にかける情熱や人柄とともに、新羅社会が背後にあったことの意味は大きかった。張宝高も側面から円仁のために動いているふしがある。いわば山東の新羅社会がかれの保証人となってくれた。これが揚州であったならば、バックもない円仁のために、これだけ動いてくれる人を捜すことはむずかしかったにちがいない。

さて、いよいよ円仁ら師従四名は赤山院をあとにする。文登県で青州までの公験を得、青州に向かった。青州には山東一円をまとめる平盧節度使の役所があり、そこで発給される公験ではじめて全国に通用する。三月二一日にここに着き、わずか一〇日後の四月一日にそれを手にした。ながく苦労したわりには、拍子抜けの体である。ここまで張詠の根回しが利いていたと理解してよいだろう。かれは官庁側から食糧その他物資の援助を受け、それらを途中で寄贈された驢馬に積み、勇躍北の五台山を目指して旅だった。

疲弊する山東・華北の農村

円仁が赤山浦を出発するに先だって、寺の人や村人が口々に忠告した。いま青州方面は蝗(いなご)が穀物を食いつくす被害が甚大で、人は食べるものがなく、盗賊が横行している。どうしても行くというのならば、秋の収穫期までまって出かけたらどうかと。その場合でも山東を避けた方がよい、という意見もあった。

じっさい円仁らが動き出してみると、想像以上の蝗害のひどさであった。蝗の集中発生は日照りともつながり、すでに数年前から、山東をはじめとする華北の東部がこの被害に苦しめられていた。そうした深刻なありさまを、かれは「比年（連年）、虫災あり。百姓は飢窮し、橡（とちの実またはどんぐり）を喫いて食と為す」（開成五年三月二日）、「黄虫は路に満ち、城内の人家におよぶ。地の脚を下すところなし。……黄虫は路に満ち、粟穀をくらいつくせり。百姓は憂愁す」（同年八月一〇日）などと筆にとどめている（史料の読みは小野勝年氏にしたがう。以下同じ）。

土地の人々の厳しい暮らしぶりは、旅人の身にはもっと厳しくおよぶ。行く先々で食事や宿を恵んでもらいながら旅をする円仁らは、ときに何軒も宿を頼んでも冷たく断られたり、怒鳴られたりした挙げ句、ようやく一軒に泊めてもらうことができた。また日中の食事でも「一撮みの塩、一匙の醬・酢すら、銭に非ずんば与えず」とか、「醬・酢・塩・菜を乞うも、まことに一色（一品）としてなく、湯も飯も喫うをえず」などという体験も味わった。一方、土地の寺はというと、仏殿は破壊され、僧

斎僧食品（敦煌莫高窟第236窟東壁門）　人々が僧に食事の施しをしている。しかし民衆自身が貧窮してくると、旅僧に食事や宿を恵む余裕もなくなる

房は俗人を泊める宿坊や旅籠に変わり、本来の寺院活動の姿が影をひそめていた。赤山法華院とその周辺のつつましやかで落ち着いた暮らしとは一変した現実が、そこにあった。

しかしそうした困難に直面しながら、円仁一行は結局のところ、心配された盗賊や追剝にあうこともなく、その日その日を無事くぐり抜け、多くの人々の施しを受けながら旅をつづけることができた。旅の途中において、路傍に乞食や餓死者をみたことも、人が人を食むような深刻な場面を目撃したことも記録していない。

円仁は接した人々をよく「道心」の言葉をもって判断した。道心とは仏道に精進帰依する心というのが本意であろうが、異国の旅の僧であるみずからに一椀の粥をめぐむときの心根、そこに込められた善意と心優しさに、かれは道心を見ようとした。それを基準としていえば、かれは日記に「道心あり」と書くほうが圧倒的に多かった。蝗害や日照りで疲弊した人々の道心に、円仁は仏教者として仏の教えの偉大さ、その浸透ぶりを実感したにちがいない。

唐代の旅と道と移動する人々——五台山への旅から

五台山への道すがら

開成五年（八四〇）四月三日早朝、公験を手にした円仁ら四名は青州を出立し、八日後、薬家口の黄河の渡し場に立った。対岸は遠く、眼前には黄濁した水が渦巻き、とうとうと流

五台山南禅寺大殿　円仁が訪れた当時は五台山信仰が隆盛で、各地の有力者や庶民の寄進によって巡礼路に沿って普通院が設けられ、宿や食事を提供した

れ下る。船賃が一人五銭（文？）で、驢馬が一五文であった。かれらは初めて経験するこの渡河によほど緊張したのだろう。北岸に着くと空腹を催し、昼食に恵まれた「粉粥（ふんしゅく）（麦や黍（きび）を粉状にした粥か）」を各人四椀も所望し、その家の主人をびっくりさせた。

さて、黄河を渡ればそこは河朔三鎮の一つ、魏博節度使の管内であった。その領内の貝州（ばい）を経て成徳軍節度使の趙州（ちょう）に進み、北上して鎮州（恒州）を過ぎる。そのあたりから道を左にとって、太行山脈の山中に分け入り、山中を行くことおよそ一〇日の五月一日、ついに霊場五台山の域内の大寺、竹林寺に到着した。青州から五台山までおよそ六〇〇キロを、かれらは一月も経たずに踏破した。

その当時、幹線道路には三〇里（約一七キロ）を基準に駅が置かれ、世話にあたる駅長や駅家（えきか）があり、馬や驢馬が配置される決まりになっていた。駅には駅館があって宿泊もできる。ただしこれらは公務を帯びて動くものに供され、原則として民間人は利用できなかった。しかも唐も後半期に入ると、地方と中央との使者の往復や軍事的な伝達が頻繁化して、駅館や馬あるいは通行の世話にあたる駅

五台山に巡礼する人々（敦煌莫高窟第61窟）

家を増大させ、駅伝制が次第に崩れはじめた。そうしたこともあってか、円仁の日記には駅伝にかんする記述はまったくない。

しかし、その行程において、幹線ルートをはずれ山側に近づくころから、従来知らない施設の名前が出始める。地名をその上に冠する普通院というものである。河北曲陽県にある八会寺（はちえじ）という寺院に設けられた上房（じょうぼう）普通院を皮きりに、円仁は五台山の巡礼の道筋にある計二一ヵ所の普通院の名を日記にのこしている。普通とは仏教用語で僧俗分け隔てなくという意味であろうか、寺で亡くなった僧侶や行き倒れになった旅人を火葬し、遺骨をまとめて納める石塔を普通塔とよぶのがその例である。円仁は普通院について、「僧俗を論ぜず、来り集まりてすなわち宿る。飯あればすなわち与え、飯なければ与えず。僧俗のおもむきて宿ることを妨げず」と説明する。

とはいえこの普通院は、広く全国に見られたのではなく、ここ五台山にかかわる圏内に集中する。それらは巡礼の道にそって、半日の行程にあたる一〇から一五キロほどの間隔をとって置かれ、各院には僧侶がおり、院主が管理と接待にあたり、食費や宿泊は無料が原則であった。このような運営を背後で支えるために、恒常的に寄進を行う各地の有力者や一般庶民がおり、かれらから寄進を募って動く送供人とか供養主とよばれる職業的な勧進主が存在したことが知られている。

円仁が解脱普通院という施設に泊まったときのこと、送供人に引率された僧尼・女人百余人の一行と同宿になった。送供人はこのように多くの信者を募り、五台山信仰の布教者でもあった。この事例から、夏場に山中はこうした参拝団や円仁らのような少人数グループで賑わっていたことが推測でき、五台山信仰の興隆ぶりが強く印象づけられる。

五台山信仰と円仁

円仁は入唐時、師の最澄が訪れた天台山行きを希望したが、赤山法華院に行って、五台山巡礼に方針を変更していた。山東からは五台山が天台山より近く、そのうえ天台宗の高僧、志遠が五台山にいると教えられたからであるが、それに加えて、中国に来て知った五台山信仰の広がりもその決断に無縁ではないだろう。じっさいそこに近づくほど、巡礼団など人々の寄せる信仰の強さにふれることになった。

五台山は山西省の東北部に位置する古来からの霊場であった。主峰は五つあり、頂には樹木がなく、険峻さとはちがうなだらかな台状をなすことにその名は由来する。そのなかで北側に、三〇〇〇メートル級の四峰（西台、中台、北台、東台）が連なり、やや離れた南の南台との間にかこまれた谷あいに、唐代には一〇〇を越える多くの寺院が営まれた。

五台山に仏教がいつ入るかについては諸説あるが、北魏の孝文帝がその始まりにかかわっ

文殊変（安西楡林窟第25窟西壁門北）　五台山は北魏の頃から文殊信仰の聖地とされ、玄宗朝には密教と結びついて更に信仰を集め、東アジアの霊場となった

たといわれ、北魏の後半期には、智慧をつかさどる文殊菩薩（文殊師利）の聖地としての認識が定着しつつあった。『華厳経』によると、東北方の清涼山に文殊が住むとされ、そこに説かれる清涼山が五台山のもつ景観や神秘性とうまく重なったからである。

　五台山文殊信仰は、隋唐期における仏教の隆盛と歩調をあわせて広がるが、とくに玄宗朝になって、仏教界の大立て者として君臨した密教の不空（不空三蔵）が、ここに金閣寺を建立して文殊信仰と密教とを結び合わせたことが大きかった。この金閣寺の建立のために銭巨億万が用いられたという。不空は五台山仏教をみずからの権威づけに用い、一方文殊信仰は、各地の主要寺院に造られた文殊閣（文殊師利菩薩院）をとおして、全国に普及することになる。

　文殊信仰の一大聖地、五台山のことは遠くインドまで知られた。こんな話がある。密教僧の仏陀波利というインド僧が、儀鳳元年（六七六）に文殊を求めて五台山を訪ね、文殊の化身なる老人から、人々を救済する陀羅尼経をインドからもたらすようにと求められた。七年後かれはインドから持ちかえったその原本を、『仏頂尊勝陀羅尼経』に漢訳しおわると、原本を携えて五台山の金剛窟に入り、人界を絶ったという。

また、チベットの吐蕃王が五台山絵図を求めて来り、留学僧として長安で活躍した日本人僧の霊仙が、後半生を五台山に埋めたように、東アジアの霊場として定着していた。霊仙は金閣寺に滞在中、みずからの手の皮膚を長さ四寸、幅三寸にはぎとり、そこに仏像を描いて奉納する形で信仰への証しをたてたことを、円仁は記録にとどめている。

円仁は五月一日から一五日まで、竹林寺にとどまって旅の疲れを癒した。一六日から志遠禅師のいる大華厳寺に移り、六月末までの一月半をここに居を定め、志遠から教えをうける一方、その書斎にある蔵書を筆写したりして過ごした。かれは五台山の自然や文殊信仰がかもす霊験にふれて感動する一方で、天台宗の教えも学びなおす機会をもち、そのかたわら、五月の二〇日から二三日の四日間で、南台を除く四峰を軽々と踏破した。

公験と過所——五台山信仰の裏で

円仁はこのようにして五台山で所期の目的を達すると、秋の訪れを察知したかのごとく七月一日には大華厳寺を離れ、不空の開いた金閣寺に立ち寄り、のこるもう一峰（南台）を越えたのち、いよいよ長安への途についた。

かれは旅行中、関所のことには格別の言及をしていないが、当時交通上、軍事上の要衝には関所があり、令・丞以下の役人が配置され、人と物の動きをチェックしていた。関所には陸上の関のほか、河川の橋や船を押さえる津があり、その数は唐代で一六〇を越える（廃止された関津（かんしん）を含む）。代表的なものを、円仁の行路にかかわるところで示すと、五台山から下りてきて太原に行く途中に、頑丈な城壁をもった石嶺（せきれい）関があり、また八月一三日に蒲州（ほ）（河中府。山西省）から黄河を渡ったさいの蒲津関があった。蒲津関は両岸に設置した鉄牛と鉄柱から鉄の鎖を渡し、それに何艘もの船を結んで並べ、その上に板をわたして渡る船橋であり、両岸で役人が監視していた。

これらの関津を通るのに、円仁がしごくあっさり書いているのは、平時のため関所側が簡単にかれらを通過させたこともあるだろう。ただそれも、身分を証明するものがあったればこそである。青州で平盧節度使が発給した公験のお蔭で、かれらは何事もなく旅をつづけられたのである。

公験を身分証明書といったり旅行証明書と表現してきたが、これとは別に、その当時もう一つの同様の証明書があった。それを過所（かしょ）という。当時公務をおびて旅行する場合、国が伝符や勅符などとよばれる証明書を出したから、公験や過所は民間人が私的、非公式な旅行で使うものであった。原則的にいえば、公験は地方の州や県の役所で発給され、その管内を動くための証明書、一方過所は、州を越えた広域の行動に対応し、中央の刑部（法務省相当）かないしは地方の州レベルが発行した。

さらに両者の関係をいうと、本来の旅行許可証となるのは過所であり、公験は後発のものであった。過所の起源は、漢代の棨（けい）とよばれる通行証あたりに求められ、魏晋期以降から過所の名が定着し、隋唐時代におよんだ。これにたいし公験が登場するのは唐代、それも安史の乱以後の藩鎮分立、地方が独自に動き始める段階から利用が本格化する。人の動きが活発化する時代の趨勢に対応し、また旅行者から通行税を取ったりする必要などから、藩鎮側が柔軟に公験を出しはじめ、いつしかそれが過所と同じ役割を果たすようになった。円仁が与えられた公験は、そのようにして位置づけが定まった旅行許可証であった。

過所と公験はこうして唐後半期に併存したのち、つぎの五代になると過所が姿を消し、公験に一本化され、宋代には公憑（こうひょう）と名を変える。両者の交代はとりもなおさず、過所に集約されるところの、国家が人民を土地に縛り、一元的に管理する時代の終焉、そして人や物資が大きく移動しはじめ、地方ごとにゆるやかに管理する新たな段階の到来を物語るものであった。

そうした意味からいって、過所は魏晋から隋唐まで連なる時代の所産であった。見方を変えれば、お伊勢参りならぬ五台山参りが盛んになるのも、過所に代わる公験の発展、優勢化の動きと底流ではつながっていたのである。

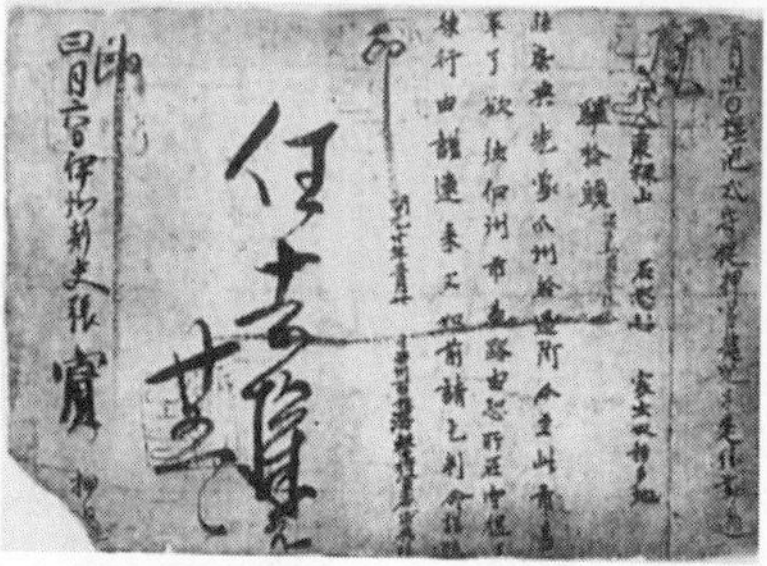

西州百姓石染典過所（トゥルファン文書　唐開元20年〈732〉）過所の起源は漢代の通行証といわれる。中央の大字は発給者のサイン

会昌の廃仏とその背景

長安の円仁

円仁一行は開成五年（八四〇）八月一三日、蒲津関を渡り、念願の関中の地に立った。それから九日後の八月二二日、長安の東の春明門から城内に足を踏み入れ、中心にある大興善寺に旅の荷物をおろした。そして翌日、左街功徳巡院（永興坊？）に出頭し、一行の氏名と都に来た目的を申告、滞在中の寄寓先の手配を求めた。その結果、崇仁坊の資聖寺という寺の一棟が宿舎にあてがわれた。かれらは以後長安を離れるまでここに住みつづけることになった（二一四頁図参照）。

左街（街東）は長安城内の中心軸である朱雀門街の東側を指し、西側が右街（街西）となる。すでにふれたように（二二三頁）、都の行政は、長安城内とその周辺をあわせて東が万年県、西が長安県で行われた。ところが安史の乱以降、都の行政体系が崩れるなかで、これとはべつに功徳巡院が置かれ、城内の行政全般にかかわることになり、その責任者である功徳使に宦官のトップがすわった。宦官はこうして神策軍の権限とあわせて、八世紀末ころまでに、軍事民政の両面から首都を完全に掌握するに至った。

その後、功徳使は宗教面にも縄張りを広げ、人事にかかわるようになる。円仁らが長安に来てまず功徳巡院に出頭したのは、そのような事情からであった。最初に泊まった大興善寺が左街にあり、また東方から来たことも関係してか、かれらは左街のそれに申請し、左街の資聖寺があてがわれた。時の左街功徳使は甘露の変に登場した宦官の頭目、仇士良であり（一三二頁）、皮肉なことにかれは仏教の熱心な保護者であった。そのため武宗による廃仏行動は、仇士良がなくなる会昌三年（八四三）六月をまって本格化する。

さて、円仁はいよいよ精力的に動きはじめる。かれがここで目指したのは、もちろん正統密教の修得と、それに付随する曼荼羅の図像や修法道具、および仏典などを整えることであった。かれはそこで大興善寺の元政から金剛界法、空海も学んだ青龍寺で義真から胎蔵界法と蘇悉地法、そして玄法寺の法全から胎蔵界法を学んだ。曼荼羅図も完成した。さらに修法・教説のために必要な悉曇（梵字）学も修得した。こうして一年後の八月帰国申請を出すが、ずるずると日を延ばされ、それから四年も待たされたのである。

そもそも密教とは秘密仏教、仏教秘密の教義のことである。インドではじまった仏教は民間の供養法や呪文（陀羅尼）などと結びつきながら広まり、仏典にもそうした要素が浸透した。それを雑密（雑部密教）とよぶ。これにたいし七〇〇年ころからおよそ半世紀間のインドにおいて、ヒンドゥー教の発展などに影響をうけ、仏教における密教的要素を大日如来の教説として体系づけた教えが急速に広まった。それが東アジアに伝わり、人々の心をとらえた密教＝純密（純粋密教）となる。これは釈迦の教えにもとづく小乗・大乗仏教とは本質的にちがう、新興新来の仏教であった。

密教経典を代表するのが、胎蔵界を説く『大日経』と金剛界を説く『金剛頂経』である。前者は中インドの善無畏が陸路唐を訪れて訳出して、弟子の一行がそれを継ぎ、後者は南インド出身の金剛智とその弟子でインド人（一説にスリランカ人）の不空（不空三蔵）が、海路で唐に来て訳した。この両界でいう仏の世界を、それぞれ図で表現したのが曼荼羅であった。この新たな密教は、玄宗朝の早い時期に前後して伝えられたのち、不空が玄宗・粛宗・代宗の三代にわたって信任され、密教の黄金時代を招来させた。空海や最澄そして円仁らが目指したのは、このようにして流布した密教であった。

膝元からみた会昌の廃仏

仏教は中国に伝来して以来、しばしば弾圧を受けた。そのなかには、三階教のように一宗派が潰された例は別にして（四二頁）、仏教全体が存亡の危機に立たされる大規模な弾圧が四度あった。初回が北魏の太武帝による廃仏（四四六年）、二回目が北周の武帝時（五七四年—五七七年）、ひとつ飛んで四回目が後周の世宗のもの（九五五年）であり、そして三回目が円仁も巻きこまれた唐の武宗の会昌の廃仏であった。これらは弾圧時の皇帝名から三武一宗の法難と総称される。

会昌の廃仏は正史『旧唐書』や『資治通鑑』によると、武宗の会昌五年（八四五）の四月から八月の段階に断行されたとある。その結果、天下の寺院（勅額寺）四六〇〇ヵ所、蘭若（小寺）四万ヵ所が取り潰され、僧尼二六万五〇〇〇人が還俗し、また寺が所有した肥田数千頃（一頃は五・八ヘクタール）、奴婢（男女奴隷）一五万人が国家に没収された、と記録される。その過程で、仏教以外の外来系宗教であるマニ教やゾロアスター教が邪教として潰された。この時期全土に廃仏毀釈の熱風が吹き荒れたのである。

しかしこうした動きは突発的に起こるものではない。先行して反仏教の気運が官民間に醸成されていて、最後にそれを突き破って廃仏の嵐となる。円仁は高まってくる険しい空気を肌で感じながら、じっと事の成り行きを見守っていた。かれの記録によると廃仏への第一歩は、会昌二年（八四二）三月に、宰相の李徳裕が僧尼の管理を厳密に行うように進言したことであり、一〇月になると、逃亡兵や犯罪者や妻子持ちなどで僧籍にあるものは還俗させ、僧尼に寺門から出ることを禁止する命令が下り、長安城内では約三五〇〇人が還俗となった。

翌三年になると外国僧への監視もきつくなり、滞在者の氏名や滞在理由の届け出が義務づけられた。その時点で左街に居残っていた外国僧は、天竺（インド）僧、師子国（スリランカ）僧、新羅僧、亀茲僧、それに円仁ら日本僧の二一名であった。おそらく大部分の外国僧はすでに危険を察知して退去していた。円仁の方は、山東で発行された公験が都に入った時点で失効しており、新たな過所ないし公験が出ないかぎり動けなかった。

会昌四年（八四四）に入ると、仏教に代わり道教への肩入れが目立ちはじめた。武宗は宮中に九天道場を造って道教の神々を祀らせ、七月の仏教の盂蘭盆会時には、道教の興唐観で天尊（道教神）を祀らせる。また天神と交感して仙人になる仙薬をつくるために、宮中に望仙台を築かせた（一三一頁図参照）。その高さ一五〇尺（約四五メートル）、市街からも突出した山のごとき姿が望まれたという。これら一連の仏教排撃と道教崇拝を進める中心にいたのが、道士の趙帰真であり、李徳裕がそれを側面で支えた。望仙台が完成し、これで仙人になることができるのかと問われたとき、趙帰真は「頭を低れて語らず」であったと、円仁は裏話を伝えている。

会昌の廃仏の背景と意味

会昌の廃仏は歴史にのこる大仏教弾圧事件であった。唐代をつうじて社会にふかく浸透し、強大な教団を築いていた仏教界は、これによってもろくも崩れていく。公式の記録では会昌五年の数ヵ月間に吹き荒れた嵐が廃仏の本番とされるが、じつはその数年前からそこに向かう流れが準備されていたことを、円仁の記録が教えてくれた。かりに禁足令が出ていなければ、円仁は持ち前の好奇心を発揮し、廃仏の現状をもっと克明に伝えてくれたはずである。

会昌の廃仏の意味を、道教に傾倒した武宗と趙帰真ら道士たちとの策謀、という構図で片付けるのは平板にすぎるだろう。必ずしも反仏教主義ではない李徳裕がそこに加わっている。かれは牛李の党争の一方の旗頭として、現状改革に熱心であった人物であり（一三三頁）、財政の立て直しを期待されて、開成五年（八四〇）九月に宰相に復帰した。地方在任中、仏教界の腐敗を目の当たりにしていたかれが、寺院に隠された人と財産に目を着けるのは当然の成り行きであった。仏教側にもそれを招く素地があったのである。

それに加えて、武宗が皇帝になったころ、唐の周辺で大きな事件が発生した。まず八四〇年に、北のウイグル（回紇）が内紛や天災のはてに、キルギス人の急襲を受けて分解した。

その分派の動きも、唐は会昌二年（八四二）末頃までに抑えこむことに成功した。ほぼちょうどその時期、もう一つ大きな知らせが飛びこんできた。チベット吐蕃のダルマ王が死んだとの報告である。ダルマ王は仏教弾圧を進めたあげく、反発した僧によって暗殺され、これを契機に吐蕃は内紛状態に突入していく。かくして唐は、長年苦しめられてきた二つの国外勢力の重圧から、一挙に解放されることになった。

そして会昌三年（八四三）三月、当時ウイグル可汗に和蕃公主として降嫁していた太和公主（たいわこうしゅ）（憲宗の娘で武宗のじつの叔母）が、長安にもどった。唐側はこれをうけて四月、ウイグル人が信奉するマニ教の弾圧に乗りだし、寺院の破壊と資産の没収を断行し、マニ僧を殺害した。殺害にあたりマニ僧は、剃髪し袈裟を着せられ、仏教僧の形をとらされた、と円仁は伝える。

ペルシアに成立したマニ教は、七世紀の末に唐に伝えられ、安史の乱後に長安からウイグル社会にもたらされ、国教の扱いをうけた。以来マニ教は、唐で狼藉をはたらくウイグル人とダブらせて憎しみの対象とされ、ウイグル解体とともに、積年の恨みを晴らす場に引き出されるのは避けられなかった。そればかりではない。マニ僧を仏教僧の形に仕立てたことが事実とすると、同じ外来宗教の仏教がたどる運命も予告されていた。マニ教弾圧は仏教弾圧の前哨戦、あるいは排外行動への狼煙（のろし）とも理解できるのではないか。

武宗は道教に傾倒した強硬な反仏教主義者であった。しかも仏教界は腐敗・肥大化し、一方で国家財政が困難をきたす現実があった。しかしそれだけの条件が揃っていたとしても、おいそれと廃仏までは進めない。仏教は広くふかく社会各層に浸透しており、宦官仇士良のような有力者も信者として宮中にいた。そうしたときに廃仏に向けて後ろをつよく押したのが、ウイグルと吐蕃の崩壊であり、その結果国内に高まる排外国粋の力をバネに、廃仏まで突き進んだとみることができる。会昌の廃仏はその意味で民族主義的な行動であり、宋代に連なる第一歩であった。

円仁は大変な辛酸を嘗めるが、半面、中国史、否、東アジア史の節目に立ち会うという貴重で幸運な体験をした。唐で栄えた仏教は、密教や五台山信仰もふくめ、廃仏を境に一気に衰退に向かう。その廃仏直前の最後の光彩を放った時期を、かれは仏教者として生き、またまさに崩れ去らんとする現場も実見した。『入唐求法巡礼行記』はそうした歴史の生き証人が後世に伝えた記録として大切にしたい。

廃仏のなかの寺院の姿――法門寺と雲居寺を例に

法門寺と舎利供養

廃仏の動きが表面化する前、長安に入った円仁の目を引いた寺院活動の一つに、仏牙供養（ぶつげ）があった。仏牙とは釈迦の骨とされる仏舎利のことである。会昌元年（八四一）二月八日の記事によると、城内には大荘厳寺（だいしょうごんじ）（永陽坊）、薦福寺（せんぷくじ）（開化坊）、興福寺（修徳坊）、崇聖寺（すうせいじ）（崇徳坊）の四寺に仏牙があり、なかでも薦福寺の仏牙は仏牙楼に収蔵され、三月八日の開帳には多くの僧俗を集めて、供養はことのほか盛大であったという。

そしてもう一つ、円仁は仏牙にかんする貴重な記事をのこしている。すでに廃仏の動きが確実となった会昌四年（八四四）三月、仏牙供養を禁止し、あわせて五台山や法門寺など仏指（舎利）をもつ四霊場に巡礼し供養することを厳禁する、というお達しが出たことである。このことから、当時における舎利信仰への熱狂ぶりや、五台山巡礼などの背後にあるその影響をうかがうことができるが、同時に唐代仏教の一面にこうした信仰の形があることは注目されてよい。いまここに法門寺の名があがったが、それに関連して紹介しておきたいことがある。

半壊した法門寺塔（陝西省扶風県法門鎮）　この塔が倒壊したあとの塔基部分に地下室があり、中から金銀器など大量の宝物が発見された

時代は飛んで二〇世紀の後半、一九八七年の春のこと、西安から西に一二〇キロの田舎町、陝西省扶風県法門鎮にある崩壊した寺の塔を発掘調査していて、塔基部分に地下室＝地宮が見つかった。扉を開けたところ、室内に金銀器（三七八頁写真参照）や陶磁器をはじめとする大量の宝物がぎっしりと詰まり、その中心に四つの指骨形をした仏舎利が、舎利函に納められていた。幸いそこに二枚の碑文がのこされていた。一枚は宝物埋納の経緯と寺の略史を述べた「真身誌文」碑、もう一

法門寺舎利及び舎利容器　1987年の発掘調査で見つかった舎利と舎利容器。874年に封印されて以来約1100年ぶりに現れた「中国の正倉院」＝法門寺地宮の秘宝

枚は埋納宝物のリスト「衣物帳（いぶつちょう）」碑であった。

両碑の解読をつうじ、まずここが唐の法門寺の所在地であったことが確認できた。その上で、咸通（かんつう）一四年（八七三）に法門寺の舎利が長安に運ばれて供養されたこと、そのさい時の皇帝懿宗（いそう）以下の関係者が喜捨した品々がこれらの宝物になること、これらが最終的に埋納されたのが翌一五年正月四日であったこと、などが明らかとなった。八七四年に閉じて以来、それらは一切手つかずの状態で発見されたこともわかった。こうした点をふまえ宝物一つひとつを見ていくと、金銀器は宮中の工房で製作された第一級品であり、なかに当時流行しはじめていた茶道具一式もふくまれるという新たな事実も次々と浮き彫りになり、まさに「中国の正倉院」の秘宝としての評価が定着するに至っている。

法門寺の歴史は西魏の末の五五五年頃からはじまるが、本格的には唐に入ったところからである。その時以来、寺は二つのことを売り物にした。一つは寺の舎利は真身、つまり釈迦の本当の骨であること、もう一つは舎利は三〇年に一度、地宮から取り出して開帳し、そのさい舎利を拝したものは大変な利益が得られること、であった。そしてそのとおり三〇年一開をほぼ守り、歴代の皇帝たちの帰依を受け、唐における舎利信仰の代表格に崇められた。こうした過程を経て、円仁の記録した会昌四年（八四四）におよんだ。この年か翌年、おそらく法門寺の塔と地宮は徹底的に破壊されたはずであり、真身舎利もまた壊された可能性が考えられる。

ただし寺側はそれを認めない。幸いにも破壊を免れ、地宮の地中から再発見されたとして、咸通一四年（八七三）の舎利供養となったのである。その間ちょうど三〇年であった。

法門寺は皇帝とつながったため、政治の場に引き出されることもあった。元和一四年（八一九）の舎利供養では、韓愈が「論仏骨表（仏骨を論ずるの表）」を提出し、夷狄の仏骨＝法門寺舎利を崇めることの無意味さを説いて、憲宗の怒りを買い、南方に左遷されたことは有名な話である。円仁はそれと逆の立場で、法門寺の舎利の置かれた状況を見つめ、記録にとどめたのであった。

地方の廃仏と房山雲居寺の石経

法門寺を始めとする関中の諸寺院は、武宗の廃仏の影響をもろに受け、大きな被害をこうむった。法門寺はその嵐がすぎさって約三〇年後、また三〇年に一度の舎利供養を行なえるまでに曲がりなりにも復興するが、これは例外中の例外、ほとんどは破壊されたまま放置されたはずである。

一九八五年、西安から東の臨潼県にあった唐の大寺、旧慶山寺の敷地で、金銀のすばらし

菩薩比丘像槨及び須弥座（陝西省臨潼県新豊鎮慶山寺址出土　臨潼県博物館蔵）　慶山寺は廃仏で壊されたため、寺塔地宮に舎利槨などが放置された

い舎利函や財宝類をもつ地宮跡がみつかった。それは会昌の廃仏によって地宮だけが破壊をまぬがれたが、その後寺の復興もないまま忘れられた残骸であった。

関中以外でいうと、あれほど信仰を集めていた五台山の寺々が、見るも無残な姿をさらすことになったところに、その代表例をみることができる。そのため今日、往時を伝える建物はほとんどのこされていない。廃仏の狂気のなか、僧侶たちは難を避けるために隣の幽州（現在の北京）を目指したが、幽州側は関を閉ざし受け入れなかったという。幽州といえば唐朝から半ば独立していた河朔三鎮の一つ、幽州節度使を指す。廃仏にも一定の距離があってよいはずであるが、実際はそうではなかった。

さらにそのことに関連して、この幽州節度使の管内にあった一つの寺に注目してみたい。北京から西南に直線距離で六〇キロほどの山中にある房山雲居寺（ぼうざんうんきょじ）、五台山から比較的近接した寺である。すでに言及したように（二三四頁）、この寺を有名にしたのは、房山石経とよばれる刻経事業であった。

隋代の幽州にあった智泉寺の僧静琬（じょうえん）が、七世紀の初め、弟子や信徒を率いてこの山中に入り、洞窟を開き、仏典を石に刻む仕事に着手したところから、寺の歴史は始まる。洞窟は全部で九洞あった。かれはその中心の第五洞、通称雷音洞の前にのこした碑文で、こう宣言する。すでに末法の世が到来して久しく、民衆たちは仏法という灯りを失い、暗闇のなかで苦しんでいる。したがって未来に向けて、末法の劫火にも焼けない石の経典をのこすことが自分に課せられた使命であると（左写真）。

静琬の篤い護法への思いは、その後弟子たちに受け継がれ、唐代をつうじて約四二〇〇点もの石の経版が刻出された。なかでも圧巻は、長いインド・西域への旅からもどった三蔵法師玄奘によって初めて訳出された最大の仏典、『大般若波羅蜜多経』六〇〇巻が、石経として唐代に大半完成したことである（最後の一部が遼代にまわる）。

雲居寺静琬題記　唐貞観２年。末法到来「七十五載」と刻まれる

各石経は、ほぼ高さが二メートルで幅六〇センチの石板（石碑）、その表と裏にびっしりと経文が刻まれる。作業は玄宗の開元の末ころから着手され、天宝年間（七四二―七五六）になって一気に本格化した。以来一時的な停滞はあっても休止せず、唐末までおよんだ。その間の合計が一一一七枚、単純に計算して年平均七枚程度は造られた。

房山刻経事業と会昌の廃仏

『大般若経』の石経化という大事業に協力したのは、幽州節度使安禄山の膝下で目覚ましい発展をとげる幽州（范陽郡）の商人たちであった。かれらは同業組合として沢山の「行（こう）」をつくっていた。そして行のなかに信仰の集まりとして社（講に相当）を結成し、その単位ごとに醵金（きょきん）を募り雲居寺に届ける。寺ではそれを受け付けると、すでに用意されている『大般若経』の石板の隅に、寄付者の行や社および世話人の名前を題記として刻み、山の洞窟にしまい入れた。

寺側が息長い仕事のために、新興の商人層に目をつけたのは正しかった。六世紀の半ばころから、河北や山東をはじめ華北各地に刻経事業が広くみられた。しかし雲居寺を除いてはいずれも短期間、一過性で終わっていた。これにたいし雲居寺は、静琬以来在地社会との結びつきを重視し、そのことが継続的な事業の展開を可能にした。商人層を巻き込んだのも、そうした蓄積があったからであろう。こうして寺側は事業継続の資金を確保し、商人たちは信仰の証を石経という確かなものの上にのこし、後世に当時の信仰の広がりと商業活動の実態を伝えることになった（二三三頁写真）。

その大事業も、会昌の廃仏の被害を免れられなかった。しかし嵐が過ぎたのち、新たに寺に集う巡礼者たちの支援を得て、一時盛り返すも、唐末衰亡に向かう。それからここが、再び世の注目を集める時期が到来する。燕雲（えんうん）十六州の一角に組み入れられたつぎの遼代、一一世紀になってからである。ちなみにいうと、遼朝治下で雲居寺の石経事業は国家的な援助をうけて大きく進展するが、その経典の底本は、遼代に編纂された幻の大蔵経、『契丹大蔵経』であった。それらは膨大な数にのぼり、もはや山中の九洞には収めきれない。雲居寺はそこで山下の境内に地下室をつくり、それらを収蔵したのであった。今日確認されているところでは、遼代とつぎの金代をあわせて、一万八二枚に達したという。

それはさておき、会昌年間になって刻経は停滞した。その理由は中央で始まった武宗の廃仏による影響とみてほぼ間違いない。五台山信仰がそうであったように、信仰問題は政治的な境域を越えて作用しあう。まして九世紀も半ば近くになると、河朔三鎮も半独立とはいえ、唐中央との関係をふかめていた。会昌の廃仏は幽州側にとっても、まったくの対岸の火事ではなかったのである。

法門寺と雲居寺は対照的な寺院であった。両者はまつられる対象も支える基盤もまったく異なる。所在も中央に近い関中と華北の東端と、東西ところを異にする。しかしながらともに隋から唐という時代のなかで成立し、発展をとげたのち、会昌の廃仏で大きな転機を迎えた。その意味からいえば、両寺の信仰形態はまぎれもなく隋唐という時代に規定されたものであった。隋唐仏教とは、このように多彩で個性的な信仰を包摂したところに存在したことに留意しておきたい。

第九章　東アジアの国々の動向

隋唐王朝と東アジア諸国

東アジアの民族移動の果てに

ヨーロッパが四世紀、フン族の西進に刺激されてゲルマン民族大移動をはじめたほぼ同じ時期、東アジアにおいても、それに勝るとも劣らぬ民族移動が繰り広げられたことは、どこまで知られているだろうか。

今日、フン族の源流が、北アジアに最初に登場した騎馬民族匈奴、その一世紀半ばに南北に分裂した一方の北匈奴に連なることは、ほぼ定説となっている。のこる南匈奴こそが、四世紀に本格化する五胡の華北進出の先頭を切った匈奴である。これに触発されて、華北の漢民族が大規模に長江方面へ移住し、江南にいた越系その他の先住族が、押されて南方や山中奥深くへと移っていく。

民族移動の波はまた北から東方にも及んだ。まず匈奴が去ったのちの北アジアの草原地帯に、五世紀の初め、東の大興安嶺北方にいた柔然（蠕蠕、茹茹）が進出して、その全域を押さえた（以下三二一頁図参照）。モンゴル系の本格的登場である。下って六世紀の半ばになると、西のアルタイ山脈の西南山麓にいた突厥が力をつけ、柔然に代わって北アジアの支配者となった。その後中央ユーラシアへと広がるトルコ系民族の原点は、この突厥が柔然から自立した時期に求められるが、ともあれ、これら北アジアの一連の動きは、匈奴なき後にはじまった諸民族の再編とつながっていた。

東北から東に目を転じよう。五胡による中国国内の分裂の結果、楽浪郡や帯方郡などの中国側の拠点が撤退し、一方では五胡政権の一つ、後燕が東北へ進出した。これらの動きに刺激されて、東北部（旧満州）にいた高句麗が南下を進め、半島北部に勢力をのばした。対抗して半島南部の韓族の動きも活発化し、百済と新羅に大きくまとめられ、朝鮮三国の鼎立が確定した。それに連動して、日本列島にも大陸・半島から人も文化も流入し、弥生時代から古墳時代への進展を促し、つぎにくる国家（王権）の基盤が用意された。

なお、匈奴に端を発する民族移動を本格化させ、最後にその主役に躍り出たのが、大興安嶺の南部にいた鮮卑系諸部族であった。最初は慕容部や宇文部などが動き、最後に拓跋部が華北農耕地帯に進出して北魏をたて、漢民族との融合をへて隋唐王朝へと至る道筋が開かれた。他方、鮮卑族の一部は西にも進み、慕容部の一支族が隴西（甘粛省）・青海（青海省）で、土着のチベット系住民を配下に収めた国をたてた。吐谷渾である。これも民族移動の産物であった。

このように五胡時代以降の数世紀にわたる民族移動のあげく、中国本土に隋による全国統一が実現するころ、それぞれの民族ないし国家の配置がほぼ定まった。隋という中心軸が確定することで周辺の位置が確定するという構図は、つぎの唐においてさらにはっきりし、東アジア世界という大きなまとまりを形づくった。隋唐国家がこうした民族移動の流れの先に登場したことがわかれば、その国際性の豊かさもおのずと明らかになるだろう。

羈縻と冊封

漢代以降、中国の王朝はその領域的支配を安定させ、また国際秩序を形成するために、領内に取りこんだ諸民族やその外周の国々と、広く羈縻と冊封の関係を結んだ。そしてその関係（政策）がとくに大きな役割をはたすのが隋唐期であり、唐の滅亡後にくる民族意識の高まりとともに、政治的国際的な効用は失われることとなった。羈縻と冊封はそうした意味からいっても、隋唐までの時代性に規定されたシステムであったということができる。

羈縻とは馬や牛の鼻面にかけた綱（手綱）のこと、人はそれによって牛馬を統御する。つまり、牛馬（異民族）はその綱のおよぶ範囲内の自由さを認められるが、それを越えて外に踏みだそうとすると、統御者（中国王朝）によってつよく押さえられることを指す。羈縻政策が定着した唐朝では、各首長を、その配下の部族民との統属関係を認めたままで、都督や刺史や県令に任じる形をとった。唐の統治体制下に組み入れつつ、他方で固有の習俗や自治を許し、その上に都護府という機関を置いて軍事的に睨みを利かす間接統治である。都護府は設置の事情や時期などは異なるが、最終的に六つの機関として周辺に配備された。

記録によると、唐代に設置された羈縻州が八五六あったという。たいする一般の州数が三

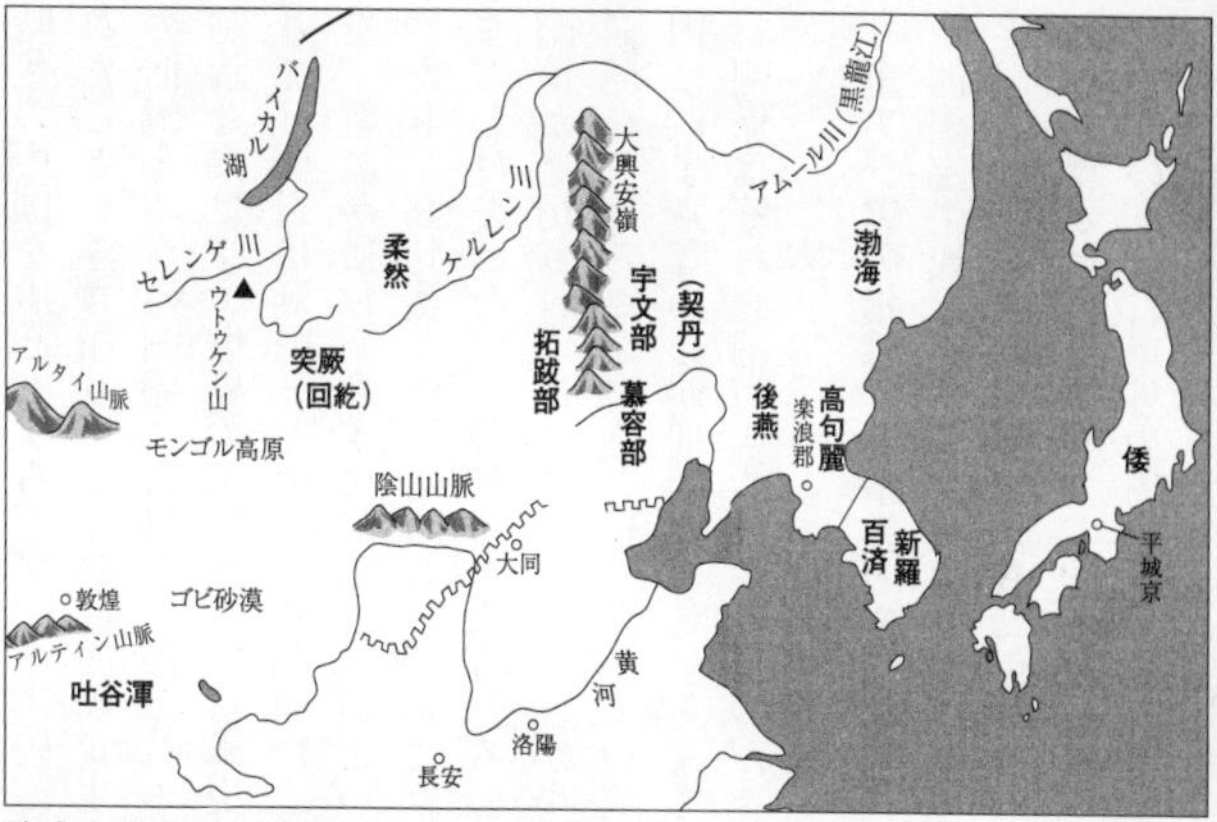

隋成立前後の時期の東アジア民族地図

五八であるから、その数の多さがわかるだろう。このことは、唐が異民族に細かく対処したことを示すだけでなく、異民族をより細分統治して一本化をはばむ措置が施された結果でもあった。こうした状態にあっては、強力なリーダーが現れないとなかなか唐に刃向かうことは難しい。今日中国政府の自治区、自治州などによる少数民族政策は、このようなところに淵源をもつ長い伝統に裏付けられた手法であった。

つぎに冊封である。本来それは冊書（辞令書）によって王位や高位の官に任命（封建）することを指す。ただしここでは、中国皇帝が周辺国の君長に、その領地にかかわる王号によって、領土の独立した支配を公認する一方で、中国王朝の爵位（王公侯伯子男の爵位）や官位（散官）などの位階を与えて、皇帝と君臣関係を結ぶ構造で論じられる。隋唐時代の中国を中心とする東アジア国際関係が、この冊封にもとづく秩序原理に大きく規定されたことを浮き彫りにしたのは西嶋定生氏であった。西嶋氏はとくに隋唐王朝と朝鮮三国との冊封・朝貢の関係に着目し、倭（日本）がその圏外に位置したことを説くなかで、冊封体制論と東アジア世界論を展開し、日本史研究者も巻き込むテーマを提示した。

　では冊封は羈縻とどのような関係に立つのだろうか。一つの理解は、冊封が農耕・定住系を、羈縻が遊牧系を主に対象としたということになる。ただ突厥や吐蕃の遊牧系に冊封があったり、高句麗を倒したのちの朝鮮に羈縻州が設けられたりと、すべてがその基準に当てはまるわけではない。むしろ考えられるのは、隋唐王朝との距離、より服属度が高い場合に羈縻策が適用され、その外側で独立性がつよい場合に冊封されるということである。中国側は領域を広げるなかで抱え込んだ多くの異民族を、羈縻という形で間接統治下に置き、その圏内に収まらないのが冊封になる。とすると、本来中国側が追求したのは羈縻関係であり、冊封関係はそれを補完する位置にあったことになる。

東アジアの指標――宗教と文字

西嶋定生氏は東アジア世界をつらぬく原理を冊封体制で説明する一方で、中国に発する漢字、儒教、律令制、漢訳仏教（中国化した仏教）の四つを東アジア共通の指標として提示した。したがってその東アジアとは、中国―朝鮮―日本、場合によっては南のベトナムまでを含むもの、それ以外の周辺の動向は基本的に射程に入らない。しかし隋唐時代には、周辺に北や西など多くの国々があり、多様な国際関係を繰り広げていた。朝鮮や日本との関係はむしろそのなかの少数派に近い（一五頁図参照）。

そうした周辺の国々まで視野に入れて考えるとき、共通面だけでなく非共通の側面も、じつはその世界を構成する重要な指標になる。隋唐というはるかに高い国力や文化、底知れぬ包摂力をもつ権力に隣接しながら、なおそれに巻きこまれることなく持ち堪える諸民族のあり方に、逆な形で隋唐国家とのつよい結びつきを意識させられるからである。

例えば漢字である。北の突厥王庭には漢人もかなり入り、漢字で書かれた碑文もその領内からみつかっている。しかし結局は、公用語はソグド文字から始まる突厥文字、のちにはウイグル（回紇）文字となる。一方吐蕃も早くから中国と接し、多くの留学生が唐で学び、多くの唐人や唐文化を受け入れている。しかし初代国王のソンツェン＝ガンポ（棄宗弄讃）は、部下をインドに派遣し、インド文字を母体にしたチベット文字を作らせた。かれらはともに漢字という文字の存在を知りながら、それを採用しなかった。

突厥や吐蕃がそのような選択をした一つの理由は、かれらが遊牧系であったこと、表意文字の漢字は定住農耕系の文字で、習得に長い歳月を要し、表音のソグド系文字の方が受け入れやすかったからといわれる。と同時に、漢字のもつ文化力に、独自の文化的蓄積をもたないかれらが飲みこまれる危険を恐れたからでもあった。かれらは漢字を受け入れないという形をとって、逆にその文化圏の一角に立っていた。

同様のことは宗教についてもいえる。突厥の信仰はもともとシャーマニズムであったが、北斉(ほくせい)の仏教僧の恵琳(えりん)が仏教を伝え、またのちに道教も伝えられた。だがそれらが突厥にふかく浸透したかといえば、そうではない。突厥を継いだウイグル(回紇)になると、前述したごとく(三〇九頁)、八世紀後半に唐からマニ教を迎えいれ、国教として扱うと、領内に瞬く間に広がった。仏教や道教にはなかった普及ぶりである。一方吐蕃の場合、もともと土着のシャーマニズムのボン教であったが、早くから唐文化とともに中国仏教が入ってきた。しかし吐蕃は並行してインド仏教も導入し、中国・インド両仏教の併存となる。そして八世紀末に、時のチソン＝デツェン王の前で仏教論争がなされ、中国仏教が敗れた。その結果、インド仏教が国教的地位を獲得し、チベット仏教＝ラマ教へと展開する道筋が開かれた。

ウイグルにおけるマニ教、吐蕃におけるインド仏教、その底に流れるのは、宗教＝精神の領域までは中国側に取りこまれない、というつよい意志ではなかったか。はるかに高い文化とその発信力にたいし、それはかれらにできる最大の抵抗であった。一方で唐と共通の指標をもとうとする朝鮮・日本などの国々、他方でそれに何とか距離を置こうとするこのような国々、しかし大きくみれば隋唐王朝と密接な関係をもったなかでの二つの表れ方であった。そうした隋唐王朝を中心に成立する世界を、広く東アジア文化圏という枠のなかで理解してもよいのではないか、とわたしは思っている。

和蕃公主政策の意味するもの

文化・精神面で包摂されることを拒んだ周辺の遊牧系国家は、しかし半面で隋唐王朝と緊密な関係をもつことに熱心であった。中国側からより多くの富の分配にあずかることと、その緊密さを背景にして遊牧世界内で優位を占めるためである。そうした関係を取り結ぶ上で、重要な役割をはたすことになるのが、中国側から降嫁される公主（皇女）の存在であり、それによる姻戚の関係がじつは東アジア国際社会を見えないところで規定した。

中国側から外国に降嫁された公主を指して、和蕃公主とよぶ。蕃族と和親する意味からである。その始まりは、前二〇〇年、漢の高祖劉邦が平城（山西省大同）の白登山で匈奴に包囲され、敗北を喫したさい、和議の条件として宗室の娘を匈奴の閼氏（単于の妻）に差し出したところに求められる。前漢にあっては、その後匈奴を牽制する目的で烏孫に二度公主を降し、後半には、匈奴の呼韓邪単于（東匈奴）に嫁いだ元帝の後宮の女性、王昭君も和蕃公主の一人に数えられる。この漢代につづいて、周辺民族対策の一環として注目されるのが、北朝の後期以降、とくに隋唐時代になってである。

まず隋代では、西から勢力をのばす吐谷渾に光化公主を与えた。北の東突厥にたいしては、隋を苦しめた沙鉢略可汗に、その妻で北周時代に降嫁していた千金公主を隋の大義公主に改封して、関係改善をはかった。その後隋にもっとも接近した啓民可汗には安義公主、ついで安義が死ぬと義成公主を降して関係をつよめた。西突厥の処羅可汗（曷薩那可汗）には、公主の降嫁をちらつかせて周囲を離反させ、あげく隋に内附した処羅に信義公主を与えた。それのみか、当時独立を保っていた高昌国の国王、麴伯雅に華容公主を嫁がせ、シルクロードと対西突厥への対策も怠らなかった。隋は和蕃公主政策をもっとも積極的に採用し、北や西の強国に楔を打ちこみ、優位な立場を築くことに成功した。

唐の太宗も和蕃公主政策がはたす役割を重視した一人であった。かれが即位して間もなく突厥（東突厥）は解体した。そこで、隋末の混乱に乗じて勢力を盛り返してきた吐谷渾内に、親唐派の育成をねらって、貞観一三年（六三九）、弘化公主を諾曷鉢可汗に送った。それは翌年に計画された高昌平定のための布石でもあった。以後吐谷渾は次第に力を失い、新興の吐蕃に青海を追われ、唐の領内に逃れてかろうじて支脈を伝えることとなった。

吐蕃は太宗期に唐と接触をもって以来、一貫して公主の降嫁を求めつづけた。その結果、貞観一五年（六四一）に、文成公主を吐蕃王のソンツェン＝ガンポ（棄宗弄讃）に嫁がせ、下って中宗の景龍四年（七一〇）には、金城公主がチデ＝ツクツェン（棄隷蹜賛）に降った。その後突厥（第二帝国）が復活して唐を悩ませはじめると、睿宗は金山公主をカパガン（黙啜）可汗に出すことになったが、睿宗が退位したため沙汰やみとなった。なお玄宗期には、東北辺から羈縻関係を脱して活動をはじめた契丹や奚の部族長に、皇族の縁戚で他姓の女性を公主にして与えたが、これも和蕃公主のなかに加えてよいだろう。

隋唐王朝と周辺国・民族との間には、冊封—被冊封、君—臣という関係に、和蕃公主をはさんだ舅—婿の関係が加わり、複雑な関係図が描かれる。そうなることじたいが隋唐期までの特徴であり、和蕃公主の存在した意義はもっと注目されてよい。

和蕃公主の出自

隋から唐半ばまでのこれら和蕃公主に共通するのは、皇帝のじつの娘ではなかったことである。これにたいし後半期に進むと、和蕃公主とはほぼウイグル（回紇）の場合に限られ、しかもいずれも皇帝の実子であった。すなわち、第二代の葛勒可汗に降った寧国公主（粛宗娘）、第四代の天親可汗の咸安公主（徳宗娘）、第九代の崇徳可汗の太和公主（憲宗娘）、の三人である。なぜここに至って、それまでの名義上の公主（仮制公主）から真の公主（真制公主）に変わったのか。日野開三郎氏の説明によると、降嫁にあたって彼女たちは持参金（化粧料）をもっていくが、じつの娘であればそれに見合う莫大な額が用意される。ウイグル側はその持参金を目当てにしたという。それにウイグルは、絹馬貿易の形をとる安定した絹の供給を唐に求めており、真制公主はその意味からも重要であった。

文成公主像（彩色塑像　チベット自治区ラサ　ポタラ宮）ふくよかな唐風美人だったと伝えられ、チベットに中国の制度・文物を伝え、和平に尽くした

仮制公主の段階は、公主という存在を介した国際的関係に重きが置かれ、隋唐側の権威がその前提にあった。一方、公主の素姓にまで容喙するウイグルの立場からは、もはや国際関係への配慮も、唐にたいする権威も想定されていない。唐の衰退がはっきりしはじめた後半期、例えばそれまでしきりに公主を求めてきた吐蕃からの求めは弱まる。民族的自覚の高まりと唐の権威の失墜によ

り、婚姻による国際的メリットが薄れたからであった。そしてつぎの五代・宋以降になると、和蕃公主の出る幕は完全に失われた。真制公主とは、役割を終える和蕃公主の、最後のあだ花といってよいかもしれない。

ところで和蕃公主の場合、仮制公主が通用してきたのはなぜか。従来の説明では、持参金の理由の他に、血肉を分けた実子を蕃夷の地に出すことを嫌う皇帝の親の情、実子を出すことで生ずる蕃夷との対等観念、あるいは人質にもなることへの危惧という、出す側の事情が指摘されてきた。ただ私は、もう一歩踏みこんで考えられないかと思っている。

そもそも和蕃公主に求められたのは、異なる国家・民族間を結ぶ立場であり、たんなる嫁入りとは大違いであった。本国の意を体して相手の国情をさぐり、結婚する王や可汗の心をしっかり捉え、また文化・習俗などで相手を感化させることも使命としてあった。場合によっては本国から見捨てられることも覚悟しなければならなかった。

そのような役目は、深閨(しんけい)でぬくぬくと育てられた皇帝の娘に負えるものではない。必然それに耐えられる資質や容姿を備えたものが、皇族中から選抜されることになる。皇族であることは、公主を名乗る以上当然というだけでなく、嫁いだ先で本国を裏切ることを避けるために、親の素姓はしっかりしている必要があったからである。和蕃公主はかなり細心な人選をへて決められたとみてよい。

和蕃公主が優れた人材であることは、例えば吐蕃に降嫁した文成(ぶんせい)公主や金城公主をみれば明らかである。文成は中国の制度・文物を伝え、顔に赤土を塗る風習をやめさせ、また有力者の子弟を長安に遊学させるなど相互の交流をはかり、両国間の戦闘をなくさせた。彼女はふくよかな体軀の唐代型美人であったといわれる。金城は玄宗年間対立しつづける両国の間に立って、和平に尽力し、唐文化の伝播にも努力した。

またもう一人、隋から突厥に降嫁した義成公主に注目してみよう。彼女は「宗女（皇室の娘）」としか記録にないが、開皇一九年（五九九）に啓民可汗に降嫁したのちは、隋と突厥を結ぶ太いパイプとなって啓民を隋に臣従させ、煬帝を二度もその居所に迎えた。その後啓民が亡くなると、慣習にしたがって、啓民の息子の始畢可汗、処羅可汗、頡利可汗と三人の兄弟の妻となった。その間、大業一一年（六一五）には雁門（山西省）で始畢可汗に包囲された煬帝を救ったり、隋末の動乱時には煬帝の蕭皇后らを受け入れ、最後まで隋に忠節をつくし、貞観四年（六三〇）に唐軍に殺された。突厥にふかく根をおろし、生まれた本国のために貢献するその姿は、まさに和蕃公主に求められた典型であった。

トルコ系遊牧騎馬国家、突厥とウイグル

突厥第一帝国と隋唐王朝

中央アジアのアルタイ山脈は、中国の文献に金山と記されるように、古来金銀や銅鉄などの鉱物資源の産地として知られてきた。五五二年、その西南側の山麓一帯で鉄の生産に従事していた阿史那という一部族が、支配民族であった柔然を倒して独立した。これがトルコ系

民族による最初の本格的国家、突厥（とっけつ／とっくつ）である。

突厥は初代の伊利（いり）可汗（在位五五二—五五三）のときに本拠をモンゴル高原の中心にある遊牧民の聖なる山、ウトゥケン山の地に移し、モンゴル高原全域を確保した。そして三代目の木杆（もくかん）可汗（在位五五三—五七二）の時期に、中央アジアのソグディアナ方面まで進出し、ササン朝ペルシアと境を接した。突厥が急激に勢力を伸ばした背景に、鍛鉄（たんてつ）の技術による鉄製武器の存在を指摘できる。

かれらはまた、柔然支配時代から東西交易に関わり、独立後いち早く西方へ展開し、中国の絹を直接東ローマにまで運び、利潤を独り占めした。当然この商業活動は遊牧系の突厥人だけではできず、それを支えるソグド人を広く受け入れていたことも、勢力拡大の要因に数えてよいだろう。

突厥の急激な広がりは、可汗を出す阿史那（あしな）氏とその妻可敦（かとん）を出す阿史徳（あしとく）氏を中核に、トルコ系諸部族から非トルコ系までを吸収した部族連合の上に成り立っていた。これら諸部族の統治には、中央の可汗（大可汗）が一元的にあたれず、阿史那氏出身の可汗（小可汗）が封建領主のごとく配置された。そのなかで、天山の北側に拠点を置いてシルクロードからソグディアナを押さえた西面（せいめん）可汗は有力であり、そのあげく隋の開皇三年（五八三）、伊利可汗の甥の達頭（たつとう／タルドウ）可汗が独立した。突厥は成立後三〇年で東西に分裂した。

ちょうどその時期、隋が北周に代わって権力をにぎった。隋は統一達成のために、突厥の弱体化を至上命題とした。そこで文帝は、突厥内部の結束の弱さを見極めると、沙鉢略（イシュバラ）可汗

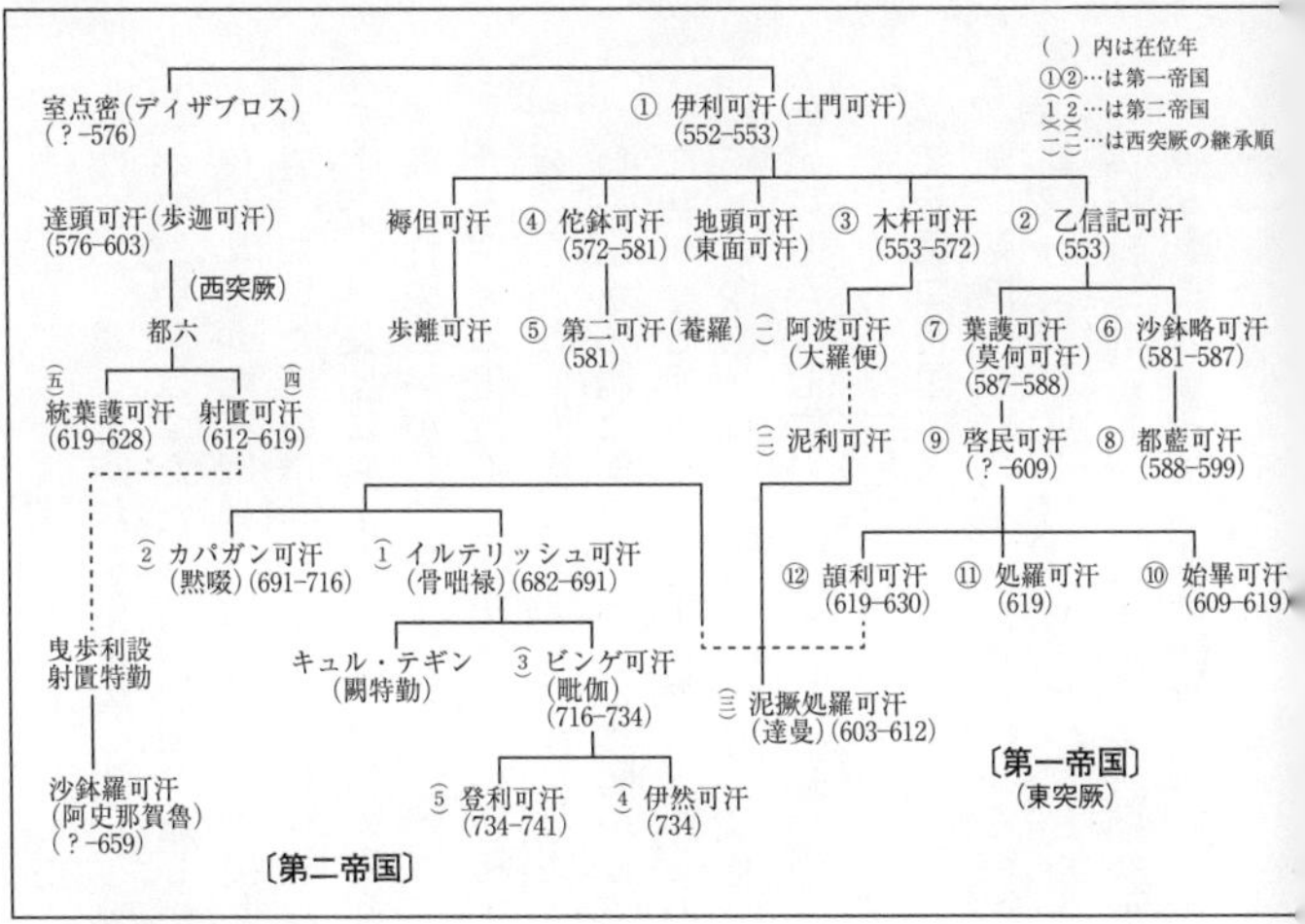

突厥帝国系図

(在位五八一—五八七)を軍事的にたたく一方で、小可汗の離間・対立をあおり、東西分裂に導いたのである。これは対突厥政策の勝利であった。これによって隋は優位にたち、隋に降ってきた突利可汗に公主を降し、啓民可汗の称号を与え、突厥の大可汗にすえた。開皇一九年(五九九)のことである。このとき前述した安義公主が亡くなっていたため、義成公主が降嫁された。

啓民可汗は大利城(内モンゴル、フフホトの南、ホリンゴル付近)を拠点とし、隋の援助で突厥系をまとめた。この結果、煬帝期を迎えるころには北辺に平和が訪れ、煬帝は国の総力を念願の大運河開鑿に振りむけることができた。だがそうして盛り上がった隋の力も、高句麗遠征の失敗により一気にしぼみはじめる。啓民可汗の後を継いだ始畢可汗は、大業一一年(六一五)に雁門（山西省）を訪れた煬帝を急襲し、それによって隋から自立した。かくして隋は分裂をふかめ、突厥はふたたび勢力を盛り返し、両者は攻守ところを変えることになった。

優位にたった突厥は、隋末華北に割拠した群雄たちに干渉し、互いに争わせた。太原（山西省）にいた唐の李淵も、旗揚げを事前に伝え、監視をかねる突厥の部隊を受け入れている（七五頁）。長期におよんだ隋末唐初の動乱、そして膨大な反乱エネルギーの爆発には、この突厥が背後でかかわっていることを忘れてはならない。

ただ突厥の優位も、唐が国内戦に勝利することで終わりをつげる。李世民（太宗）が玄武門の変を起こした直後、頡利可汗が大軍で渭水の辺まで攻めこんできた。まだ基盤の固まらない太宗新体制に楔をうちこむ意図からであるが、反対に基盤を固めさせてしまった。太宗は頡利可汗と始畢可汗の子の突利可汗との対立に割りこみ、またモンゴル高原に広がる鉄勒諸族と連携をとり、頡利を追い詰め、即位から四年後の貞観四年（六三〇）、ついにかれを捕虜にした（七六頁）。こうして突厥第一帝国の歴史は終わった。

突厥第二帝国

第一帝国の滅亡によって唐に降った突厥諸族は、黄河の北の内モンゴル一帯に移され、雲中都護府（のち単于都護府）をつうじた唐の羈縻支配を受けることになった。一方、モンゴル高原は、薛延陀部を盟主とする鉄勒諸部にゆだねられたが、唐は龍朔三年（六六三）、ウトゥケン山の場所に瀚海都護府（のち安北都護府）を移し、かれらを羈縻下に置いた。鉄勒とは、バイカル湖の南からアルタイ山脈にかけての一帯にいたトルコ系部族の総称であり、その中の一氏族（部族）として台頭したのが阿史那氏の突厥であった。なお後年勢力をもつウイグル（回紇）も、この鉄勒中の一部族である。

　突厥第一帝国が崩壊してから半世紀たった永淳元年（六八二）、阿史那氏の流れをくむクトルグ（骨咄禄）が単于都護府の支配を脱し、陰山附近で決起した。名参謀といわれる阿史徳氏のトンユクック（暾欲谷）の方針にそって、クトルグは北のウトゥケン山の故地を回復し、イルテリッシュ可汗を称した（在位六八二―六九一）。ここに突厥第二帝国が始まった。かれらの決起は、長く唐に抑えられた民族意識が、則天武后の登場にともなう羈縻統治の弱まりをとらえ、爆発したものであった。

モンゴル草原にのこされた闕特勤碑文（西面）　モンゴル、オルホン川上流。唐開元20年（732）建立。西面が漢文、他の面が突厥文。高さ3メートル余。1889年発見

　イルテリッシュが亡くなると、弟の黙啜が権力をにぎり、カパガン可汗（在位六九一―七一六）を名乗った。かれは唐に代わる則天武后の武周朝にたいし、契丹が侵攻したのに乗じてしばしば攻め入り、一方で西突厥内の一氏族である突騎施が支配する西突厥を討ち、かつての領域を回復しようとした。しかし後半には、その反動として内部の背反を招

き、振るわなくなった。

カパガンが陣没すると、イルテリッシュの息子のビンゲ（毗伽）可汗が弟のキュル・テギン（闕特勤）およびトンユクックの助けをえて位についた（在位七一六―七三四）。トンユクックらは唐と関係修復をはかりつつ、離反した国内部族を制圧し、突厥の盛時を現出させた。この時期の様子は、ホショ・ツァイダム碑文と総称されるキュル・テギン碑文（七三二年建立）、ビンゲ可汗碑文（七三五年建立）、またバイン・ツォクト碑文とよばれるトンユクック碑文（七一六年建立）などの突厥碑文をつうじて知ることができる。

これら碑文は、ソグド文字を発展させた突厥文字（古代トルコ文字）で書かれ、おそらくトンユクックが作成に関与していた。半世紀におよんだ唐の羈縻支配のもとで、突厥社会には唐の影響が抜きがたく浸透している。その現実は認めつつ、いかに遊牧の民たる誇りと習俗は忘れず、精神・文化の面で自立するか、トンユクックの立場はそのようなところにあった。

だが突厥をまとめたビンゲ可汗は、開元二二年（七三四）に大臣に殺された。キュル・テギンもトンユクックもすでになかった。強力なリーダーを失ったその後は、お決まりの内紛となり、天宝三載（七四四）にウイグルに代わられ、阿史那氏の突厥は舞台を去った。

ウイグル帝国の興亡

鉄勒の一部族であったウイグル（回紇）は、懐仁（かいじん）可汗のもとで鉄勒諸部＝九姓鉄勒（トクズ・オクズ）を統合し、モンゴル高原全域を支配下においた。それから間もなくして、唐に安史の乱が起こり、都を追われ窮地に立たされた粛宗は、この新興のウイグルに援軍を要請してきた。二代目葛勒可汗はそれを受け入れ、太子に精兵四〇〇〇をつけて唐に派遣し、唐の窮地を救った。唐はこの見返りに、毎年二万匹という膨大な絹を送ることを約束した（一匹は幅一尺八寸で長さ四丈＝四〇尺。一尺約三〇センチとすると幅五四センチ×長さ一二メートル）。

　安史の乱を制圧するためとはいえ、ウイグルを国内に引き入れたつけは大きかった。歳貢としての絹はともかく、一〇〇〇人を越えるウイグルの将兵や商人が都に住み、鴻臚寺から衣食を給されながら、市場や街頭で狼藉をはたらく。あるいは北辺をしばしば侵す。さらにウイグルは自国の馬を運んできて、絹と交換することを強引に要求した。その値＝馬価絹は、馬一頭あたり絹三、四十匹にもなる。あるとき馬二万頭をもちこみ、馬価絹五〇万匹を要求したが、唐では支払えない。その半額に値切ってやっとお引き取りを願ったこともあった。

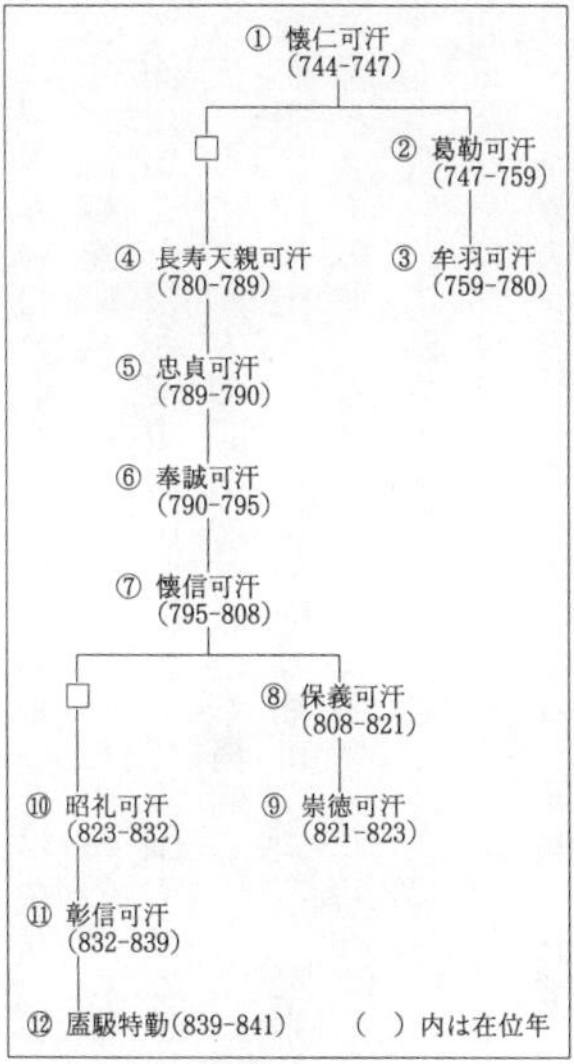

ウイグル帝国系図

ウイグルはこうした絹馬貿易の定着をはかり、唐とより固く、かつ対等に結ばれるために公主の降嫁を求めた。これが前述した皇帝の実の娘＝真制公主による和蕃公主となる。加えて面白いことは、安史の乱が終わって帰国するとき、唐のマニ教高僧を伴ったことである。以来、ウイグル人の間にマニ教が本格的に広まり、のちにはウイグル商人といっしょにマニ教が唐に逆輸出され、長安や地方都市にマニ寺院＝大雲光明寺が建立された。

唐とウイグルの関係は、そうしたなかで次第に安定期を迎え、第七代の懐信可汗（在位七九五―八〇八）から第八代の保義可汗（在位八〇八―八二一）の時期にウイグルは最盛期を迎えた。その都ウイグル王庭は、オルド・バリクとよばれ、今日オルホン川上流にのこるカラ・バルガスン廃墟がそれにあたる。周囲を城壁で囲まれ、城内には宮殿や定住集落やマニ教寺院が造られ、国際色に富んだ遊牧都市文化が生み出された。当時の王侯たちの華やかな暮らしぶりは、のこされた壁画からもうかがうことができる。

遊牧から定住へ、世界史上稀有の民族

突厥はみずからの民族性を守るために、遊牧生活に固執し、中国文明と一線を画すことに腐心した。それにたいしウイグルは、一転して唐の懐ふかくに入りこみ、唐から物質面でも文化面でも摂取しつつ、独自の遊牧商業国家を築く路線を選んだ。その姿は、後にくる遼金元の征服王朝の先駆け、そこに向かう過渡的段階を示すものであった。

それにしてもウイグルはなぜ、あれほど大量の絹を必要としつづけたのか。かれらが消費

するのはごく一部、大半はウイグル・ソグド商人の手で西方へ流れたはずだが、それらすべてが衣類などに費消されたとするには量が多すぎる。そこで注目されるのが、絹のもつもう一つの役目、貨幣としてである。

中央アジアの交易では、もともとササン朝ペルシア銀貨などが広く用いられた。そこに唐が進出すると銅銭を持ちこんだ。銅銭は当初、補助的貨幣として扱われたが、八世紀には銀銭にとって代わり主要通貨となった。ただしこれは遠距離や高額の取引には不向きであり、そこで重用されたのが中国産の絹であった。絹は高価なうえに軽く、しかも退蔵すれば傷むため広く流通する。かくしてウイグルが唐から入手した絹は、本来の交易品の他に、高額の通貨や決済手段としてウイグルに巨額の富をもたらした。

ウイグル遊牧社会はこのようにして大きく変質した。その変質の結果、かつての狂暴な騎馬民族の相貌は影をひそめ、生活は遊牧都市生活に慣れ、多くが商業民や定住民に向かう。そして開成五年（八四〇）、内紛に乗じてキルギス人に急襲され、都は破壊され国は滅亡した。行き場を失ったかれらの多数は、遊牧世界にもどる道を選ばず、大きく三方へ散った。一方は南下して中国農耕世界に定住し、一方は河西地方（甘粛省）に進み、甘州（張掖）ウイグルや沙州（敦煌）ウイグルとなった。

そして主力は、西進して天山方面（新疆ウイグル自治区）に入り、北庭（ビシュ・バリク）から高昌（トゥルファン）さらに亀茲（クチャ）などに広がった。これらは総称して西ウイグル国とも、天山ウイグルともいわれ、この一帯のウイグル化と、パミールを越えて西に進むトルコ民族の足場を築いた。

　ウイグルはわずか一〇〇年で遊牧騎馬民族から商業・定住民に変身した、世界史上稀有な民族である。それを可能にした背後には、衰えたりとはいえ高度な文化と物力を有する唐という国家があり、それに依存できたからである。その意味からいえば、ウイグルの歴史は安史の乱の所産であり、改めて安史の乱が東アジア全域におよぼした影響の大きさが実感されるだろう。

古代チベット王国吐蕃の隆盛と挫折

吐谷渾の歴史

吐谷渾は四世紀後半、鮮卑族慕容部の一部が青海（青海省）に進出し、チベット系原住民の上にたてた征服王朝である。南北朝時代、青海からツァイダム盆地をへて西域南道につづく、いわゆるシルクロードの裏ルートを押さえ、東に進めば北朝に、西南に道をとると四川を経由して南朝に連結し、中継貿易で利益をあげ栄えた。それればかりか、北朝（北魏）に対抗して、南朝が柔然と連携をとりあう政治的仲介役としても存在感を示した。

　その後、北魏が華北を統一し、西方に勢力を広げると、その力に圧伏されるが、北魏が衰退すると勢いを盛り返し、隋代までおよんだ。隋ははじめ対突厥に勢力を削がれ、吐谷渾に手が回らなかった。だが煬帝即位のころ、突厥問題に決着がつけられると、大業五年（六〇九）に長駆その本拠地の伏俟城（青海省）を襲い、その支配地に鄯善、且末、西海、河源の四郡を置いた。煬帝はこれを機に西域経営に乗り出すことになっていたが、高句麗遠征に失敗し、挫折に終わった。

　隋の攻撃によって遠く西方に逃れた王（可汗）の伏允（在位五九七―六三五）は、隋が動乱状態になると故地にもどり、勢力を復活させた。

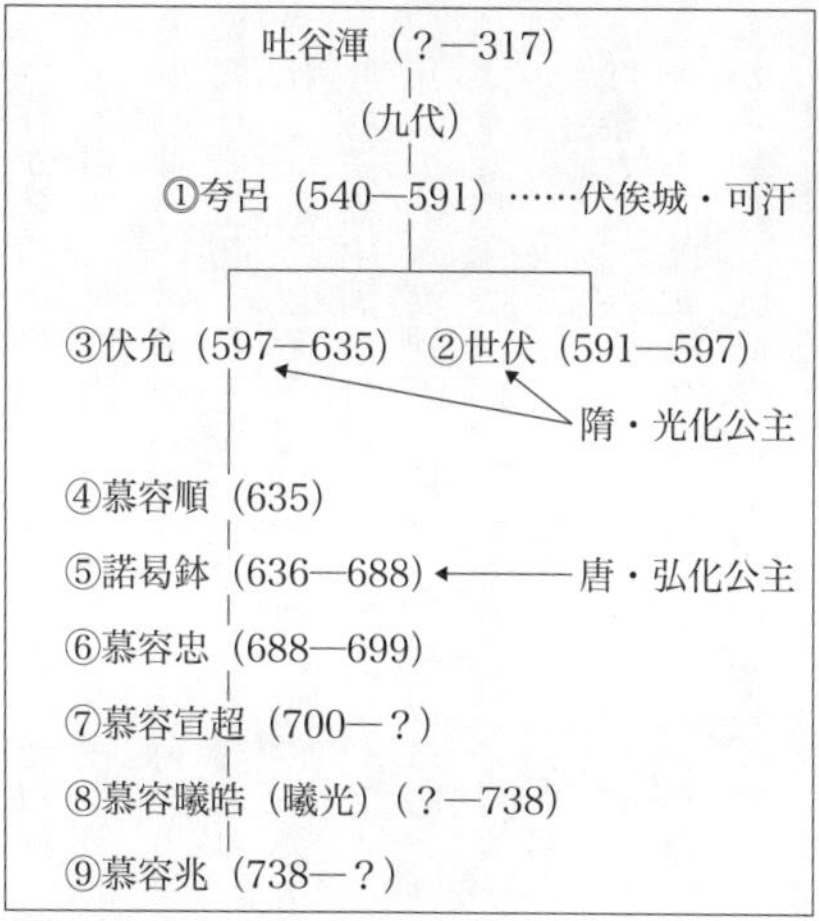

吐谷渾系図　カッコ内は在位年

これにたいし唐は、隋の場合と同様に、頡利可汗を捕獲して突厥問題を片付けると（六三〇年）、李靖を総大将にして貞観九年（六三五）に伏俟城を制圧した。伏允は唐軍に急追されるなかで死に、息子の順が唐に降り、これ以後唐の羈縻下で傀儡国家として生きていくこととなった。

　吐谷渾にとって、青海からツァイダムを通り、西域南道に通ずる東西交易ルートは、国の生命線である。しかしこれは標高が高く、起伏が多く、気候も寒冷で、冬の通行は難しい。間をつなぐ都市などの体制も整っていない。河西回廊より条件が劣るのは明らかであった。それゆえ国内情勢の落ち着きをまって、中国側が西域経営に本格的に乗り出すことになると、当然河西回廊から西域に出るコースが使われる。それを妨げようとする吐谷渾が、まず排除の対象となるのは必然であった。その上、吐谷渾は内部に征服王朝としての問題をかかえており、求心力を失えばただちに配下のチベット系が動き出す。最後にその弱点を新興の吐蕃に突かれ、六六三年（唐龍朔三年）に滅ぼされた。

吐谷渾は中国が分裂し、また北アジアと中国世界との対立する時代の隙間をぬって、三〇〇年もの間青海地方で自立し、最後は唐と吐蕃の狭間で引き裂かれ、姿を消した。ただ、このような場所で三〇〇年もなぜ存続できたのか、その歴史はまだ十分解明されていない。

吐蕃と唐

チベットは海抜平均四〇〇〇メートルの世界の屋根である。その高原の南部、ヤルルン地方から興起した吐蕃は、七世紀初め、ソンツェン＝ガンポ（在位五九三―六四〇、六四三―六四九）のもとでチベット全土を統一し、ラサを都とするチベット最初の王国をうち立てた。唐朝の成立はこれとほぼ時期を同じくする。ソンツエンは吐谷渾に対抗し、また

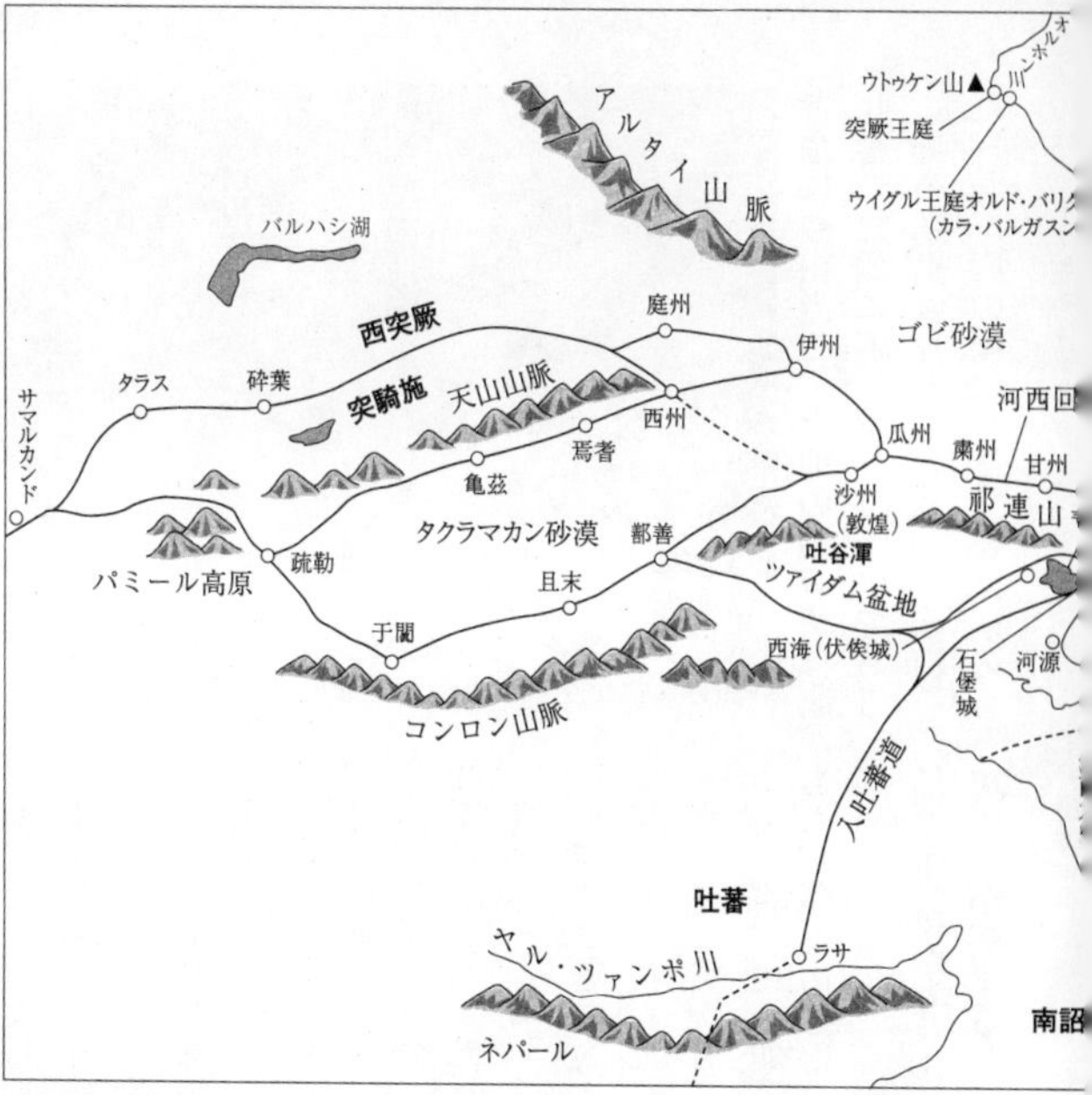

吐谷渾・吐蕃および突厥・回紇関係地図

新王朝の存在を認めさせるために、貞観八年（六三四）に満を持して使者を唐に送り、公主の降嫁を求めた。唐はこの荒ぶる国を手なずけ、西辺を安寧させる配慮から、同一五年（六四一）に求めに応じた。これが文成公主である。

チベット人はもともと遊牧生活であり、定住定居の習慣はなかったが、公主のために一城を構え、建造物を用意し、支配階級のあいだに定住が広まり出した。またこれを機縁に唐の絹織物などが伝えられ、有力者の子弟が唐に留学し、唐の文化が本格的に伝えられることになった。しか

歩輦（ほれん）図（閻立本　北京故宮博物院蔵）　唐太宗が吐蕃の使者を謁見しているところ。右の女官のささえる輿に端座しているのが太宗。左から３人目の濃い髭の人物が吐蕃からの使者禄東賛

しソンツェンは一方でネパールから王女を迎え、インドから文字や文化を受け入れ、双方にバランスをとることを忘れなかった。王朝としての体制や軍制もこの時期に確立しており、ソンツェンはまさに吐蕃創業の英主であった。

　吐蕃の最盛期は、八世紀、チデ＝ツクツェン（在位七〇四—七五四）、チソン＝デツェン（在位七五四—七九七）の二代の治世において到来した。この時期はまず、唐の金城公主がチデ＝ツクツェンに降嫁することからはじまる。中宗の景龍四年（七一〇）のことであった。唐はその上で吐蕃との和平を期待し、彼女に化粧料として用意した肥沃な河西九曲の地（鄯州＝青海省西寧市より南方の、黄河の南岸一帯）を、吐蕃に割譲してやった。化粧料とは持参金にも相当し、土地の領有権は唐がもち、年々の上がりは彼女に与えるものであったが、吐蕃の懇願に応じ譲渡したのである。

　その結果どうなったか。吐蕃はその地を足掛かりに侵攻をはじめ、唐の悩みの種となった。ただ唐の側はちょうど玄宗のもとで国力が高まる時期にあたり、一進一退の状態がつづ

き、吐蕃は苦しくなると金城公主をつうじて和議を申し出る。吐蕃と唐の間にたって、彼女は本当に苦労した。この和蕃公主政策は失敗例の代表とみてよいかもしれない。

そして安史の乱が勃発した。おりしも父の後を継いだばかりのチソン＝デツェンは、このチャンスを逃さなかった。神策軍をはじめ対吐蕃の前線軍が縮小されるのに乗じて、河西九曲や石堡城（青海省）などを奪回し、鄯州や洮州（甘粛省）などを落とし、勢いをかって広徳元年（七六三）一〇月には長安を占拠した。占拠は短時日で終わったが、以後隴右・河西の甘粛地方は吐蕃の領域に収まり、吐蕃の国力がもっとも高潮期を迎える。

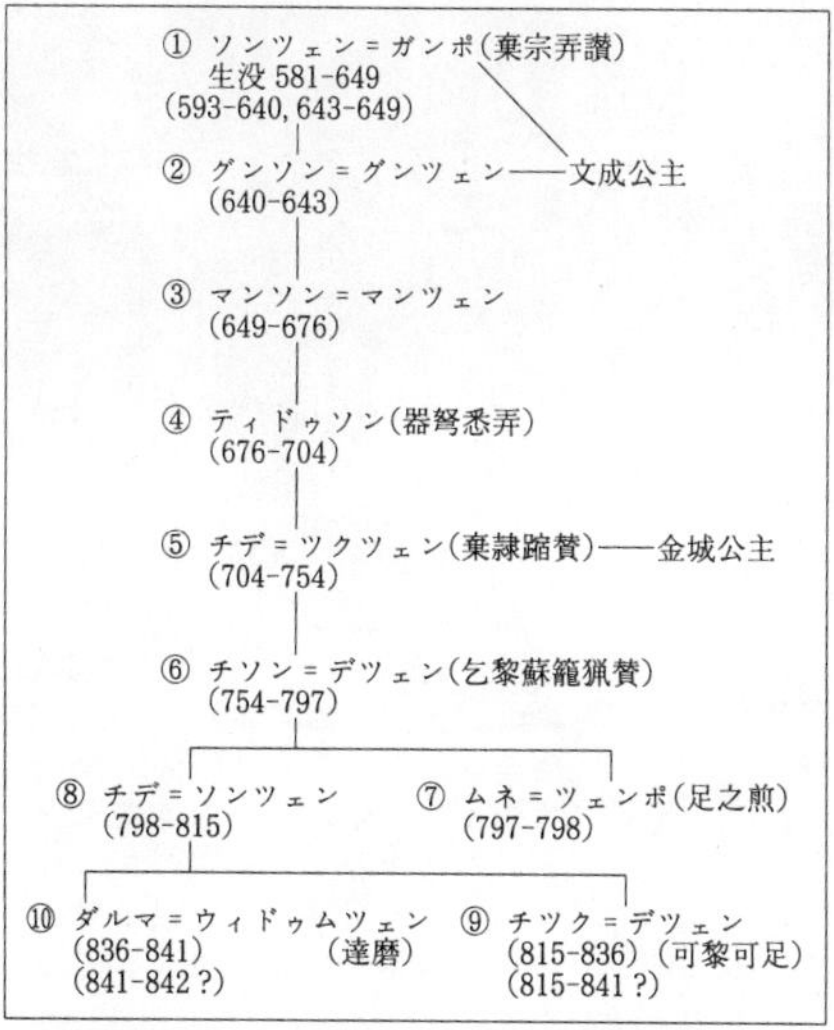

吐蕃系図　（　）は在位年

吐蕃王朝の断絶

その高潮期に、チソン＝デツェンは仏教の本格的な定着をはかった。チベットにはもともとシャーマニズムにもとづく土着宗教、ボン教があった。のちにこれが仏教と混交してラマ教＝チベット仏教に発展する

唐蕃会盟碑（チベット自治区ラサ）
8世紀半ばには長安を占拠するほどの勢力を誇った吐蕃だが、対立は徐々に和らぎ、9世紀の穆宗の時代には和平の会盟がなされ記念碑が建てられた

が、この時期ボン教は反仏教の色彩がつよく、有力諸侯もそれにつながり、政界内紛の火種となっていた。そこで王は仏教の国教化を打ち出し、仏教をつうじた国内統合と王権強化をはかり、中国やインドやネパールから僧侶を受け入れ、寺院の建立にもつとめた。

この過程で一つの問題に直面した。中国仏教とインド仏教のどちらに軸足を置くかという避けて通れぬ課題である。当時、敦煌からチベットに迎えられた摩訶衍をつうじて、禅宗が広まった。インド仏教が、究極の悟りに至るには苦しく面倒な段階が必要という「漸悟」を主張するのにたいし、禅宗に代表される中国仏教は、そのような段階を経ることなく到達できる「頓悟」を説いた。そこで王は、インドから高僧のカマラシーラを招き、摩訶衍と御前論争をさせた。七九二―七九四年ころのことである。結果はインド側の勝利の形で決着し、密教や曼荼羅とつながるチベット仏教の方向が定まるが、その結論には中国文化圏に取りこまれることを拒む政治的配慮も影響をおよぼしたはずである。

チソン＝デツェンの治世も後半期になると、唐が武将の郭子儀らを先頭に防衛態勢を徐々に整え、吐蕃の侵攻がむずかしくなってくる。配下についていた雲南の南詔も、次第に反抗的となる。そうした中で双方から和平の気運が高まり、徳宗の建中四年（七八三）に清水県（甘粛省）で盟約が結ばれ、ほぼ六盤山（隴山）の線に境界が定められた。これを建中の会盟とよぶ。もちろんこれによって両者の対立は解消したわけではないが、吐蕃の動きにこれ以後かつてのような激しさはなくなっていく。

そして、穆宗の長慶元年（八二一）に長安で、翌年にラサで最後の会盟がなされた。これを長慶の会盟とよび、それを記念して漢文・チベット文の碑、唐蕃会盟碑が双方に建てられた。わたしたちはその碑を、今日ラサの町で見ることができる。

これを境に長くつづいた両国の戦闘はなくなり、ときの吐蕃王チツク＝デツェン（在位八一五―八三六）は仏教信仰へと傾斜していく。その反動として、かれが亡くなると次のダルマ王（在位八三六―八四一）は仏教弾圧に走り、そのあげく混乱のなかで暗殺された。チベットをまとめ、唐と激しく争ってきた吐蕃王朝は、ここに実質的に歴史の舞台から降りることになった。同じ時期、唐も武宗の会昌の廃仏によって、国内の空気が変わろうとしていた。

吐蕃の西域進出と敦煌支配

吐蕃の二百年余の歴史をみていてまず感ずることは、この国が自国の立脚する原理や志向をなかなか明かさないことである。吐蕃は建国以来、ほぼ一貫して唐朝とかかわりをもったが、しかしそのかかわり方は一時期の平和な交流をのぞいて、大部分が侵攻、戦闘という形をとりつづけた。かれらは当初より唐の公主の降嫁をもとめ、その結果が文成公主と金城公主となった。ふつうであれば、これによって舅婿などの姻戚関係が生じ、対応に変化や自制がかかるはずであるが、かれらの場合それがかならずしも通用しない。その典型が金城公主の降嫁で、むしろ逆に侵攻のきっかけすら与えたようになっている。

　吐蕃は中国甘粛南部から四川西部の一帯に進出して、正面から唐とぶつかる一方で、北上して吐谷渾を倒し、西域南道に出た。かれらの行動はそれで終わらず、于闐（ホータン）から疏勒（カシュガル）を陥れると、天山北側の西突厥と連携をとり、天山南路を東に進んで亀茲（クチャ）を占領した。咸亨元年（六七〇）四月であった。唐は太宗以来、亀茲に安西都護府を置いてシルクロードの安全を確保し、西方世界に直結することに力を入れていた。だが吐蕃によってそれを頓挫させられ、唐が設置してきた安西四鎮（亀茲、于闐、疏勒、焉耆＝カラシャール）は廃止された。

　その後、唐は路線の回復をめざしてしばしば大軍を送り、長寿元年（六九二）に亀茲に安西都護府をもどすことに成功した。しかし吐蕃は、西突厥に代わった突騎施と組んで攻勢をかけ、唐を悩ましつづけた。吐蕃がこのように西域に執着した理由は、吐谷渾と同じく東西交易の主導権争いがまずあげられよう。ただみるところ、その執着の仕方が尋常ではなく、はたして交易の独占だけにあったのか考えさせられる。

　すなわち、唐に安史の乱が勃発すると、吐蕃は安西都護府や西州（トゥルファン）などの天山南路ぞいの要地を領有し、年来の目的を達した。その一方で、涼州から北上して河西諸都市を落とし、あげくに敦煌（沙州）を陥落させた。この陥落年次に諸説あるが、おそらく前述の建中の会盟（七八三年）より後のこと、貞元二年（七八六）前後であろう。それから八四八年（唐大中二年）までの六十年余が、敦煌における吐蕃支配期となる。

この漢民族が居住する交易と農業の都市にたいし、吐蕃は中央から大臣を送り、それが主宰する「議会」の監督のもとで、行政官が徴税その他の業務にあたる一方、軍関係者が指揮する軍団（千戸軍）があり、のちには漢人軍も設置された。吐蕃の統治期は軍政であったが、一方的にチベット人が優位に置かれたわけではなく、漢人も軍人あるいは中下級の行政官として支配に協力している。仏教は保護され、僧侶は優遇された。経済は貨幣の流通が止まり、現物経済がつよまるが、チベット語を公用とする文書行政がなされ、現地漢人もチベット語の習得につとめた。

吐蕃期敦煌農民図　8世紀末に敦煌を陥落させた吐蕃は9世紀半ばまで領有支配した。吐蕃は辺境の野蛮な人種などではなく、農耕系の漢民族をも統治する能力を備えていた

こうした吐蕃の支配は何を物語るだろうか。まず当時の吐蕃が、すでに農耕系の漢民族を統治しうる力量を有していたと証明したことである。吐蕃をチベットに居住する民度の低い野蛮な人種の集まり、とみることはできない。かれらは唐の高い国力に惹かれつつ、それに圧伏されることを潔しとせず、対抗心を燃やしつづけた。西域へ進出し唐の進路を執

拗に妨げるのも、吐蕃のそうした思いと重ならないだろうか。その上にかれらは、農耕地帯の支配にも関心を向けていた。吐蕃もまたウイグルなどと同様に、つぎにくる征服王朝の先駆けとしての位置にあったように思われる。

朝鮮三国の分立と隋唐東アジア政策

隋の成立と朝鮮三国

隋が成立した開皇元年（五八一）段階の朝鮮は、北の高句麗に南の百済と新羅という割り振りがほぼ確定していた。このなかでまず百済が同年一〇月に、隋に遣使して祝賀の意を表し、つづいて高句麗が一二月に遣使した。新羅が初めて朝貢するのは、大分遅れた開皇一四年（五九四）のことであった。ところがそれから八〇年ほど経った七世紀の後半、朝鮮半島にのこっていたのは、もっとも遅れて動き出した新羅だけ、そこに百済も高句麗も姿はなかった。

朝鮮三国において、隋から唐初期もっとも強盛であったのは高句麗とみてよいだろう。その領域は朝鮮半島の北半分から旧満州の南半分、西は遼水をはさんで隋唐と向かい合った。にもかかわらず、これほどの勢力が生き残れなかった。すでにみてきたように、その最大の理由は、隋唐側との長く激しい抗争のはてに、その軍門に降ったからである。ではなぜそれほどまでに高句麗は刃向かい、一方隋唐側は莫大な犠牲を払ってまで高句麗を抑えようとしたのか。隋唐をめぐる朝鮮との関係をしるためには、まずこの問題を整理しておく必要があると考える。

高句麗と隋唐王朝との関係をみていくとき、よくわからないところがじつに多い。隋が成立して最初の朝貢のとき、隋は高句麗王の高陽（平原王）に、「高麗王」を与え、独立した領土と国家をもつ存在であることを公認したうえで、「大将軍（散官）・遼東郡公（爵位）」を授けた（五六頁）。これにたいして、一歩先んじた百済王扶餘昌（威徳王）には「百済王・上開府儀同三司・帯方郡公」とし、大分遅れた新羅王金真平（真平王）には「新羅王・上開府（上開府儀同三司）・楽浪郡公」を授けた。王号と爵位はそれぞれ同等であるとして、違いは散官のところにあるが、大将軍が正三品で、上開府儀同三司が従三品であった。つまり隋の体系にあっては、高句麗は他の二国より一歩上に位置づけられていた。

したがって、高句麗はそのまま隋と良好な関係を保てばよいはずなのに、開皇五年（五八五）には隋とは半ば断絶の状態にして、南朝の陳に朝貢した。この時期、陳は最後の皇帝となる凡庸な陳叔宝（後主）の治世で、衰亡ぶりは明らかであり、隋に圧倒されることは容易に予見できた。にもかかわらず高句麗は反対の道を選び、そのため関係修復には隋が陳を併合した二年後、開皇一一年（五九一）の正月の入貢までまたねばならなかった。

それから関係が安定したかにみえた矢先の開皇一八年（五九八）の初め、高句麗はその北の靺鞨の部衆を率いて、遼水の西に侵攻した。侵攻じたいは早く撃退されたと思われるが、怒った文帝はただちに息子の漢王楊諒を総大将にして、水陸三〇万の軍勢で高句麗を討たせた。だが結果は惨憺たるもの、陸軍は大水と疫病それに食糧不足に見舞われ、水軍は暴風に遭遇し、戻りえたものがわずか一、二割という有り様であった。これがその後につづく高句麗遠征の第一号であった。

高句麗遠征の背後で

この第一回の遠征は、様々な意味で象徴的であった。そもそも高句麗はなぜこのとき、靺鞨を介在させて隋へ侵攻にでたのか。靺鞨とは当時力をつよめていたツングース系種族で、粟末・伯咄・安車骨・払涅・号室・黒水・白山の七部に分かれ、そのうち粟末と白山が高句麗に隣接し、行動をともにした。そしてかれら東北部の勢力の西側には、様々な面でつながりをもつ突厥（東突厥）がいた。このころ突厥は隋の巧みな分断策によって力を削がれ、隋の安義公主を降嫁された突利可汗＝啓民可汗が、隋を後ろ盾に大可汗として突厥をまとめる路線が確定しようとしていた。開皇一七年（五九七）のことである。そのことを考えると、高句麗の翌年の行動は、そうした趨勢に楔を打つ意図からでたと理解できないか。

他方、隋の側であるが、高句麗の動きを読んでいたように対応は早かった。ふつうであればまず使者をやり、相手を問い質したうえで必要なら実際行動となるのに、それがなかった。しかも三〇万も動かす総大将に、出動の経験のない漢王楊諒をあて、宰相の高熲が支える形をとったが、高熲じしんはこの出兵には賛成ではなかった。考えてみると、隋はかなり杜撰な計画のなかで動いたというしかない。相手をかなり甘くみた表れであろう。

そしてそのあげく、遠征失敗の責任を高熲に押しつけ、それが後日かれを失脚させる理由に使われた。高熲の失脚が隋の路線の転換を意味したことは、第一章で紹介した（四一頁）。それは関中中心主義の内政重視から、東アジアの盟主にむけての対外的拡張路線への転換といい換えられる。その延長に煬帝の一連の政策があったが、さらにいえば唐に繰り返される高句麗遠征にまでつながっている。開皇一八年の高句麗出兵は、そうした大きな流れの第一歩を印すものであった。

その後の高句麗遠征はいったいどれほどの回数にのぼったのか。煬帝時に三回、唐の太宗が三回、そして高宗期に入ると、顕慶五年（六六〇）にまず新羅と協力して百済を滅ぼした。それを足掛かりにほぼ連年高句麗と争い、総章元年（六六八）九月、ついに李勣に率いられた唐軍が平壌を制圧し、長い抗争の歴史を終わらせた。その間、百済が滅ぼされた三年後の龍朔三年（六六三）には、倭（日本）の出した百済救援軍が白江（白村江）で壊滅させられ、百済復興の芽は完全につぶされていた。結局、隋唐側の高句麗侵攻は一〇回を越えるだろう。

隋唐側の朝鮮政策の基本には、隋前半に示された高麗王（高句麗王）、百済王、新羅王の三国鼎立を維持することがまずあった。そのためにそれぞれの独立した支配を認めつつ、隋唐の封爵や散官の称号を与え、統治の枠内に組み入れる。それを冊封関係と一般によぶが、ただ爵位や散官の授与は隋唐の官僚体系ともかかわり、羈縻的支配につうずる一面が感じられる。それゆえにこそ唐は百済を倒すと、王族の扶餘隆を熊津都督に任じ、その下に州県を配置し、また高句麗の旧領では平壌に安東都護府を設置し、九都督府、四二州、一〇〇県を設け、旧高句麗系の人間を任用するという形をとって、羈縻的支配をただちに実施することになった。

この三国鼎立の枠をはめられ、冊封的羈縻支配を受けることで一番損害を蒙るのは、いうまでもなく高句麗であった。かれらの南下政策はそのことで阻害され、百済や新羅が保護されることで南辺の不安定さはのぞかれない。しかも隋唐側と境を接するゆえに、その東アジア政策にひそむ羈縻支配、そして直接支配への臭いも鋭く嗅ぎ取ることになる。高句麗は一方でつねに和平路線を模索しながら、しかしそこに止まれば自国が存亡の危機にたたされることを知っていた。高句麗が隋や唐にたいして、当初入貢に出ながら、あるところでぷつんとそれを止め、防備を固め、結果として対立の道に進むのは、そのような構図のなかで理解できるのではないか。

新羅と渤海

こうして隋代以来、繰り返し遠征を受けてきた高句麗は、最後に力尽き命脈を絶った。これほど長く抵抗を続けてきた国は、この当時他にはない。その結果、もっとも後発ながら親唐路線をとりつづけた新羅だけがのこされたが、その前には新たな厳しい課題がまっていた。唐が進める羈縻支配をどうはねのけ、旧百済・高句麗領をとりもどしていくかである。そこで新羅は、旧高句麗王室系の安勝（あんしょう）（安舜）を高句麗王に仕立てて唐の都護府に対抗させる一方、旧百済領には隙をついて侵攻し、咸亨元年（六七〇）には八二城を奪い返し、翌年にはかつての百済の都泗沘城を陥れた。

しかし新羅の行動は当然唐を怒らせ、咸亨五年（六七四）、それまで百済征討にかかわった劉仁軌を大将とする新羅征討軍が送り出された。唐は靺鞨を使って水軍によって新羅の背後をつく策もとった。ピンチに立たされた新羅の文武王法敏は使者を送り、謝罪すると、唐はあっさりとそれを許し、軍も引き上げた。唐側に遠征の疲れがあり、また則天武后の登場によって内政へ重点が移っていたことが、そのような対応となったのかもしれない。

こうした過程をつうじて、かつての高句麗遠征のような泥沼に足をとられることを避けたい、という唐の思惑がみえてくる。一方新羅の方では領土の拡張・回復の決意はかたい。かくして上元三年（六七六）二月、唐は安東都護府を平壌から遼東城（遼寧省遼陽市）に、また旧百済領の中心に置かれた熊津都督府を建安城（遼寧省蓋州市）にと後退させ、半島部の支配からの撤退を形で表し、あとを新羅の支配に委ねた。ただ朝鮮・高句麗統治を目的とした安東都護府はその後も名目的ながら存続し、六七六年・遼東城→六七七年・新城→（六九八—七〇四年一時廃止）→七〇四年・幽州→七一四年・平州→七一九・営州→七二三・燕都→七四

渤海東京城の石灯籠

三年・遼西城↓（七五八―七六一年ころ廃止）と各地を転々とする。そのようなところに、朝鮮支配への名分をのこしつづけようとする意図がみて取れる。

ともあれこうして、高句麗は歴史の舞台から姿を消し、また新羅領内にのこされた傀儡の高句麗王もまもなく除かれた。しかし新羅領は旧三国をあわせたものではなく、旧高句麗領の北半分、旧満州の南半分に相当する区域ははずされた。その一帯には新たに唐の拠点が形成されはじめたが、あくまで点としての支配にとどまり、広大な領域を統一的に治める勢力は存在しなかった。そしてそこに勃興してくるのが渤海であった。

渤海の建国につながる最初の行動は、万歳通天元年（六九六）、営州（遼寧省）付近に強制移住させられていた高句麗の遺民と靺鞨民が、粟末靺鞨とみられる乞乞仲象と乞四比羽の二人に率いられて、故地の東をめざし営州を脱出したことに求められる。営州附近にいた契丹族の李尽忠と孫万栄が起こした反乱に乗じたものである。東方にもどったかれらは、長白山（太白山）東北方面で高句麗系・靺鞨系の結集をはかるが、まもなく唐軍に攻められつぶされた。しかし仲象の息子大祚栄は高句麗遺民たちを再結集して、唐軍を倒し、東牟山（吉林省）に拠点を移し、震国（振国）を建国した。六九八年のことである。

大祚栄はこれ以後、着実に国内基盤を整え、高句麗系と靺鞨系を結集し、周辺国の認知を受けるに至った。これをふまえ、唐から招きを受けた機会をとらえ、玄宗の先天二年（七一三）に息子を人質に入れ、渤海郡王に冊立された。表向きは唐の冊封体制に加わった形をとりつつ、東北部の事実上の支配を認めさせた。かれらが渤海国を名乗るのはここにはじまる。

　こうして朝鮮半島には統一新羅が、そして東北部には渤海がとそれぞれの場所が定まった。その後も唐と対立する面も一時的にはあったが、八世紀半ばからは関係もほぼ安定した。そればかりか山東方面には多くの新羅系住民が移り住むなど、関係はさらに密接になって唐末におよぶ。唐はこうしてはじめて東方政策の安定をみることになった。

第一〇章　隋唐文化の諸相

唐詩の風景

隋唐文化と唐詩

隋唐時代は政治や社会と同様、文化の面でも中国史上の大きな頂点に立った時代であった。たとえば詩における王維や杜甫、李白や白居易、書における顔真卿、絵画における呉道玄、文章における韓愈や柳宗元ら、私たちがただちに思い浮かべることのできる名前はすべて唐代人であった。そのことはいみじくも、北宋を代表する文人の蘇軾が、「詩は杜子美（杜甫）に至り、文は韓退之（韓愈）に至り、書は顔魯公（顔真卿）に至り、画は呉道子（呉道玄）に至りて、古今の変（古来からの変遷）、天下の能事（特別にすぐれたわざ）畢れり」と喝破したのであった。

唐代文化はこのように水準が高く、また文学や思想・宗教、絵画や書、彫刻や音楽などさまざまな分野におよび、個別に言及することは到底できない。ただこの時代をもっとも代表するものとすれば、文学のジャンル、とくに詩が中心になることは、それぞれの時代の特徴を表現した「漢文・唐詩・宋詞・元曲（漢の文章、唐の詩、宋の詞、元の戯曲）」という通称からも明らかである。そこでここでは、詩を中心にして隋唐文化の特質について考えてみることにしよう。

中国文学の展開を中国史の上で概観すると、大きく三段階に区分できる。第一は春秋・戦国から秦漢時代におよぶ時期の、文学がまだ未成熟であった段階。それが後漢をへて魏晋以降になると、文学というジャンルが定着し、駢儷体という均整華麗な文章や五言七言の定型詩などによって、自覚的な創作活動が本格化する。なかでもこの時代、詩が文壇の中心を占め、その発展の先に唐詩が位置したことでわかるように、後漢の過渡期をへて魏晋から唐までは、第二の段階として一括りできる。そしてこのあとに、宋代にはじまる口語体による戯曲や小説が中心を占め、受け手も社会的多数の庶民層が加わる第三の段階がやってくる。中国文学史はこのように中国史の時代区分とほぼ重なり、第二段階の頂点が唐代文学となるのである。

さて、唐詩である。これに先立つ隋詩は、独自の特筆すべきものをもたず、唐初の作品とつなげてよいかもしれない。その唐詩は、ふつう四期に分けて特色が語られてきており、おおむね次のように区分されている。参考までに各期の代表的詩人名も列記しておく。

初唐　武徳元年（六一八）―太極元年（七一二）。魏徴、上官儀、王績、王勃、楊炯、盧照鄰、駱賓王、宋之問、陳子昂

盛唐　開元元年（七一三）―永泰元年（七六五）。王維、孟浩然、岑参、高適、王昌齢、王之渙、李白、杜甫

中唐　大暦元年（七六六）―大和九年（八三五）。韋応物、韓愈、白居易、張籍、元稹、柳宗元、李賀、薛濤

晩唐　開成元年（八三六）―天祐四年（九〇七）。杜牧、李商隠、温庭筠、皮日休、韋荘、魚玄機

初唐・盛唐期の唐詩

唐詩四期を言い換えると、形成―隆盛―展開―衰退となるが、大きく分ければ安史の乱をはさんで前半と後半、つまり初唐・盛唐と中唐・晩唐の組み合わせとなろう。

そのなかで隋をふくむ初唐期は、南北朝ごとに南朝の文風を受け入れ、また反発しながら、それまでの古体詩にたいする近体詩としての律詩（五言・七言）の形式を確立させ、唐詩ひいては中国詩のその後の方向を定めた時期であった。当時を代表するものたちには、四傑とよばれた則天武后期の四人の詩人、王勃、楊炯、盧照鄰、駱賓王がいた。かれらはすぐれた文才をもちながら政治的には不遇で、満たされぬ思いを詩や文章にこめた。駱賓王（六四〇頃―六八四）は武后打倒に決起した李敬業の反乱に加わり、檄文で「一抔の土未だ乾かざるに、六尺の孤安くにか在る（高宗が埋葬されてまだ日が経たないのに、跡取り息子はどこにいってしまったのか）」と武后を非難したことで知られる。

盛唐期はちょうど玄宗の治世にあたる。華やかな時代の装いのなかで個性ある多くの詩人が輩出し、初唐の詩をさらに新たな高みへと押し上げた。唐詩の専家小川環樹氏は「初唐の

時期において詩人たちのあいだにかもし出されつつあった新しい文学への動きは、このとき美しい花となって一時に咲きほこり、多数のすぐれた作家が肩をならべ、きびすを接して歩み出た」と表現した。詩人たちは宮廷から飛び出して、下々の暮らしや異国情緒、辺塞（へんさい）の風物や山川の風情など従来にないさまざまな題材を取り上げ、見事に詩に結実させた。そしてかれらの中心に位置したのが、いうまでもなく李白（七〇一―七六二）と杜甫（七一二―七七〇）であった。

両人はまったく対照的に詩風や生き方を示した。杜甫より一〇歳ほど年上であった李白は、酒をこよなく愛し、奔放な生き方によって盛唐期の明るさを代弁し、杜甫は現実の厳しさや民衆の苦しみに目を向けた。両者のその違いは、李白が西域貿易にかかわる大商人の家に生まれ、経済的に恵まれた生活ができたこと、たいする杜甫が中下級の官僚の家に出身し、科挙に失敗して、流浪や貧窮の生活をよぎなくされたこと、などが関係するだろう。一方二人は官僚としては落伍者であり、また安史の乱によって人生を狂わされたところは共通する。よく知られた杜甫の「春望」詩、「国破れて山河在り、城春にして草木深し……」は、安禄山軍によって占領された長安で詠んだ詩であった。

李白（『歴代古人像賛』）

杜甫（『新刻歴代聖賢像賛』）

「長江積雪図巻」（伝王維）　官界での地位も高く、仏教に傾倒して詩仏と称えられた王維は絵画にも巧みで、自然を詩情豊かに描き出した

杜甫が詩聖、李白が詩仙というのにたいし、仏教に傾倒して詩仏といわれ、独自の詩境を開いたのが王維（七〇一―七六一）であった。かれは前の二人とは違い、家柄は太原の王氏という名門の流れを汲み、科挙にも受かり官界に身を置き、左遷や流浪などもあったが、尚書右丞という宰相近くまで栄進を果たした。かれは政界での浮沈を経験するなかで、政治的主張や党派性から離れ、山川自然を格調高く詠いこみ、盛唐期のもう一面を代表した。わが阿倍仲麻呂が親しく交わった一人が王維であった。

　ちなみに、王維は絵画にも巧みであり、長安の東南郊外、終南山の麓に構えた別荘の輞川荘の暮らしを題材にした「輞川図」の壁画は、その傑作とされた。かれは、自然の景観を詩情豊かに描き出す文人画＝南画（南宗画）の祖といわれる。なお名作「輞川図」の原本は、会昌の廃仏時にこわされ、いまはない。

　これにたいし同時代、山川を着色によって細部まで描く山水画を円熟の域まで引き上げた李思訓（六五一―七一八）がおり、息子の李昭道とあわせ北画（北宗画）の祖とされる。また前出の呉道玄（六八五―七五八）は、玄宗お抱えの絵師として、人物画、山水画、仏教画などに生動感と芸術感あふれる名作をのこし、後世画聖と称される。呉道玄は狂草の書家、張旭から書を学び、その画法に反映させたという。盛唐期は唐詩のみならず、絵画においても大きな頂点をなし、また詩人も画家も書家も互いに交わり、芸術性を高めた時代でもあった。

中唐期の唐詩と古文復興運動

華やかな盛唐期が安史の乱とともにしぼんだあと、中唐期の詩壇がやってくる。この時代の詩人として、まず第一にあげねばならないのが白居易（七七二—八四六）である。かれは、代々中堅官僚を出した家に生まれ、科挙に合格し、革新の意気に燃えた官僚として憲宗から重用されたが、おりしも宦官の専権や牛李の党争が中央政界をおおうなかで、左遷された。その経験をへてかれは政治への発言をつつしみ、エネルギーを詩作に傾注した。白居易の詩の特徴は、平易にして明快であり、玄宗と楊貴妃の交情を詠った「長恨歌」はよく知られるが、杜甫につながる社会の底辺に目を向けた作品も多くのこしている。

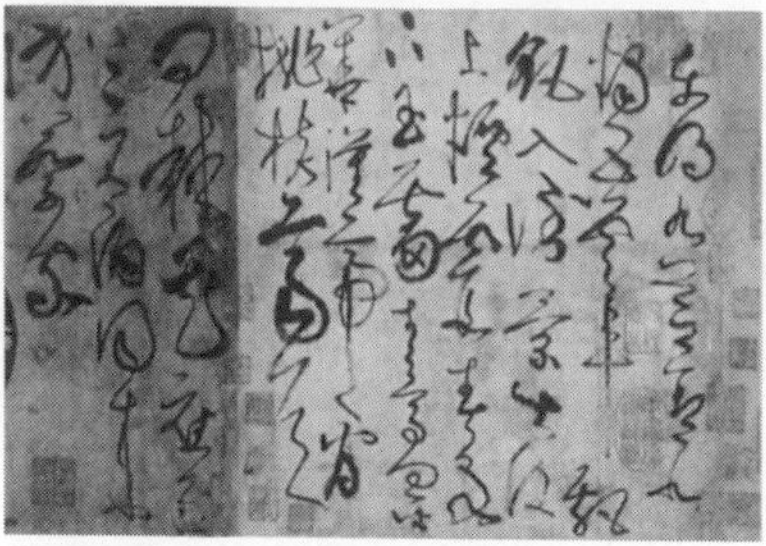
「古詩四帖」（部分　張旭）　草書を最もくずした書法を狂草というが、張旭は狂草で中国に一派を開いた書家である

白居易の詩は表現の平明さや情感の豊かさから多くの読者をとらえた。記録によると、八〇〇年前後には

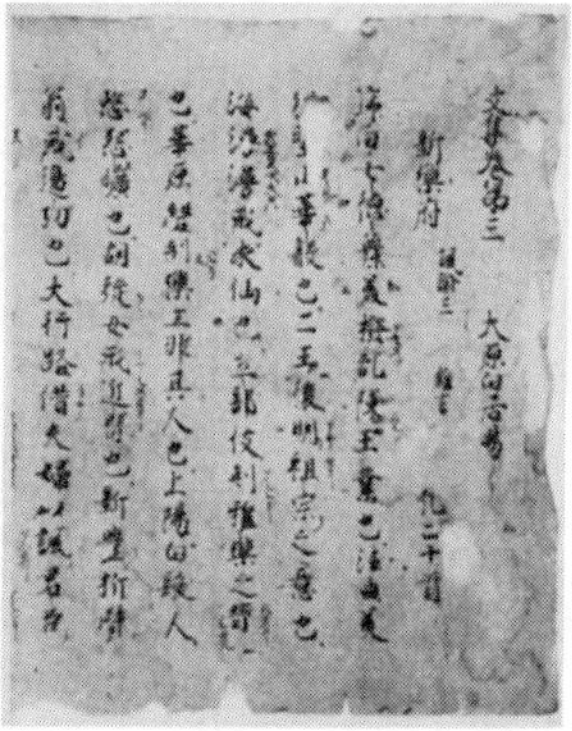

古鈔本『白氏文集』（「文集巻第三」）
白居易の作品をまとめた『白氏文集』は遣唐使などの手によって平安朝の日本に伝えられた

すでに、民間でかれの詩が版木に雕られ、謄写して売られるほどであったという。これは中国の木版印刷史の画期をなす出来事である。白居易は生前に作品を『白氏文集』としてまとめ、それらが遣唐使などの手をへて平安朝の日本に、また新羅に早くに伝えられた。ことに日本ではかれの詩の影響もあって、盛唐期の個性的な詩よりも中唐期の詩が好まれた。

中唐期、白居易とならぶもう一人が韓愈（七六八―八二四）であった。その詩風は白居易と対極をなす豪放さや難解さで知られ、多くの詩人を門下から出したが、詩じたいはあまり目に触れない。それ以上に韓愈の存在を知らしめたのが文章のこと、六朝以来の四六駢儷文（四字・六字の対句、平仄による声調、古典の多用によって構成された美文）が技巧と形式主義に流れ、惰弱の風に陥っている現実を批判し、六朝以前の古代の自由で健全な文体にもどすことを主張した。かれはまた「原道」などを著し、仏教や道教を排した儒教の原点、中国本来の時代に立ち返るべきことを強調した。

韓愈の古文復興運動に共鳴したのが柳宗元（七七三―八一九）であり、「韓柳」と並称される。ただし柳宗元は、詩作においては王維につながる自然派詩人であった。かれは人生の後半のほとんどを左遷された永州（湖南省）の地方都市で送るが、その発端は貞元二一年（八〇五）の順宗のもとでの政治改革、いわゆる永貞（えいてい）の革新に加わり挫折したことにあった（一二九頁）。そのとき韓愈は革新派をつぶす側にいた。

韓愈が提唱した古文運動そして儒教への復古主義は、見方を変えれば、反貴族主義の立場であり、民族主義の立場であった。貴族は四六駢儷文を駆使して教養の高さを誇示し、文学や仏教に肩入れすることで儒教との距離をとっていた。仏教はまた唐朝における国際性を代弁するものであった。唐朝を特色づけるそうした貴族性や国際性にたいし、真っ先に正面から問題提起をしたのが韓愈であった。これが起点となり、会昌の廃仏につながり、つぎの宋において新儒教の宋学の成立、古文の散文体の優勢となって、具体的に実現することになる。中唐期はこのように文化の面でも、それまでの唐の積弊を見直し、来る変革を準備する注目すべき段階にあたっていた。

唐詩と科挙

唐詩は唐代文化の中心に立つ。なぜ唐代になって人々は詩に盛んに関心を寄せ、詩壇が活況を呈することになったのか。歴史の流れからいえば、六朝以来のレベルの高い蓄積のうえに、唐になって新たな詩形（近体詩）が生み出され、唐詩に大きな刺激となったことが指摘できよう。隋の煬帝も唐の太宗も作詩はよくした。皇帝のそのような姿も当然下に影響を及ぼすだろう。そうした事情とともに忘れてはならないのが、科挙との関係であった。

隋代に成立し、唐において発展した科挙（正式には選挙という）の概要は、すでに第四章でふれたが（一五八頁）、そのなかで当時最も人気のあったのが進士科であり、競争率も数十倍から一〇〇倍にも達した。当時の諺に、「三十にして老明経、五十にして少進士」（三〇歳で明経合格は老く、五〇歳で進士に合格するのは少い）というやや誇張した表現があるが、ことほど左様に進士科は難しかった。特定の分野や実務に秀でた人材を求める明経科や明法科、明算科などとちがい、広い識見をもった将来のリーダーとなる幹部候補生コースであったことが、その人気の理由であるが、同時に特定の分野のスキルを問うものでないため、受験のしやすさが受験生を集めた一因でもあった。そして、その進士科に出題されたなかに作詩の問題があった。

唐代科挙の制がほぼ固まった則天武后期以後でいうと、地方試から上がってきたもの（郷貢）と中央の学校試（監試という）の合格者、その双方を対象とする中央の試験（省試、礼部試）は、通常毎年正月ごろ三日間をかけておこなわれる。進士科はその三日間で「帖経、雑文、時務策」の三種目が問われた。帖経とは儒教経典の一部を取り出した穴埋め問題、時務策とは時の政治への対策を問う時事問題、そして雑文というのが詩賦、つまり詩（唐詩）と賦（韻文、四六騈儷文）であった。唐詩はこのように科挙の正式な受験科目であり、そのために受験生は腕を磨き、要路にたつ高官たちも詩を作ることができた。

しかも進士科に集まるものたちは、非門閥系の家柄の出が多かった。隋から唐前半にかけて関隴系貴族が政権をにぎり、一方で衰えたとはいえ山東系貴族が家柄を誇っていた。途中から旧貴族側も科挙から官界に進む方向にシフトしはじめるが、高官を出すところには恩蔭(おんいん)の特権がのこされていた。そこから外れた才能あるもの、政治的野心をもつものたちは必然進士科に向かうわけである。かれらは事前運動もかねて、有力高官の家を訪れて自作作品を提出したり、そのサロンに参加して存在を知ってもらうことにつとめた。王維はそのようにして玄宗の弟、岐王(きおう)のサロンに加わり、進士に及第することができ、対照的に杜甫は、同じように動いたにもかかわらず、結局は合格できなかった。

唐代における詩の広がりには、このように科挙とくに進士科が大きな役割を負っていた。詩を作ることは一部の詩人サークルだけのものではない現実的意味をもち、支配層の共通の教養となった。さらにいえば、詩人たちは官界での挫折の傷を癒すため、あるいは詩的感性を磨くために、在地の有力者や大商人たちをたよってよく地方に旅をした。このことが広く社会に詩作への関心を高め、広い裾野のうえに高い唐詩の頂をつくりあげたことも注目しておきたい。その上で、唐代、詩を含めた文学が最高の教養であり、為政者になる最重要条件であるという認識が共有された。そのことをつきつめると、唐という時代を貫く貴族性という問題に、ここでも逢着することになるのである。

唐代文化と金銀器

何家村の穴蔵から

前節では唐詩をつうじて唐代文化の一面を紹介した。代わって本節では、唐代文化を物質文化の面から、とくに人々の関心を集めた金銀器に軸を置いて考えてみることにする。

中国が文化大革命の嵐に揺れていた一九七〇年一〇月の初め、西安の南郊にある何家村(かかそん)の建築現場から、二つの同型の甕（高さ六五センチ、胴回り六〇センチ）と一つの銀罐(ぎんかん)（銀製壺、高さ三〇センチ、胴回り二五センチ）が、相継いで発見された。調べてみたところ、驚くことに二つの甕のなかには、財宝ともいうべき品々がぎっしり詰まっていた。全体で一〇〇〇点を越える器物、そのなかには金銀器が二七〇点、板状銀塊類が九〇点、また多数のコインや薬用鉱物、瑪瑙(めのう)やガラスの器、宝石類などが含まれていた。その後内外に名が知られる何家村の宝物はこうして世に出た。

これらの器物はいつ、なぜ埋蔵されたのか。それを直接語る文字資料は何もなかった。ただ一つの手掛かりとして、板状銀塊類のなかの銀餅(ぎんぺい)に、「開元十年（七二二）」「開元十九年（七三一）」と刻まれていたこと、もう一つは五枚の「和同開珎」銀コインの存在であった。和同開珎とはいうまでもなく日本最古の貨幣、銀銭として製造された時期は、元明天皇の和銅元年（七〇八）の五月から翌年までわずか一年余だけであった。このような珍しい品をもたらすことができたのは、遣唐使という正式使節しか他には考えられない。であれば、直近の段階で第九次の開元五年（七一七）、つぎが第一〇次の開元二二年（七三四）となる。

では、下限はいつにあたるか。言い換えればいつ地中に入れられたのか。これがわかると埋蔵理由にも答えが見えてくるはずだが、確定はなかなかむずかしい。何家村の場所は、唐代でいうと、長安城内の興化坊の西南側にあたる。記録によると、当時このあたりには玄宗期、その従兄弟である邠王李守礼の広大な邸宅と役所があった。そこで従来考えられてきたのが、これらの宝物は邠王家の所有物であり、天宝一五載（七五六）六月、安禄山軍が潼関を破って長安に突入する直前、家人が急ぎ埋めたという解釈である。だが詳しくみてみると、発見場所は邠王邸の敷地とややずれる。しかも、安史の乱後の製

項目	全数量	金類	銀類	金銀類計
食器	118	3	115	118
飲器	22	5	12	17
薬具	51	3	46	49
盥洗器	14	2	12	14
日用品	32		32	32
装身具	233	25	15	40
小計	470点	38点	232点	270点
薬物	13＋(13,225g)	(787g)		(787g)
板状銀塊類	90		90	90
貨幣	478	31	427	458
その他	4＋(4,514g)	(4,514g)		(4,514g)
合計	1055点＋(17,739g)	69点＋(5,301g)	749点	818点＋(5,301g)

何家村出土文物一覧（括弧内の数値は点数で計上できない粉末などの重さ）

連弁鳥獣文金碗（西安市南郊何家村穴蔵出土　陝西歴史博物館蔵）　類いまれな純金製の碗で、地肌全面に粟粒のような細かい粒を凸起させる魚子（ななこ）模様をほどこしたうえで連弁を打ち出し、その中に鴛鴦（おしどり）・鴨・鹿・狐などの鳥獣を刻んでいる。口径13.7cm、高さ5.5cm

作をうかがわせる金銀器なども混ざっていた。そこから、徳宗の建中四年（七八三）に起きた朱泚の乱（一一三頁）の時が有力な可能性として浮上している。

結局、埋蔵の経緯や理由はまだはっきりしていない。確実なことは、金銀器の技術水準は非常に高く、一点一点細部にまで神経がゆきわたった流麗さで作られていること、年代としては、玄宗期を中心に七世紀後半から一世紀ほどのあいだに製作された、ということである。つまりは、唐の国力がもっとも充実した盛唐期の作品群であった。所有者は邠王家でないとしても、それに類する高官クラスと推定される。なぜなら、出土の銀餅には「〔広州〕懐集県庸調」などと刻まれていたが、これは租庸調で知られた正規の税の一部＝庸調が、銀餅の形で国庫に納められたのち、皇帝から下賜された品となるからである。金銀器もその技術の高さから推して、中央の少府監の工房（金銀作坊院）で作られたものとなる。それらが所持できるのは中枢に近い立場の者をおいて他にはない。

何家村宝物と唐代物質文化

何家村の財宝は、唐朝にかかわる有力人物が、八世紀の後半のあるとき、身辺に迫る緊迫した事態のなかで、日頃大切にする身の回りの品々や貴重な宝物類をかきあつめ、二つの甕と一つの罐に入れたものと考えられる。ただ容量の制約もあり、小型品が大半を占めるが、こうしたことが逆に、盛唐時における物質生活や文化の一端を垣間見させてくれる。

前述した和同開珎の銀貨のことからふれてみよう。これが五枚もあったことは、この人物が遣唐使ないしは長期滞在の留学生と近い関係にあった、と解せないだろうか。それはとも

和同開珎（西安市南郊何家村出土）　日本最古の銀貨がなぜ何家村から出土したのか。遣唐使の誰かがもたらしたのだろうか

ササン朝ペルシア・ホスロー２世銀貨（左）と東ローマ・ヘラクリウス１世金貨（右）（西安市南郊何家村出土）　唐都長安は西のペルシア・ローマからも人と物資が集散する世界都市だった

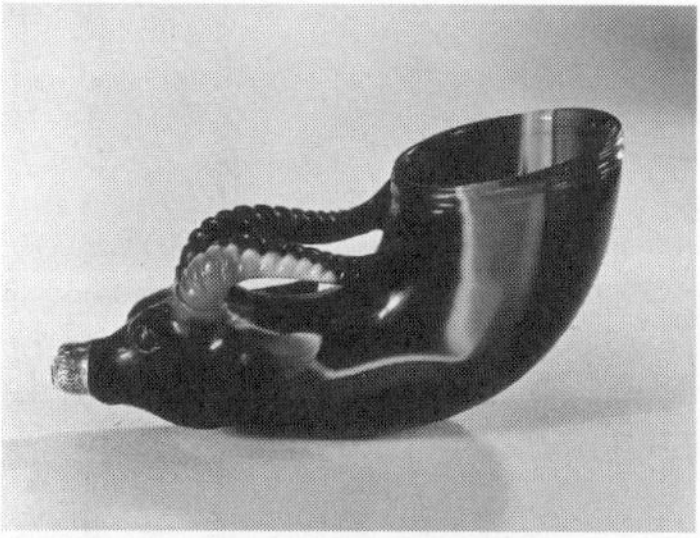

瑪瑙牛首形杯（西安市南郊何家村出土）　口に金のキャップをはめた艶麗な西域系の瑪瑙杯

かくかれは、一方で西の東ローマ金貨、ササン朝ペルシア銀貨も各一枚所持していた。加えて、春秋時代の即墨法貨（山東斉国の貨幣）にはじまる歴代コイン、また一般に流通はしていない唐の開元通宝の金貨と銀貨四五一枚ももっていた。明らかにかれはコインマニア、はしなくもその人物のうえに、縦軸としての中国文明と横軸としての東西文化が見事に交差していたのであった。

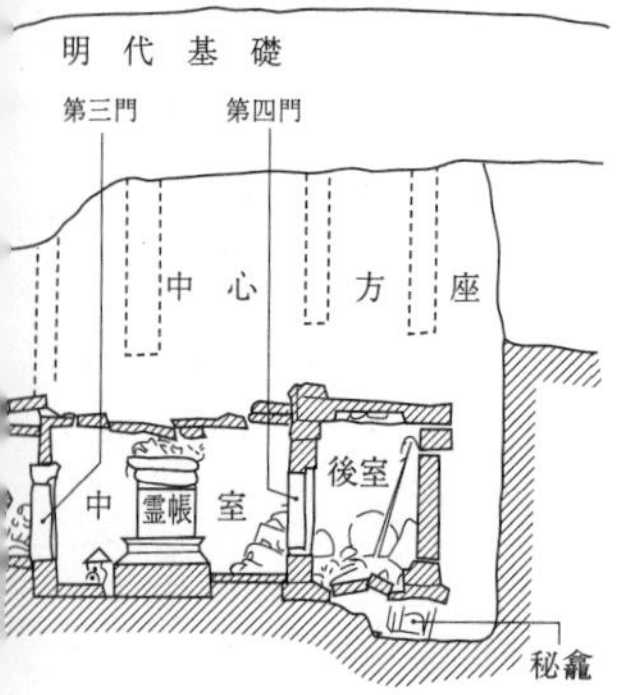

この人物がわたしたちに伝えるもう一つのメッセージは、金銀の箱に入れられた鉱物、金粉や紫砂や丹砂、石英や珊瑚や琥珀などの量と種類の多さ、そのことによって浮き彫りになる不老不死への思いである。丹砂とは硫化第二水銀のこと、不老不死の仙薬（金丹）をつくる中心の材料である。ふつう炉を組み鍋を載せ、それに丹砂以下ここにあるようなさまざまな鉱物を入れ、また金や銀も加えて加熱し、最後に長生薬の丹ができるという。煉（錬）丹術とはこのことである。出土品中の銀製の鍋などはそのために用いた道具とも理解できる。

唐代、皇帝となったものの多くは丹薬を服用した。長生を願ってのことであるが、服用が高ずると体はぼろぼろとなり、喜怒が激しくなり、最後は命を縮める。太宗はそれがために晩節の判断を狂わせ、病床では薬で蝕まれた体に医者も手の施しよう

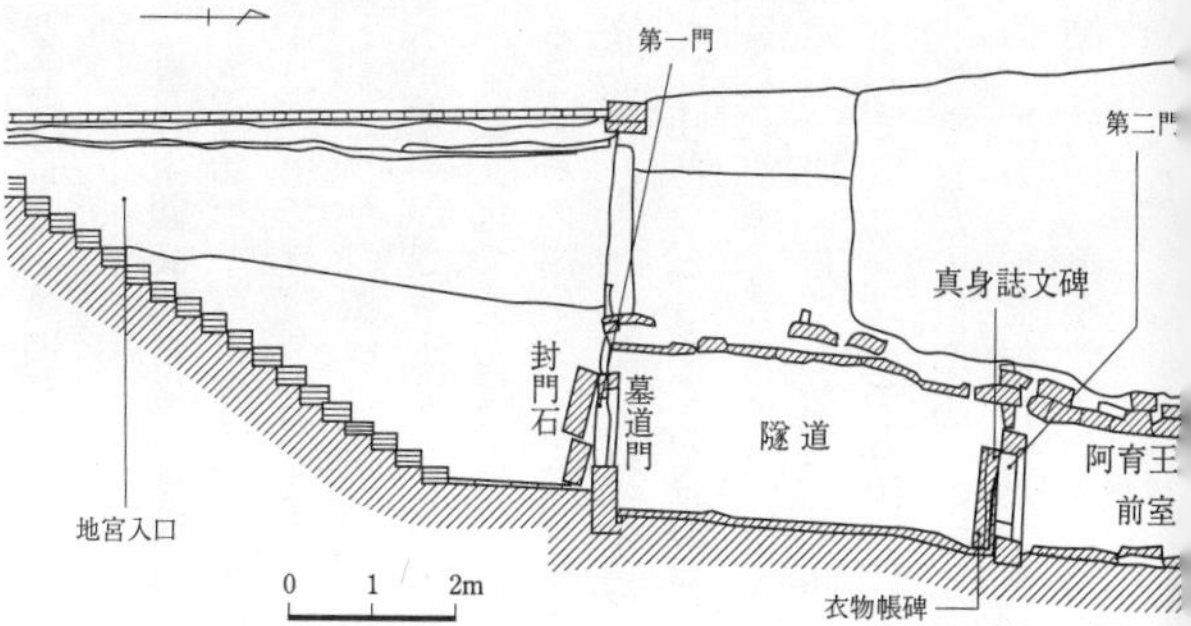

法門寺塔基地宮断面図

がなかった。憲宗は薬のために気性が荒れ、危険を感じた近侍の宦官に殺された。上の薬漬けの風潮は、当然下にも影響する。これだけの材料と器材を備えるこの人物は、みずから製薬と服用の両方にかかわったのだろう。煉丹と道教とは密接な関係にあったから、かれは道教の熱心な信者であったかもしれない。

他方、何家村の宝物からつよく印象づけられることのなかに、西方からの影響を抜きにすることはできない。先に示した西方貨幣のほかに、ガラスの碗、瑪瑙杯（牛首形杯）、水晶杯などが西域系の品物となる。金銀器をみると、ほとんどは国内製作とみてよいが、唐草（からくさ）文様や連珠文（れんじゅもん）をはじめ、伸びやかな動植物の図案や器の外形などに、西方の影響を嗅ぎ取ることができる。当時の唐人の開放性と感性のしなやかさを示すものである。がその反面、財宝であれば当然あってよい璧（へき）など伝統の玉製（ぎょく）の宝物が、これほどのなかに一点もなかった（バンド飾りの玉片類はあったが）。漢代までであれば玉璧などがきまって中心にあった。何家村の宝物にはまた、唐という時代の新たな価値観が凝縮されていた。

唐代金銀文化と貴族趣味

それにしても、唐代、なぜこうまで金銀重視の文化が広まったのか。これまであげられてきた理由では、金銀器による食事が長生のためによく、丹薬づくりに金銀が必要とされたなどがあった。私はこれに、シルクロードをつうじて伝えられる西の金銀文化の影響、金銀が示す華やかさや永遠性に中国側が目覚めたことも指摘しておきたい。

　金銀文化を盛んにするには、金銀の量的増大も必要な条件であった。すなわち隋唐期になると、その高い文化を慕って周辺から金銀が流れこんだ。たとえば、前述の円仁らが求法の旅に要した経費は、日本からもちこんだ砂金で捻出した。遣唐使も同様にして買い物をした。吐蕃なども多くの金銀器を献上品にしている。それにもまして、唐代、金銀の産出が飛躍的に高まったことは重要である。地理書によると、当時金の産地で七〇ヵ所（州）、銀で六七ヵ所（州）を数え、饒州楽平県（江西省）では年間「銀十余万両」（一両約四〇グラムとして四トン以上）も出すほどであった。

　こうした大量産出や他国からの流入の結果、経済活動の活性化をうながし、開元年間以降、遠方の税を現物輸送から銀餅あるいは銀鋌という板状形で上納することを可能にした。節度使が「羨余」として進奉するものにも、それがあった（一三六頁）。何家村に現れた銀餅とはまさにそれである。そして大量に出まわることになる金銀は、必然的に金銀器の製作へと向かい、その作品を購入する層を広げた。需要の広がりはまた中央・民間の製作技術を高め、それらが相乗作用となって盛唐期の精緻で高度な金銀文化に結実した。何家村の財宝はまさにその頂点にたつものであった。

金銀というと、すぐ成金趣味にも似た軽薄さを連想しがちであるが、何家村に代表される唐の金銀器の場合、そうしたものとは無縁な風格と落ち着きを漂わせる。このことは、金銀文化を受け止めた主体である上層階級の感性や意識が、成金的あるいは庶民的レベルになかったことを印象づける。言い換えれば、かれらの貴族趣味ともいうべき感性があのような作品に結実したということである。唐代の物質文化の粋ともいうべき金銀器においても、貴族性という問題が影を落としている。

中国の正倉院、法門寺の宝物群

正倉院の宝物は奈良時代から今日まで、連綿と保存されてきた聖武天皇の御物（ぎょぶつ）である。これにたいし中国では、王朝の交替時にほぼきまって激烈な戦乱を経験し、その過程で前政権の構造物は破壊や焼却の憂き目にあい、宝物は略奪され散逸する。中国の歴史は日本のそれとちがって、それだけ激しくかつ厳しく、ために正倉院のように時代を越えて文物を保存しつづけることは大変困難であった。だが中国には文物を後世に伝える別のやり方があった。それが地下地中の世界である。

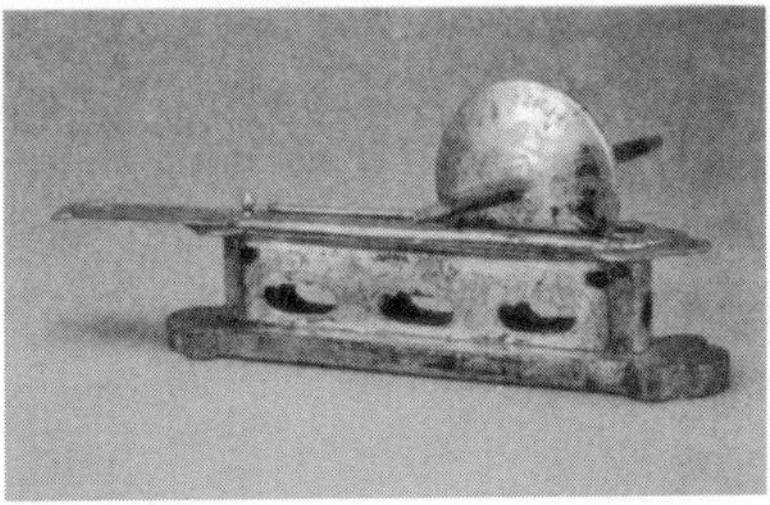

銀製茶碾と茶碾軸（法門寺塔基地宮後室出土　法門寺博物館蔵）　これによって茶葉を粉末にして飲んだ。法門寺塔基地宮からは各種の銀製茶道具が発見され、飲茶の風が宮廷人の間に定着していたことを示している

地下世界といえばまず墓であるが、現世の延長に位置づけるかれらの墓内は、地中に埋葬あるいは火葬するだけで終わった日本の場合とは、比較にならないほど豊かであった。屍体（墓主）のまわりに配された沢山の副葬品、本人を語る墓誌、壁や天井に描かれた壁画、ときには書物や文書類なども納められた。盗掘や風化をまぬがれて発見された場合、計り知れない歴史の材料が提供されることになる。墓でないとすれば、膨大な文書・経典を保存していた敦煌の蔵経洞のような事例もあった。これも地中に他ならない。

そして、いま問題にしようとする法門寺塔の地宮も、忘れてはならない地下世界であった。西安から西におよそ一二〇キロの場所にある法門寺、その寺塔（真身宝塔）の地下から、一九八七年に大量の宝物が発見されたこと、それらは咸通一五年（八七四）正月四日に埋納された唐代の文物、しかも皇帝の懿宗とその息子の僖宗が率先して寄進した当時の第一級品であったことなどについては、第八章で紹介した（三二一頁）。前述の何家村の宝物が埋められてからほとんど一〇〇年後であった。法門寺の中心も金銀器である。したがって双方を比べてみることで、盛唐期と晩唐期の文化のちがいや特質が一層鮮明になるはずである。

法門寺の宝物が何家村とちがう第一は、埋納時の宝物一点一点を記載した奉納リスト、通称「衣物帳」の石碑がいっしょにあったことである。全宝物は埋納時のままであったから、ほぼすべての名前と機能はその「衣物帳」碑から明らかにできた。また金銀器にはそれを製作した工人や責任者、あるいは寄進者や重量・作製日などが刻まれていた。ほとんど文字がなかった何家村のものと比べると大違いである。われわれはこの文字のなかから、金銀器を作った宮中の工房が文思院とよばれ、その責任者の文思使が宦官に握られていたことを知ることができた。これは盛唐期にはなかった機関である。

第二のちがいは、いうまでもなく、一方が個人（家）の所有物、こちらは法門寺という寺の舎利信仰にかかわって、皇帝をはじめ多様な人間によって奉納された品々であったことである。そのため前者のような人間的個性は現れにくいが、仏教にかける熱い思いが伝わってくる。かれらは法門寺舎利を釈迦の真骨、つまり釈迦そのものとみなし、それにかかわる供養の品、たとえば金銀器における錫杖や香炉、儀式関連の鉢や皿などを納めた。

その一方で舎利にある種の人格をダブらせ、一連の銀製茶道具やガラスの茶碗と茶托、あるいは袈裟や衣類、双六や装身具や生活用具なども用意した。また宋代に本格化する美しい青磁の前身にあたる「秘色青磁」が見つかっている。こうした多様性は何家村にはなかった。

茶といえば、八世紀後半、民間における飲茶の流行をふまえ、茶具や茶の飲み方、産地や歴史などを整理した陸羽の『茶経』が成立した。それから一世紀、飲茶の風は確実に広まって、宮中人のあいだにまで定着していたことを、この宝物をつうじて知ることができた。質量の豊富さからいって、法門寺の地下世界は、まぎれもなく「中国の正倉院」であった。

法門寺の金銀器と時代性

こうした対比のうえに、つぎに金銀器の問題から、何家村と法門寺のそれぞれが担う盛唐期と晩唐期の物質文化の特質について考えてみたい。法門寺には合計九六点の金銀器があった。これは何家村の二七〇点には遠くおよばないが、ただし法門寺のそれは大型のものが多く、「衣物帳」に表示された重量の総計は一七八一両余り（一両約四〇グラム）、じっさいの計量でも七〇キロを越える重量となっている。何家村の方は定かではないが、法門寺が金銀の重さではけっしてひけをとってはいないと思われる。

　しかし個別の金銀器に目を転ずると、何家村に見られた端正な美しさや緊張感は後退し、技法は精妙ではあるが、全体に漂う印象はどこか頼りなげで、線の細さは否めない。法門寺塔の地宮が最後に閉じられた咸通一五年（八七四）は、まず山東方面で王仙芝（おうせんし）が反乱を起こし、それに黄巣が加わって黄巣の乱へと展開する節目の年であった。この年を境に唐は一気に坂道を転げ落ちていく。法門寺の金銀器は、そうした唐朝が最後の力をふりしぼった仕事であり、全体から受ける印象もその時代状況から説明できるだろう。

　法門寺の金銀器の技法的な面はさておき、その印象をもたらす直接的な要因に、唐が有する金銀量の減少があったのではないか。それらは主に金銀の餅や鋌（てい）の形で国庫に入ったもの

進奉の主体	全点数	うち金銀点数	金重量	銀重量
A 法門寺の供養品	7点			
B 懿宗皇帝の恩賜品	122点	64点	71両1銭	941両6銭余
C 僖宗皇帝の恩賜品	754点	14点		333両
D 皇后妃嬪進奉品	7点			
E 宦官・僧尼進奉品	9点	7点		252両4銭
F 計	899点	85点	71両1銭	1527両余
H 大興善寺智慧輪喜捨	11点	11点	28両	155両

「衣物帳」碑所載の宝物点数・金銀重量集計表（A～F・Hは「衣物帳」碑に付けたグループ分類記号）

からまわされるが、唐末には進奉される量が少なくなる一方で、戦費などの支出は増大する。産出地は八割以上が南方、それも広東・広西の嶺南地方が半分以上を占め、こうした地方から上納がむずかしくなれば、必然的に金銀器にまわせるものも制約を受ける。その結果は、法門寺の宝物における薄手の作り、金銀に余裕のあった何家村の場合とその点で決定的な差となるのである。

ところで、そのような法門寺の金銀器にあって、やや場違いの感を与えるものがあった。「衣物帳」には「銀金花盆一口、重一百五十五両」と記される大型の盥（盆）である（次頁写真）。大きさは高さが一四・五センチ、上の直径が四六センチ、重さが六二六五グラムもあり、銀の地金に金メッキを施して、華やかさが人目を惹きつける。側面には獣形をした鋪首を鋲止めし、環をかませ、持ち運び用の把手をつけるが、これらもすべて銀であった。何よりも圧倒されるのは、外形の滑らかな美しさに、内側と外側の全面にあますところなく、丹念に描刻された鴛鴦や花の文様の見事さである。これは法門

銀鍍金鴛鴦団華文四花形双耳盆（法門寺塔基地宮後室出土　法門寺博物館蔵）　銀板を成形した上で花弁を図案化した団華文をほどこし、その中に鴛鴦（おしどり）を一対ずつ表現している。「衣物帳」碑にはこれを「銀金花盆」とするが、4月8日の浴仏の儀式用に使われた品であろうか

寺および晩唐期における出色の作品であるばかりか、盛唐時の何家村作品にも負けないものと私はひそかに考える。

　ではなぜ、このような銀製の大型盥がここにあったのか。じつはこれは宮中で製作されたものではなかった。それを明らかにするのが、盥の底の圏足の内側に墨書された「浙西」の文字である。「浙西」とは浙西（浙江西道）観察使のこと、治所は潤州（江蘇省鎮江市）にあった。長慶四年―五年（八二四―八二五）のころ、その観察使であった李徳裕は当地で製作された多数の金銀器を進奉している。浙西観察使の下には、南方の金銀を用いた高い技術を誇る製作工房があった。右の大型盥はそこで作られ、李徳裕あるいはその後の観察使が都にもたらしたものの一つとみてよいだろう。

　唐の後半期、とくに晩期になると、江南方面は中央をしのぐ力を発揮しはじめる。それは生産力・経済力にとどまらず、文化のレベルや発信力にもおよんだ。この大型盥はまさにそのことを体現するものであった。法門寺の金銀器は、晩唐期の中央の文化的レベルを映し出すと同時に、江南に代表される地方の物質文化の高まりを明らかにし、その先にある唐がたどる方向も暗示するものであった。

隋唐精神文化の一面――歴史の編纂とその認識

本章では隋唐時代における文化の特質を見るために、まず唐詩とその周辺の文学文化の活動を取り上げ、ついで金銀器にあらわれた物質文化について考えた。とすればつぎに、精神文化の面が対象にされてよい。そこで、隋唐時代における歴史への認識あるいは史学の状況という、やや変わった視点をその切り口にしてみたい。じつは隋唐時代は、中国史学史の上で一大画期をなす時期として知られる。なぜそういわしめる状況があったのか。そこにはどのような歴史認識の特徴があり、この時代の特質とどう重なるのだろうか。

唐初における史部の成立とその意味

古来、中国ほど多くの文字による記録をのこしてきた国はない。またそれをふまえた歴史を記録することに、中国ほど熱心に努めてきた国はない。かれらにとって歴史はたんなる過去の出来事ではなく、みずからを投影させて、生きる寄る辺とする対象でもあった。もちろん歴史への見方や関わり方は、時代によって変化し一律ではない。その変化の跡をつうじて時代の様相や特質が垣間見られるが、そうした中国史学史のうえで一つの注目される時代が隋唐期であった。

わたしたちは、中国史上の歴史書の原点に『春秋』があり、それにつづくのが漢代、司馬遷による『史記』や班固の『漢書』であることを知っている。ただし漢代までは、まだ歴史は独立した分野になっていなかった。それが時代を下って隋唐の統一を迎える段階になると、様相は大きく変わる。そのことを象徴的に表すのが、唐初に編纂された『隋書』の「経籍志」という当時の図書目録において、全体が経部（儒教）・史部（歴史）・子部（諸子）・集部（文集その他）という四部に分類され、そこに単独の「史」部が姿をみせたことである。

そもそも隋は成立直後から、賞金ならぬ賞絹を出して天下の異本孤本を収集し、それだけで三万巻にのぼった。煬帝は東都洛陽に図書を移して充実をはかり、集まった膨大な典籍を甲乙丙丁に四分類して保存した。これが上述の「経史子集」の四部につながる。隋が滅びると、唐はそれらを長安に船で搬入させたため、途中転覆により八、九割方が黄河の激流に呑みこまれてしまったという。それでものこされたものが約一万五〇〇〇部（点）で約九万巻あったというから、隋代にいかに多くの典籍が集積されたかわかるだろう。そのなかから重要なもの半数を選び、四部に分類して配列したのが『隋書』「経籍志」であった。今日も漢籍整理にあたって使われる四部分類の起点は、じつはここに求めることができる。

史部の独立は、魏晋以降の史学への関心の高まりの結果であった。この時代、後漢の礼教（儒教）主義の縛りを解かれた人々は、自分自身をみつめ思索するなかで、歴史に目を向け、多くの歴史著作を著すことになった。そこには自叙伝や家伝・家訓、あるいは地方史・地誌も含まれ、さらに先行する史書や史実などに注記を加える史注、あるいはそれらを評論する史評なども盛んになった。陳寿の『三国志』につけられた裴松之注などは、史注の代表である。また類書とよばれる百科事典や様々な博物志が現れ、史実や古代の伝聞などが論じられたことも、史学の発展と関連するだろう。こうした学問・著述の担い手は、貴族たちであり、唐につながる史学の隆盛は、かれらによって準備された。

なお付言すると、魏晋以降の人々が積極的にものを書き、記録をのこしはじめた理由の一つに、紙の普及をあげなければならない（一六三頁）。紙は貴重ではあるが簡便、かつ保存のきく素材として、四世紀以降それまでの竹木簡や帛（絹布）書に代わって完全に主役に座った。ただ当時の紙の書物は巻物（巻子本）であって、本というとすぐイメージされる線装本（唐本。日本の和綴本に相当）はまだ登場していない。

唐初の正史編纂と史館の成立

このように魏晋南北朝をつうじた史書の蓄積のうえに、唐初、史部の独立があった。そのことを含め、史の高まりを具体的な形に定着させた主体が、唐の太宗である。

魏晋南北朝時代は多くの王朝が興亡したが、唐が発足したとき、それらの正統なる歴史＝正史は、晋史を始めかなり欠けていた。そこで太宗は欠落分を一気に完成させるべく、勅命をもって実行させることを思い立った。いわゆる奉勅撰である。この結果、『晋書』のほか、南北朝後期の『北斉書』『周書』『梁書』『陳書』が太宗朝に完成し、『隋書』も同時期に事実上できあがった（最終完成は高宗の顕慶元年〈六五六〉）。

太宗は正史編纂にあたって、それを担当する機関＝史館を独立させ、宰相かそれに近い人物を監修国史という責任者にあて、実際の執筆には史館修撰の肩書で著名な文人を集め、分業によって編纂をおこなう体制をしいた。周知のごとく『史記』や『漢書』あるいは『三国志』のごとく、かつて史書は史官をつとめる個人かその一家の仕事であり、それが公認されて正史となった。「家学」としての正史である。魏晋以降になっても、その流れをくんで各時代（王朝）史を個人の立場でまとめる試みはつづいた。しかし多くは帯に短し襷に長しで、正史にまで高められなかった。理由は史官に人を得なかっただけではない。魏晋以降、時代の進行につれて歴史の材料や著作が増大し、正史はもはや個人の手には負えなくなったからである。太宗はそれを明確に認識し、それに代わる手をうったのが史館である。

唐初に実行された新たな編纂手法が、家学の史書のもつ個性を奪ったといわれる。ただしまったく没個性化したというのはいいすぎで、各所に執筆した編纂官の個性を嗅ぎ取ることができる。太宗自身『晋書』には一部筆を入れ、かれの思いを注入した。また歴史家李大師・李延寿父子の手でまとめられ、正史に配される南朝史の『南史』、北朝史の『北史』（ともに高宗・顕慶四年〈六五九〉完成）は、なお家学の伝統を継ぐものであった。正史はいずれも紀伝体（皇帝の編年記「本紀」と個人の伝記「列伝」、および制度文化の「志」を軸に構成される叙述形式）をとるが、王朝ごとに編纂する方針はそれまで必ずしも明確に定まっていなかった。それが太宗朝に全正史を一挙に揃えたことにより、以後一王朝一正史、それを次王朝で編纂する原則が定着した。

なお史館の役割は、史書の編纂の他に、史料の系統的収集保存が重要な職務と定められた。従来、皇帝の身辺にはその行為（言動）を記録する「起居注」の官（起居郎・起居舎人）があり、史料の収集・編纂のために唐では秘書省内に著作局が置かれた。しかしこれら関係者の地位は全体に低く、書記として重要な場に立ち会えず、記録を系統的に集める権限も与えられていない。史館の設置はそれを克服するためであり、各方面の重要記録や役目を終えた公文書なども、そこに集約される決まりとなった。こうして史館のもとで、王朝史の中心材料となる皇帝紀＝実録や国史＝正史が編纂される体制ができ、宋代以降に継続されることになった。

太宗の歴史認識から劉知幾の『史通』へ

正史の編纂や史館の成立などにみられた太宗の歴史への意気込みは、玄武門の変や隋の煬帝との比較でどう歴史的に評価されるかという、個人的な関心だけから発するのではなかった。李氏唐朝は鮮卑北族系色を濃くもった王朝であった。その唐を中国史上にどう正当に位置づけるか、そこにかれの主たる関心があった。

太宗は『晋書』の編纂にとくに力をいれた。その理由は、一つには皇族間の争いである八王の乱が晋（西晋）を衰亡・分断させた事例などから、唐としての教訓を得ることにあったが、同時に異民族（五胡）の出発点で唐朝李氏にもつながるこの時期を、きちんとあとづけておく必要があると認識したからである。その結果五胡の歴史は、『晋書』に「載記」として並置され、漢族の歴史に埋没されることなく、丁寧にまとめられたのであった。

太宗はこうして、唐朝の存立の正統性を歴史の場で明らかにし、また史館の形で歴史記述の重要さを表明した。そこに流れるのは、魏晋以来盛りあがってきた史学の状況ともつうずる、歴史にたいする一種のオプティミズム、歴史から現実そして将来を期待する観念であったといえよう。そしてこの太宗の立場と基底でつながる仕事が、それからおよそ半世紀を経過した後にあらわれた。今度は、史学・史書のあり方に理論面から迫り、史学史上に特筆される成果となった劉知幾の『史通』である。

劉知幾（字は子玄。六六一―七二一）は、本貫（本籍）を徐州彭城（江蘇省）の人なりとし、前漢王朝の劉氏の流れをくむ血筋とされる。いわゆる山東系や関中系の一流門閥ではないにせよ、名門に近い文人の家柄であった。かれは二〇歳で進士に合格して官界に入ったが、おりしも則天武后が女帝への道を歩みだす時期にあたった。そうしたなか、かれは官界では主流を歩んだわけではないが、若いときから儒学を避け、史学に関心をもち、結果三〇年も国史や「起居注」の編纂にたずさわることになる。そして、その間の蓄積をふまえて著したのが、畢生の仕事ともなる『史通』であった。中宗の景龍四年（七一〇）、劉知幾五〇歳のときである。

『史通』は「内篇」一〇巻三九篇（うち三篇は亡失）、「外篇」一〇巻一三篇の全二〇巻五二篇からなる。「内篇」では史書の文体（史体）や史書の形式から、史料の採り方や実証方法や表現のし方など、史書がいかに書かれるべきかを縦横に取り上げる。一方「外篇」は、史官の変遷、歴代の正史や古典の史書の概要などを論じ、最初の本格的な史学史・史学概論の役割をはたし、その過程で先人の錯誤や矛盾を容赦なく指摘する。

本書は多岐にわたり、簡単に要約することを許さないが、中心にあることは、歴史（記述）の目的、史実の重視、記述の方法、そしてそれら全体にかかわる史官（史家）の立場ということになろうか。それによると、歴史とは人間を対象とし、過去の事実を現在に伝えるものである。そのための基準は勧善懲悪（善を勧め悪を懲す）にあり、史料を見分け選択し、事実を権力や私的事情に流されずに直書することが肝心である。とすると一番の問題は史家の資質であり、劉知幾はそれを、権力に阿らない道義性、古今につうじた高い知識識見、歴史事実を精密に解明し表現できる能力、といった形でまとめている。

魏晋以降隋唐にかけて、様々な歴史の著述や記録が蓄積されるなかで、一度それらを集約し、史のあり方に筋道をつけることが求められていた。そうした時代の要請に応えるところに、劉知幾の仕事があった。かれの事実尊重の姿勢は今日の実証主義歴史学にもつうじ、史家の条件はそのまま今日もち出してみても違和感を感じさせない。『史通』はそれだけの先見性と合理性を有していたわけだが、それも唐という時代の空気のなかではじめて可能であった。かれは事実の重要さを説くために、正史はもとより『春秋』『尚書』など先哲の経典まで、余すところなく槍玉にあげたが、それには儒教的、体制的な縛りからの一定の自由さが必要であった。その意味からも『史通』は唐という時代が生んだ成果であった。

杜佑の『通典』と歴史意識

唐代の史学を代表する業績に、『史通』にならんで杜佑(とゆう)の『通典(つてん)』がある。『史通』が史学を集約した理論書とすれば、こちらは歴史著作の新たな形を提示し、後世の見本となった。

杜佑（七三五―八一二）はすでに本書において、唐代後半期を代表する経済官僚として名があがった（一一七頁）。出身（本貫）は京兆万年（長安）の人、西晋の政治家で『春秋左氏伝』に注を入れた有名な杜預(どよ)を直系の先祖にもつ関中系貴族に属し、官界には恩蔭によって進んだ。かれは楊炎の両税法の施行に協力し、徳宗期から憲宗期にかけて淮南（江蘇省）などの節度使や中央の宰相をつとめ、唐後半期の国家財政の安定に貢献した。その忙しい政務の合間、約三五年もの歳月をかけて、徳宗の貞元一七年（八〇一）に成ったのが『通典』二〇〇巻であった。

『通典』は、上古から唐の天宝期・安史の乱前までの、制度や文化などの変遷をたどった通史である。正史における志(し)（『史記』では書(しょ)）の部分を、歴代の王朝を越えて通観したものに相当する。かれに先立って、開元の末、劉知幾の息子の劉秩(りゅうちつ)がまとめた『政典』三五巻が評判をよんだ。しかしこれは不備が多かったという。そこで杜佑は『政典』をベースにして、対象を食貨（一二巻）・選挙（六巻）・職官（二二巻）・礼（一〇〇巻）・楽（七巻）・兵（一五巻）・刑（八巻）・州郡（一四巻）・辺防（一六巻）の九部門に分けて論述した。劉秩に父の影響があったとすると、杜佑の仕事は劉秩を介して劉知幾とつながることになる。

『通典』はこの九部門のなかに、唐の政治・制度に直結する小項目をたて、それぞれの歴史的沿革を明らかにする。そのことから類書（百科事典）にして政書（現実政治の手引き）とされるが、内容は唐代部分が生の資料も加えてもっとも詳しく、唐代人からは近現代史の書に相当した。それ以前に、このように正史の志の部分から歴史を通観する試みはない。本書がきっかけとなって、宋代以降同様の書物が編纂され、南宋・鄭樵の『通志』、元初・馬端臨の『文献通考』が『通典』とあわせて三通と称されることになった。

しかしなぜ、唐後半のこの時期このような書物が生まれたのか。そのことに関連してまず注目されるのが、『通典』の冒頭に食貨という部門が置かれたことである。食貨とは経済・財政のこと、王朝を成り立たせる一番重要な柱であるが、従来の考え方でなら最初には出されない。金銭勘定にかかわるからである。しかし唐の後半期に入り、財政の立て直しこそが最大の急務となっていた。食貨の位置づけはまさに、そうした時代の要請に反応した杜佑の時代感覚をあらわしている。そのことにわかるように、過去を集約してどのように新たな時代に向き合うか、『通典』の目指したものはそこにあったといってよいだろう。

この点に関連して、内藤湖南（本名・虎次郎）氏は、『通典』には、上代から時代が下るほど文明度が高まるという史観が認められる、上代を理想に置く当時一般の認

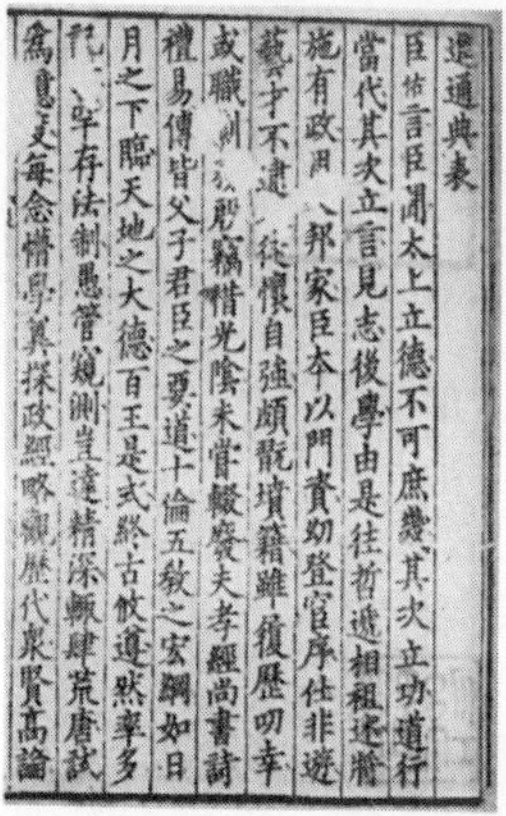
進通典表
臣佑言臣聞太上立德不可庶幾其次立功遂行
當代其次立言見志後學由是往哲遞相祖述將
施有政用乂邦家臣本以門資幼登官序仕非遊
藝才不逮人徒懷自強頗翫墳籍雖履歷叨幸
或職劇務殷竊惜光陰未嘗輟廢夫孝經尚書詩
禮易傳皆父子君臣之要道十倫五教之宏綱如日
月之下臨天地之大德百王是式終古攸遵然率多
記言罕存法制愚管窺測莫達精深輒肆荒唐試
為億度每念懵學莫探政經略觀歷代衆賢高論

北宋版『通典』（宮内庁書陵部蔵本）　現存する最も旧い版

識からすれば、それはじつに破天荒で新しい見解であった、と指摘した。たしかに『通典』における進歩史観は注目できる。ただ忘れてはならないのは、じつは先人を批判して歴史書の方向づけを試みた劉知幾にしても、歴史記述の今日的意味を意識した太宗にしても、『通典』と通底するものをもっている。歴史にたいするオプティミズムである。私はここから、杜佑の進歩史観を唐代人に流れる一つの特徴と理解してみたい。

　なお『通典』は九つの部門のなかで、礼が全体の半分にあたる一〇〇巻もあるというアンバランスさを抱える。そのうち三五巻は開元二〇年（七三二）にできた「開元礼」を載せ、のこる六五巻が礼の沿革となる。量からして、杜佑はこの礼の部分にもっとも力を割いただろうが、なぜそれほどまでに礼にこだわったのか。礼とは儀礼のこと、国家の権威と秩序を規定する、具体的にして精神的な拠りどころであり、唐はとりわけ礼的秩序を重んじてきていた。その国家の祭祀や儀式に欠かせない礼が、安史の乱以降崩れはじめ、杜佑の前にあった。かれはそうした現状を正し、もとの体制に近づけたい、そうした願いがここに交錯していないだろうか。

　杜佑にみられる進歩史観と礼的秩序への思いは、唐という時代性やかれの出自などからいって、貴族的な感性によるものともいえる。それから間もなくして、韓愈（かんゆ）や柳宗元（りゅうそうげん）らによる古文復興運動がつよまり、漢代以前の文体あるいは思想にもどることが主張される。これは杜佑までの歴史認識と百八十度異なるものである。『通典』は唐的なもの、さらにいえば魏晋南北朝以来の最後を締めくくる思想、文化そして歴史の書物であると、私は位置づける。

終章　唐宋の変革の理解にむけて

隋唐史理解の要

本書の立場

中国史上の「絢爛たる世界帝国」とされる隋唐王朝を、一つながりの歴史展開としてたどり、それぞれの段階で示される表情や姿を浮き彫りにするという仕事は、私にとって初めての、しかしとても貴重な経験であった。そこには日々未知との遭遇がまっていた。

五八一年の隋の成立にはじまり、九〇七年の唐の滅亡によって終わる通算三二七年間は、途中に隋末唐初の動乱と安史の乱という二度の大きな反乱期、あるいは則天武后による政権奪取と武周政権期などをはさみ、その道程（みちのり）は決して平坦ではなかった。唐初の玄武門の変、唐後半の宦官の専権や牛李（ぎゅうり）の党争、あるいは会昌（かいしょう）の廃仏なども、平坦でなかったことの例証となるだろう。にもかかわらず、そうした動きが隋唐という国家そして時代の本質をどこまで変えただろうか。

隋末の動乱期には、他に例をみない広範でしかも激しい反乱が繰り広げられた。しかしその結果は、隋と本質では変わらない唐という王朝の登場で終息した。則天武后による武周革命にしても、唐がしいた路線のうえでの、主導権の一時的移行ともいえなくはない。ただ安史の乱は、唐朝の屋台骨を揺るがした激震であった。これによって皇帝権を支える基盤は変質し、地方にはそれまでにない藩鎮勢力が割拠することになる。だが唐朝は以後急速に衰亡にむかったのではなく、一世紀半も命脈を保つ強靭さを発揮した。時代はまだ唐の存続を必要としていた。

逆にいうと、これら大事件もまさに隋唐的体質のなかでのそれであった。非隋唐的な体質のものは、やはり下層民衆の結集、激しい殺戮・破壊・移動をともなった唐末の黄巣の大乱をまたなければならない。こうしたことをふまえるならば、隋唐期は、一つのまとまりとして理解されることにむしろ積極的な意味をもつ、本書はそのような認識にたっている。

律令制と官僚制

隋唐という時代史を追いかけながら、私はこの時代の空気を肌で感じとることに意識を集中させた。やや格好をつけたいい方をすれば、「絢爛たる世界帝国」の鼓動をその内側から聞きとりたい、という思いである。近年、パソコンを駆使した史料やデータの集積、それによって歴史を組み立てる傾向がつよまるなかで、こうした発想はやや時代遅れの感をまぬがれない。しかし歴史研究の目指すものは、本来そのような時代の姿や空気を内面から浮き彫りにすることにあるのではないか。それでこそ、歴史はおもしろくなると考える。

さて、隋唐という時代の空気や特質を考えていくと、たとえば宋代の官僚体制から受けるような、かっちり整った様相とは異なる緩やかさ、ルーズさ、やわらかさという印象にたどりつく。支配体制においていえば、則天武后の権力奪取を許したのも、玄宗朝で個人的恩寵関係が歴史用語として意味をもったのも、はては宦官による権力独占を可能にさせたのも、そうした体制のもつ特質の結果であった。悪くいえば制度における目の粗さ、遅れた体制となろう。

しかし一方、隋唐期の研究でこれまで大きな関心を集めてきた課題は、律令制あるいは律令支配体制の問題であった。律と令という二頭だての法体系にもとづく体制であり、近年これに儀礼的秩序という観点が加わり、律令制理解をさらに補完補強している。こうしたところから導きだされるのは、ある種完整された官僚制の存在であり、隋唐国家はこの官僚制に立脚したより強固な体制を築いたというイメージを植えつけられている。しかしこれは、右の体制における緩やかさやルーズさという印象とは正反対である。

かつて魏晋南北朝から隋唐の時代的特質を説明するのに、貴族制や門閥という言葉がよく用いられた。しかしこと隋唐期にあっては、その後律令制へと関心が向かうなかで、官僚統治システムが問題となり、貴族制という視座はあまり取り上げられなくなっている。そこには貴族を皇帝権に従属する寄生的官僚とみなし、時代の主たる担い手にはならないとの理解があるからだろう。だが私は、本書をまとめる過程で、隋唐期の政治や制度、社会や文化あるいはそこを生きた人々の姿勢などの各所に、貴族制的な特質や気風が色濃くうかがわれることに驚かされた。そしてそのことが、体制に現われたルーズさややわらかさに繋がると理解した。

隋唐国家と貴族制

隋唐国家像を考えるにあたり、一つ反省させられたのは、律令制にせよ貴族制にせよ、あるいはそこに官僚制を加えた関係を、わたしたちは対立の構図で捉えることに傾きすぎていなかったか、ということである。貴族制とは、門閥・家柄主義にたって、政治や経済や文化の方面の特権や地位を世襲的また制度的に認められ、社会的にも認知された状態をいうだろう。南北朝時代における貴族が皇帝権をもしのぐ影響力をもったことは、貴族制の代表例としてよくあげられる。だがこうした貴族にしても、官界とつながることではじめて家柄も影響力も維持できた。貴族制は官僚制とは表裏の関係にあるのである。

隋から唐になって、門閥貴族の力は次第に減退していく。その発端をなすのが、隋の文帝による一連の中央集権化策であり、かれらは政治の場から排除されていく。文帝はまた科挙制の発端をつくり、家柄から個人の資質による人材登用に道をひらいた。則天武后はみずからの政権基盤のために、科挙制をさらに推し進めた。ではこうしたなかで、門閥主義は廃れ、指導層の出身や観念は一変したかというと、そうではない。

太宗が家柄の序列リスト「貞観氏族志」の編纂を命じ、その結果山東貴族の博陵(はくりょう)の崔(さい)氏がトップで、唐室の李氏(隴西(ろうせい)の李氏)が三位とされたため、太宗は怒って再編纂させたというエピソードはつとに有名である(八七頁)。この話は三つの点で重要である。一つは唐初において皇帝ですら家柄の観念から脱却できていなかったこと、二つ目は政治の主流からはずれながら山東貴族の評価がなお高かったこと、第三にしかし権力側の力でランク（家格）が変えられる段階を迎えていたこと、である。同時に、唐代になっても貴族（制）的影響はそう簡単に払拭できるものでないことを、その話は暗示していた。

科挙制にしても、その定着をつうじて官界の顔ぶれが一変していくような印象を与えているが、じっさいはそうではなかった。そもそも試験科目にしても、中心の進士科では文学の才能を試し、また本番の礼部試に合格しても、さらに身言書判を問う吏部試を通過する必要があった（一五八頁）。吏部試の内容は貴族的な素養につうずる。恩蔭という形での官界進出コースを狭められた貴族系のものたちが、科挙試にスムーズに移行しえたのも、科挙の性格が関係している。はっきりいおう。科挙といっても、じつは隋唐の科挙と宋以後のそれとは本質的に異なっている。隋唐時代の科挙制はなお門閥主義的な香りをおびた、まさにその時代に沿った人材登用の制度であった。

隋から唐の時代、旧貴族系のものたちは次第に衰退に向かっていたことは確かである。しかしその一方で、政権の担い手となった関隴系の人士たちは、年月を経るなかで門閥化、貴族化していく。かれらは唐室といわば運命共同体の立場にたち、体制の維持のために財務などの経世の才を発揮する。括戸政策を進めた宇文融や両税法の楊炎らは関隴系の系譜に入る。そのためかれらは文学的素養からはやや疎遠であり、政界に進むコースは科挙でなく恩蔭を選んだ。恩蔭にせよ科挙にせよ、結局は唐という同じ土壌から切り離して語ることはできないのである。

唐宋変革論

唐から宋への大きな段差

以上、隋唐時代を通観した結果、それが一まとまりの時代として括られることを見てきた。そしてこの滅亡の先に、約半世紀の五代十国という分裂期を挟んで宋（北宋）という時代がやってくる。宋は唐とは様相を大きく異にする国家であった。そこにはもはや唐代までのような門地だけを誇る貴族の姿はなく、新たに整えられた科挙制を通じて登場した科挙官僚（文人官僚、士大夫）が皇帝の手足となって政治を動かす。その官僚・支配体制を君主独裁制とよぶ。このような体制下、そして新儒教思想の浸透の結果、則天武后（そくてんぶこう）が権力の頂点に上り詰めたような、女性たちが自由に振る舞える場はすでに失われていた。

社会も経済活動が活発化し、貨幣経済が浸透するなかで、都市の様相も農村の様相も大きく変わる。それにともなって唐代、人々の行動を束縛した坊の制度（二二三頁）や市の仕組み（二三〇―二三二頁）は除かれ、また夜間行動を禁止した犯夜（はんや）（一七八頁）の定めもなくなり、人々は夜も自由に動け、遊興や商いも可能となった。都市や社会や経済が変わっていく流れは、その中心に立つ都の位置やあり方にも根底からの変化を促した。有史以来、歴史の中心でありつづけた長安（関中盆地）と洛陽（洛陽盆地）はその地位を降り、華北平原の中央に位置する汴州（開封）に場を譲ることになった。唐から宋への移行は、時代の振り子が西から東へと大きく振れたことを意味した。

唐から宋へと移り変わる背後には、このように大きな段差、時代の変わり目が存在したが、この歴史的変化は中国史の枠内だけに収まらないことも注目されてよい。すでに本書の「はじめに」でもふれたように、唐が滅亡した九〇七年を前後して、それまで隋唐国家を取り巻いて存続した周辺諸国家が相次いで姿を消した。それはまさしく東アジア世界の面貌一新といってよい現象であり、世界史上に他に例を見ない興味深い様態であった。

そして東アジア世界が一変したその後には、五代時代のトルコ系沙陀族による後唐、後晋、後漢という短命王朝を先駆けとし、本格的には北辺に契丹族の遼、一歩遅れて西北にタングート（党項）族の西夏、東北の旧満州からは女真族の金という、それまでとは違った新たな国々が自立する。これらは民族意識を高め、もはや唐代までのような中国側に和蕃公主を求め、冊封・羈縻的な従属関係に収まることはしない。唐から宋への時代の移行は、このように東アジアの一大変貌とも連動していたのである。

なお、そのなかで日本はというと、国として亡びたわけでも、政権が転換したわけでもなかったが、この時期に遣唐使を介して唐朝と向き合う関係を断っている。八九四年の菅原道真による遣唐使の停止である。すでに中国商人や新羅商人が海路で活動し、大陸の文物を摂取する道が開けていたこと、また黄巣の乱によって唐の衰亡が進んでいたこと、などが停止の主たる理由になる。が、同時に忘れてはならないのは、唐代までの日本は非冊封国であったものの、朝貢を通じて唐を中心とする冊封的枠組みの一角に組みこまれていたこと、この点からいえば、遣唐使の停止はとりもなおさずこの枠組みからの離脱であり、背後には国力の高まり、民族意識の高まりがあったと認めてよいのではないか。とすれば、日本も東アジアの潮流から決して外れてはいなかったのである。

唐宋の変革論争と内藤湖南

唐から宋にかけてのこの大転換は、近代以降の日本の学界でも、本場中国の学界でも特別問題にされず、唐宋時代と一括理解するのが通例であった。そこに初めて転換期の存在を明らかにし、個別王朝の興亡史に止まらない時代区分論にまでもちこんだのが、戦前日本の東洋史学者・内藤湖南（ないとうこなん）氏であった。氏はその転換を、貴族政治と君主独裁政治という概念によって際立たせ、そこに中国史における中世から近世への展開を重ねた。

だが内藤氏の論は階級関係あるいは社会構成の観点が希薄であった。第二次世界大戦が終わり、マルクス主義唯物史観が解禁されると、東京方面の若手研究者が主体となって、内藤氏とそれに連なる考え方を文化史観といって厳しく批判し、返す刀で唐から宋への移行を中国史の古代から中世への展開と規定した。すなわち有史以来（あるいは秦代以降）唐代までが古代奴隷制の時代、そして宋代以降が中世封建制（農奴制）の時代というのである。

こうして戦後、唐宋の転換期を共通の前提にした時代区分論争が盛り上がり、唐宋の変革論争とよばれた。これにたいして中国の学界はどうであったか。一九四九年に中国共産党政権の新中国が成立した後、マルクス主義唯物史観に基づく中国史の構築が進められ、その過程で時代論争が、例えば中国の奴隷制や封建制、あるいは資本主義萌芽といったテーマで展開されたが、日本の唐宋の変革論争には関心を向けなかった。だが一九七六年に一〇年間におよんだ文化大革命（文革）が終息すると、一転日本のその論争が注目される。そして面白いことに、マルクス主義とは無縁であった内藤氏の論がつよく意識されることになった。

見るところ、そこには、唯物史観によって構築された自国史の硬直した認識や停滞的な歴史観が、文革という異様な動乱と多大な犠牲を生んでしまったという、強い反省の思いが読み取れる。そして時代の区分としては、日本のような厳密な捉え方はないが、魏晋南北朝から隋唐時代を中心に、「中国中古」として括る理解が定着した。文革以前に、中国史の近代以前（前近代）をすべて中国古代史と括った理解からすれば、その中国中古という時代認識は、いかに重くそして新鮮な意味をもつかわかるだろう。

日本の唐宋の変革論争は一九七〇年代半ばころをもって停止状態となり、以後中心的に取り上げられることは少なくなっている。そうなった理由や背景、論争の帰趨等の問題は複雑になるため、それ以上は踏み込まない。ただし、どう受け止めるかは別にして、唐から宋にかけて、中国史を画する変革期が存在したという共通認識が、中国の歴史学界から台湾・香港、欧米の学界にも影響を与えたことは認めてよい。中国を代表する中国史家の張広達氏は、それが内藤氏の独創からなる「発明」と高く評価した。私もこの先人が残した業績を高く評価するものである。

おわりに

世界帝国としての隋唐期は、中国を中心に東アジア世界が形成された時代であった。それを可能にしたのは、突出した隋唐の高い財力や兵力、そして文化の力であった。日本はまだその時期、はるかに遅れた後進国であった。国力や文化の厚みがまったくちがっていた。それゆえに、真剣に大陸に向き合い、文化の摂取につとめ、また外交感覚を養った。

よく日本史の研究者は、当時日本は古代国家であった、したがって隋唐国家もまた同じ古代の範疇に入ると発想する。しかしそれは全体を見ることを忘れた、内向きの狭い議論であることは明白である。

隋唐時代三〇〇年を追いつづけて、いま私の胸に去来するのは、この時代を生きた多くの人々のことである。上は代々の皇帝から下は名もなき市井のものたちまで、数えきれない人々が目の前をよぎり、またかれらと見えざる対話をした。そのなかで心に残った情景に、日本人僧円仁の巡礼の旅の前に現れた人々の姿がある。密入国の第一歩を印した山東赤山の新羅人集落から始まり、山東青州で公験を受領し、五台山をめぐり、長安では会昌の廃仏に遭遇、その後も帰国まで数々の困難を体験した。その道程の先々で、円仁は、蝗害や日照りに苦しむ貧しい生活のなかで、一夜の宿を貸し、一椀の飯や菜を恵んでくれる農民たちの善意にふれ、また日本に仏教が伝わることを願う信仰心の篤い人々に助けられた。

私は、円仁の旅行記から浮かび上がる人々の様子、時代の風景に目を凝らしながら、じつはそれを、私じしんがかの地で過ごした体験と重ね合わせていたことを正直に告白しなければならない。留学のために暮らした一九八五年当時、中国はまだ文革の傷跡をかかえ、社会には緊張感がのこり、暮らしぶりは全体に貧しかった。だが日々の生活や旅先の各所で、円仁と同じ、人々の善意や親身な振る舞いに助けられた。してみるならば、一千年以上の時を越えても、中国社会の基底に脈うつ精神は変わらない。隋唐社会はこのことを通じていっそう身近に感じられた。

最後にもう一点、円仁の旅行記のことでふれておきたい。その書名は、『入唐求法巡礼行記』と定着しているが、円仁じしんがそう命名したかわからない。可能性としては円仁のころには「巡礼記」とよばれ、その後早い段階でその正式名称になったと推定される。がともかく、円仁はこの「巡礼」に強い思いをこめたとみることができる。

巡礼というと私たちはどこにもある一般詞、普通名詞と理解するだろうが、じつはこの単語が最初に出現するのは三蔵法師玄奘の記録、七世紀の後半においてであり、それ以前にはなかった歴史的タームである。そしてこれが、仏教の聖地や遺跡をめぐる信仰行動として一般庶民のなかに根を下ろすのが、九世紀に入ってからのこと、円仁はまさにそのもっとも盛り上がった時期に「巡礼」の流れに身を投じ、それを記録に留め、日本にも伝えたのであった。

円仁の記録『入唐求法巡礼行記』をつうじて、私たちは仏教の浸透した時代の様相を知ることができ、また外国人をも柔軟に受け入れた唐という王朝の包容力にもふれることになった。東アジア世界が緊張感を内包し、微妙で厳しい国際関係に立たされている今日、改めて歴史世界に思いをいたし、相互の尊重と信頼の関係が一日も早く取り戻されることを切に願っている。

学術文庫版の補遺――隋唐史研究の新たな課題

今日直面する困難な状況と歴史学

本書は二〇〇五年に刊行された講談社『中国の歴史06　絢爛たる世界帝国―隋唐時代』の学術文庫版である。気がつけばすでに一五年という歳月が流れていた。本書をあらためて読み返しながら、あの時期、隋唐時代の全体像をどう構築するか、時代の構造や社会の様相をいかにわかりやすく丁寧に表現するか、そのような課題を胸に、日々歴史と向き合っていた自身の姿を想い起した。それは大変であったが、半面未知の世界と遭遇するような思いに駆られた、本当に楽しく充実した時間であったと感じている。

あれから一五年、状況は一変し、いま新型コロナウイルスの世界的流行という事態のなかで、これを書いている。東京をはじめ日本国内の罹患者数は衰える兆しもなく、社会生活は一変し、人々は萎縮し、出口の見えない袋小路に立たされている感覚である。

そしてこの一五年間で、これと同じ閉塞感、無力感にうちのめされた時期が、もう一度あった。二〇一一年三月一一日の午後、東北地方を襲った未曾有の地震と津波、東日本大震災である。堤防を越えて建物や人や車を次々と飲み込んでいく黒く不気味な巨大津波、同じくして深刻な原発事故を発生した福島第一原発の現場、テレビが流しつづけたそれらの映像は、いまも脳裏に焼き付いて離れない。震災で亡くなった方々は二万人近くにもおよんだ。

あの日、私は勤務していた大学の研究室で、建物が大きく揺れるなかで、両壁の書架から本がまさに空を飛び、目の前に積みあがるのを目撃した。日本はこれからどうなるか、暗澹たる思いのなかで、だがこれに負けるわけにはいかない、そんな思いに突き動かされて、学生諸君らの安否確認に走る一方、その夜一晩をかけて、床に積みあがった図書の山をすべて書架に押しこんだことを記憶する。

このような震災や疫病を前にして、歴史学の側から何ができるのか。どのような役割が果たせるのか。正直にいってそれは難しい問いである。だが一歩目を先に転ずると、なすべきことやその意義が見えてくる。事態を記録し、後世に伝え、また歴史的に検証し、その実態や意義を明らかにする。震災後、パンデミック後の方向性を模索する点でも、歴史的思考や識見は欠かせない。困難な状況に身を置くなかで、私はいっそう歴史研究の重要性、歴史に謙虚に向き合うことの大切さを自覚した。

災害、天災からみた隋唐史研究の意義

今日直面する新型コロナの問題に触発されてであるが、本書で一つ反省しなければならないところがある。本書では、時代を生きた民衆の多様な側面に極力目を配り、隋唐国家の厚みを描出することに留意した。しかし結果として、人々が直面した病気や医療、災害などの問題について、円仁(えんにん)が体験した蝗害(こうがい)の広がりと農民の疲弊ぶりに言及した程度にとどまり、

それ以上踏みこめていなかった。

当時の史書を紐解くと、「大水」に「大雨」、「地震」や「大風」「干害」「疫病」などの災害記事にしばしば遭遇する。それらは一旦発生すると、かなり広範囲におよび、その結果が深刻な飢饉につながる。民衆たちの日常はそうした災害や飢饉とつねに隣り合わせにあったといってよい。それに備えて、隋代に農民が一定の穀物を出しあって保存する義倉（社倉）の制度が設けられたが、唐代になると義倉米は正規の国税に組み込まれてしまった（一六八頁）。あとは地方官の判断で地方の倉を開いて、救済にあてる形があったが、そのための判断の基準やシステムがどうなっていたか、まだよくわかっていないように思われる。

当時の論理でいえば、災害は天（天帝）が地上の天子（皇帝）に下した意思（天意）の表れ、政治が悪いと天の怒りが、災害＝天災となって現れるとなっていた。これに従えば、日ごろから災害が起こるたびに身を慎み、民衆の救済に力を尽くさなければならないはずであるが、一定のスタンドプレー的行動はあったとしても、はたしてどこまで徹底されていただろうか。

唐の太宗にこんなエピソードが残されている。即位から日の浅い貞観二年（六二八）六月のこと、長安一帯が蝗の害に見舞われた。かれはそれを何とかしたいと考え、御苑でその一匹をつかまえると、こう呪文をかけた。「穀物は民の命の綱、それを食うことはわが民を害うことだ。民に誤りあってのことであれば、すべての責任は予にあるから、予だけを食べ、わが民を害うな」と。そういうと、周囲があわてて制止するのをふりきって、生きたままそれを呑み込んだ。お蔭でその年の蝗害は免れたという。

これはふつう民を思う名君の所業、善政の表れとして称えられ、「貞観の治」の評価を高める一つの事例となってきた。だが蝗害＝天災を民の過ちとし、それを民に代わって太宗じしんが背負うという論理は、本来天（天帝）が天子に与えた罰則＝天災を、巧みに民衆の側にすり替えたものである。もちろんおそらく、その後しばしば起こるであろう蝗害において、皇帝が自身の責任で受け止めた話はどこにもでてこない。民衆はその美談にかくれ、結局放置されておわる。それがまた、中国史の構図であったことも忘れてはならない。

ともあれ、災害、天災の側面から隋唐史を見直すことは、今日的課題に応える意味からも、一度は取り組むべき課題であると考えている。

隋唐史における国家祭祀と音楽

本書を読み返すなかで、踏みこみが不十分であった箇所、漏れてしまった題材などに改めて気づかされた。もちろん限られた紙幅の条件、たんなる概説書ではない編集方針などの理由もあるが、当時における私の力量不足、また関心の所在ということも関係している。そうした点について、少し言及しておきたい。

私が落とした課題の一つとして、国家祭祀、皇帝儀礼の問題がある。国家＝王朝を存立させるために、様々な統治の方策があり、それらを集約したところに律令という法体系があることは本書で述べた（第四章）。しかし皇帝体制のもとで国家はそれだけでは動かない。皇帝そのものの神聖性、権威性をたえず訴え、確認させる措置と行動が必要であり、そこで設定されたのが国家祭祀となる。国家祭祀の核心は、皇帝が天地の神々や祖先神を祀る行為にあり、それによって国家存立の正当性を確保し、現実の律令支配が正当化される、という構図がみてとれる。

　隋唐時代は皇帝による儀礼の集約、体系化が進み、国家祭祀の歴史における頂点に位置づけられる。それらは隋初、まず牛弘（ぎゅうこう）らによって南北朝以来の諸規定が一〇〇巻に集約され、以後隋唐歴代の皇帝の下で改訂が加えられ、玄宗の開元二〇年（七三二）になって集大成された。それが『大唐開元礼』一五〇巻となる。それによると、儀式はおよそ一五二儀あり、五礼という五つの枠に分けられた。五礼とは吉礼（天地神々の祭祀儀礼）、賓礼（外交・賓客接待の儀礼）、軍礼（出陣や凱旋、出陣中の儀礼）、嘉礼（冠婚・饗宴・祝賀の儀礼）、凶礼（喪葬・弔問の儀礼）となるが、そこでもっとも大きな部分を占め、年間の定常的な儀式を含む国家祭祀として重要な位置をしめるのが、吉礼となるだろう。

　およそ以上のところは本書でふれるべきであったが、しかしそれができていなかった。問題はそこから先が大変複雑であり、隋唐国家の本質にどこまで迫れるか心配したからでもある。そもそも『大唐開元礼』の記述と現実との関係ははっきりしない。かりに日程に合わせすべて実施していれば、皇帝は体がもたない。そこで皇帝がたずさわる親祭と代理の臣下によって行う有司（ゆうし）摂事（せつじ）とに分けられたが、そうであっても祭祀以外に、日常の政務もあり、真面目に職務に励めば大変である。ただし一度、そうした祭祀活動を皇帝の日常にあてはめ、生きた姿としての国家祭祀に迫る試みがあってよいと考えたが、それはまだできていない。

　この国家祭祀の問題とも関係して、かねてより気にしていた問題に音楽がある。中国では古来、国家儀式に音楽はつきもので、孔子も民心掌握にはたす音楽の役割を繰り返し強調した。そうした背景をもって漢代に雅楽が成立するが、時代は下って、隋が成立したとき、雅楽は見る影もない状態なっていた。そこで文帝は、牛弘らに命じてその復元を試みる。議論百出するなかで最後に、開皇九年（五八九）に陳を平定し、江南に残されていた楽器や楽人とその音階を手に入れ、復元への途を開いた。

　なぜ雅楽が衰亡していたか。大きくは五胡・北朝時代を通じて伝わった亀茲（クチャ）楽をはじめとする西域系音楽＝胡楽が、雅楽に混入したことが関係する。琵琶や羯鼓や竪箜篌（竪ハープ）、銅鈸（シンバル）などはこの時期に持ちこまれた。そこで隋から唐にかけて、まず復元した雅楽を国の祭祀用に固定したうえで、外来系の胡楽、中国伝統の俗楽の区分をはっきりさせ、唐初、太宗は双方から一〇の代表的音楽（舞楽）を確定し、公式行事や外国使節の招宴などで舞い演奏させた。それを十部楽（十部伎）という。その後、胡楽と俗楽の縛りがゆるみ融合が進み、時代の中心的音楽に成長していく。玄宗が愛好したのはこの胡楽・俗楽の流れであり、それを舞う妓女の教習のために、内教坊のほかに外教坊が増設され、また別に梨園と通称される機関が置かれ、上級の舞楽の妓女や楽人の育成がはかられた（二〇一頁）。これらの妓女たちは一時三〇〇〇人を超えたという。

　隋唐時代は中国音楽史の頂点にあたるといわれる。それは為政者の意図や努力の結果であるが、その中身をどう読み解くか、今後詰めるべき課題にしておきたい。加えて「長安の春」とも称される玄宗の開元・天宝期、それをいう柱の一つに音楽があったことを忘れてはならない。本書の本文ではその一端にふれただけで、当時の音楽の展開と構造の問題に踏みこめていなかった。そうした反省に基づいて、ここで少しく補充を試みた次第である。ちなみに奈良時代に日本に伝えられた雅楽とは、十部楽の先頭に配される讌楽伎（えんがくぎ）のことであり、隋唐期に固定された雅楽とは異なることを記しておきたい。讌楽伎は雅楽、胡楽、俗楽を融合させたところの儀式用音楽（舞楽）であった。

隋唐・東アジアをめぐる冊封体制論の課題

以上、本書原版の刊行から一五年を経た立場から、新たに求められる観点、補充すべき課題などに言及してきた。隋唐という大きな時代をこのような小著ですべて取り上げることは到底できない相談であり、もとよりそのことは求められていない。したがってここでの補充といっても問題の一端にふれたにすぎないが、最後にもう一点、近年の中国をめぐる動向ともかかわって、かねてよりの疑問を提起し締めくくりに代えたい。

わたしたちはしばしば隋唐帝国という言葉で隋唐国家を表現する。それは当時世界で他に比肩する国や勢力がなく、東アジア世界では突出した存在として周辺諸国の中心に位置し、その高い経済力と文化力、さらに包摂力によって諸国を惹きつけつづけたことなどから、世界帝国隋唐王朝＝隋唐帝国となったと理解できる。そしてその中核を占める東アジア諸国との関係では、冊封・羈縻関係が問題にされてきた。

それゆえ本書でもこの問題を取り上げ（三二〇―三二二頁）、巻末の「歴史キーワード解説」で簡単な集約を行った。端的にいって、羈縻も冊封も隋唐王朝の皇帝を頂点とする秩序体系、官僚体系に組み入れる点では共通するが、中国側に服属度が高い場合が羈縻で、距離がそれより離れ独立度の高い場合が冊封になる、との解釈を示してみた。それは羈縻と冊封を一つながりの関係でとらえるものであるが、他方、冊封を羈縻と切り離し、そこから隋唐を中心とする東アジアの国際秩序を説明する冊封体制論があり、これが学界の主流の考え方になっている。

しかしこの冊封体制論に立つとき、当初一時期、冊封に加わり安定した関係をもったかにみえた高句麗が、途中からこれを拒否し最後まで抵抗しつづけた背景をどう説明したらよいか。私はこれを、隋唐と国境を接する高句麗が、冊封関係に隠された侵略性の本質をいち早く見抜いた結果であると推定した。この推定は、総章元年（六六八）に高句麗を滅ぼしたのち、その都平壌に安東都護府を置き、朝鮮半島を羈縻的に支配しようとした展開から裏づけられる。であれば冊封という間接的な秩序体系は、相手が弱まったとき、あるいは中国側が相手を圧倒する立場に立ったとき、ただちに羈縻的直接的統治関係に展開する本質を備えていた、となるのではないか。

二一世紀になって此の方、中国は内の統制を強めつつ、外に拡大路線をとりつづけ、止まるところを知らない。政治や経済、軍事や領土のすべてにわたってである。その深刻な現実からも、従来考えられてきた冊封体制論、東アジア国際関係論の見直しが強く意識されている。

新発見石刻文字史料による隋唐史の補遺

隋唐史をめぐって今日とくに注目される文字史料に、石に刻んだ墓誌の存在がある。それは被葬者（墓主）とともに墓中に納められた墓主本人の記録であり、具体的には出自から生前の事跡、そして死亡や埋葬の年月日、埋葬場所までを刻んだ、まさに石の古文書であった。それらの記録が時に、歴史を塗り替え、あるいは歴史の空白を埋める貴重な史料となるのである。ちなみに把握された唐代墓誌の数をいうと、本書原本にかかわる二〇〇五年当時で約七〇〇〇点、それが二〇二〇年段階では一万四〇〇〇点を優に超えていた。一五年前の二倍である。近年墓誌が如何に増大しているか、分かっていただけるだろう。この裏には盗掘の広がりがあることも留意しておきたい。

以下において、本書の本文を直接補いあるいは修正する墓誌史料を提示し、あわせて墓誌材料のもつ意味について考えてみる。

①煬帝（ようだい）の死と埋葬地――「煬帝墓誌」の発見（本書六〇頁参照）

煬帝は大業一四年（六一八）三月、江都宮に攻め込んだクーデタ兵によって殺され、遺体はそのまま放置された。乱兵が去った後、皇后蕭氏は配下の女官たちを指揮して、ベッドの敷板をはがして棺を作り、宮殿の一角に仮埋葬したという。だがそのあと彼女は北に拉致さ

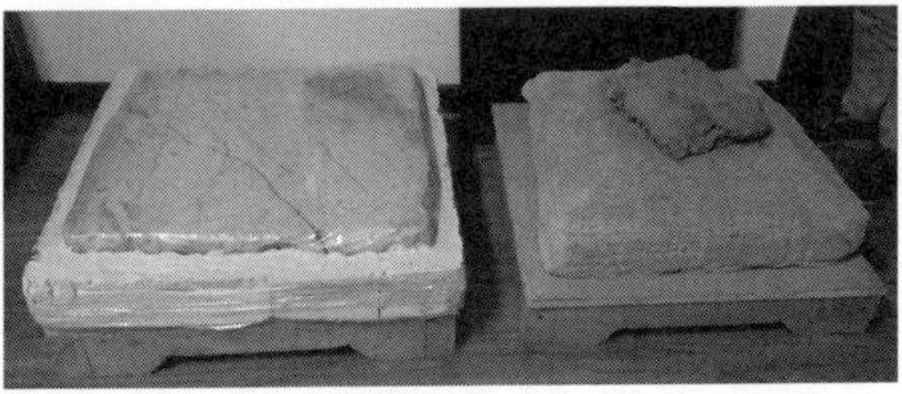

煬帝の墓誌　2013年に発見された。左は煬帝墓誌、右は煬帝墓誌蓋。揚州市博物館蔵

れ、遺体の扱いはその先どうなるか、記録は断片的でまた錯綜していて、正確なところはすべて歴史の闇に包まれた。そこで清代になって、揚州の北郊にあった古墓を煬帝墓と認定し、そこが煬帝埋葬の地として観光客を集めてきた。

だがそれを一変させる事態が生まれた。二〇一三年春、揚州市の西郊外で発掘された墳墓から、「随（隋）故煬帝墓誌」と刻まれた墓誌が発見され、煬帝と蕭皇后を埋葬した地点が確認されたのである。墓誌は風化が進んでいたが、埋葬が唐の太宗の貞観九年（六三五）であることが読み取れた（一説に貞観元年説がある）。かくして空白であった煬帝の埋葬とそれをめぐる政治史の一端が、おぼろげながら姿を現した。

唐に倒された前朝最後の皇帝である煬帝は、唐の太宗によって、江都の西の郊外に陵墓を築き正式に埋葬されていた。しかも傍らの墓室には皇后蕭氏も眠っていた。これを合葬（がっそう）という。ただし正規の皇帝としてではなかった。皇帝の死には玉石を短冊状にならべた「哀冊（あいさく）」が作られるが、ここでは墓誌で代行されていた。しかしそのお蔭で、私たちは歴史上唯一といってよい皇帝の墓誌に巡りあうことになったのである。

②「武韋の禍」時代を生き抜いた女性上官婉児——（本書九一—九二頁参照）

後世、「武韋の禍」と悪くよばれる女の時代は、じつはまだ分からないところが多い。とくに後半の韋后が権力の頂点を志向する過程での動き、その拠って立つ基盤の問題、中宗がはたして言われるほどの凡庸であったのか、また太平公主の関与のあり方はどうかなど、詰めるべき課題は多く残されている。そうしたなか、この時代に中心的に関わった唯一の女性墓誌、「上官婉児墓誌」が、二〇一三年、西安の西北の咸陽市から見つかった。

上官婉児の祖父は上官儀、高宗朝の大臣をしていて武后を失脚させる詔勅の草案を書いたことで、武后に殺され、父も殺された。墓誌によると、唐隆元年（七一〇）に四七歳で亡くなるから、生年は麟徳元年（六六四）、祖父と父が失脚、処刑された年である。墓誌はそれらの経緯はすべてぼかし、幼児ゆえに宮中で養われ、一三歳で妃嬪の才人（正五品）になったという。高宗の後宮に入ったということであろう。そして武后の治世が終わると、一転中宗の昭容（正二品）に就けられる。父から息子へと二夫に仕えた形は、武后がたどったと同じコースであった。

「墓誌」によると、中宗朝において、婉児は、韋后が国権を握り、娘安楽公主を跡継ぎに、女帝となる野心を膨らませているのを知り、必死にそれを押し止めようとした。だがそれを果たせず、李隆基のクーデタに巻き込まれ、韋后、安楽公主といっしょに殺された。そして最後にいう。婉児は無実であった。その汚名を雪ぐために陵墓を築き、正式に埋葬する。それを取り仕切るのは太平公主であると。彼女が埋葬されたのは、その死から二ヵ月後のことであった。

ではなぜ太平公主は、上官婉児のためにそうまで積極的に動いたか。生前における両者の深いつながりが一つの理由になるが、私はそれ以上に大きな政治的意図をかぎとっている。すなわち婉児が無実で殺されたことを強調する先にあるのは、クーデタを断行した皇太子李隆基批判であり、それによって皇太子を抑え、みずからの存在感、政治的指導力を強め、女権の時代をさらにつづけようとする意欲と意図が感得されるのである。「上官婉児墓誌」はこのように政治的色彩をおびつつ、武韋の禍を考え直す手がかりを与える材料となっている。

③「吉備真備（きびのまきび）」関係石刻の発見（本書二八二―二八三頁参照）

日本人「井真成墓誌」が発見されてからちょうど一五年後の二〇一九年末、井真成が亡くなったと同じ開元二二年（七三四）、その六月に洛陽で作られた「李訓墓誌」という墓誌が公表された。一辺が三五センチの正方形をした小ぶりの墓誌であったが、驚くことにその末尾に「日本国朝臣備書」の七文字が刻まれていた。当墓誌の文字（墓誌文）を「書」いたのが、日本国の朝臣備なる人物であったという。書体は初唐期を代表する三大書家の一人、褚（ちょ）遂良（すいりょう）の流れに近く、質の高い文字と認められた。もちろん墓誌本体は偽物ではない。

では、この日本人はだれか。当時唐に滞在し、これだけの文字が書ける学識を備える人物である。しかも名前が朝臣備に該当するとなると、吉備真備しか想定できない。かれの当時の日本名は、下道（しもつみちの）朝臣（あそん）真備（真吉備）であった。かれは阿倍仲麻呂らと七一七年に唐に留学し、ちょうどこの年、長い留学生活を終え、日本の遣唐使一行と帰国することになっており、六月に洛陽に滞在していて何ら不思議はない。

一方、亡くなった李訓という人物は、鴻臚寺丞というポストにあった。諸外国からの使者や留学生の接待、日ごろの世話にあたる中堅的地位である。そのため生前、吉備真備とは面識があり、場合によっては互いに信頼しうる関係にあったと考えられる。そのかれが洛陽で亡くなり、親交のあった真備がかれのために墓誌文を書いた、という筋書きは十分考えられることである。

そうした推定が許されるならば、帰国後に日本の政界で活躍する吉備真備の在唐生活の一端が知られると同時に、書の文化をはじめとする大陸第一線の知的、精神的な文化の伝来に果たした留学生や留学僧の役割が注目されることになる。

以上、近年発見された三点の主要墓誌を提示し、隋唐史理解の修正や補充について考察してきた。この他にも紹介したい新史料や見解があるが、それらは別の機会に譲りたい。これからもこのような地道な史料研究や国境を越えた自由な研究交流を通じて、当該領域の新たな地平が切り拓かれていくことを願っている。

二〇二〇年　一〇月

氣賀澤保規

主要人物略伝

文帝（五四一—六〇四、在位五八一—六〇四）隋の初代皇帝。姓名は楊堅。弘農華陰（陝西省渭南）の人というが、北族系に近い漢族か。西魏＝北周の十二大将軍であった楊忠の子。北周宣帝の外戚として実権を掌握し、五八一年に隋を建国、年号を開皇とし、五八九年に南朝陳を滅ぼして天下を統一した。それに並行して、高熲ら西魏＝北周系の人士を重用し、まず律令（開皇律令）を整え、中央から地方におよぶ一連の行政の改革を断行し、科挙制も創設した。また新都大興城（唐の長安）を造営し、この一帯の関中に政治・軍事の基盤を置く関中本位政策をとった。その政治は当初新生の意気に燃え、開皇の治と称されたが、後半には後継問題や対高句麗問題が発生し、仏教に傾倒した。最後は皇太子にした楊広（のちの煬帝）に殺害されたといわれる。

高熲（？—六〇七）隋の開皇の治を演出した名宰相。渤海郡蓨（河北省）の高氏で、父の賓が北斉から北周に移り、独孤信の幕客になった。字は玄昭。北周官界では目立たなかったが、楊堅が実権を握ると、その妻独孤氏を介して幕僚となり、隋の創業のために貢献をした。隋が興ると尚書左僕射に任じられ、開皇律令の編纂から首都大興城の造営、陳の平定や突厥との攻防などまで関与し、隋の統一事業に中心的役割をはたした。二〇年近く政界の枢要にあったが、後半には独孤皇后—晋王楊広（煬帝）—楊素の路線がつよまり、五九九年宰相位を追われ、六〇七年煬帝政治を批判したかどで処刑された。かれは三階教の信行を助けた熱心な仏教徒でもあった。最初の遣唐使への返答使である高表仁はその孫。隋の基を築き、後世にも計り知れない影響を与えた点で、高熲はもっと知られてよい存在である。

煬帝（五六九—六一八、在位六〇四—六一八）隋の第二代皇帝。姓名は楊広。文帝の次男。隋になって晋王となり、北辺防備や南朝陳の討滅に功績を挙げた。母の独孤氏や楊素と策謀して兄の皇太子・楊勇を廃嫡させて、六〇〇年に皇太子となり、六〇四年に二代皇帝に即位した。即位するや、東都洛陽の建設、大運河の開鑿などの大土木事業を断行し、またさかんに行幸して席の温まる暇がなかった。そのあげく六一二年から連年高句麗遠征を試みて失敗に終わり、全土に高まる反乱状況のなか、江都（江蘇省揚州）でデカダンな生活を送ったのち、六一八年宇文化及に殺された。かれの政治は暴政の代名詞とされるが、大運河を始め一連の政策はどこかで断行される必要があり、たんに暴政・暴君で片付けられない。名君とされる唐の太宗と比べると、政治の構想力や実行力、個人の資質では上を行くかもしれない。

竇建徳（五七三—六二一）隋末動乱を代表する農民的群雄。貝州漳南（山東省平原県）の農民。任侠にあつく、里長（一〇〇戸の長）となる。高句麗遠征時、官憲から群盗と通じていることを疑われ、群盗高士達のもとにはしった。その後寛容さや義を重んずる人柄が慕われ、急速に勢力を伸ばし、六一七年に長楽王と称し、六一八年に河北・山東を基盤に夏国を樹立した。以後数年間、国内は夜も戸締まりの必要がないほどよく治まり、隋末群雄の中心に立ったが、六二一年に唐の李世民（太宗）と虎牢関で戦って捕らえられ、長安で処刑された。

太宗（五九八—六四九、在位六二六—六四九）唐の第二代皇帝。姓名は李世民。高祖李淵の次男。李淵の挙兵に協力し、長安攻略や群雄の平定、突厥の撃退などに先頭にたって働き功績を挙げた。唐成立後、秦王・尚書令となったが、兄の太子建成、弟の斉王元吉と対立するようになり、六二六年に玄武門の変を起こし、兄と弟を殺し、高祖を譲位させ、同年八月に二九歳で帝位に即いた。その後、六三〇年には東突厥を滅ぼし、周辺諸部族の君長から「天可汗」の尊号を奉られ、内政面では律令の整備や民政の安定につとめ、臣下の諫言に耳を傾け、貞観の治と称される。他方「貞観氏族志」を編纂して家柄を再編成し、儒学奨励のために「五経正義」を編纂し、また『隋書』などの正史編纂や史館設置によって歴史への関心の高さを表した。しかし晩年には三度の高句麗遠征に失敗、後継問題でも頭を悩まし、第九子の李治（高宗）を立てて則天武后が登場する道を開いた。

魏徴（五八〇—六四三）唐の代表的ご意見番。鉅鹿曲城（河北省邢台市）の人。字は玄成。隋末、李密の書記となり、李密に従って唐に降り、太子建成に仕えて太子洗馬となった。太子建成と秦王世民が対立すると、秦王の粛清を進言したが聞き入れられず、玄武門の変で捕らえられた。のちに許され、太宗即位後、諫議大夫に抜擢され、直諫によって太宗の貞観の治を演出した。太宗の高句麗出兵の失敗や後嗣問題は、かれの死後起こり、諫官としての魏徴の存在感を浮き立たせた。

玄奘（六〇二—六六四、生没年に諸説あり）中国仏教史上最大の大立て者。陳留（河南省偃師市）の人。俗姓は陳。三蔵法師。法相宗・倶舎宗の祖とされる。一三歳で洛陽浄土寺に入って経論を学び、隋末唐初の混乱を避けて長安・成都で研鑽を重ねたのち、六二九年に原典を求めて密出国した。途中、麴氏高昌国（トゥルファン）から亀茲をへ、天山北路から中央アジアを通り、三年をかけてインドに入った。ナーランダ寺で瑜伽唯識論を修め、その後各地をめぐり多数の仏典を得て、六四五年に長安に帰着し、翌年旅行記『大唐西域記』を著した。以後太宗の庇護下に玉華宮で訳経に従事し、『大般若波羅蜜多経』六〇〇巻をはじめ七五部一三三五巻を翻訳した。それらは忠実な逐語訳で知られ、それまでの古訳、旧訳にたいし、新訳と評される。

文成公主（?—六八九）吐蕃王に降嫁した唐の和蕃公主。唐皇族の出で、チベットを統一した吐蕃のつよい要請と唐の西辺安定への配慮から、六四一年に吐蕃のソンツェン＝ガンポに降嫁した。ソンツェンはその降嫁を喜び、公主のために一城を造営し、みずからの顔に赤土を塗る習俗を止めた。またこれを機に、王は絹織物を好み、有力者の子弟を長安で学ばせ、中国文化の吸収につとめることになった。中国とチベットを政治的文化的に結びつけた存在として、今日も尊崇を受けている。

則天武后（六二三—七〇五、在位六九〇—七〇五）中国史上唯一の女帝。姓名は武照（則天文字で曌）。父は武士彠、并州文水（山西省文水県）の人。一四歳で太宗の後宮に入り、太宗の没後に出家した形をとり、高宗の後宮に入り直した。高宗の皇后王氏や寵妃蕭氏を除き、六五五年に皇后となると、気弱な高宗に代わって朝政を取り仕切り、六六八年には懸案の高句麗平定を実現した。高宗の没後、女帝を目指し、銅匭という投書箱を設置して密告を奨励し、酷吏を使って政敵を排除した。他方、科挙制による人材登用につとめ、則天文字を新造し、唐の「道先仏後」方針を仏教奨励の「仏先道後」に改めた。こうした準備をへて六九〇年、唐を奪って周と改めた。これを武周革命とよぶ。武后期、内政へ関心が向かった隙に、東突厥や契丹、震国（渤海）など周辺諸民族が興起し、律令体制の変質が進行した。七〇五年クーデタによって譲位させられ、幽閉のなかでまもなく死去し、高宗の乾陵に合葬された。

玄宗（六八五—七六二、在位七一二—七五六）唐の第六代皇帝。諱は隆基。睿宗の第三子。七一〇年に中宗を毒殺した韋后とその娘安楽公主を倒し、父の睿宗を復位させ、自身は皇太子となった。七一二年に睿宗から譲位されて皇帝となり、七一三年に叔母の太平公主を討って、「武韋の禍」という女性専権時代に終止符をうち、親政を開始した。前半は姚崇・宋璟らを宰相に起用して、国内政治の安定につとめ、「開元の治」とよばれる唐の全盛期を現出させた。しかし根底では逃戸の増大による体制の侵蝕が進行し、宇文融の括戸政策でもそれを止められなかった。後半には楊貴妃との生活に没入して、国政を李林甫や楊国忠に委ね、あげく七五五年に勃発した安禄山の乱によって、唐朝の栄華を奪われた。七五六年六月、安禄山軍の長安突入に先だって都を脱出して成都（四川省）に逃れ、位を息子粛宗に譲った。

宇文融（？—七二九）括戸政策の推進者。玄宗開元期の政治家・財務官僚。長安万年県の人。北周宗室の流れを汲む関隴系貴族の出身。父祖の恩蔭によって官界に入り、七二〇年に監察御史となり、激増する流民や逃戸の現状を取り締まることを上奏した。七二三年に勾当租庸地税兼覆田使となると括戸政策を推進し、大土地所有者のもとに逃入して客戸となっているものを、その土地で戸籍に再登録し課税した。大土地所有者の利害を代弁する科挙出身の張説がこれに反対し、恩蔭系と科挙系の党派争いの芽がここに胚胎した。七二九年には宰相となったが、科挙系官僚の反対で左遷され、亡くなった。

楊貴妃（七一九—七五六）玄宗の愛を独占した女性。玄宗の愛妃。楊玄琰の娘、幼名は玉環。蒲州永楽（山西省永楽県）の人で、四川に生まれた。幼時に父を失って叔父の養女となり、玄宗の子の寿王瑁の妃となった。その頃、武恵妃を亡くした玄宗のために、高力士が彼女を推薦し、その豊満な美貌とすぐれた才知によって、玄宗の心をとらえた。一旦道観に入って楊太真の名を受け、七四五年に玄宗の後宮に迎えられ、貴妃に封じられた。三人の姉は国夫人、従祖兄の楊国忠は宰相となって栄華をきわめ、安禄山が義児（仮子）となったことも有名である。やがて安史の乱が勃発すると、玄宗の蜀（四川）への逃亡に従ったが、途中馬嵬駅（陝西省興平県）で縊殺された。

李白（七〇一―七六二）唐詩の最高峰に立つ詩仙。盛唐の詩人。字は太白、号は青蓮。綿州彰明（四川省江油県）で生まれたとされるが不明。若い頃、遊侠の士や道士らと交わり、酒を愛し、豪放磊落な人柄であった。幾度か上京して入仕を試みたが果たせず、七四二年にようやく翰林供奉となった。玄宗にその詩才を認められたが、酒の上の粗相で高力士に疎まれ、三年で官を辞して河南で杜甫に会うなど、各地を流浪した。安史の乱が勃発すると、粛宗の弟、永王の謀反に荷担して捕らわれ、流罪にされた。その途中、知人の郭子儀の尽力で赦され、親族の当塗県令の李陽冰を頼り、六二歳で没した。生涯に大量の作品をのこしたが、とくに自然や人生をテーマにした自由・率直かつ雄大な絶句を得意とした。中国史上最高峰の詩人の一人として詩仙と称される。

杜甫（七一二―七七〇）唐詩の最高峰に立つ詩聖。盛唐の詩人。字は子美、号は少陵。祖父の杜審言は唐初の詩人である。原籍は襄陽（湖北省襄樊市）だが、鞏県（河南省鞏義市）で生まれた。二三歳頃に進士に落第して各地を放浪し、李白・高適らと交わった。七五一年に玄宗に賦を献上して集賢院待制となり、念願の官界に足を踏み入れたが、安史の乱が起こり、七五六年霊武（寧夏回族自治区銀川市）の粛宗のもとへ向かう途中、反乱軍に捕らえられた。「国破れて山河在り」の詩はそのときの作。のち逃亡して粛宗から左拾遺に任じられたが、生真面目な性格が嫌われ、地方官へ左遷された。七五九年から数年間、成都の節度使厳武のもとで過ごし、七六五年には湖南に至り、各地を転々としたのち、七七〇年に岳陽から湘水を遡行する船中で没した。詩聖と称され、社会の底辺に目を向けた社会派詩人でもあった。

郭子儀（六九七―七八一）安史の乱時の唐の名将。武挙（武官登用の科挙試）に及第し、武人として辺境勤務にあたっていたとき安史の乱が勃発し、朔方節度使に起用され、河東節度使の李光弼とともに安禄山軍と戦った。潼関の守りが破られ、粛宗が霊武（寧夏回族自治区）で即位すると、兵部尚書となりウイグルの援兵をしたがえ長安、洛陽を回復した。その後一時宦官の讒言で失脚したが、代宗が即位すると、吐蕃の都への侵攻や僕固懐恩の乱に、先頭にたって唐朝の危機を救った。玄宗、粛宗、代宗、徳宗と四代にわたって仕え、徳宗から「尚父」の称号を与えられた。かれは人望ある武将であったが、地位には恬淡とし、政治への関与は慎重であったため、八五歳という天寿を全うすることができた。唐が安史の乱という最大の危機を乗り越えられたのも、かれの存在があったからである。

顔真卿（七〇九―七八五）唐を代表する書道家で剛直な政治家。『顔氏家訓』で有名な顔之推の五代の孫。本貫は琅邪臨沂（山東省）、長安に生まれる。父を早くに亡くし、母方殷氏の援助で勉学をつづけ、開元二二年（七三四）、二六歳のとき進士科に合格し、官界に入る。楊国忠ににらまれて平原（山東省）太守に出されていたときに安史の乱に遭遇し、河北一帯で抵抗を試みるが失敗した。このとき連携をとりあっていて安禄山に殺された顔杲卿は、父の兄の子、つまり従兄であった。その後鳳翔（陝西省）にいた粛宗のもとに脱出し、唐朝復活のために尽力したが、権力の中心にたてなかった。建中四年（七八三）に淮西節度使の李希烈が反乱を起こすと、説得のために派遣され、脅しに屈せず殺された。王羲之の典雅な書にたいして、力強くのびやかな楷書や草書を得意とし、書道史の上に新たな頁を開いた。

楊炎（七二七―七八一）両税法の創始者。鳳翔天興（陝西省宝鶏市）の出身。字は公南。三代にわたる孝行者の家と評され、代宗期の宰相元載の後継者と目されたが、元載失脚に連なって湖南の道州司馬に左遷された。七七九年、徳宗が即位するとすぐ、門下侍郎・同中書門下平章事に抜擢され、翌年初め、機能を停止していた租庸調制にかえて、両税法を施行した。これによって中央財政の回復がはかられたが、藩鎮の反発が大きく、また対藩鎮策をめぐって徳宗と対立し、海南島の崖州に左遷される途中で殺された。かれも宇文融に連なる恩蔭系財務官僚であった。

杜佑（七三五―八一二）唐後半期を代表する財務官僚で『通典』の著者。京兆万年（長安）の杜氏という関中系名門の出身。字は君卿。恩蔭で任官し、楊炎が宰相になると、工部、金部郎中から江淮水陸転運使となり、両税法の実施に当たった。七八一年に楊炎が失脚すると蘇州刺史に出されたが、温厚な人柄と財務の明るさから、嶺南節度使・淮南節度使などを歴任し、ことに財源地帯の淮南節度使には一四年も在任した。八〇三年都に戻り、憲宗朝では宰相として重きをなした。この忙しい政務の合間約三五年の歳月をかけて、八〇一年に『通典』二〇〇巻を完成させた。本書は上古から唐におよぶ制度・文化通史であり、中国史学史上に特筆される作品である。

韓愈（七六八―八二四）古文復興運動を進めた文人・政治家。字は退之、諡は文公。昌黎（河北省易県）の人と自称した。早くに父と兄を亡くし、兄嫁の助けで勉学をつづけ、七九二年に進士に及第した。はじめ藩鎮の幕僚となり、三五歳で中央の四門博士につき、以後内外の要職につくが、結局宰相になれなかった。八〇三年の監察御史のとき、京兆尹李実の不正を暴いて左遷され、八一九年の刑部侍郎のときには、憲宗による法門寺の仏骨（舎利）奉迎を諫めて、潮州（広東省）に出されたなどの理由からである。かれは『順宗実録』一〇巻を著し、王叔文らの永貞の革新を厳しく批判し、柳宗元と立場を異にしたが、古文復興運動の先頭にたち、北宋の学問の先駆けとなった。唐宋八大家の一人であり、また李白・杜甫・白居易とならぶ唐代の代表的詩人でもあった。

柳宗元（七七三―八一九）唐宋八大家の一人で古文復興運動の主唱者。本貫は河東（山西省永済市）。字は子厚。七九三年に進士に及第し、校書郎をへて監察御史に進んだ。太子近侍の王叔文・王伾らを中心とする改革派に、劉禹錫や呂温ら新進官僚の一人として加わり、八〇五年順宗即位とともに、礼部員外郎に任じられ、宦官からの兵権奪還、財政の再建などを追求した。これを永貞の革新というが、在位八ヵ月で順宗が息子の憲宗に譲位すると、王叔文らのグループは失脚し、柳宗元も永州（湖南省永州市）の司馬に左遷された。一〇年後さらに柳州（広西壮族自治区柳州市）刺史に出され、在任中に没した。かれは唐宋八大家の一人に数えられる文章家で、韓愈と同じく駢儷文以前の古文にもどる復古運動を展開したが、政治的には韓愈と反対の立場に立った。

白居易（七七二—八四六）唐後半期を代表する詩人・政治家。本貫は太原（山西省）の人、新鄭（河南省新鄭県）に生まれる。字は楽天、号は香山居士。八〇〇年の進士で、翰林学士から左拾遺に進んだが、宰相武元衡暗殺の犯人を捜索すべきことを上書して憎まれ、江州（江西省九江市）司馬に左遷された。このときに香炉峯（廬山）麓に草堂を建てた。八二一年に中央に復帰したが、中央の厳しい牛李の党争をきらい、杭州・蘇州刺史を歴任し、八二七年に中央にもどり、七一歳のとき刑部尚書を最後に洛陽に隠退した。晩年は仏教への信仰をふかめ、龍門の東山の香山寺に埋葬された。その詩は平易明快で大衆的人気が高く、「長恨歌」などは当時から広く詠まれた。弟の白行簡も文人で、小説「李娃伝」はよく知られている。

魚玄機（八四四ころ—八七一ころ）激しく愛に生きた女流詩人。長安の人で、遊里の家庭の出身。幼きより聡慧さと美貌に恵まれ、その詩才を晩唐の代表的詩人である温庭筠に認められ、指導を受けた。一五歳ころ補闕の李億というものの妾になったが、妻の嫉妬にあって追われ、長安の咸宜観という道観の女道士となった。個性的な詩作で多くの詩人と交わったが、男出入りの激しい生活のはてに、侍婢が自分の男を奪ったのではないかと疑い、折檻のあげくに殺害し、死刑となった。薛濤（七六八—八三一）とならぶ唐後半期の女流詩人として知られる。

歴史キーワード解説

開皇の治　隋文帝の治世の開皇年間（五八一―六〇〇）、とくにその前半期、長い分裂状態の時代に終止符を打ち、新たな統一体制を実現させるために、一連の改革が断行され、後世に影響を与える節目となった。これを開皇の治とよぶ。具体的には上は律令の制定（開皇律令）、三省六部制の確立、科挙制の創設などから、下は地方行政改革や末端の郷里制の施行など、ほぼすべてにおよんだ。新都大興城の造営、禁軍（中央軍）や府兵制の整備などもあった。中国史上、これほど短期間に集中して、体系的に制度改変がなされたのは、近代以降は別にして他に例をみない。それを進めたのが高熲を中心とする旧北周系の若き官僚グループであり、かれらの構想力と実行力は注目に値する。

隋末唐初の動乱　煬帝の治世の六一〇年正月に起こった弥勒教の乱の先駆けとして、六一二年の高句麗遠征を機に本格化し、隋を滅亡に追いこんだ反乱状況を指す。とくに六一三年の楊玄感の乱以降、全土に何百という反乱集団が出現したが、六一八年に煬帝が倒される前後から二〇前後の群雄割拠に進み、六二一年に河北の竇建徳と洛陽の王世充が唐の李世民（後の太宗）の軍門に降ってから、情勢は一気に唐へと傾き、六二三年にほぼ終息した。これほど無数の反乱集団が全土に生まれ、民衆の膨大にして多様なエネルギーが噴出した時期は、反乱の多い中国史のなかでも他にはない。この反乱期の経験の上に唐朝三〇〇年があった。

玄武門の変　直接的には、六二六年六月、秦王李世民（唐太宗）が兄の李建成と弟の李元吉を、長安宮城の北門である玄武門の外側で襲撃し殺害した事件を指す。唐の創業はかれら兄弟の働きに負っていたが、なかでも次男の世民は、国内の平定戦に活躍して功績が目だち、李建成側は危機感をつのらせた。全土の統一がほぼ終了すると、跡目争いへと関心が移り、両派はそれぞれの陣営を強化し、虚々実々の駆け引きをしながら来るべき事態に備えた。その過程で両派に結集する人材にも違いが生まれ、建成派は関中系、世民派は山東系と色分けが進んだ。そのため玄武門の変には、跡目争いだけではない路線問題もからんでいた。

隋唐の高句麗遠征　高句麗は五八一年に隋が成立した直後、使者を派遣し高麗王の冊封を受け、良好な関係をつくったが、五八九年の隋の中国統一をきっかけに対立関係に陥った。その結果、文帝治世の五九八年にまず高句麗に出兵し、以後七〇年間に、隋の煬帝が六一二年から六一四年に三度、唐になっては太宗期に六四五年から六四八年にかけて三度、高宗朝になっては六六〇年にまず百済を滅ぼし、その足で六六一年から六六二年にかけて高句麗に侵攻、そして、六六七年高句麗の内部分裂に乗じて攻めこみ、六六八年九月に制圧に成功した。その数一〇度を越えている。その都度理由はあるにしても、なぜ隋唐側は高句麗を平定することにこれほど執着したのか。一方高句麗側には、妥協の機会を棄てて頑強に抵抗をつづけた背景、またその論理や意識に何があったのか。これらの問題はまだ十分説明されていない。

武韋の禍　則天武后が高宗の皇后となり実権をにぎった六六〇年ころから、七一〇年の中宗の韋后や娘の安楽公主の誅滅、さらに七一三年に武后の娘の太平公主が倒されるまでの半世紀は、女性が政治の実権を握り、また活発に動いた時期であった。後世このことを批判して、「武韋の禍」とよぶ。中心は、則天武后が六九〇年に皇帝に即位し、七〇五年にクーデタで退位させられる武周政権期であり、つづく韋后期はその残影期であった。女性たちの登場の背景には、儒教の後退と貴族性、それに北族的な影響などが交錯した隋唐期の時代的特質があったが、同時にこの時期、旧来の貴族（関隴系・山東系）に代わって科挙系官僚が台頭する転換点になったことでも注目される。

開元の治　玄宗の治世、開元年間（七一三―七四一）の政治状況を指していう。玄宗は即位すると、「武韋の禍」で緩んだ政治を引き締め、民政の安定につとめた。それを支えたのが、太宗の貞観の治における房杜（房玄齢と杜如晦）と対比される姚宋（姚崇と宋璟）らの重厚な官僚であった。他方、関隴系の宇文融を起用して括戸政策を行わせ、財政の建て直しをはかった。七三七年には律令の改訂が行われ、礼制も整えられた。都長安は国際都市として繁栄を誇り、李白や杜甫など詩人が輩出し、唐代の最盛期を迎えた。しかし、科挙官僚と関隴系官僚の対立のあげく科挙系が排除され、逃戸の増大など体制基盤の侵蝕がつづくなかで、年号は開元から天宝へと移っていった。

西域・インドと中国（唐）を往来した仏僧たち

北周武帝の廃仏（五七四、五七七）によって打撃を受けた仏教界は、隋代をつうじてその回復につとめた。その結果、仏教の本義や原典を追究する意欲が高まり、その先頭を切って玄奘が唐初国禁を犯して直接インドに赴いた。かれは将来した七五部一三三五巻という膨大な仏典を翻訳した。六七一年には義浄が海路でインドに渡り、二十余年にわたって仏跡を巡り、多くの仏典を得て帰国した。義浄が訳した華厳経の新訳は、華厳宗の成立に大きな影響を与えた。だが義浄の帰国直後ころから、インド仏教界は様相を大きく変え、それまでの仏教は衰退する。代わって興った新仏教＝密教は、八世紀になって、中国人ではなくインド人の手で、すなわち善無畏（ぜんむい）（中インド人）・金剛智（こんごうち）（南インド人）・不空（北インド人）らによって唐に伝えられ、東アジア仏教に大きな影響を与えることになった。

安史の乱（安禄山の乱）と河朔（かさく）三鎮

安禄山と史思明が起こした反乱。両人は営州柳城（遼寧省朝陽市）の出身で、安禄山（七〇五？―七五七）の父がソグド人の康氏で母が突厥人、史思明（？―七六一）も同様に両親が胡人と突厥人という雑胡の生まれであった。加えて、六ヵ国語につうじ互市牙郎という交易担当をつとめ、その縁で幽州節度使の張守珪の部下になり、立身していくところも共通していた。そのあげく安禄山は七五一年に、平盧・范陽・河東の三節度使を兼務するに至ったが、宰相の李林甫が死ぬと、代わって宰相となった楊国忠と対立して孤立をふかめ、七五五年一一月、君側の奸楊国忠を除くことを名目に、史思明とともに反乱に決起した。反乱軍は瞬く間に洛陽を占拠し、翌七五六年六月には長安も落とし、以後七六三年初めまで華北一帯を戦火に巻きこみ、繁栄を誇った唐朝の基盤を崩した。これを安史の乱という。反乱の最終段階、唐は反乱軍の降将を安堵する形で決着を急いだため、反乱の本拠地となった河北に、魏博（ぎはく）（田承嗣）・盧龍（ろりゅう）（李懐仙）・成徳（せいとく）（張忠志＝李宝臣）の三節度使がのこされ、連携して半独立を堅持し、唐滅亡時までつづいた。これを河朔（河北）三鎮という。安史の乱は唐朝の様相を一変させ、それを継ぐ河朔三鎮は、後半期の唐朝の最大の桎梏となった。

牛李の党争　玄宗朝以来、政界には門閥・父祖の官位によってポストを得る恩蔭（任子）系と試験による科挙系との、二つの党派が形成されはじめた。そして九世紀前半、両派が官界を二分して本格的に衝突したのが牛李の党争である。直接の発端は、八〇八年の制挙（特別選抜試）で、牛僧孺（七七九—八四七）や李宗閔（?—八四六）が時政を厳しく批判したことであった。時の宰相、李吉甫はこれを憎んで長く不遇に置いたが、のち八二三年、牛僧孺が宰相になると、李吉甫の息子徳裕（七八七—八四九）を地方に出し、以後穆宗から武宗におよぶ約三〇年、両派は政界の三分の一を巻きこんで激しい主導権争いをした。かれらの立脚基盤は、李吉甫・徳裕父子が恩蔭系であり、牛僧孺・李宗閔派が科挙系と一応大別できるが、これに対藩鎮・財政・周辺民族などの問題もからんでいる。当時政治の実権は宦官が握り、その下での官僚同士の衝突、政策の頻繁な変更をつうじて、唐の権威を失墜させ、民力を減退させ、唐の滅亡を早めたことも留意されてよい。

黄巣の乱　唐朝を滅亡に追いこんだ民衆の大反乱。乱の始まりは、八七四年末に王仙芝が滑州長垣県（河南省長垣県）で挙兵し、やや遅れてそれに黄巣が合流した。両人とも塩の密売にかかわったもので、反乱の拡大には密売のネットワークが貢献した。当時民衆は、塩の専売税や各種の重税に苦しみ、それに山東方面では連年の飢饉が追い討ちをかけ、一旦火がつけばすぐ燃え広がる状態にあった。反乱はそうした窮乏農民を糾合するため、各地を転戦する流寇主義をとり、唐と正面から渡りあえる勢力を用意していったが、その過程で王仙芝は唐の懐柔策にのって脱落した。黄巣は南下して八七九年には広州を占領後、一転北上して八八〇年には洛陽・長安を陥落させ、斉帝を名乗った。しかしそのころから黄巣軍の力は弱まり、有力部将の朱温（朱全忠）が朝廷側に寝返るなどがあって、八八三年長安から撤退し、河南方面で唐側と戦った後、八八四年六月、山東の泰山東南の狼虎谷で黄巣は自殺し、約一〇年の黄巣の乱は終わった。乱をつうじて唐朝の権威と基盤は完全に崩壊した。

ソグド人　今日のウズベキスタンのサマルカンドを中心とするソグディアナ地方の出身者をさす。漢代以来、東西交易に乗り出し、南北朝から隋唐時代になるとシルクロード交易を独占した。そうしたなかで、北アジアの突厥やウイグル（回紇）には役人として迎えられ、また六世紀以降、中国各地に植民集落を形成して定住するものも多くでた。かれらは、薩宝とよばれるリーダーのもと、祆教（ゾロアスター教）を信仰し、商業にかかわる一方、農業や牧畜、手工業にも従事した。また時には傭兵になったり、府兵の兵士となり、そのなかから軍人として唐の政界にかかわるものも出現した。その代表が父をソグド人にもつ安禄山であった。中国に居住したかれらは、出身地の都市の漢名からとって「康」「石」「史」「米」などの姓を名乗り、唐代社会を構成する重要な要素になっていた。

過所と公験　過所も公験も民間人に発給された一種の身分証明書で旅券である。大きく区分すれば、過所は州域を越えて旅する場合、中央の機関ないし地方の州が発給し、公験は州内の移動のために州や県で出した。歴史的には、過所の名前は魏晋以降に現われ、唐代までつづき、公験は安史の乱以降、地方の自立性と人の流動が進むなかで過所に代わる旅券として優勢になり、宋代以後は公験（公憑）に一本化される。書類には交付官庁や旅行者本人や同行者の名前、目的地や旅行理由などが記されており、関津（関所や渡し場）を通過するさいに提示した。実物としては、日本人僧として唐に渡った最澄や円珍が持ち帰った過所や公験が伝世するほか、敦煌文書や吐魯番出土文書からも数点みつかっている。

仮父子関係　隋唐・五代の時期、権力形成にかかわって現われた仮父と仮子（義児）の形をとる擬制的血縁関係。この結合関係が盛んであったのは、隋末唐初期、玄宗の開元年間（七一二―七五六）にはじまる八世紀の時期、唐代末期から五代にかけての時期の三期であった。第一期では幽州（現在の北京）によった高開道の数百人からなる義児集団、第二期では安禄山の親衛部隊として八〇〇〇人もいたとされる曳落河に代表されるように、一人の仮父（義父）に集団で関与し、兵力の中核を構成する。第三期になると武将間におけるような一対一の個人型になる。この隋唐期になぜこのような仮父子関係が大きくクローズアップされるのか。従来の説明では、国家の力が弱まった時期に現われる私的関係であり、旧い家内奴隷的な関係とされてきた。しかし隋唐期に集中的にみえることを考えると、むしろ次代に連なる新たな支配と人間関係の魁とも理解できる可能性があるように思われる。

羈縻と冊封　隋唐王朝をとりまく国々は、高句麗や百済や新羅の朝鮮三国の農耕系と北アジアや西方の遊牧系とに大別される。そのうち主に農耕系の国にたいして、自立性を容認したうえで国王に官爵を与え、中国側の官僚体系に組みこむことを目指したものを冊封という。他方遊牧系にたいしては、民族・部族としての集団関係や習俗を認めつつ、より直接的に羈縻州・県とよばれる行政単位に組み入れて統治するあり方を羈縻という。東アジア国際関係というと通常前者の冊封体制が問題にされるが、ただ隋唐の周辺諸国との関係でみると、本来力点は羈縻的支配にあり、冊封の占める割合は限定的である。唐が高句麗を平定したとき、平壌に安東都護府を設置して一時羈縻支配を実行したことも、唐側にとって羈縻が第一の柱であったことをうかがわせる。

参考文献

一　隋唐史の全体にわたるもの

通史・概説書

◆隋唐時代を中心とする概説書は近年数多く刊行されており、また文庫本などの形で再刊も進んでいる。それらはそれぞれの特色をもち、隋唐時代を知る参考になるが、ここでは比較しやすさなどを判断し、筆者が気づいた範囲で列挙した。

石田幹之助・田中克己『大唐の春』「大世界史」四、文藝春秋、一九六七年

山田信夫編『ペルシアと唐』「東西文明の交流」二、平凡社、一九七一年

塚本善隆編『唐とインド』「世界の歴史」四、中央公論社、一九七四年

日比野丈夫『華麗なる隋唐帝国』「図説中国の歴史」四、講談社、一九七七年

尾形勇『東アジアの世界帝国』「ビジュアル版世界の歴史」八、講談社、一九八五年

宮崎市定『アジア史概説』、中央公論社、一九八七年。のち『宮崎市定全集』一八、岩波書店、一九九三年

宮崎市定『大唐帝国――中国の中世』、中央公論社、一九八八年。のち『宮崎市定全集』八、岩波書店、一九九三年

陳舜臣『中国の歴史七　隋唐の興亡』、平凡社、一九八一年

藤善眞澄編『アジアの歴史と文化二　中国史―中世』、同朋舎出版、一九九五年

岡崎文夫『隋唐帝国五代史』、平凡社東洋文庫、一九九五年

池田温ほか編『世界歴史大系　中国史二　三国～唐』、山川出版社、一九九六年

布目潮渢・栗原益男『隋唐帝国』、講談社学術文庫、一九九七年

礪波護・武田幸男『隋唐帝国と古代朝鮮』「世界の歴史」六、中央公論社、一九九七年
尾形勇・岸本美緒編『中国史』「新版世界各国史」三、山川出版社、一九九八年
熊本崇編『中国史概説』、白帝社、一九九八年
外山軍治『隋唐世界帝国』「中国文明の歴史」五、中央公論新社、二〇〇〇年
堀敏一『中国通史──問題史としてみる』、講談社学術文庫、二〇〇〇年
愛宕元・冨谷至編『中国の歴史』上、昭和堂、二〇〇五年

専門性の高い隋唐全史にかかわるもの

『岩波講座世界歴史』古代五、岩波書店、一九七〇年
『岩波講座世界歴史』古代六、岩波書店、一九七一年
樺山紘一ほか編『岩波講座世界歴史九　中華の分裂と再生　三─一三世紀』、岩波書店、一九九九年
谷川道雄編『戦後日本の中国史論争』、河合文化教育研究所、一九九三年
谷川道雄ほか編『魏晋南北朝隋唐時代史の基本問題』、汲古書院、一九九七年
D・トイチェット編『隋唐史（五八九─九〇六）1』「ケンブリッジ中国史」3、(英文)、ケンブリッジ大学出版、一九七九年（『剣橋中国隋唐史（五八九─九〇六）』、〈中文〉、中国社会科学出版社、一九九〇年）
山根幸夫編『中国史研究入門』上・下、山川出版社、一九八三年

二　本書の各章に関連したもの

第一章（隋代史）

浜口重国「隋の天下一統と君権の強化」「所謂、隋の郷官廃止に就いて」『秦漢隋唐史の研究』下、東京大学出版会、一九六六年
宮崎市定『九品官人法の研究　科挙前史』、同朋舎、一九七四年。のち『宮崎市定全集』六、岩波書店、一九

九二年。のち中央公論社、一九九七年
谷川道雄『隋唐帝国形成史論』、筑摩書房、一九七一年（増補版、一九九八年）
陳寅恪『唐代政治史述論稿』、三聯書店出版、一九五六年（再版）
アーサー・F・ライト／布目潮渢・中川努訳『隋代史』、法律文化社、一九八二年
山崎宏『支那中世仏教の展開』、清水書店、一九四二年
牧田諦亮「宝山寺霊裕伝」『中国仏教史研究』第一、大東出版社、一九八一年
氣賀澤保規「隋仁寿元年（六〇一）の学校削減と舎利供養」『駿台史学』一一一、二〇〇一年
西本照真『三階教の研究』、春秋社、一九九八年
藤善眞澄・王勇『天台の流伝――智顗から最澄へ』、山川出版社、一九九七年
宮崎市定『隋の煬帝』、中央公論新社、二〇〇三年
谷川道雄・森正夫編『中国民衆叛乱史一　秦～唐』、平凡社東洋文庫、一九七八年
金子修一『隋唐の国際秩序と東アジア』、名著刊行会、二〇〇一年

第二章（唐前半史）

布目潮渢『隋唐史研究――唐朝政権の形成』、東洋史研究会、一九六八年
布目潮渢『「貞観政要」の政治学』、岩波書店、一九九七年
内藤乾吉／大阪市立大学法学会編『中国法制史考證』、有斐閣、一九六三年
築山治三郎『唐代政治制度の研究』、創元社、一九六七年
氣賀澤保規『則天武后』、白帝社、一九九五年
礪波護『唐の行政機構と官僚』、中央公論社、一九九八年
礪波護『隋唐の仏教と国家』、中央公論社、一九九九年

第三章（唐後半史）

外山軍治『顔真卿――剛直の生涯』、創元社、一九六四年
藤善眞澄『安禄山――皇帝の座をうかがった男』、中央公論新社、二〇〇〇年
藤善眞澄『隋唐時代の仏教と社会――弾圧の狭間にて』、白帝社、二〇〇四年
船越泰次『唐代両税法研究』、汲古書院、一九九五年
清木場東『唐代財政史研究（運輸編）』、九州大学出版会、一九九六年
堀敏一『唐末五代変革期の政治と経済』、汲古書院、二〇〇二年
藤本勝次訳注『シナ・インド物語』、関西大学東西学術研究所、一九七六年
谷川道雄・森正夫編『中国民衆叛乱史一　秦～唐』、前出

第四章（律令制・暮らし・年中行事）

仁井田陞『唐令拾遺』、東京大学出版会、一九六四年（覆刻）
仁井田陞／池田温ほか編『唐令拾遺補』、東京大学出版会、一九九七年
中村裕一『唐令逸文の研究』、汲古書院、二〇〇五年
滋賀秀三編『中国法制史――基本資料の研究』、東京大学出版会、一九九三年
關尾史郎『西域文書からみた中国史』、山川出版社、一九九八年
桑原隲蔵「支那孝道殊に法律上より観たる支那の孝道」『桑原隲蔵全集』三、岩波書店、一九六八年
池田温『中国古代籍帳研究――概観・録文』、東京大学東洋文化研究所、一九七九年
池田温編『中国礼法と日本律令制』、東方書店、一九九二年
池田温『敦煌文書の世界』、名著刊行会、二〇〇三年
榎一雄編『敦煌の歴史』「講座敦煌」二、大東出版社、一九八〇年
堀敏一『均田制の研究――中国古代国家の土地政策と土地所有制』、岩波書店、一九七五年

日野開三郎『唐代租調庸の研究』一―三、自家出版、一九七四・七五・七七年
唐代史研究会編『律令制―中国朝鮮の法と国家』、汲古書院、一九八六年
中村喬『中国の年中行事』、平凡社選書、一九八八年
中村喬『中国歳時史の研究』、朋友書店、一九九三年
李斌城ほか『隋唐五代社会史』、中国社会科学出版社、一九九八年
劉暁峰『古代日本における中国年中行事の受容』、桂書房、二〇〇二年

第五章（則天武后・女性）

外山軍治『則天武后――女性と権力』、中央公論社、一九六六年
氣賀澤保規『則天武后』、前出
崔令欽・孫棨／斎藤茂訳注『教坊記・北里志』、平凡社東洋文庫、一九九二年
陳東原『中国婦女生活史』（初印一九二八年）、上海文芸出版社、一九九〇年再版
鄧小南主編『唐宋女性与社会』上・下、上海辞書出版社、二〇〇三年
山崎純一『女四書・新婦譜三部書全釈』、明治書院、二〇〇二年
大澤正昭『唐宋時代の家族・婚姻・女性――婦は強く』、明石書店、二〇〇五年
井波律子『百花繚乱・女たちの中国史』、NHK人間大学、一九九八年
高世瑜／小林一美・任明訳『大唐帝国の女性たち』、岩波書店、一九九九年
原田淑人『唐代の服飾』、（財）東洋文庫、一九七〇年
岸辺成雄『唐代音楽の歴史的研究　楽制篇』上・下、東京大学出版会、一九六〇・六一年
斎藤茂『妓女と中国文人』、東方書店、二〇〇〇年
塩卓悟・河村晃太郎編『譯注太平廣記婦人部』、汲古書院、二〇〇四年

第六章（都市・シルクロード）

石田幹之助『長安の春』、平凡社東洋文庫、一九六七年（増訂版）
足立喜六『長安史蹟の研究』、東洋書林、一九八三年（再刊）
佐藤武敏『長安』「世界史研究双書」八、近藤出版社、一九七一年。のち講談社学術文庫、二〇〇四年
徐松撰／愛宕元訳注『唐両京城坊攷――長安と洛陽』、平凡社東洋文庫、一九九四年
京都文化博物館編『長安――絢爛たる唐の都』、角川書店、一九九六年
小野勝年『中国隋唐長安・寺院史料集成』史料篇・解説篇、法藏館、一九八九年
「花の都・長安――唐代への時間旅行」『月刊しにか』、大修館書店、一九九六年九号
妹尾達彦『長安の都市計画』、講談社、二〇〇一年
渡辺信一郎『中国古代の王権と天下秩序――日中比較史の視点から』、校倉書房、二〇〇三年
桑原隲蔵「隋唐時代に支那に来住した西域人」『桑原隲蔵全集』二、岩波書店、一九六八年
向達『唐代長安与西域文明』、三聯書店出版、一九五七年
魏明孔『隋唐手工業研究』、甘粛人民出版社、一九九九年
劉玉峰『唐代工商業形態論稿』、斉魯書社、二〇〇二年
張澤咸『唐代工商業』、中国社会科学出版社、一九九五年
閻崇年『中国都市生活史』、文津出版社、一九九七年
日野開三郎『唐代邸店の研究』正・続『日野開三郎東洋史学論集』一七・一八、三一書房、一九九二年
伊瀬仙太郎『中国西域経営史研究』、巌南堂書店、一九六八年
嶋崎昌『隋唐時代の東トゥルキスタン研究――高昌国史研究を中心として』、東京大学出版会、一九七七年
池田温編『敦煌の社会』「講座敦煌」三、大東出版社、一九八〇年

第七章（軍事・兵制）

浜口重国「府兵制度より新兵制へ」『秦漢隋唐史の研究』上、東京大学出版会、一九六六年
谷霽光『府兵制度考釈』、上海人民出版社、一九六二年
菊池英夫「府兵制度の展開」『岩波講座世界歴史』古代五、前出
何永成『唐代神策軍研究――兼論神策軍与中晩唐政局』、台湾商務印書館、一九九〇年
氣賀澤保規『府兵制の研究――府兵兵士とその社会』、同朋舎、一九九九年
栗原益男「安史の乱と藩鎮体制の展開」『岩波講座世界歴史』古代六、前出
堀敏一『唐末五代変革期の政治と経済』、前出
日野開三郎『唐代藩鎮の支配体制』「日野開三郎東洋史学論集」一、三一書房、一九八〇年

第八章（円仁・旅・仏教）

杉本直治郎『阿倍仲麻呂伝研究――朝衡伝考』、育芳社、一九四〇年。復刻版、勉誠出版、二〇〇六年
古瀬奈津子『遣唐使の見た中国』、吉川弘文館、二〇〇三年
小野勝年『入唐求法巡礼行記の研究』全四巻、鈴木学術財団、一九六四・六六・六七・六九年
E・O・ライシャワー／田村完誓訳『円仁唐代中国への旅――「入唐求法巡礼行記」の研究』、講談社学術文庫、一九九九年
青山定雄『唐宋時代の交通と地誌地図の研究』、吉川弘文館、一九六三年
程喜霖『唐代過所研究』、中華書局、二〇〇〇年
礪波護「唐代の過所と公験」『中国中世の文物』、京都大学人文科学研究所、一九九三年
日比野丈夫・小野勝年『五台山』、平凡社東洋文庫、一九九五年
愛宕元『唐代地域社会史研究』、同朋舎出版、一九九七年
東野治之『遣唐使と正倉院』、岩波書店、一九九二年

東野治之『遣唐使船　東アジアのなかで』、朝日新聞社、一九九九年
玄奘／水谷真成訳『大唐西域記』「中国古典文学大系」二二、平凡社、一九七一年
荒川正晴『オアシス国家とキャラヴァン交易』「世界史リブレット」六二、山川出版社、二〇〇三年
早島鏡正ほか『インド思想史』、東京大学出版会、一九八二年
金岡秀友・清水乞『密教――最後の仏教』「アジア仏教史・インド編」四、佼成出版社、一九七四年
鎌田茂雄『新中国仏教史』、大東出版社、二〇〇一年
塚本善隆「石経山雲居寺と石経大蔵経」『塚本善隆著作集』五、大東出版社、一九七五年
氣賀澤保規編『中国仏教石経の研究――房山雲居寺石経を中心に』、京都大学学術出版会、一九九六年

第九章（東アジア諸国）

護雅夫・神田信夫編『北アジア史』「世界各国史」一二、山川出版社、一九八一年（新版）
護雅夫『古代トルコ民族史研究』一、山川出版社、一九六七年
石見清裕『唐の北方問題と国際秩序』、汲古書院、一九九八年
森安孝夫編『中央アジア出土文物論叢』、朋友書店、二〇〇四年
「〝移動と交流〟二〇〇三年夏期シンポジウム特集」『唐代史研究』七、二〇〇四年
佐藤長『古代チベット史研究』上・下、東洋史研究会、一九五八・五九年
山口瑞鳳『吐蕃王国成立史研究』、岩波書店、一九八三年
藤沢義美『西南中国民族史の研究――南詔国の史的研究』、大安、一九六九年
濱田耕策『渤海国興亡史』、吉川弘文館、二〇〇〇年
武田幸男編『朝鮮史』「世界各国史」一七、山川出版社、一九八五年
李成市・早乙女雅博編『古代朝鮮の考古と歴史』、雄山閣、二〇〇二年
東潮、田中俊明編『高句麗の歴史と遺跡』、中央公論社、一九九五年

西嶋定生『古代東アジア世界と日本』、岩波書店、二〇〇〇年
李成市『東アジア文化圏の形成』「世界史リブレット」七、山川出版社、二〇〇〇年
西嶋定生「六―八世紀の東アジア」『岩波講座日本歴史』二、岩波書店、一九六二年
堀敏一『中国と古代東アジア世界　中華的世界と諸民族』、岩波書店、一九九三年
堀敏一『東アジアのなかの古代日本』、研文出版、一九九八年

第一〇章（文化）

興膳宏編『中国文学を学ぶ人のために』、世界思想社、一九九一年
小川環樹『唐詩概説』「中国詩人選集」別巻、岩波書店、一九五八年
小川環樹編『唐代の詩人―その伝記』、大修館書店、一九七五年
高島俊男『李白と杜甫』、講談社学術文庫、一九九七年
平岡武夫『白居易――生涯と歳時記』、朋友書店、一九九八年
松浦友久編『校注唐詩解釈辞典』、大修館書店、一九八七年
松浦友久編『続　校注唐詩解釈辞典〔付〕歴代詩』、大修館書店、二〇〇一年
植木久行『唐詩の風景』、講談社学術文庫、一九九九年
入谷仙介『王維研究』、創文社、一九七六年
米澤嘉圃『中国絵画史研究　山水画論』、東京大学東洋文化研究所、一九六一年
鈴木敬『中国絵画史』上、吉川弘文館、一九八一年
鎮江市博物館・陝西省博物館編『唐代金銀器』、文物出版社、一九八五年
池田温訳・補注「西安何家村発見の唐代埋蔵文化財」『史学雑誌』八一―八九、一九七二年
岡崎敬『中国の考古学　隋唐篇』、同朋舎出版、一九八八年
樋口隆康編『世界の大遺跡九　古代中国の遺産』、講談社、一九八八年

氣賀澤保規ほか編『中国の正倉院法門寺地下宮殿の秘宝「唐皇帝からの贈り物展」図録』、新潟県立近代美術館・朝日新聞社・博報堂、一九九九年
『布目潮渢中国史論集』下巻、唐代史篇二・中国茶史篇、汲古書院、二〇〇四年
藤枝晃『文字の文化史』、講談社学術文庫、一九九九年
西脇常記訳注『史通内篇』「東海大学古典叢書」、東海大学出版会、一九八九年
西脇常記編訳注『史通外篇』「東海大学古典叢書」、東海大学出版会、二〇〇二年
内藤湖南『支那史学史』『内藤湖南全集』一一、筑摩書房、一九六九年

終章（唐宋変革・貴族制）

内藤湖南『内藤湖南全集』一〇、筑摩書房、一九六九年▼本書に「支那上古史」「支那中古の文化」「支那近世史」が収められている。

学術文庫版の追加

◆本書の原本刊行後に出版された図書のうち、特に本書の内容に関連するものを刊行年順に挙げる。

東野治之『遣唐使』、岩波新書、二〇〇七年
氣賀澤保規編『洛陽学国際シンポジウム報告論文集　東アジアにおける洛陽の位置』、汲古書院、二〇一一年
肥田路美『初唐仏教美術の研究』、中央公論美術出版、二〇一一年
氣賀澤保規編『遣隋使がみた風景――東アジアの新視点』、八木書店、二〇一二年
大内文雄『南北朝隋唐期仏教史研究』、法蔵館、二〇一三年
金子修一主編『大唐元陵儀注新釈』、汲古書院、二〇一三年
森部豊『安禄山――「安史の乱」を起こしたソグド人』、山川出版社、二〇一三年
藤善眞澄『中国仏教史研究　隋唐仏教への視角』、法蔵館、二〇一三年

河内春人『東アジア交流史のなかの遣唐使』、汲古書院、二〇一三年
池田温『唐史論攷―氏族制と均田制―』、汲古書院、二〇一四年
井波律子『中国人物伝Ⅲ　大王朝の興亡（隋唐―宋元）』、岩波書店、二〇一四年
森部豊編『ソグド人と東ユーラシアの文化交渉』「アジア遊学」一七五、勉誠出版、二〇一四年
妹尾達彦編『都市と環境の歴史学〔増補版〕第三集　特集東アジアの都城と葬制』、中央大学、二〇一五年
岩本篤志『唐代の医薬書と敦煌文献』、角川学芸出版、二〇一五年
速水大『唐代勲官制度の研究』、汲古書院、二〇一五年
礪波護『隋唐仏教文物史論考』、法蔵館、二〇一六年
六朝楽府の会編著『『隋書』音楽志訳注』、和泉書院、二〇一六年
鶴間和幸編著『悪の歴史――東アジア編　上』、清水書院、二〇一七年
古畑徹『渤海国とは何か』、吉川弘文館、二〇一七年
福島恵『東部ユーラシアのソグド人―ソグド人漢文墓誌の研究―』、汲古書院、二〇一七年
中村史朗・山口謠司監修『現代語訳　隋書』、勉誠出版、二〇一七年
松原朗編『杜甫と玄宗皇帝の時代』「アジア遊学」二二〇、勉誠出版、二〇一八年
河上麻由子『古代日中関係史――倭の五王から遣唐使以降まで』中公新書、二〇一九年
渡辺信一郎『中華の成立――唐代まで』、岩波新書、二〇一九年
東京国立博物館・毎日新聞社編『顔真卿　王羲之を超えた名筆』、毎日新聞社、二〇一九年
榎本淳一『日唐賤民制度の比較研究』、同成社、二〇一九年
石暁軍『隋唐外務官僚の研究―鴻臚寺官僚・遣外使節を中心に―』、東方書店、二〇一九年
土肥義和『燉煌文書の研究』、汲古書院、二〇二〇年
大津透『律令国家と隋唐文明』、岩波新書、二〇二〇年
丸橋充拓『江南の発展――南宋まで』、岩波新書、二〇二〇年

年表

西暦	年号	中国	日本　アジア　世界
五八一	開皇元	2楊堅即位し、隋の建国。「漢魏の旧」へ復帰を宣言。高熲を尚書左僕射に任ずる 10「新律（開皇律）」を制定	
五八二	二	7「開皇令」を頒布	
五八三	三	3新都・大興城に遷都。3天下の遺書孤本の収集。租庸調制の確定。11廃郡の実施（地方行政単位の二級制化）。12新律再改訂により「開皇律」の確定	突厥、東西に分裂
五八四	四		突厥の沙鉢略可汗と和睦し、千金公主を大義公主に改封
五八五	五	5義倉の設置。貌閲の実施	この頃、突厥、東西突厥に分立
五八七	七	1諸州より歳貢三人を命じ、科挙制始まる。9隋、後梁を併合	
五八九	九	1陳を滅ぼし、南北統一なる。2郷里制の制定	
五九〇	一〇	5府兵制を改編し（後期府兵制へ）、関中本位政策を明示する	
五九二	一二	均田（天下の田を均しくする）の命が出る	
五九三	一三		聖徳太子が立ち、四天王寺を建立
五九四	一四	音楽統一を目指し新楽を実施。三階教の信行死去	
五九五	一五	1文帝、泰山で封禅を行う。郷官廃止による九品官人法の停止。 この年、仁寿宮成る	
五九六	一六	1社倉を設置する	
五九七	一七	7安義公主、突利可汗に降嫁す。天台智顗死去す。雲南出兵	

五九八	一八	6—9高句麗を遠征し失敗。7制挙が始まる。智顗のために国清寺を建立。雲南再出兵	
五九九	一九	8高熲の失脚	4突厥の突利可汗が隋に内附、10啓民可汗と改名、義成公主を降嫁
六〇〇	二〇	10皇太子楊勇廃され、11晋王楊広が皇太子となる 12仏像・神像の破壊禁止、三階教の禁圧	倭の最初の遣隋使が至る
六〇一	仁寿元	1楊素を尚書左僕射に任ずる。6学校を廃止、舎利を三一州に分与し舎利塔を建立（他に同二年、同四年の計三回実施）	
六〇二	二	8独孤皇后の死去	
六〇三	三		達頭可汗が啓民可汗に降り、東突厥の再統合
六〇四	四	7文帝崩じ、煬帝の即位。8漢王楊諒の反乱。11煬帝、洛陽に移り事実上の都とする。婦人・部曲・奴婢の課税を止める	聖徳太子、十七条憲法を定める
六〇五	大業元	3東都の造営に着手（翌年正月完成）。3大運河の通済渠・邗溝を開鑿。閏7国子学などの学校を復活。8運河を使い江都（揚州）へ行幸	
六〇六	二	10洛口倉、12回洛倉の設置。音楽の統一	
六〇七	三	4「大業律令」を発布 4—9煬帝、北巡を行い、啓民可汗の大帳に行幸。7高熲、処刑される。裴矩、『西域図記』三巻をまとめる	7倭の遣隋使（小野妹子）が来訪
六〇八	四	1永済渠を開鑿す。3—9煬帝、長城一帯を巡幸	4裴世清を答礼使として倭に派遣
六〇九	五	2—11煬帝、西方に遠征し吐谷渾を征討、張掖で高昌王と会見。裴蘊、貌閲を行う	東突厥の啓民可汗の死去、始畢可汗が継位
六一〇	六	1洛陽に弥勒下生の乱起こる。1洛陽で諸蕃首長を集めた国際フェスティバル開催。江南河の開鑿。3煬帝、江都へ行幸	

六一一	七	4煬帝、涿郡に移り、高句麗遠征の体制を用意	12西突厥の処羅可汗の来朝
六一二	八	1—7煬帝、第一次高句麗遠征	
六一三	九	1驍果制の施行。4—6第二次高句麗遠征。6楊玄感、乱を起こす。以後、各地で反乱が本格化	
六一四	一〇	2—8第三次高句麗遠征	
六一五	一一	1諸国使の前で魚龍曼延の祭典実施。8煬帝、北辺を巡り、雁門で突厥に包囲される	
六一六	一二	7煬帝、江都に赴く	
六一七	一三	7李淵、太原で挙兵し、11長安を攻略して、恭帝楊侑を擁立	
六一八	一四 武徳元	3宇文化及の乱により煬帝、江都宮で死去 5李淵即位し（高祖）、唐の成立	
六二一	四	李世民、竇建徳・王世充を降し、唐の地位が確定	
六二二	五		ヘジラ（聖遷）、イスラーム暦元年
六二三	六	唐、群雄勢力をほぼ平定す	
六二四	七	4「武徳律令」を発布。均田制・租庸調制の制定	
六二六	九	6玄武門の変が起こり、高祖退位し、8李世民即位す（太宗）。8太宗、便橋で頡利可汗と対峙し盟約	
六二七	貞観元	2全土を一〇道に分ける	
六二八	二	4梁師都を滅ぼし、全国統一	
六二九	三	玄奘がインドに向けて密出国	
六三〇	四	2頡利可汗、唐に降る（突厥第一帝国滅亡）。3四夷君長、太宗に天可汗を奉上。杜如晦死去	倭、最初の遣唐使を派遣（犬上御田鍬） ムハンマド、メッカを制圧
六三二	六		新羅、善徳女王即位（—六四七）

六三四	八		吐蕃初めて入貢す。唐、吐谷渾を討ち、伏俟城を制圧
六三五	九	ネストリウス派キリスト教（景教）、唐に至る	
六三六	一〇	府兵制定まる。武照（のちの武后）、太宗の後宮に入る	
六三七	一一	1「貞観律令」を発布	
六三八	一二	1「貞観氏族志」成る	
六四〇	一四	8高昌国を滅ぼし、9安西都護府（西州）を置く	
六四一	一五	1文成公主、吐蕃に降嫁す	
六四二	一六		高句麗、泉蓋蘇文が権力を握る
六四三	一七	1魏徴死去。4太子承乾謀反し、李治太子となる。王玄策ら使者としてインドへ派遣	サラセン、ササン朝ペルシアを滅ぼす
六四五	一九	2—9高句麗遠征（太宗第一回） 玄奘、インドより帰国、翌年『大唐西域記』なる	蘇我入鹿倒され、大化改新
六四六	二〇	薛延陀を降してモンゴル高原を押さえ、翌年4燕然都護府を設置	
六四七	二一	3高句麗遠征（第二回）。王玄策、インドに遣使	ヴァルダナ朝、滅びる。新羅、真徳女王即位（—六五四）
六四八	二二	1「帝範」を作成。高句麗遠征するも失敗（第三回）。閏12亀茲を征討し、安西都護府をこの地に移す	
六四九	二三	2太宗死去し、高宗即位す	
六五〇	永徽元	9単于・瀚海両都護府の設置	
六五一	二	閏9「永徽律令」を制定	
六五二	三	この頃、武照、高宗の宮中に迎えらる	
六五三	四	孔穎達ら「五経正義」を撰す。10睦州女子陳碩真の反乱	

六五五	六	王皇后廃され、武照が皇后となる（則天武后）。高句麗出兵	
六五七	顕慶二	蘇定方、西突厥を滅ぼす	
六五九	四	6「姓氏録」の編纂。長孫無忌の失脚、死去。李延寿、『南史』『北史』完成。高句麗出兵（六五八―六五九連続）	
六六〇	五	高宗・武后の「二聖」政治の始まり 8唐・新羅の連合軍、百済を滅ぼす	
六六一	龍朔元	高句麗遠征	ウマイヤ朝始まる
六六三	三	9唐・新羅の連合軍、白村江の戦いで、倭・百済連合軍を破る	6吐蕃、吐谷渾を滅ぼす 倭（日本）、半島から撤退
六六四	麟徳元	12武后、上官儀を殺し、垂簾の政を始める	
六六六	乾封元	高宗、泰山で封禅	
六六八	総章元	9高句麗を滅ぼし、12平壌に安東都護府を置く	
六七〇	咸亨元	吐蕃を討って敗北。4亀茲・于闐・焉耆・疏勒の安西四鎮を廃止	
六七二	三	義浄、広州からインドへ出発	6倭（日本）、壬申の乱
六七三	四	画家・閻立本死去	
六七四	上元元	皇帝を天皇、皇后を天后と改称	
六七五	二	4皇太子李弘殺され（孝敬皇帝）、6李賢が皇太子に。この頃から北門学士の活動始まる。龍門の奉先寺大仏完成	
六七六	三	唐、朝鮮から撤退。安東都護府を平壌から遼東城に移す	新羅の朝鮮半島支配が確立
六七九	調露元	交州（ハノイ）に安南都護府設置	
六八〇	永隆元	太子李賢廃され、李顕が太子に	
六八二	永淳元		骨咄禄が唐から自立、突厥第二帝国始まる（イルテリッシュ可汗）
六八三	弘道元	12高宗死去し、皇太子李顕即位（中宗）。武后、太后として政務を裁決	

六八四	嗣聖元 文明元 光宅元	2武太后、中宗を廃し、弟の睿宗が即位 9洛陽を神都と改め、実質遷都。李敬業ら揚州で挙兵するも失敗、駱賓王死去	
六八五	垂拱元	3「垂拱律令格式」を発布。薛懐義、武太后に寵愛される	
六八六	二	武太后、臨朝し、告密・酷吏による反対派の排除始まる	
六八八	四	12明堂完成す	
六八九	永昌元 載初元	4「宝図（天授聖図）」洛水から出現。11周正（暦）を採用	
六九〇	二 天授元	1則天文字の採用。7「大雲経」を新編纂し、全国の大雲経寺に配備 9武太后、睿宗を廃して即位。国号を周と改む（武周革命）	1持統天皇即位（—六九二）
六九一	二	仏教が道教の上に位置づけされる（仏先道後）。義浄、『南海寄帰内法伝』を上る	突厥、カパガン可汗立つ
六九四	長寿三 延載元	マニ教伝来す	12日本、藤原京に遷都
六九五	証聖元 天冊万歳元	1明堂焼失、2薛懐義、放火の罪で誅殺	
六九六	万歳登封元 万歳通天元	5契丹の李尽忠・孫万栄決起し、河北侵入（—翌年6月）。山東一帯に武騎団を配置	
六九七	神功元	6酷吏来俊臣を処刑し、酷吏政治終わる。閏10狄仁傑、宰相となる。張易之兄弟、武后の寵愛を受ける	
六九八	聖暦元	8突厥、河北侵攻。9狄仁傑の画策により中宗、皇太子に復帰	大祚栄自立し、震国を建国
七〇〇	久視元	9狄仁傑死去。10周正（暦）をもとの暦に戻す	
七〇一	大足元		大宝律令完成

	長安元	10武后、長安滞在（—七〇三・10）	
七〇二	二	1武挙（武人の科挙）を定める。12北庭都護府を庭州に置く	
七〇三	三		遣唐使粟田真人、長安で武皇帝（則天武后）に謁見
七〇五	神龍元	1張柬之らのクーデタ、張易之兄弟を誅す。武后退位し、中宗が復位す。2国号を唐に戻す。11武后死去（八三歳）	
七〇六	二	10都（皇帝所在）を長安にもどす	
七〇七	景龍元	7皇太子李重俊の挙兵、武三思を殺すも敗死	
七〇八	二	韋后・安楽公主らによる墨勅斜封官の風広まる	8和同開珎の鋳造
七一〇	四	1金城公主、吐蕃に降嫁。劉知幾の『史通』成る。6韋后・安楽公主、中宗を毒殺。	3平城京に遷都
	唐隆元	6李隆基、クーデタで韋后らを倒し、睿宗を復位、皇太子となる	
七一一	景雲二	4河西節度使を設置（節度使の始まり）。	
七一二	太極元	8睿宗、太上皇となり、李隆基即位す（玄宗）	
	延和元		
	先天元		
七一三	二	7玄宗、太平公主を倒し親政を始める（開元の治の開始）	2大祚栄を渤海郡王とす（渤海国の成立）
	開元元	この頃、市舶司を設置	
七一七	五		遣唐使（多治比県守）に随って阿倍仲麻呂・吉備真備ら入唐（井真成もか？）
七一八	六		養老律令の編纂
七一九	七	「開元七年令」発布	
七二一	九	2宇文融、勧農使となる	
七二三	一一	宇文融の括戸政策がピークに達す	

		11長従宿衛制始まる。政事堂を中書門下と改称する	
七二四	一二	8宇文融、御史中丞となり、科挙系と恩蔭系の派閥争い始まる	
七二五	一三	2長従宿衛を彍騎と改称。11玄宗、泰山で封禅。三階教の禁圧	
七二七	一五	2科挙系の張説と恩蔭系の宇文融を左遷	渤海が初めて日本に遣使
七二九	一七	8玄宗の誕生日を千秋節に定める	
七三〇	一八	智昇の「開元釈教録（開元大蔵経）」成る。この頃から、宦官高力士が玄宗の寵任を受ける	
七三二	二〇	9「開元礼」成る	10トゥール＝ポワティエの戦い
七三三	二一	全国を一五道に分け、各道に採訪使を置く	
七三四	二二	1玄宗、洛陽で執務（七三六年まで）。5張九齢、中書令となる	4遣唐使（多治比広成）、洛陽で玄宗に会見。吉備真備帰国
七三六	二四	4安禄山、死刑をまぬがれ、玄宗に注目される。11李林甫、中書令となり、張九齢、左遷さる	
七三七	二五	9「開元二五年律令格式」を発布す。12玄宗が寵愛した武恵妃の死去	
七三八	二六	9南詔王の皮邏閣（蒙帰義）を雲南王に封ずる。『唐六典』完成	
七四二	天宝元	1安禄山、平盧節度使となる	
七四四	三	3安禄山、范陽節度使を兼任 このころ玄宗、楊氏を知り、道士とする（楊太真）	8ウイグル（回紇）、突厥第二帝国を滅ぼし、北アジアを制圧
七四五	四	8楊太真を貴妃とする（楊貴妃）	
七四六	五	1王忠嗣、河西・隴右二節度使を兼任（朔方・河東節度使も兼務）	
七四八	七	楊釗（後の楊国忠）、年間で一五以上の使職を領す	
七四九	八	5折衝府（軍府）の上下魚符を廃す（府兵制の機能停止）	
七五〇	九	高仙芝、西域の石国を制圧	アッバース朝成立

七五一	一〇	2安禄山、河東節度使も兼ね、三節度使を兼任 高仙芝、タラス河畔の戦いで大食軍に敗れ、製紙法が西方に伝わる	フランク王国カロリング朝始まる
七五二	一一	11李林甫死去し、楊国忠、宰相となる	4東大寺の大仏の開眼供養
七五四	一三	1安禄山、最後の入朝	1鑑真、日本に戒律を伝える
七五五	一四	11安禄山、范陽（幽州）で挙兵（安史の乱勃発）、12洛陽を占拠	
七五六	至徳元	1安禄山、大燕皇帝を称す。6玄宗ら、成都に逃れ、楊国忠・楊貴妃ら殺される。禄山軍、長安を陥落させる。7皇太子、霊武で即位し（粛宗）、玄宗を上皇とす	
七五七	二	1安禄山、息子の安慶緒に殺害さる。9唐軍にウイグル軍合流、長安を回復。10洛陽回復	
七五八	乾元元	3第五琦、塩鉄使となり、塩の専売制を施行す	
七五九	二	3安陽の戦い、反乱側の勝利、4史思明、洛陽に入り大燕皇帝を称す	
七六〇	上元元	11劉展、江淮で反乱を起こす	
七六一	二	3史思明、息子の史朝義に殺害さる。この頃、陸羽『茶経』成る	
七六二	宝応元	4玄宗死去。粛宗死去し、代宗即位す。李白没す。8袁晁、浙東で反乱。10唐、洛陽回復	
七六三	広徳元	1史朝義敗死し、安史の乱終わる。5河朔三鎮（魏博・成徳・盧龍）体制の成立。10吐蕃、長安を一時占拠、12代宗、魚朝恩率いる神策軍とともに長安に戻る	この頃マニ教が唐からウイグルに伝わる
七六四	二	8僕固懐恩の乱（—翌年9月）	
七六六	大暦元	1劉晏と第五琦、全国の財政を分掌す	道鏡、法王として権力を握る
七六七	二	4唐と吐蕃が会盟す	
七七〇	五	3魚朝恩殺される	阿倍仲麻呂、唐で死去
七七一	六		カール一世、全フランクを統一

七七四	九	6密教の不空、死去 10魏博節度使田承嗣、乱を起こす。以後、河朔三鎮、唐朝にそむく	
七七六	一一	8李霊曜、汴宋で反乱を起こす（—12月）	
七七九	一四	2田承嗣死去。5代宗死去し、徳宗即位。8楊炎、宰相となる	
七八〇	建中元	1楊炎の建議により、両税法を施行する。7楊炎と対立した劉晏、死を賜る	
七八一	二	1成徳節度使の李宝臣の死去、その後継問題を端緒に、河朔三鎮を中心とする反乱広まる。10楊炎、処刑される。12淮西節度使李希烈、反す。「大秦景教流行中国碑」長安に建立	
七八二	三	11河北三鎮・平盧節度使、王号を自称す	
七八三	四	1吐蕃と会盟す（建中の会盟） 6軍費調達のため、間架税・除陌銭を実施。10涇原兵、朱泚を立てて長安を占拠（—翌年5月）。徳宗、長安を逃れる	
七八四	興元元	1徳宗「己を罪するの詔」を出す。1李希烈、帝位につく（大楚）。5長安回復し、7徳宗、長安に戻る。8顔真卿、李希烈に殺害される	
七八六	貞元二	吐蕃、敦煌を占領し、唐と西域の通交絶たれる	
七八七	三	渾瑊、吐蕃と会盟するも失敗（平涼の偽盟）。ウイグルと和親す	
七九〇	六	安西・北庭両都護府、吐蕃に陥落	
七九三	九	1塩鉄使張滂の建議により、茶税始まる	
七九四	一〇	6雲南の異牟尋を南詔王とす	平安京に遷都
七九六	一二	神策軍に護軍中尉を置き、宦官を任用。宦官の軍事権掌握が確定	
八〇一	一七	杜佑『通典』成る	
八〇四	二〇		空海・最澄・橘逸勢入唐す
八〇五	永貞元	1徳宗死し、順宗即位す。永貞の革新行われる。8順宗病気のた	最澄帰国、天台宗を伝える

		め譲位し、憲宗即位す	
八〇六	元和元	憲宗の対藩鎮強硬政策の本格化。白居易「長恨歌」成る	空海帰国、真言宗を伝える
八〇七	二	1李吉甫、宰相となる。12李吉甫「元和国計簿」完成す	
八〇八	三	4牛僧孺・李宗閔の時政批判、牛李の党争の遠因となる	
八一二	七	11魏博節度使、唐に帰順する（八二〇年に田氏支配終る）	
八一六	一一	成徳節度使の王承宗の官爵を剝奪、征討軍を起こす（八二〇年に征圧）	
八一七	一二	11淮西節度使の呉元済を滅ぼす	
八一九	一四	1韓愈、法門寺の仏骨供養を批判し、左遷さる。2平盧節度使の李師道を滅ぼす	
八二〇	一五	1憲宗、宦官に殺害され、閏1穆宗即位	
八二一	長慶元	5太和公主、ウイグルに降嫁す。9唐、吐蕃と長安で会盟を行う（長慶の会盟）。この頃までに河朔三鎮ほぼ帰順す	
八二二	二	吐蕃とラサにて会盟し、会盟碑を建てる	
八二三	三	3牛僧孺、宰相となり、李徳裕を浙西観察使に左遷。以後、牛李の党争の激化	
八二四	四	1穆宗死し、敬宗即位す。韓愈死去す	
八二六	宝暦二	12敬宗、宦官に殺害され、文宗即位す	
八三一	大和五	9維州にて吐蕃武将が降伏するも、牛僧孺、送還を命ず	
八三三	七	2李徳裕、宰相に復帰	
八三五	九	11李訓、宦官皆殺しを謀るも、失敗（甘露の変）。宦官の勢力がさらに強化	
八三七	開成二	「開成石経」が造られる	
八三八	三		最後の遣唐使、円仁らが同乗
八四〇	五	1文宗死し、武宗即位す。9李徳裕、宰相に復活し、李党隆盛	ウイグル、キルギスの襲撃を受け

八四一	会昌元	武宗、道士を宮中に入れる	分解（ウイグル解体） 吐蕃ダルマ王、殺害される（一説に八四二年。チベット分裂時代へ） 新羅に張保皐の乱起こる
八四二	二		日本、承和の変起こる
八四三	三	3太和公主、ウイグルから長安に帰還	
八四五	五	7会昌の廃仏、最高潮に達し、諸外来宗教禁圧さる	
八四六	六	3武宗死し、宣宗即位す。4李徳裕、宰相失脚。8李宗閔死去。牛李の党争の終焉。白居易死去	
八四七	大中元	閏3廃仏策を停止、仏寺を復活させる。6牛僧孺死去	円仁、巡礼求法の旅を終え帰国
八四九	三	李宗閔死去	
八五一	五	1沙州の張議潮、吐蕃から沙州を奪取して、唐に降る（11帰義軍節度使に任命）	
八五三	七		円珍が入唐する（八五八年帰国）
八五八	一二	江南方面の諸藩鎮で兵乱が頻発。7康全泰の乱（—9月）	
八五九	一三	8宣宗死去し、懿宗が即位。12裘甫の乱、浙東で起こる（—翌年6月）	
八六四	咸通五	3唐、南詔と広西方面で戦い敗北	
八六八	九	7龐勛、桂州にて決起、10徐州を占領。唐、沙陀兵などを動員して龐勛軍に対抗	
八六九	一〇	9龐勛の乱鎮定	
八七〇	一一	1南詔、成都を包囲	
八七三	一四	4懿宗、法門寺から仏骨を迎え、長安で供養（最後の法門寺舎利供養）。7懿宗死去し、僖宗即位す	
八七四	乾符元	王仙芝、河南長垣にて乱を起こす	

八七五	二	6黄巣、王仙芝の乱に加わる（黄巣の乱）	
八七八	五	2王仙芝、湖北の黄梅で敗死	
八七九	六	9黄巣、広州を陥落させ、イスラム系住民を大量殺害	
八八〇	広明元	11黄巣、洛陽を陥れ、12長安を占拠、大斉皇帝を称す	
八八一	中和元	1僖宗、成都に逃れる	
八八二	二	9黄巣軍の朱温、唐に降り、全忠の名を賜る	
八八三	三	4沙陀の李克用、長安を回復、黄巣、長安から撤退し河南方面に	
八八四	四	6黄巣、泰山の東南の狼虎谷で自殺、黄巣の乱終結す	
八八五	光啓元	3僖宗、長安に戻る。12宦官田令孜と李克用が対立し、僖宗、鳳翔に逃れる	
八八八	文徳元	2僖宗、長安に帰り、3死去、昭宗即位す	
八八九	龍紀元	4朱全忠に東平郡王を授ける。5河東の李克用そむく	
八九〇	大順元	5朱全忠、李克用征討軍を起こすも失敗、のち李克用、唐に帰順	
八九一	二	10王建、成都で西川（四川）節度使となる	
八九四	乾寧元		9菅原道真、遣唐使の廃止を建議
八九五	二	5李茂貞ら、長安で宦官・高官を殺害す。昭宗、華州に逃れる	
九〇〇	光化三	11宦官劉季述ら、昭宗を幽閉し、徳王を擁立するも失敗	
九〇一	天復元	1昭宗復位。朱全忠は東平王、李茂貞は岐王となる	
九〇二	二	3楊行密、呉王となり、呉国成立	
九〇三	三	1朱全忠、李茂貞を破り、宦官七百余人を皆殺しにする。8王建を蜀王とす	
九〇四	天祐元	閏4銭鏐を呉王に任ず。朱全忠、昭宗を洛陽に移し、8昭宗を殺し、哀帝を擁立	
九〇五	二	6朱全忠、白馬で唐の高官を殺害	
九〇七	四	4朱全忠、梁を建国（後梁）、唐の滅亡	

ワ行

マ行

ヤ行

ラ行

ナ行

ハ行

タ行

サ行

カ行

索引

「ウイグル」「円仁」「科挙」「長安」など頻出する項目については、主要な記載のあるページを中心に拾った。

見出しに＊を付した語は、巻末の「主要人物略伝」か「歴史キーワード解説」に項目がある。

ア行

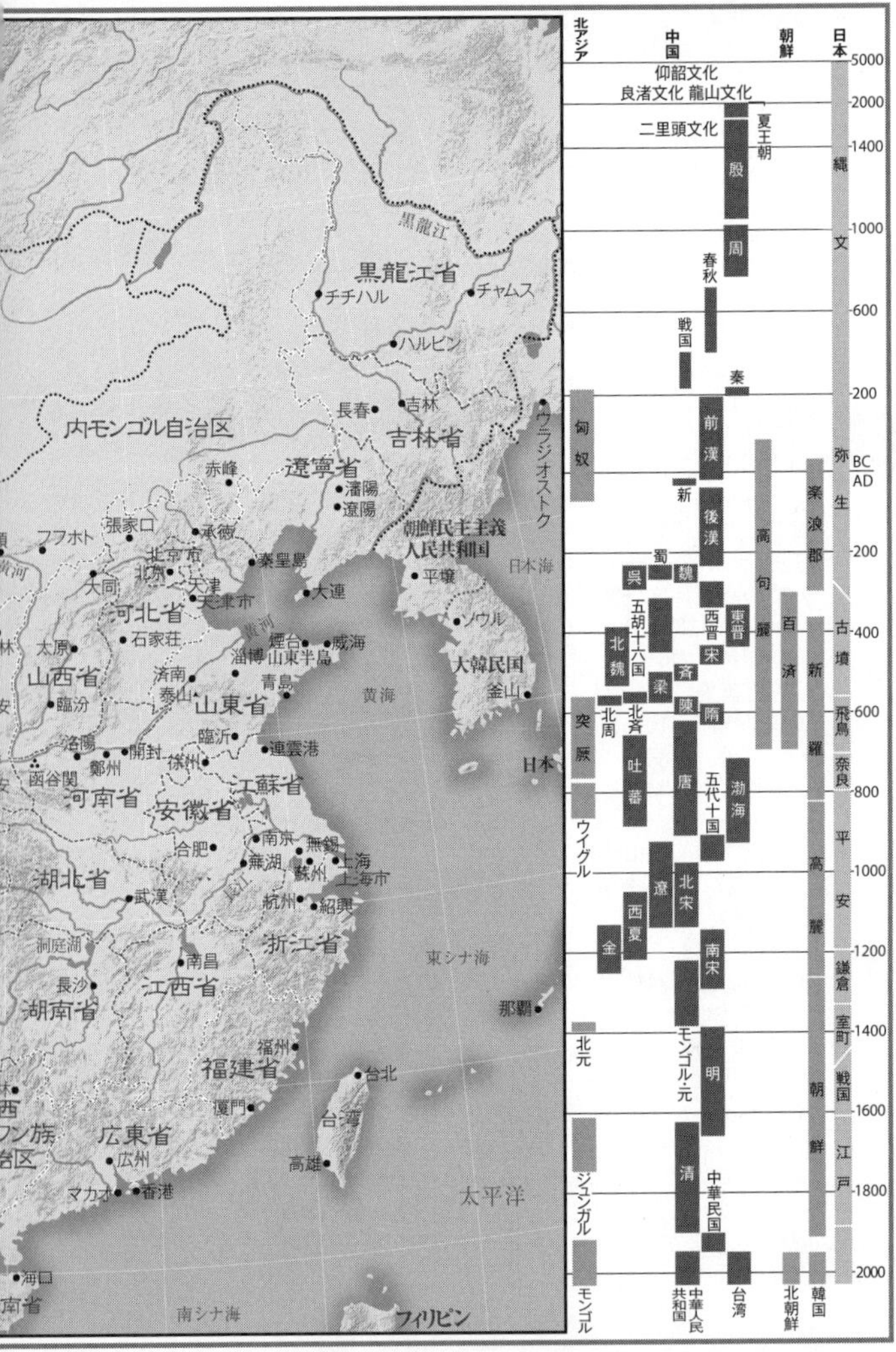

黒龍江
黒龍江省
チチハル
チャムス
ハルビン
長春
吉林
吉林省
内モンゴル自治区
ウラジオストク
赤峰
遼寧省
瀋陽
遼陽
朝鮮民主主義人民共和国
日本海
フフホト
張家口
承徳
北京市
北京
天津
天津市
秦皇島
大同
大連
平壌
黄河
河北省
石家荘
ソウル
太原
煙台
威海
淄博
山東半島
大韓民国
山西省
済南
泰山
青島
山東省
黄海
臨汾
釜山
洛陽
開封
鄭州
臨沂
連雲港
函谷関
徐州
日本
河南省
江蘇省
安徽省
南京
無錫
合肥
蕪湖
蘇州
上海
上海市
湖北省
武漢
長江
杭州
紹興
洞庭湖
浙江省
南昌
東シナ海
長沙
江西省
湖南省
那覇
福州
福建省
台北
廈門
台湾
広東省
広州
高雄
マカオ
香港
太平洋
海口
海南省
南シナ海
フィリピン
北アジア
中国
朝鮮
日本
5000
2000
1400
1000
600
200
BC
AD
200
400
600
800
1000
1200
1400
1600
1800
2000
仰韶文化
良渚文化 龍山文化
二里頭文化
夏王朝
殷
周
春秋
戦国
秦
匈奴
前漢
新
後漢
蜀
呉
魏
西晋
東晋
五胡十六国
北魏
宋
斉
梁
陳
北周
北斉
隋
突厥
吐蕃
唐
五代十国
渤海
ウイグル
遼
北宋
西夏
金
南宋
モンゴル・元
北元
明
清
ジュンガル
中華民国
モンゴル
中華人民共和国
台湾
高句麗
百済
新羅
楽浪郡
高麗
朝鮮
北朝鮮
韓国
縄文
弥生
古墳
飛鳥
奈良
平安
鎌倉
室町
戦国
江戸

現代の中国

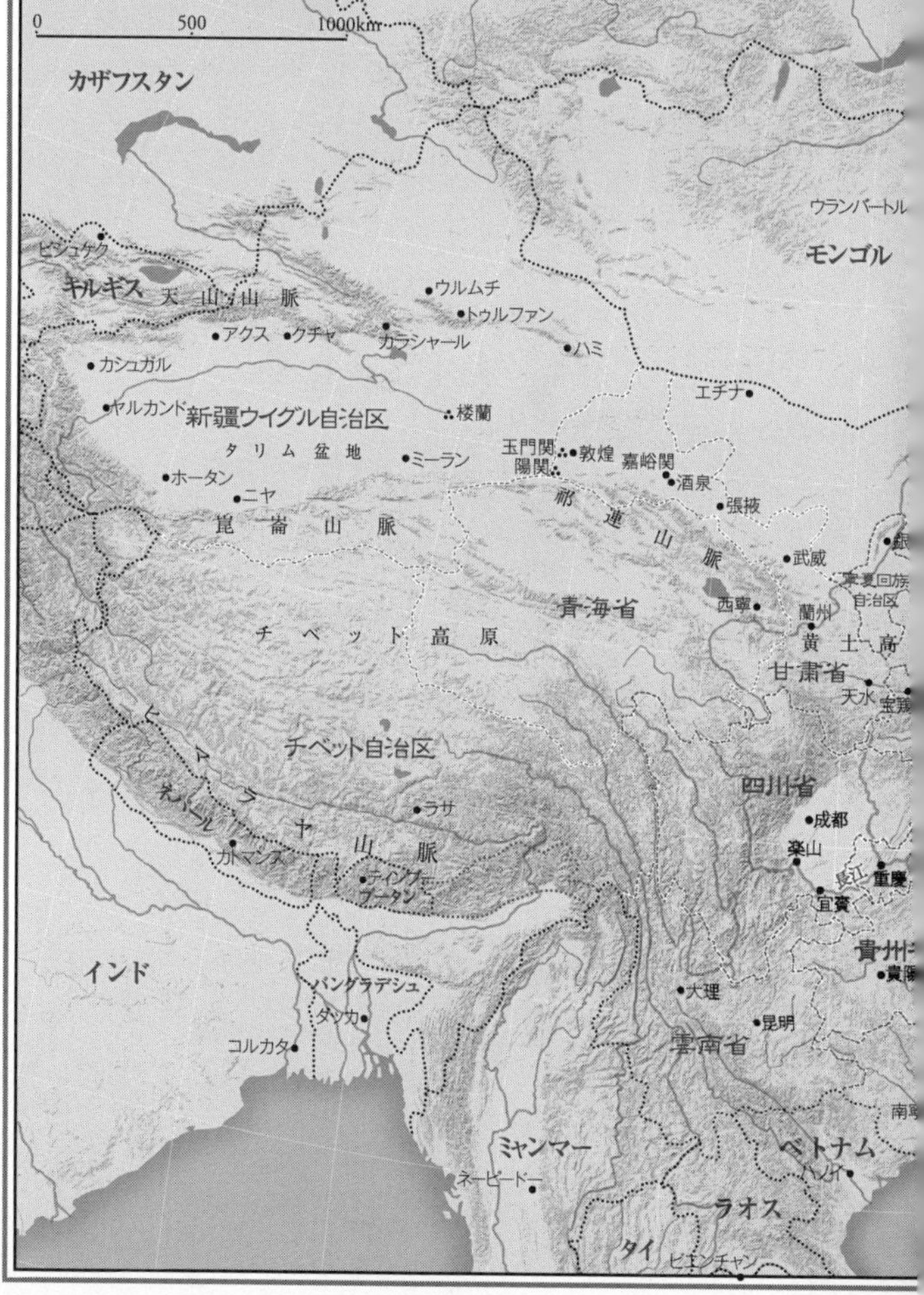
0
500
1000km
ロシア
カザフスタン
ウランバートル
モンゴル
ビシュケク
キルギス
天山山脈
ウルムチ
トゥルファン
アクス
クチャ
カラシャール
ハミ
カシュガル
エチナ
ヤルカンド
新疆ウイグル自治区
楼蘭
タリム盆地
ミーラン
玉門関
敦煌
陽関
嘉峪関
ホータン
酒泉
ニヤ
張掖
崑崙山脈
祁連山脈
武威
寧夏回族自治区
青海省
西寧
蘭州
チベット高原
黄土高
甘粛省
天水
ヒマラヤ山脈
チベット自治区
四川省
ネパール
ラサ
成都
カトマンズ
楽山
ティンプー
ブータン
長江
重慶
宜賓
インド
貴州
バングラデシュ
大理
ダッカ
昆明
コルカタ
雲南省
ミャンマー
ベトナム
ネーピードー
ハノイ
ラオス
タイ
ビエンチャン

KODANSHA

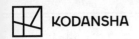

本書の原本は、二〇〇五年六月、小社より刊行されました。

氣賀澤保規（けがさわ　やすのり）

1943年長野県生まれ。京都大学文学部卒。京都大学大学院文学研究科博士課程修了。文学博士。佛教大学助教授，富山大学教授，明治大学教授をへて，現在，東アジア歴史文化研究所代表，東洋文庫研究員。著書に『府兵制の研究―府兵兵士とその社会』『則天武后』，編著書に『中国仏教石経の研究―房山雲居寺石経を中心に』『遣隋使がみた風景―東アジアからの新視点』ほか。

講談社学術文庫

定価はカバーに表示してあります。

中国の歴史６

絢爛たる世界帝国　隋唐時代

氣賀澤保規

2020年12月９日　第１刷発行
2023年９月４日　第４刷発行

発行者　髙橋明男
発行所　株式会社講談社
東京都文京区音羽 2-12-21 〒112-8001
電話　編集（03）5395-3512
販売（03）5395-4415
業務（03）5395-3615

装　幀　蟹江征治
印　刷　株式会社ＫＰＳプロダクツ
製　本　株式会社国宝社
本文データ制作　講談社デジタル製作

ISBN978-4-06-521907-2

#「講談社学術文庫」の刊行に当たって

これは、学術をポケットに入れることをモットーとして生まれた文庫である。学術は少年の心を養い、成年の心を満たす。その学術がポケットにはいる形で、万人のものになることは、生涯教育をうたう現代の理想である。

こうした考え方は、学術を巨大な城のように見る世間の常識に反するかもしれない。また、一部の人たちからは、学術の権威をおとすものと非難されるかもしれない。しかし、それはいずれも学術の新しい在り方を解しないものといわざるをえない。

学術は、まず魔術への挑戦から始まった。やがて、いわゆる常識をつぎつぎに改めていった。学術の権威は、幾百年、幾千年にわたる、苦しい戦いの成果である。こうしてきずきあげられた城が、一見して近づきがたいものにうつるのは、そのためである。しかし、学術の権威を、その形の上だけで判断してはならない。その生成のあとをかえりみれば、その根は常に人々の生活の中にあった。学術が大きな力たりうるのはそのためであって、生活をはなれた学術は、どこにもない。

開かれた社会といわれる現代にとって、これはまったく自明である。生活と学術との間に、もし距離があるとすれば、何をおいてもこれを埋めねばならない。もしこの距離が形の上の迷信からきているとすれば、その迷信をうち破らねばならぬ。

学術文庫は、内外の迷信を打破し、学術のために新しい天地をひらく意図をもって生まれた。文庫という小さい形と、学術という壮大な城とが、完全に両立するためには、なおいくらかの時を必要とするであろう。しかし、学術をポケットにした社会が、人間の生活にとってより豊かな社会であることは、たしかである。そうした社会の実現のために、文庫の世界に新しいジャンルを加えることができれば幸いである。

一九七六年六月

野間省一

学術文庫版 **日本の歴史** 全26巻

編集委員＝網野善彦・大津透・鬼頭宏・桜井英治・山本幸司

00	「日本」とは何か	網野善彦（歴史家）
01	縄文の生活誌 旧石器時代〜縄文時代	岡村道雄（考古学者）
02	王権誕生 弥生時代〜古墳時代	寺沢 薫（橿原考古学研究所）
03	大王から天皇へ 古墳時代〜飛鳥時代	熊谷公男（東北学院大学）
04	平城京と木簡の世紀 奈良時代	渡辺晃宏（奈良文化財研究所）
05	律令国家の転換と「日本」 奈良時代末〜平安時代前期	坂上康俊（九州大学）
06	道長と宮廷社会 平安時代中期	大津 透（東京大学）
07	武士の成長と院政 平安時代後期	下向井龍彦（広島大学）
08	古代天皇制を考える 古代史の論点	大津透/大隅清陽/関和彦/熊田亮介 丸山裕美子/上島享/米谷匡史
09	頼朝の天下草創 鎌倉時代前期	山本幸司（静岡文化芸術大学）
10	蒙古襲来と徳政令 鎌倉時代後期	筧 雅博（フェリス女学院大学）
11	太平記の時代 南北朝時代	新田一郎（東京大学）
12	室町人の精神 室町時代	桜井英治（東京大学）
13	一揆と戦国大名 室町時代末〜戦国時代	久留島典子（東京大学史料編纂所）
14	周縁から見た中世日本 中世史の論点	大石直正/高良倉吉/高橋公明
15	織豊政権と江戸幕府 織豊時代〜江戸時代初期	池上裕子（成蹊大学）
16	天下泰平 江戸時代（17世紀）	横田冬彦（京都橘女子大学）
17	成熟する江戸 江戸時代（18世紀）	吉田伸之（東京大学）
18	開国と幕末変革 江戸時代（19世紀）	井上勝生（北海道大学）
19	文明としての江戸システム 近世史の論点	鬼頭 宏（上智大学）
20	維新の構想と展開 明治時代前期	鈴木 淳（東京大学）
21	明治人の力量 明治時代後期	佐々木隆（聖心女子大学）
22	政党政治と天皇 大正時代〜昭和初期	伊藤之雄（京都大学）
23	帝国の昭和 昭和（戦前〜戦中期）	有馬 学（九州大学）
24	戦後と高度成長の終焉 昭和・平成（戦後〜バブル崩壊後）	河野康子（法政大学）
25	日本はどこへ行くのか	H・ハルトゥーニアン/T・フジタニ 姜尚中/岩崎奈緒子/比屋根照夫 T・モーリス＝スズキ/C・グラック

学術文庫版

天皇の歴史 全10巻

【編集委員】大津透　河内祥輔　藤井讓治　藤田覚

天皇と日本史を問い直す、新視点の画期的シリーズ

① **神話から歴史へ**
大津 透

② **聖武天皇と仏都平城京**
吉川真司

③ **天皇と摂政・関白**
佐々木恵介

④ **天皇と中世の武家**
河内祥輔・新田一郎

⑤ **天皇と天下人**
藤井讓治

⑥ **江戸時代の天皇**
藤田 覚

⑦ **明治天皇の大日本帝国**
西川 誠

⑧ **昭和天皇と戦争の世紀**
加藤陽子

⑨ **天皇と宗教**
小倉慈司・山口輝臣

⑩ **天皇と芸能**
渡部泰明・阿部泰郎・鈴木健一・松澤克行